Passion, Craft, and Method in Comparative Politics

Passion, Craft, and Method in Comparative Politics
by Gerardo L. Munck and Richard Snyder

그들은 어떻게 최고의 정치학자가 되었나 1
정치학자 15인의 꿈과 열정, 그리고 모험

1판 1쇄 펴냄 2012년 3월 5일
지은이 | 헤라르도 뭉크, 리처드 스나이더
옮긴이 | 정치학 강독 모임

펴낸이 | 박상훈
주간 | 정민용
편집장 | 안중철
책임편집 | 이진실
편집 | 윤상훈, 최미정
제작·영업 | 김재선, 박경춘
표지 디자인 | 박대성
일러스트 | 권재준 blog.naver.com/luviv

펴낸 곳 | 후마니타스(주)
등록 | 2002년 2월 19일 제300-2003-108호
주소 | 서울 마포구 합정동 413-7번지 1층(121-883)
편집 | 02-739-9929, 9930 제작·영업 | 02-722-9960 팩스 | 02-733-9910
홈페이지 | www.humanitasbook.co.kr

인쇄 | 천일문화사
제본 | 다인바엔텍

값 23,000원
ⓒ 정치학 강독 모임, 2012

ISBN 978-89-6437-150-3 04300
     978-89-6437-149-7 (전3권)

이 도서의 국립중앙도서관 출판시도서목록(CIP)은 e-CIP 홈페이지(http://www.nl.go.kr/ecip)에서
이용하실 수 있습니다.(CIP제어번호: CIP2012000815)

| 정치학자 15인의 꿈과 열정, 그리고 모험 |

그들은 어떻게 최고의 정치학자가 되었나

1

게이브리얼 알몬드 | 배링턴 무어 2세
로버트 달 | 후안 린츠 | 새뮤얼 헌팅턴

헤라르도 뭉크 | 리처드 스나이더 인터뷰
정치학 강독 모임 옮김

후마니타스

이 책을 위해 함께해 준 15인의 학자들에게

우리에게

처음 비교정치학이라는 학문에 매료되었던 이유를 다시 일깨워 주고,

영감과 가르침을 주었던 그 모든 시간들과

자신들의 삶과 사상에 대해 이야기하면서 함께 나눈

잊지 못할 시간들을 위해

Passion, Craft, and Method in Comparative Politics

서문

이 책은 지난 50여 년간 비교정치학 분야에서 위대한 업적을 이룬 인물들의 정신세계를 들여다볼 수 있는 특별한 기회를 제공하고 있다. 각 장은 현대 비교정치학에 가장 큰 영향을 미친 주요 학자들 15인과의 심층 인터뷰로 이루어져 있다. 광범위하면서도 매우 풍부한 내용을 담고 있는 인터뷰 내용은 공통적인 주제와 질문을 중심으로 작성되었다. 이는 대학원 시절부터 오늘날에 이르기까지, 지금의 그들을 있게 한 경험과 그들이 받은 지적 영향 그리고 그들의 스승들에 대한 이야기를 포괄하고 있다. 또한 그들의 주요 업적과 학문에 대한 관점, 연구 전략과 방법론적 도구뿐만 아니라 그들의 동료나 학생들과의 관계에 대해서도 자세히 다룬다. 끝으로 오늘날 비교정치학 분야에서 논의되고 있는 이론과 방법론상의 중요 쟁점들에 대한 견해도 들어 본다.

15인의 인터뷰 대상자를 선별하는 과정에서, 우리는 먼저 미국 대학에 기반을 두고 활동한 학자들에 초점을 맞추기로 했다. 그런 다음 비교정치학 분야의 대학원 강의계획서를 검토해 가며 대학원 과정에서 가장 많이 읽히는 저작의 저자들을 후보로 선정했다.[1] 이렇게 만든 명단에는 우리가 현실적으

---

[1] 이 조사는 2000년에 있었다. 그 이후 비교정치학 분야의 '정전'正典으로 인정받는 작품들과 그 저자들을 다룬 후

로 인터뷰할 수 있는 숫자보다 훨씬 많은 학자들의 이름이 포함되어 있었다. 따라서 대상을 1950년 이전에 태어난 학자들을 중심으로, ① 다양한 세대를 포괄하면서도 ② 비교정치학의 다양한 흐름과 관련된 선배 학자들을 선택해 명단을 줄여 나갔다. 최종 명단에는 게이브리얼 알몬드, 로버트 베이츠, 데이비드 콜리어, 로버트 달, 새뮤얼 헌팅턴, 데이비드 레이틴, 아렌트 레이프하르트, 후안 린츠, 배링턴 무어 2세, 기에르모 오도넬, 아담 셰보르스키, 필립 슈미터, 제임스 스콧, 테다 스카치폴, 앨프리드 스테판이 이름을 올렸다.

이 결과가 현대 비교정치학에 중대한 기여를 한 학자들을 꼽은 완벽한 명단은 분명 아니다. 이미 고인이 된 학자들과, 우리가 세계 정치를 사고하는 방식에 심대한 영향을 미친 이들 가운데 사회학자와 경제학자 등은 이 책에 포함될 수 없었다. 그러므로 이 책은 분명 전 세계 비교정치학은 물론이고 미국 비교정치학의 역사조차 모두 다루고 있지 못하다.[2] 그럼에도 이 책이 초점을 맞춘 15인의 학자들이 해당 분야를 이끈 지도적 인물이라는 점에서, 여전히 이 책은 중요하면서도 유익한 이야기를 담고 있다.

인터뷰를 준비하는 과정에서 우리는 각각의 학자들에게 연락해 인터뷰 시간과 장소를 정하고, 다섯 가지 주제 — ① 지적 성장기 ② 주요 저술과 아이디어 ③ 연구 기법과 방법론적 도구 ④ 학계의 동료와 공동 연구자 그리고 제자들 ⑤ 비교정치학의 과거와 미래 — 로 구성된 25개의 폭넓은 질문을 담은 동일한 내용의 설문지를 보냈다. 마지막으로, 인터뷰에 앞서 그들의 저작을 읽고 그들의 삶을 알 수 있는 자료라면 무엇이든 찾아보면서 좀 더 광범위하고 자세한 질문을 준비했다.

속 조사로는 España-Nájera, Márquez and Vasquez(2003) 참조.

[2] 이에 해당하는 많은 학자들의 연구 업적과 기여에 대해서는, Skocpol(1984), Swedberg(1990), Lipset(1996), Daalder(1997a), Merritt, Russett, and Dahl(2001), Rivista Italiana di Scienza Politica(2003), Pasquino(2005), Velasco Grajales(2004) 참조.

표 1_각 인터뷰 대담 진행자와 일시 및 장소

대담자	일시	장소	대담 진행자
알몬드	2002년 3월 20일	캘리포니아 주 팰러앨토	뭉크
오도넬	2002년 3월 23일	캘리포니아 주 팰러앨토	뭉크
레이틴	2001년 11월 18~19일	캘리포니아 주 팰러앨토	뭉크
콜리어	2003년 7월 8일	캘리포니아 주 버클리	뭉크
레이프하르트	2003년 8월 5일	캘리포니아 주 샌디에이고	뭉크
세보르스키	2003년 2월 24일	뉴욕 주 뉴욕	뭉크
슈미터	2002년 12월 4~5일	인디애나 주 노터데임	뭉크
무어	2002년 5월 13일	매사추세츠 주 케임브리지	스나이더
헌팅턴	2001년 5월 31, 6월 11일	매사추세츠 주 케임브리지	스나이더
스카치폴	2002년 5월 14일	매사추세츠 주 케임브리지	스나이더
린츠	2001년 4월 25~26일	코네티컷 주 햄던	스나이더
달	2002년 3월 4일	코네티컷 주 뉴헤이븐	스나이더
스테판	2003년 10월 15~16일	로드아일랜드 주 리틀 컴턴	스나이더
베이츠	2002년 3월 2일	코네티컷 주 우드스톡	스나이더
스콧	2001년 7월 20, 28일	코네티컷 주 더럼	스나이더

인터뷰는 2001년 중반부터 2003년 중반 사이에 각자의 집이나 연구실에서 이루어졌다(〈표 1〉 참조). 짧게는 세 시간에서 길게는 열두 시간까지 걸렸고 하루에 다 마치지 못해 여러 번 나눠서 하기도 했다. 인터뷰는 녹음해 두었다가 연구 조교의 도움을 받아 글로 옮겼다. 긴 대담을 압축적이고 체계적이면서도 잘 읽히는 글로 옮기는 힘든 작업은 다음과 같은 단계를 거쳐서 이루어졌다. 우선 우리는 녹취록을 단어 하나하나 신중하게 편집했고, 사실과 관련된 정보를 자세히 체크했으며, 각각의 내용들을 세분화해 재구성했다. 그러고는 제목과 참고문헌, 주석을 덧붙이고, 내용을 분명히 하고 빠진 내용을 채우기 위해 추가 질문을 했다. 그다음에는 편집본을 학자들에게 보내 내용 수정과 추가 질문에 대한 답변을 부탁했으며, 이렇게 해서 받은 수정·보완 사항과 추가 답변이 최종 원고에서 반영되었다. 우리의 목표는, 표준적인 학술적 글쓰기와는 달리, 얼굴을 맞대고 생생한 의견을 들으며 궁금증을 해

결해 주는, 정확하고 완전하며 잘 정리된 텍스트를 만드는 것이었다.

이런 과정을 거쳐 나오게 된 이 인터뷰집은 1930년대 이래 비교정치학이 진화해 온 과정을 따라가며, 다양한 세대의 학자들의 소중한 구술사 자료를 제공해 주고 있다. 여기서 이들은 비교정치학이라는 분야를 만들어 낸 핵심 대학과 연구소의 일원이라는 것은 어떤 의미였는지, 기념비적인 성과를 낳은 주요 프로젝트들은 어떻게 만들어졌고, 어떻게 진행되었는지를 이야기한다. 나아가 이 기록들은 비교정치학 분야 최고의 학자들이 사용하는 작업 방법을 보여 주는 드물고도 귀중한 기회를 제공함으로써, 비교정치학의 방법에 대한 교과서적인 논의를 넘어 실제로 비교정치학이 어떻게 이루어지는지에 대한 매력적인 관점을 제공하고 있다.

인터뷰 외에도, 우리는 인터뷰에서 논의될 논점이 어떤 것이고 인터뷰 대상 학자가 누구인지를 소개하는 내용을 덧붙였다. 리처드 스나이더가 쓴 1장은 인터뷰 과정에서 드러난 비교정치학계 대가들의 학문적 열정과 연구 방법, 사고방식의 특징들을 알아보고, 이를 통해 연구의 실제 과정을 이해하는 데 매우 중요함에도 그간 거의 논의된 바 없었던, 비교정치학의 인간적 차원을 새롭게 조명하고 있다. 헤라르도 뭉크가 쓴 2장은 세 가지 주제 — 비교정치학의 주제에 대한 정의, 이론의 역할 그리고 방법 — 를 중심으로 미국 비교정치학의 기원과 전개 과정을 분석적으로 개관한 뒤, 비교정치학의 현재에 대한 몇 가지 결론을 도출하고 있다. 그리고 각각의 인터뷰에 앞서, 해당 학자의 주요 공헌과 경력에 대한 소갯글을 실어 그들이 어떻게 현대 비교정치학에서 중요한 인물이 될 수 있었는지를 설명했다. 15개의 인터뷰는 인터뷰 대상 학자들의 태어난 해를 기준으로 순서대로 배열했다.

이 책은 처음부터 끝까지 헤라르도 뭉크와 리처드 스나이더가 공동으로 노력해 만든 결과물이다. 물론 일은 나눠서 했다. 뭉크는 알몬드, 콜리어, 레이틴, 레이프하르트, 오도넬, 셰보르스키, 슈미터를 인터뷰했고 그 내용을 편집했으며 각자에 대한 소갯글을 썼다. 마찬가지로 스나이더는 베이츠, 달, 헌팅턴, 린츠, 무어, 스콧, 스카치폴, 스테판을 대상으로 같은 일을 했다. 덧붙여 스나이더는 매튜 리버Mattew Lieber와 마이클 핀들리Michael Findley의 도움을 받아 인터뷰에서 언급된 수백 명의 사회과학자들에 대한 주요 정보를 수록한 인명 사전을 만들었다. 여기에는 두 가지 목적이 있었다. 우선은 비교정치학의 역 사에 익숙하지 않은 사람들이 인터뷰 내용을 좀 더 쉽게 이해할 수 있게 하고 싶었다. 그리고 또 다른 목적은, 이 책이 초점을 맞추고 있는 학자 개개인을 그 들이 속해 있는, 동료, 제자, 스승, 그리고 '보이지 않는 대학'invisible colleges[서신 과 방문, 학회에서의 만남 등의 형태로 교류하는 학문 소집단]으로 구성된 좀 더 넓은 공동체의 맥락에 위치 짓는 데 있었다. 인명사전은 웹에서 이용할 수 있다 www.brown.edu/polisci/people/snyder/.

여러 기관들이 우리 연구를 지원해 주었다. 일리노이 대학교 어바나-샴페 인 캠퍼스의 대학연구위원회는 인터뷰 대부분의 녹취 작업 비용을 지원해 주 었다. 리처드 스나이더는 브라운 대학교 인문과학연구기금과 하버드 대학교 국제학·지역학연구원의 시의적절한 지원에 감사한다.

무엇보다 우리는 인터뷰를 수락해 주고 이 프로젝트를 위해 수고를 아끼 지 않았던 열다섯 명의 학자들에게 큰 빚을 지고 있다. 감사의 뜻에서, 그리 고 비교정치학에 대한 그들의 수많은 기여를 기억하는 의미에서 이 책을 그 들에게 바친다. 또 결국 이 책을 보지 못하고 세상을 떠난 알몬드와 배링턴 무어에 대해서도 애도를 표한다.

거의 모든 인터뷰의 녹취 작업을 하느라 괴력을 발휘해야 했던 로버트 휘 팅에게도 감사한다. 이 책의 편집을 맡아 준 존스홉킨스 대학 출판부의 편집 자 헨리 톰과 함께 일하는 시간은 정말 즐거웠다. 그리고 출판사의 익명의 세 논평자들의 제안도 많은 도움이 되었다. 또한 편집 보조를 맡았던 클레어 매 카베 탐베리노와 교열을 맡아 수고해 준 마린 덴보어에게도 감사한다. 이 프 로젝트와 관련해 여러 측면에서 조언을 해준 로버트 애드콕, 피터 안드레아 스, 제이슨 브라운리, 멜라니 캐멧, 호창 체하비, 새드 더닝, 숀 일라이어스,

로버트 피시먼, 존 게링, 안젤라 호큰, 에번 리버먼, 제임스 마호니, 스콧 메인워링, 디트리히 뤼셰마이어, 대니얼 슬레이터, 티모시 스나이더, 쥬디스 텐들러, 커트 웨일랜드, 앨런 주커먼에게도 감사한다. 또한 린츠와의 인터뷰를 도와준 [그의 아내] 로시오 드 테란, 스테판과의 인터뷰를 도와준 [그의 아내] 낸시 레이스, 오도넬과의 인터뷰에 함께 참여한 세바스티안 마주카에게 감사한다.

마지막으로 헤라르도 뭉크는 2001년 초 일리노이로 다시 돌아온 이후 자신의 삶을 풍요롭게 해준 수많은 동료들에게 감사의 말을 전한다. 그들과의 대화가 없었다면, 이 기획은 실현되지 못했을 것이다. 인생에서 아이디어가 전부가 아니라는 사실을 일깨워 준 그들에게 감사한다. 리처드 스나이더는 자신에게 애정과 지지를 보내 준 그의 부인 마르가리타와 그의 부모님 마거릿과 로저에게 감사한다. 그는 이 책이 거의 완성될 즈음 태어난 엘렌 마거릿 스나이더가 언젠가 이 책을 재미있게 읽을 날이 오기를 고대하고 있다.

1장

비교 연구의
인간적 차원

리처드 스나이더

이 책은 비교정치학의 공백을 채우고 있다. 현재 비교정치학에서 학문의 인간적 차원과 실제 연구 과정의 복잡한 속내를 조명해 주는 글은 거의 없다.[1] 전문적인 간행물들에서 볼 수 있듯이, 사회과학 연구는 실제 연구를 수행한 사람들을 "비인격성의 수사법"rhetoric of impersonality이라는 장막 뒤에 숨기고 있다.[2] 학생들은 그 분야의 주요 저서들을 읽으면서도, 학자들로 하여금 그 문제와 씨름하게 만든 학문 외적인 목적과 동기는 물론, 동료·학생·공동 연구자들과의 네트워크, 즉 '보이지 않는 대학'이 연구에 어떻게 영향을 미쳤는지

별도의 표시가 없는 모든 인용은 이 책에 수록되어 있는 인터뷰에서 가져온 것이다.

[1] Baer et al.(1991)의 글에도 불구하고 이는 정치학의 일반적인 특징이기도 하다. 대부분의 교과서들은 연구 방법 내지 방법론적 도구에 초점을 맞추고 있거나, 보통은 한 가지 접근법만을 옹호하는 특정 이론과 학파에 따라 구성되어 있다. 이 책은 그와 같이 "학파와 방법론적 도구"에 초점을 맞추기보다는 **사람**, 즉 다양한 이론과 학파, 세대를 포괄해 선별된 개개인의 학자들에 초점을 맞추고 있다. 이와 관련해, 이 책에서 인터뷰한 15인의 학자들을 비롯해 이 분야에서 선도적인 인물의 지적 자서전을 바탕으로 비교 유럽 정치학 분야를 그려 낸 문헌으로는 Daalder(1997a) 참조.

[2] **비인격성의 수사법**이라는 용어의 출처는 Berger(1990, xix). 학자들과의 인터뷰가 "무미건조한 수사법"을 돌파하는 데 어떤 도움을 줄 수 있는지에 대해서는 Swedberg(1990, 18) 참조. 또 Klamer(1984), McCloskey(1986), Wolpert and Richards(1988)도 참조.

거의 알지 못한다. 아울러 실제 연구 과정에서 나타날 수밖에 없는 돌발적이고 예상치 못한 일들에 대해서도 거의 알지 못한다. 더러는 책의 서문을 통해 이런 문제들에 대해 어렴풋하게나마 알 수 있는데, 그때에도 저자는 조심스럽게 비인격성의 장막 뒤로 물러서서 실제 연구 과정에서 발생하는 우여곡절이나 '보이지 않는 대학'의 역할의 일부만을 선택적으로 드러낼 뿐이다.[3] 학생들 대부분은 학업을 마칠 때까지도 자신들이 토론하고 존경하고 반박하는 데 수년을 보낸 책과 논문의 저자 개인에 대해서는 막상 아무것도 알지 못한다. 한 분야에서 선도적인 연구를 한 저자는 책의 표지나 논문 제목 밑의, 문자 그대로, 이름으로만 존재할 뿐이다.

이것이 왜 문제일까? 학문이 비인격적인 것은 당연하지 않은가? 연구의 가치와 중요성은 분명 그 학자가 어떤 사람인가에 따라 좌지우지되지는 않는다. 인간적인 차원을 강조하는 것은, 흥미로운 이야깃거리로 『피플 매거진』 People Magazine 표지를 장식할지는 모르겠지만, 그렇지 않아도 배워야 할 게 많은 학생들의 부족한 시간을 낭비하게 하는 것임에 거의 틀림없다. 더구나 연구자, 특히 이 책에서처럼 소수의 선도적인 학자를 강조하게 되면 개인숭배라는 부작용이 생길지도 모른다. 그렇다면 도대체 비교 연구의 인간적 차원은 왜 알아둘 만한 가치가 있다는 것인가?

우선, 학문의 인간적인 차원에 주목하면, 유명 저작의 저자를 "결점을 가진 인간이라고 도저히 상상할 수 없을 정도로 성스러운 인물"(Berger 1990, xvi)로 보이도록 만드는 고압적인 외관에 주눅 들지 않을 수 있다. 최고 학자들의 삶을 들여다보면, 그들이 이뤄 낸 성과를 우리도 이룰 수 있지 않을까 하는 생각을 갖게 된다. 이는 최고의 학자들을 오를 수 없는 올림포스 산 꼭대기에 올려놓는 기존의 시각보다, 학생들로부터 훨씬 더 많은 노력을 이끌

---

[3] 학술지에 실린 논문들은 서문이 없고 그래서 단행본보다 훨씬 더 비인격적이다.

어 낼 수 있다.

둘째, 연구의 인간적인 차원을 살펴보면, 방법론 교과서나 최종 출간된 논문에서 볼 수 있는 정형화된 설명 틀과 달리 실제 연구가 어떻게 진행되는지 알 수 있다. 실제 연구는 일관되고 질서정연한 방식으로 진행되지 않으며 수많은 실수와 오류 그리고 뜻밖의 돌파구들로 가득 차 있다. 이는 이 책에 실려 있는 선도적인 학자들의 경우에도 그렇다. 전문적인 논문들을 특징짓는 비인격성의 수사법을 넘어 인간적인 차원을 강조함으로써, 연구 과정에 대한 학생들의 기대치를 연구 현실에 맞게 조정하는 데 도움이 될 것이다.[4]

셋째, 학문의 인간적인 차원에 관심을 갖게 되면, 비교정치학자로서 하는 일이 단순히 연구 기법을 익히고 이를 적용하는 데 국한되지 않는다는 점을 알 수 있다. 이런 일들 외에도 학자들은 매우 많은 활동에 참여한다. 예컨대 가르치는 일, 학과와 학내 커뮤니티 및 교수 협의회에 참여하는 일, 동료나 공동 연구자들 그리고 학생들과 교류하는 일, 학회와 워크숍을 조직하고 참여하는 일, 연구 기금을 마련하는 일, 정책 입안자들이나 일반 독자들과 만날지 말지, 만약 만난다면 어떻게 할지를 결정하는 일, 그리고 자기 일에서나 삶에서나 각각의 단계마다 어떤 종류의 연구 프로젝트를 할지 선택하는 일 등이 있다. 가르치는 일을 제외하면, 학생들은 오늘날 학자들이 하는 일의 '전체 목록'을 구성하는 다양한 요소들에 관해 체계적인 교육을 거의 받지 못하고 있다. 일부 대학원 과정이 논문을 게재하고 대학에 자리 잡기 위한 전략을 세우는 문제를 중심으로 해당 분과 학문의 전문적 측면에 대한 수업을 제공하긴 하지만, 학생들 대부분은 학자가 해야 할 일들 가운데 비전문적인 요소들을 각자의 선생으로부터 비공식적으로 배운다. 이 책은 선도적인 학자가 어떻게 자신들이 해야 할 일들을 잘 분배해서 처리하는지, 그리고 연구 활동

---

4 "실제 작업 방법"을 보여 주는 한 학자의 노력은 Mills(1959) 참조.

과 교수 활동, 대학과 학계 활동 등 서로 충돌하는 요구 사이에서 어떻게 균형을 잡아가는지를 보여 줌으로써, 오늘날 정치학계에 존재하는 다양한 직업적 경로들에 대한 귀중한 통찰을 제공해 줄 것이다.

이 책에 실려 있는 인터뷰들은 이처럼 연구의 인간적인 차원을 살펴봄으로써 얻을 수 있는 다양한 이점들을 잘 조명하고 있다. 이 서문에서는 또 다른 이점에 대해서도 강조하고 싶다. 그것은 인간적인 차원에 주목함으로써 훌륭한 비교 연구를 위해 필요한 기술과 자질, 사고방식을 밝히는 것이다. 지난 반세기 동안 비교정치학을 선도했던 학자를 대상으로 한 이 인터뷰를 보면, 탁월해지기 위한 방법이 딱 하나인 것도 아니고 최고가 되기 위한 정형화된 틀이 있는 것도 아님을 알 수 있다. 그럼에도, 이들 최고의 학자들은 세 가지 핵심적 특성을 공유하고 있었다. ① 첫째는 풍부한 삶의 경험이다. 이는 연구 주제에 대한 관심을 일깨우며, 더욱 중요하게는, 학자들이 그들의 연구 주제에 관심을 둘 수밖에 없게 하는 강력한 이유가 된다. ② 둘째는 연구에 대한 열정이다. 열정은 대개 삶의 경험과 규범적 헌신에 그 뿌리를 두고 있었다. ③ 마지막 세 번째 요소는 모험심으로, 지적인 차원에서나 직업적인 차원에서나 위험을 두려워하지 않고 기꺼이 감수하려는 태도이다. 인터뷰에 참여한 학자들은 오늘날의 학생들과 교수들에게서 바로 이런 특성을 찾아보기가 힘들어졌다며 크게 우려했다. 따라서 경험과 열정 그리고 모험심을 강조하는 것은, 지난 50여 년간 비교정치학의 최고 연구자들이 이룩한 성취를 잘 이해하게 해줄 뿐 아니라 21세기로 들어선 오늘날의 비교정치학이 직면하고 있는 주요 도전 과제들이 무엇인지에 대해서도 시사점을 던져 준다.

그렇다고 해서 경험과 열정, 모험심이 훌륭한 비교 연구의 충분조건으로 여겨져서는 안 된다는 것도 이 인터뷰들은 강조하고 있다. 이 선구적인 학자들에게는 자신들을 성공으로 이끌었던 게 분명한, 또 다른 특성들이 여러 가지 있었다. 여기에는 빼어난 지적 능력, 자기 규율, 야심, 끈기, 독창성, 정치와 사회에 대한 폭넓은 호기심, 남다른 근면성, 심지어 운까지도 포함된다.[5]

인터뷰에서도 잘 드러나듯이, 학자들마다 성격도 다 다르고 지적 스타일도 다 다르다. 물론, 선구적인 학자들이 아니라 비교 연구자들 전체를 놓고 무작위로 추출해 인터뷰를 했어도, 열정적이고 경험이 많은 모험가들을 발견할 수 있을지 모른다.[6] 그렇지만 경험, 열정, 모험심의 조합은 열다섯 명의 학자들 사이에서 두드러지게 나타나는 중요한 공통점이었다. 학자 개개인의 특성에 대해서는 인터뷰에서 구체적으로 살펴볼 것이기 때문에, 여기에서는 이런 공통점을 강조해 두고자 한다.

다음에서는 경험, 열정 그리고 모험을 하나씩 살펴보면서 최고의 연구자들만의 특성과 현재 비교정치학이 직면한 주요 도전 과제에 대해 자세히 살펴볼 것이다. 그리고 그다음 절에서는, 비교 연구의 인간적 차원에 대한 인식을 통해 과학적 연구에서 가장 포착하기 어려운 측면 가운데 하나인 아이디어의 생성 과정을 어떻게 더 깊이 이해할 수 있는지 이야기할 것이다. 그리고 마지막 절에서는 학계의 기억상실증을 비판하고자 한다. 지금 우리는 과거의 연구를 골동품으로 취급하거나 심지어 과학적이지 못한 것으로 취급하는 학계의 경향 때문에 탁월하고도 강력한 연구 모델들을 빼앗기고 비교정치학의 성과에 대한 자신감마저 상실하고 있다. 비교정치학의 역사를 알고, 가르치며, 또한 그로부터 영감을 이끌어 냄으로써 학계의 기억력을 향상시킬 필요가 있다.

---

5 운은 연구의 질보다는 연구가 세상에 미치는 영향력을 결정하는 데 더 중요한 역할을 한다고 할 수 있다. 루이 파스퇴르Louis Pasteur는 자신의 연구가 운이 좋아서 나온 연구라는 이야기를 듣자 이렇게 대답했다. "운은 준비된 자를 따르게 마련이지." Wolpert and Richards(1988, 6) 참조.

6 좀 더 전문적인 용어로 표현하면, 평범한 보통 학자들은 인터뷰를 하지 않았기 때문에, 여기서의 "사례들"은 종속변수가 가진 어떤 가치에 근거해 의도적으로 선택되었다는 문제가 있다. 또한 좀 더 많은 최고의 학자들을 인터뷰해 사례 수를 늘리게 되면, 경험이나 열정, 모험심이 없는 학자들이 몇몇 발견될지도 모른다. 그러나, 비록 이런 세 가지 특성이 비교정치학 연구에 성공하는 데 있어 필요조건도 충분조건도 아닐지는 모르지만, 우리가 사례로 선택한 학자들의 공통적인 특징이라는 점은 분명하다.

파란만장한 시대를 살아라

_중국 악담 중에서

이 책에서 주목하고 있는 학자들은 자신의 삶의 경험과 자신이 선택한 연구 주제 사이의 명확한 연결 고리를 지적하고 있다. 일부 학자들은 전쟁, 경제 위기 또는 정치적 불안정 등과 같은 커다란 사회적 외상으로부터 자신의 정치학 연구에 대한 관심이 촉발되었다고 말했다. 또 정치 참여와 군 복무 또는 해외여행에서 영향을 받았다는 학자들도 있었다. 선도적인 비교정치학자들은 전반적으로 세상을 등진 공부벌레가 아니라, 현실 세계에 대한 풍부한 경험을 쌓느라 분주한 사람들이었다. 특히 그들의 인격이 형성되는 시기에 말이다. 이는 도발적인 가설을 시사하는데, "학문의 질은 학자의 인생 경험의 질에 달려 있다"는 것이다. 그렇다면, 경험은 왜 중요한가? 경험의 질은 연구의 질에 어떤 영향을 줄 수 있나? 첫째, 경험은 연구에 의미와 목적의식을 불어넣는다. 이 책에서 인터뷰한 몇몇 학자들과 마찬가지로 억압적이고 비민주적인 체제에서 살았다고 상상해 보자. 그렇다면 체제의 등장과 붕괴를 설명하는 연구 과제는 추상적인 이성의 문제가 아니라 강렬한 감정을 동반하는 선과 악의 문제가 된다. 그래서 삶의 경험과 연구 주제를 결합하면, 탁월한 논문을 쓰는 데 필요한 헌신적 노력과 추진력을 고양할 수 있다. 둘째, 경험은 인간 행동의 범위에 대한 지식과 정치 및 사회의 작동 방식에 대한 지식을 넓혀 준다. 경험이 뒷받침된 지식은 새로운 생각의 원천인 동시에, 검증(검정)test 및 일반화의 근거가 될 수 있다. 이번 인터뷰는 삶의 경험이 어떻게 새로운 아이디어가 샘솟는 지식의 보고가 되고 연구 주제에 대한 열정적인 헌신을 만들어 내는지에 대한 풍부한 증거를 제공한다.

이 책에 포함된 15인의 학자는 언제, 어디서 태어났는지에 따라[7] 〈표 2〉와 같이 세 그룹으로 분류될 수 있다.

① 1910년대와 1920년대에 출생한 선배 세대 국내파(알몬드, 달, 헌팅턴, 무어)

② 1920년대와 1930년대에 출생한 해외파(레이프하르트, 린츠, 오도넬, 셰보르스키[8])

③ 1930년대와 1940년대에 출생한 후배 세대 국내파(베이츠, 콜리어, 레이틴, 슈미터, 스콧, 스카치폴, 스테판)

첫 번째와 두 번째 그룹에 속한 학자들은 공통적으로 커다란 사회적 외상을 경험했다. 이들 4인은 1910년대와 1920년대에 태어난 미국인 학자들로, 대공황과 제2차 세계대전 당시 갓 성인이 되었거나 청년이었다. 그 가운데 알몬드와 달은 전쟁에 참전했고, 무어는 (CIA의 전신인) 전략사무국Office of Strategic Service, OSS에서 일했다. 1920년대와 1930년대에 태어난 세 명의 유럽 학자(린츠, 레이프하르트, 셰보르스키)는 제2차 세계대전으로 야기된 혼란을 겪었다.[9] 반면 라틴아메리카에서 태어난 오도넬은 1950, 60년대 아르헨티나의 정치·경제적 혼란을 겪으며 성장했다. 이와 대조적으로 1930년대와 1940년대에 태어난 7인의 미국인 학자들은 커다란 사회적 혼란을 직접 경험하지는 않았다. 하지만 1960년대, 즉 민권운동과 베트남전으로 인한 정치·사회적 대격변기에, 그들은 갓 성인이 된 상태였다. 인터뷰에서 드러나듯, 이런 경험들은 그들의 학문에 큰 영향을 미쳤다.

---

7 이 책에서 인터뷰한 학자들을 선택하는 데 사용된 기준은 서문에서 설명했다.

8 셰보르스키는 1940년생이다.

9 20세기 전반기 동안 유럽에서의 충격적인 사건들이 당시 망명 사회과학자들에게 미친 영향에 대해서는 Coser(1984), Bendix(1986), Hirschman(1995, Part II), Dawidoff(2003) 참조.

표 2__비교정치학자 15인의 출생 연도와 출생지

게이브리얼 알몬드	1911~[2002]	미국
배링턴 무어	1913~[2005]	미국
로버트 달	1915~	미국
후안 린츠	1926~	독일(스페인에서 성장)
새뮤얼 헌팅턴	1927~[2008]	미국
아렌트 레이프하르트	1936~	네덜란드
기예르모 오도넬	1936~[2011]	아르헨티나
필립 슈미터	1936~	미국(유럽과 미국에서 성장)
제임스 스콧	1936~	미국
앨프리드 스테판	1936~	미국
아담 셰보르스키	1940~	폴란드
로버트 베이츠	1942~	미국
데이비드 콜리어	1942~	미국
데이비드 레이틴	1945~	미국
테다 스카치폴	1947~	미국

선배 세대 국내파와 해외파 학자들 : 대공황과 제2차 세계대전의 외상

대공황과 제2차 세계대전은 그 시기에 성장했던 미국 학자들에게 큰 충격을 주었다. 알몬드는 자신의 학문적 출발은 대공황 기간에 시카고 우시장에 있었던 실업구제청에서 인턴으로 일한 경험과 관련되어 있다고 이야기했다. "내 젊은 시절, 세상은 문제의 연속이었고 재앙이 꼬리를 물었다. …… 한번은 이런 일도 있었다. 직장을 잃은 시카고 노동자가 내게 와서는 이렇게 부탁했다. '아이들이 신발이 없어서 겨울에는 축축한 발로 다니다 병에 걸립니다. 상점에 가서 신발을 얻을 수 있도록 사회복지사한테 증명서를 한 장 받을 수 없을까요?' 그런 일들이 당시 나를 좌파 정책을 지지하는 사회과학자로 만들었다." 알몬드는 이런 경험과 제2차 세계대전이 끝날 무렵[1942~45년] 독일에서 미 육군으로 복무한 경험 때문에, "정치학은 사회 갈등과 경제 불황, 가난, 전쟁 등

매우 절박하고도 분명한 악을 다룬다고 생각했다"고 한다(Almond 2002, 2-3).[10]

로버트 달은 제2차 세계대전에 참전해 유럽에 있었던 경험이 어떻게 학자가 되고자 하는 결심에 결정적인 영향을 미쳤는지 인상적인 이야기를 들려주었다. "1944년 11월과 1945년 5월 사이, 프랑스 아니면 독일 어디쯤에서였다. 내가 가장 하고 싶은 일은 읽고 쓰고 하면서 내가 가진 생각을 이야기하는 것이라는 점을 분명히 깨닫게 되었다. 그제야 정신을 차리게 되었고, 내가 만약 살아서 돌아간다면 학자가 되어야겠다고 결심했다." 더욱이 전시戰時 경험으로 인해 그는 민주주의와 그 적들이라는 규범적 주제에 관심을 갖게 되었다. "나 같은 사람들은 1930, 40년대에 민주주의가 종말을 고할지도 모른다는 실제 위협에 시달렸고, 이는 우리 세대에 민주주의의 중요성을 각인시켰다. 민주주의를 대체한 체제들이 훨씬 더 나쁘다는 것을 깨달은 것이다."

배링턴 무어는 제2차 세계대전 기간에 전략사무국에서 분석가로서 일한 덕분에 헤르베르트 마르쿠제Herbert Marcuse, 오토 키르히하이머Otto Kirchheimer, 프란츠 노이만Frantz Neumann 등 나치를 피해 망명한 일군의 독일 지식인들을 만날 수 있었다.[11] 이런 망명 학자들과의 교류를 통해, 역사적인 분석에 마르크스 이론을 활용하는 방법을 배운 무어는 이후 그의 가장 중요한 저작인 『독재와 민주주의의 사회적 기원 : 근대 세계 형성에서의 영주와 농민』(1966)에서 이를 효과적으로 활용했다. 그래서 무어는 "여러모로 그 책은 전략사무국 시절의 경험에서 나온 산물이었다"라고 말한다.

1920년대와 1930년대에 태어난 린츠, 레이프하르트, 오도넬, 셰보르스키

---

10 이 책 〈인터뷰 1〉에서 알몬드는 1930, 40년대의 역사적인 맥락이 자신의 연구 주제를 선택하는 데 미친 영향에 대해 더 자세하게 이야기하고 있다. "그때는 정말 대공황과 뉴딜 정책, 전쟁, 나치즘, 파시즘 등 큰 문제에 관심이 많았다. 독일을 예로 들어 보자. 독일은 사회과학 분야에서 최초로 고등교육을 실시한 나라이자, 막스 베버가 편집했던 진정한 의미의 사회과학 학술지를 처음 발간한 나라임에도 불구하고 결국 나치에게 넘어갔다. 이 일은 내게 큰 충격이었다. 그래서 내가 할 수 있든 없든 간에 이런 문제들을 연구해야겠다고 생각했다."

11 마르쿠제와 노이만에 관한 유용한 일화를 보려면 Coser(1984) 참조.

등 해외파 학자들의 연구 관심사는 제2차 세계대전 중에 경험한 공포와 불확실성, 경제적 어려움 그리고 억압적인 권위주의 정권하에서 살았던 경험에 의해 형성되었다. 어린 시절 스페인 내전(1936~39)을 경험한 후안 린츠는 이렇게 말하고 있다. "내가 처음으로 사회문제에 관심을 갖기 시작해서 결국 정치에 관심을 기울이게 된 것은 어린 시절의 경험 때문이었다. 그 시기에 나는 …… 제1차 세계대전 이후부터 프랑코 체제까지 전간기에 유럽에서 나타난 복잡한 역사를 경험했다." 린츠는 자신의 관심을 사로잡았던 연구 주제를 자신이 성장한 스페인과 연결 지어 설명했다.

정치학이나 사회과학에 관심을 갖고 있던 나 같은 젊은 스페인인이 [스페인] 내전과 그 기원, 프랑코 체제를 무시한다는 것은 상상도 할 수 없는 일이었다. 마찬가지로 1970년대를 살면서 누가 민주주의로의 이행이라는 문제를 외면할 수 있었겠나? 1974년에 포르투갈에서 민주주의로의 이행이 시작되자 난 바로 비행기 티켓을 끊었다. 그렇게 포르투갈을 여러 번 왔다갔다 하며 정당 모임과 집회에 참석하고 정치인들과 대화하면서 민주화 과정을 가까이서 지켜볼 수 있었다. 프랑코 체제가 영원히 지속될 수는 없기 때문에, 포르투갈에서 일어난 일은 결국 스페인에서 일어나게 될 일과도 관계가 있을 것이라 생각했다. 누구나 살아가면서 개인적으로 관심을 가지거나 연루되는 사건이 있게 마련이며, 이런 것들이 바로 연구 주제를 선택하는 동기로 작용한다.

아렌트 레이프하르트는 제2차 세계대전 기간 네덜란드에서 어린 시절 겪었던 공포와 가난을 생생하게 묘사했다. 아울러 그가 살았던 도시 위에서 펼쳐졌던 치열한 공중전과 식량 부족 그리고 나치를 피해 그의 집에 몸을 숨겼던 한 도망자에 대한 기억을 이야기했다. 레이프하르트는 이런 사건들과 이후 연구의 관련성을 분석하면서, "제2차 세계대전 때의 경험들로 말미암아 폭력에 반대하게 되었고, 평화와 민주주의라는 문제에 관심을 갖게 된 것 같다"고 했다.

1950년대 아르헨티나에서 성장한 기예르모 오도넬은 자신이 참여한 학생운동 그룹이 후안 페론Juan Perón의 독재 정권과 충돌했을 때, 체포 직전까지 갔었다. 그 후 1970년대 아르헨티나의 군부독재 기간 동안, 오도넬은 좌우파 양쪽의 무장 집단으로부터 위협을 받았다. 그는 사회과학자로서 자신의 연구 결과가 이런 끔찍한 경험과 직접적인 관련이 있다고 생각했다. "내가 연구해 온 문제들은 라틴아메리카에서 끔찍한 정권의 통치를 받은 경험에서 나온 것으로, 내가 민주주의를 선호했기 때문이다." 1940년대와 1950년대에 공산주의 정권하의 폴란드에서 성장한 셰보르스키는 이렇게 회상했다. "사람들의 일상생활에 국제적이고 거시정치적인 사건들이 넘쳐 났다. 모든 것이 정치적이었다." 오도넬과 마찬가지로, 셰보르스키 역시 폴란드를 통치했던 독재 정권과 마찰을 빚었고, 독재 정권은 그를 외국으로 추방해 버렸다.

인격 형성기의 경험 때문에 이 학자들이 중점을 두었던 핵심 연구 주제들 — 민주주의는 왜 붕괴하는가, 안정적인 민주주의는 어떻게 이루어질 수 있는가, 자본주의와 민주주의의 관계는 무엇인가? — 은 단순히 추상적인 문제가 아니라 규범적으로 제기될 수밖에 없었던 생생한 문제였다.

후배 세대 국내파 학자들 : 1960년대의 소요

1950년대와 1960년대에 미국에서 성장한 7인의 후배 세대 국내파 학자들(베이츠, 콜리어, 레이틴, 슈미터, 스콧, 스카치폴, 스테판)은 경제 위기와 전쟁으로 인한 어려움 그리고 미국인 선배 학자들과 미국 밖에서 태어난 동년배 학자들이 경험했던 억압적인 정권의 어려움을 겪지 않았다. 그들은 대공황을 기억하거나 제2차 세계대전에 참전하기에는 너무 어렸다. 하지만 후배 세대 국내파 학자들 가운데 몇몇은 1960년대의 결정적인 정치적 사건 ― 민권운동과 베트남전쟁 ― 이 어떻게 비교정치학에 대한 관심의 촉발했는지 이야기한다. 스콧은 학생운동에 참여했고 전국학생연합National Student Association 대표로서 수많은 민권운동 행진에도 가담했다. 그의 정치 참여는 그가 박사과정으로 있던 예일대 정치학과 교수진들과의 불화의 원인이 되기도 했다. 스콧에 따르면 "대학원에 가서 제일 먼저 벌인 일이 피그스 만 침공에 반대하는 학생 결의안을 통과시키려 한 것이었다. 대학원생이면 이미 전문적인 학자의 단계이니 정치적 입장을 표명해서는 안 된다고 판단한 학교 당국은 결의안을 막기 위해 미친 듯이 달려들었다." 스카치폴은 대학 때 미시시피 주 흑인 대학생들을 가르치는 자원봉사 활동이 어떻게 "대규모 사회 변화에 대한 참여"로 이어졌는지를 이야기하며 자신을 "반전운동의 열렬한 지지자"로 묘사하기도 했다.

후배 세대 국내파 학자들은 폭넓은 학교 밖 경험 ― 해외여행과 유학, 평화봉사단Peace Corps 활동, 워싱턴 D.C.에서의 여름 인턴, 군 복무 ― 을 계기로 사회과학자가 되겠다는 결심을 하게 된 경우가 많았고, 이는 이후 연구 주제의 선택에도 영향을 미쳤다. 고등학생 때 아프리카로 수학여행을 다녀온 베이츠는 그 경험으로 인해 그 지역에 평생 빠져 살게 된다. "아프리카에 간 것이 내 생애 가장 중요한 일이었다는 생각이 들었다. 가능한 한 자주 아프리카에 갈 수 있는 일을 하고 싶어졌다." 베이츠는 대학생 때 국무부에서 여름 인턴을 하며 점점 더 아프리카에 빠져들게 된다. 라틴아메리카에 대한 슈미터의 관심은 멕시코에서 그림 공부를 하면서 생겼다. 스테판은 대학 졸업 후 6개월간 세계 여행을 하면서 정치와 종교의 관계가 나라별로 다르게 나타나는 수수께끼 같은 상황을 접하게 되었는데, 이 문제는 십여 년 후 그의 주된 연구 주제가 된다. 더욱이 브라질 정치에서 군부의 역할에 대한 논문을 써서 첫 번째 책을 내겠다던 스테판의 결심은 군 복무 경험과 라틴아메리카에서 저널리스트로 활동한 경험을 빼놓고는 설명할 수 없다(Stepan 1971). 레이틴에게 평화봉사단으로 소말리아에 갔었던 일은 아프리카의 언어와 정치에 대한 연구에 영향을 미친 "신나는" 경험으로 남아 있다. 후배 세대 국내파 학자들의 학교 밖 경험은, 유명한 중국의 악담처럼 "파란만장한" 시기를 살았던 선배 학자들과 해외파 동년배 학자들이 경험했던 전쟁과 억압, 사회경제적인 혼란의 충격보다는 덜하겠지만, 시야를 넓혀 주고 현실의 정치적 문제에 대한 열정을 갖게 했다.

당신은 경험이 풍부한가?

이 책에서 인터뷰한 학자들은 오늘날 학생들의 경험 부족에 대한 우려를 나타냈다.[12] 린츠는 많은 학생들이 "좋은 고등학교를 나와 좋은 대학에 들어가 좋은 학점을 받고, 곧바로 대학원에 진학해서는 대학에서 했던 것과 동일한 분야를 전공한다. 대학 공부 말고는 다른 어떤 것도 해본 경험이 없는 것인데, 이는 단점이 될 수도 있다"라고 말했다. 달은 "요즘 대학원생들을 보면, 내가 대학을 졸업할 때보다 더 많은 교양을 쌓고 고등학교를 졸업하는데도 불구하고, 학계와는 관계없는 보통 사람들과 함께한 인간적 경험의 깊이가 부족하다는 느낌이 든다"라고 말했다. 세보르스키도 비슷한 우려를 나타냈다.

베트남전 시기에 대학원에 들어온 이들은 살면서 참 많은 일을 겪었다. 그들은 정치·문화·사회에 대한 관심이 대단했다. 그들은 대체로 과거에 정치 조직화와 같은 뭔가

---

12 이 부분은 베이직북스Basic Books에서 출판된 "멘토링의 기술"Art of Mentoring 시리즈의 생각을 받아들였다. 그 시리즈는 라이너 마리아 릴케의 『젊은 시인에게 보내는 편지』Letters to a Young Poet에 기초를 두고 있는데, 예술 분야와 전문직에 종사하는 권위자들에게 부탁해서 "자신들의 활동 분야의 미래에 대해 자세히 살펴보는 한편, 다음 세대와 그 다음 세대들에게 그 분야에서 정진할 열의를 고취시켜 주는" 글을 모았다. 예를 들어 Dershowitz(2001) 참조.

다른 일을 한 경험이 있었고, 보통은 실패로 보이는 자신들의 경험을 되돌아보기 위해 학교로 돌아오고 있었다. 이들은 대개 가르칠 수가 없었다. 왜냐하면 '실증주의'를 불신했고 엄격한 방법론에 적대적이었기 때문이다. …… 하지만 정치에 대한 관심만은 대단했다. 그들은 세상을 바꾸고 싶어서 정치학을 공부했다.

요즘 상황은 다르다. 이 애들은— 지금 대학원생은 애들이다 — 전반적으로 유난히도 평화롭고, 풍요로우며, 갈등이 없는 시대에 성장했다. 이 학생들은 똑똑하고 교육을 잘 받았으며, 배우는 데 열심이다. 하지만 이들은 열정이나 관심이 없다. …… 이 애들은 가르쳐 주는 것이나 기술이라면 뭐든 쉽게 흡수하지만 막상 질문을 던져야 하는 순간이 되면, 질문을 못한다.

인터뷰를 통해 알 수 있듯이 연구자가 살아오면서 얻은 경험의 질이 비교정치학 연구의 질에 부분적으로 영향을 미친다면, 린츠, 달, 셰보르스키가 지적했던 최근 학생들의 경험 부족은 비교정치학의 미래와 관련해 우려할 만한 일이다. 경험 부족 문제를 해결하기 위해 무엇을 할 수 있는가? 경제 위기, 전쟁, 혹은 억압적인 정권이 없는, 다시 말해 운 좋게도 상대적으로 파란만장하지 않은 시대를 살고 있는 꿈 많은 학자들은 어떻게 하면 삶을 풍부하게 만들어 연구의 질을 높일 수 있을까?[13]

경험을 쌓는 한 가지 방법은 학부를 마치고 대학원에 곧바로 진학하지 않는 것이다. 대학 졸업 후 시간을 내서 여행을 하거나 일을 해보는 것은 비교 연구에 대한 욕구를 자극할 수 있다. 안타깝게도, 사회과학 대학원 입학 심사위원회들은 정규 과정 이외의 경험을 충분히 인정해 주고 있지 않으며, 학부에서 바로 학생들을 받아들이는 데 지나치게 열중하고 있다. MBA 프로그램은 대체로 입학 전에 학생들이 어느 정도 실무를 경험해 볼 것을 요구한다.

13 물론, 전 지구적 테러의 위협 속에 있는 9·11 이후의 시기는 결국 파란만장한 시기가 될 수도 있다.

사회과학 대학원 학위 프로그램에서도 비슷한 요건을 채택해 보는 것도 나쁘지 않다. 말하자면, 교수들은 학계에 들어올 생각을 하고 있는 학부생들에게 "서두르지 말라!"고 충고하는 것을 적극적으로 고려해 봐야 한다.

학교 밖의 일과 여행 이외에도, 시야를 넓힐 수 있는 방법에는 어학 공부도 있고 문학작품 읽기도 있다. 두 방법 모두 다양한 사고방식을 접할 수 있게 해준다. 그리고 문학작품은 인간 행동의 다양함을 느낄 수 있게 해준다. 외국에서 연구해 보는 것도 경험 부족을 극복하는 또 하나의 방법이다. 특히, 학부 과정을 끝낸 후 곧바로 대학원 과정에 들어가는 학생들에게 좋을 것이다. 베이츠가 직설적으로 말하듯, "현지 조사는 헛소리에 대한 특효약이다. 현지 조사를 하게 되면 현실에서 연구 문제를 잡아내게 된다." 바로 이런 이유로 "서두르지 말라"는 권고를 반복할 필요가 있다. 오늘날 대학원생들은 대학원 과정을 5년, 적어도 6년 안에는 끝내라는 강한 압박을 자주 받는다. 대학 행정 당국에서 비용 관리 문제로 이런 압박을 하기도 하는데, 그렇게 되면 장기간 현지 조사를 나가거나 교환학생으로 해외에서 시간을 보내며 경험을 쌓기는 더욱 어려워진다. 이 책에서 나타나듯 삶의 경험과 우수한 비교 연구가 서로 상관관계에 있다면, 박사과정 기간을 줄이려는 시도는 커다란 손실을 가져올 수 있다. 만약 그것이 경험이 부족한 학생이 현지에서 보낼 수 있는 시간의 총량을 줄이는 것이라면 말이다.

새로운 경험을 쌓는 일은 대학원 이후에도 중단되어서는 안 된다. 슈미터가 말한 대로 "훌륭한 비교정치학자가 되기 위해서는 스스로 비교하는 삶을 살 필요가 있다. 즉, 다른 문화권에서 사는 것, 혹은 외부자로 사는 것에 스스로 익숙해져야만 한다. 여러 나라에 갈 수 있는 기회를 찾아보면서 자신의 삶을 비교정치에 적합하도록 만들어야만 한다." 자신의 연구에 의미와 목적을 불어넣어 주고, 새로운 아이디어를 공급해 주고, 인간 행동의 범위에 관한 지식을 심화시켜 줄 풍부한 경험을 추구하는 일은 평생에 걸쳐 노력해야 하는 일이다.

왓슨, 내 두뇌가 곧 나야. 나머지는 장식에 불과하지.

_설록 홈스(Grann 2004, 62에서 재인용)

과학에서 영감의 역할은 예술에서 영감의 역할 못지않다.

_막스 베버(1946a, 136)

자신은 두뇌일 뿐이라고 이야기하는 설록 홈스에게서, 우리는 과학적 탐구를
마치 포름알데히드 용액 속에 담긴 두뇌가 수행하는 것과 같은 감정에 좌우되
지 않는 시도로 바라보는 일반적 인식을 환기하게 된다. 이런 시각에 따르면
감정, 느낌 등 인간 본성의 '뜨거운' 측면은 '차가운' 이성적 판단을 흐리게 하
고 과학의 발전을 가로막는 이물질이다. 과학에는 열정이 숨 쉴 자리가 없다.

이 책의 인터뷰는 과학적 탐구는 차갑고 냉정해야 한다는 견해에 도전한
다. 인터뷰에서는 이런 견해와는 사뭇 다른 증언들이 나왔다. 이는 "과학에서
영감의 역할은 예술에서 영감의 역할 못지않다"는 베버의 주장을 뒷받침하고
있었다. 비교정치학의 최고 학자들은 연구에 매우 열정적이다. 실제로 그들
은 자신의 연구를 설명할 때 매우 감성적인 단어들을 사용했다. 오도넬은 "면
도를 하면서도 고민하게 되는 실제 현실의 문제들을 다루려고 애쓰"는 사람
으로 자신을 표현했다. 그는 모국인 아르헨티나의 정치적 불행에 대해 평생
"강박적이라 할 정도로 고민해" 왔다고 말했다. 알몬드는 90세가 될 때까지
연구를 계속할 수 있었던 동력에 대해 이야기하면서, "문제를 해결한다는 것
은 즐거운 일이다. 매번 가슴이 두근거린다"라고 말했다. 달은 "최고의 학생
이 되기 위해서는 정치학 연구를 머리로만 해서는 안 되며 몸으로도 해야 한

다. 느낌, 감성으로 해야 한다"라고 말했다. 마지막으로 스콧은 말레이시아 마을에서 2년간의 민족지적 현지 조사를 했던 경험을 돌이켜 보며, "어떤 대상에 지적으로 몰두한 나머지 자나 깨나 그 생각만 하게 되고, 꿈에도 나타날 정도가 되면 정말 뭔가가 나온다. 아이디어를 짜내기에는 더없이 훌륭한 조건이다"라고 결론지었다.

감정의 개입은 심지어 훌륭한 연구의 필요조건일 수도 있다(Zuckerman 1991, 6장). 달은 연구의 질이란 연구를 얼마나 즐기느냐에 달려 있다는 흥미로운 가설을 제시한다. 인터뷰에 따르면 즐거움이 과학적 연구에서 중요하다는 사실을 알 수 있다. 린츠는 "어떤 직감을 따라가다가 그 직감이 들어맞는 것을 경험할 때마다 흥미진진하고 즐겁다. 나는 무언가를 배우고 있는데, 운 좋게도 사회는 내가 재미를 느끼는 일에 월급을 준다"라고 말했다. 무어에게 89세의 나이에도 연구를 계속하는 힘이 무엇이냐고 묻자, "지적 호기심이나 문제를 해결하는 데서 오는 지적 희열"이라고 대답했다. 스테판이 린츠와의 공동 연구를 설명하는 것을 듣다 보면 그것이 마치 천진한 아이들의 놀이 같다는 생각이 든다. 대개 새벽 세 시를 넘기며 늦은 시간까지 머리를 맞대고 있는데, 끝나고 보면 린츠의 거실 전체가 수십 권의 책, 논문, 지도로 덮여 난장판이 된다는 것이다. 세보르스키는 "나는 연구하는 게 그냥 좋다"라고 간단명료하게 이야기한다.[14]

무엇이 이렇게 학자들로 하여금 연구에 열정을 갖도록 만드는 것일까? 부분적으로는 학문에서 얻는 기쁨 때문이기도 하다. 하지만 연구에 대한 그들의 열정은 대개 더 깊은 곳에 뿌리를 두고 있다. 그것은 그들의 연구 문제가 규범적으로 중요하며, 따라서 그들의 연구가 정치, 정책 그리고 여론과 같은

---

14 연구가 모두 "재미와 게임" 같지는 않았다. 심지어 세보르스키는 방법론의 발전을 따라가는 것이 고통스러웠다고 말했다. 전반적으로, 선도적인 학자들은 고된 연구를 해내는 뛰어난 능력을 보여 주었다.

"현실 세계"에 중요한 함의를 가지고 있다는 확신이다. 이런 확신이 연구에 의미를 부여하고, 그 의미가 열정을 이끌어 낸다.

하지만 규범적인 동기와 목적은 과학과 양립할 수 있는가? 최근 정치학에서 영향력 있는 학파인 '실증주의적 정치경제학'에 따르면 대답은 "아니요"다. 실제로 과학적 열망을 중시하는 이 학파는, 연구자는 현실이 어떠해야 하는지를 연구하는 것이 아니라, 현실이 어떠한지를 연구해야 한다고 주장하며, 전자를 비과학적인 '규범적' 이론으로 간주한다(Alt and Shepsle 1990).[15] 이 인터뷰들은 실증적 이론과 규범적 이론을 구별해야 한다는 생각에 도전한다. 비교정치학에서 가장 영향력 있는 학자들 가운데 몇몇은 의식적으로 실증적인 동시에 규범적인 연구를 추구한다. 달은 자신의 경우 "정치학이 가지고 있는 규범적이고 윤리적인 측면은 경험적이며 과학적인 측면과 잘 통합될 수 있다고 생각하기 때문이다"라고 설명했다. 그는 "불행히도 오늘날 여러 정치학자들은 규범적 정치 이론과 경험에 기초한 사회과학을 연계하는 것을 불편해 하는데, 그러면 양쪽 다 손해다. …… 연구를 통해 답하고자 하는 질문이 인간적 가치의 관점에서 정의되지 못하고, 또 연구의 결론을 통해 무엇이 달라질 수 있을지의 관점에서 정의되지 못한다면, 그것은 중요한 연구 문제가 될 수 없기 때문이다"라며 안타까워했다. 레이프하르트의 설명 역시 이와 비슷하다.

> 내 연구는 규범적으로 중요한 변수들과 함께 시작된다. 이를테면 평화나 폭력처럼 선 또는 악으로 표현될 수 있는 것들 말이다. 그다음엔 무엇 때문에 이런 다른 결과가 생기는지를 조사한다. 마지막으로, 처방을 제시하면서, 즉 기대했던 결과를 산출할 수 있는 방법을 제시하면서 결론을 내린다. 난 규범적인 관심과 과학을 연구하려는 열망이 양립할 수 없다고는 생각하지 않는다. 실제로, 규범적이고 처방적인 결론은

---

[15] 물론 과학이 "가치중립적"이어야 한다는 관념은 오랜 역사를 가지고 있다.

가장 경험적인 관계들로부터 도출될 수 있다고 생각한다.

이런 사례들에서 알 수 있듯이, 스스로가 현실 세계에 중요한 함의를 가진 문제를 제기하고 있다는 믿음이 연구에 의미를 부여해 주고, 그 의미가 학문에 대한 열정을 불러일으키고 유지시킨다. 게다가 가치의 측면과 도덕적 헌신의 측면에서 유의미한 연구 문제에 초점을 맞추면서도 그 문제에 대한 답을 찾는 과정에서 중립성, 엄밀성 그리고 객관성을 따질 수 있다(Weber 1949, 49-112).[16] 따라서 실증적 이론과 규범적 이론 사이에 방화벽을 세우려는 노력은 과학적인 객관성을 얻는 데 불필요하다. 그런 노력은 연구의 열정을 소모시켜 버릴 위험이 있기 때문에 피해야 한다.

열정의 상실 : 전문가주의의 철장

이 책에서 인터뷰한 학자들은 오늘날 교수와 학생 모두 자신의 연구에 대한 열정이 부족하다고 걱정했다. 스카치폴은 "갇혀 있는 느낌이 든다고 이야기하는 대학원생들을 많이 본다. 그들은 의무감에서 연구 문제를 선택하고, 그다음 경력을 쌓기 위해 사람들이 자신에게 기대하는 특정 주제를 연구하는 것 같다. 자기 판단을 믿고 자신의 호기심에 따라 중요한 문제를 연구하는 이들이 얼마나 되는지 잘 모르겠다"고 말했다. 달은 "『미국정치학회보』*American Political Science Review*, APSR에 실린 논문들을 보다 보면 '이 사람은 이 연구를 하면

---

16 베버의 "사회과학 연구의 객관성 **그리고** 주관성에 대한 이중적 헌신"에 대해서는 Fishman(2005) 참조. 또한 Schluchter(1979) 참조. 제2차 세계대전의 여파 속에서 달을 비롯한 선도적 사회과학자들이 어떻게 자유주의에 대한 자신들의 규범적 헌신과 객관적인 경험적 연구를 결합시켰는지에 대해서는 Katznelson(2003) 참조.

서 정말 신이 났을까?'라는 생각이 가끔씩 든다.'"라고 말했다. 스콧은 너무 많은 교수들과 학생들이 "학문을 8시에 출근해서 5시에 퇴근하는 직업으로 생각"한다고 걱정했다.[17]

이런 학자들이 목격한 열정 부족에 대해서는 어떻게 해야 할까? 첫째, 교수들은 자신의 연구에 대한 열정을 학생들에게 좀 더 잘 전달해야 한다. 만약 교수들이 연구에 열정을 거의 보이지 않는다면 그리고 연구자는 9시에 출근해서 5시에 퇴근하는 직업이라는 신호를 보낸다면, 학생들이 그렇게 행동한다고 해서 그들을 탓할 수는 없다. 둘째, 자신의 연구에 깊은 애정을 가진 학자가 수행한 일급의 연구 모델들을 학생들이 접하도록 하는 방법이 있다. 베이츠가 이 전략을 썼는데, 그는 그랜트 매코널의『사적 권력과 미국의 민주주의』Private power and American democracy(McConnell 1966)를 활용했다. 베이츠는 매번 그 책을 수업 시간에 숙제로 내주었다. 매코널의 책은 사적 이익을 위해 공적 권력을 이용하는 것에 대한 저자의 분노를 생생하게 전달하고 있었다. 베이츠의 표현에 따르면, 이는 독자에게 "저자가 문제에 관심을 가지고, 분노하고, 추적하는 이유"를 잘 보여 준다.

또한 9시에 나와서 5시에 들어가는 판에 박힌 일상의 틀을 벗어나게 해줄 상호 교류의 공동체를 조성하는 것도 교수와 학생들의 열정을 일깨우고 유지하는 데 도움이 된다. 슈미터는 시카고 대학 교수들이 하이드 파크 주변에 모여 살면서 연구실 밖에서도 서로 자주 만났다고 이야기했다. 이런 상호 교류는 정치학을 어떻게 연구할지에 대한 생각이 상당히 다른 동료들 사이에서도 끊임없는 풍부한 대화와 논쟁을 이끌어 냈다. 이런 대화를 통해 교수들은 계속 자극을 받고 재미를 느낄 수 있다. 스카치폴은 대학원생으로서 참여한 스

---

17 사회과학의 직업화가 가지고 올 부정적인 영향에 관한 우려는 새로운 이야기가 아니다. 이 문제에 대한 선행 연구는 Gunnell(2004, 264-66) 참조.

터디 그룹이 비슷한 효과를 주었으며, 이후에 시카고 대학과 하버드 대학 교수로서 참여했던 교수-학생 주간 워크숍도 그런 효과가 있었다고 이야기한다. 이런 사례들을 통해 비교정치학의 열정을 타오르게 하려면, 연구에 관한 흥미를 일으키는 여러 가지 방법을 사용해 학문 공동체를 조직하는 데 좀 더 면밀한 관심을 기울일 필요가 있음을 알 수 있다.

마지막으로, 정서적 관여, 규범적 헌신 그리고 연구의 우수성이 결코 양립 불가능한 것들이 아니라는 점을 인식해야 열정이 생겨날 수 있다. 몇몇 최고의 학자들은 자신들이 분명 규범적 관심도 있었지만 동시에 실증적 관심도 있었다고 이야기한다. 우리가 관심을 갖고 있는 사안을 연구하는 것이 성공 가능성도 높을 뿐만 아니라 바람직하기도 하다. 그러나 풍부한 인생 경험과 규범적 헌신이 없는 상황에서, 열정적으로 관심 있어 하는 주제를 찾는다는 것은 어려운 일일 수 있다.

모험

이 책에서 인터뷰한 학자들은 풍부한 인생 경험과 열정 외에도 세 번째 특성을 공유하고 있었다. 그것은 대담함이다. 비교정치학의 최고 연구자들은 다음의 세 가지 핵심 영역에서 직업적, 지적, 심지어 개인적 모험을 감수했다.

① 스승과의 관계를 설정하는 방법
② 주류 연구와의 관계에서 자신의 입장을 정하는 방법
③ 연구 문제의 종류

지도 교수나 선생들과의 관계를 설정하는 문제는 매우 까다로운 일이다. 존경하는 스승을 모방하고 싶은, 심지어는 그대로 따라 하고 싶은 충동을 이겨내고 자율성과 독립성을 지키려고 노력해야 하기 때문이다. 게다가 많은 스승들은 학생들에게 헌신은 물론 심지어 복종을 기대하기도 한다. 비록 그들이 인식하지 못하거나 인정하지 않을 수 있지만 말이다. 직업을 구하고 성공적으로 연구 경력을 쌓으려면 교수들의 지지를 얻는 것이 필수적이기 때문에, 지도 교수에게 잘못 도전했다가 아주 난감한 상황에 봉착할 위험이 크다. 하지만 선도적인 학자들의 인터뷰를 보면 이런 식의 모험을 감수했다는 이야기를 많이 찾아볼 수 있다.

스카치폴은 자신의 첫 논문(Skocpol 1973)을 그녀가 대학원생일 때 발표했다. 그 논문은 그녀의 스승 배링턴 무어의 대표작인 『독재와 민주주의의 사회적 기원』(1966)을 비판하고 있었다. 스테판이 브라질 군부에 대한 논문 (Stepan 1971)을 쓰려고 하자 그의 지도 교수는 반대했다. 하지만 그는 지도 교수의 경고에 귀 기울이지 않았다. 지도 교수는 브라질 군부에 대한 논문 주제는 너무 논증하기 어려운 문제라고 했다. 아울러 슈미터와 레이틴 모두 캘리포니아 대학 버클리 캠퍼스에 있는 그들의 스승에게 공개적으로 이의를 제기하는 대담함을 보여 주었다. 슈미터는 립셋Seymour Martin Lipset의 수업을 듣다가 정당이 민주주의에서 주요한 대의 수단이라는 그의 주장이 틀렸다고 대담하게 이야기했다. 마찬가지로 레이틴의 스승인 에른스트 하스Ernst Haas가 인간의 감성을 객관적으로 측정할 수 있는 도구를 고안하려는 칼 도이치Karl Deutsch의 노력을 수업 시간에 비웃자, 레이틴은 하스의 비판에 맞서 도이치를 옹호했다. 베이츠와 셰보르스키는 다른 방식으로 모험을 감행했다. 그들은 지도 교수를 선택하지 않았다. 셰보르스키는 정치학 박사 학위를 받은 노스웨스턴 대학에서 그 누구의 지도 학생도 아니었다. 매사추세츠 공과대학MIT

에서 유사한 상황을 경험했던 베이츠는 이렇게 말했다. "실제로 나는 아프리카로 가서 내 할 일을 하고, 거의 끝날 무렵 두꺼운 박사 학위논문을 사람들 책상 위에 던져 놓았다."

물론, 모든 학자들이 스승과의 관계에서 자율적인 입장을 취하려 했던 것은 아니다. 무어와 스콧은 그들의 논문과 초기 저작이 박사과정 지도 교수의 연구를 얼마나 모방했는지 설명해 주었다. 이후에 둘 다 자신의 초기 연구에서 독창성이 부족했다며 후회를 표시했다. 스콧은 박사 학위논문과 박사 학위논문을 이용해 출간했던 책을 언급하면서, 정치 이데올로기를 연구하는 로버트 레인Robert Lane의 이론틀을 말레이시아 사례(Lane 1962; Scott 1968)에 적용해 지도 교수 레인의 "발자취를 따라갔다"고 말했다. 그의 첫 번째 책은 지도 교수를 기쁘게 했지만, 스콧은 "손쉽게 얻은 성공"이라고 생각했다. 왜냐하면 그의 연구가 경험적으로 피상적이라는 것을 알아낸 한 말레이시아 전공자의 날카로운 비판을 받았기 때문이다. 그래서 스콧은 첫 책이 "읽을 만한 가치가 없다"고 말한다. 무어도 양적 방법으로 각국의 사회 계층화를 비교 분석한 그의 첫 번째 학술 논문(Moore 1942)을 마찬가지로 탐탁지 않아 했다. "스승인 머독George Peter Murdock을 흉내 냈다. 지금 생각하면 [내가 그 논문을 썼다니] 웃긴 일이다."

이런 사례를 통해 대학원생이 스승에게 반기를 들고 지도 교수 없이 지내야만 한다는 말을 하려는 것은 아니다. 그럼에도 불구하고 스승과 의견을 달리하고 스승으로부터 독립하려는 자발성이 몇몇 최고의 학자들에게서 발견할 수 있는 특징임은 분명하다.

최고의 연구자들은 또 다른 문제로 모험을 감행하기도 한다. 주류 연구와의 관계에서 어떤 입장을 취하느냐의 문제에서다. 이 책에서 인터뷰한 여러 학자들은 자신들이 학계에서 비주류로 전락할 수 있다는 점을 잘 아는 상황에서도 자신의 열정과 관심을 고집하는 모습을 보여 주었다. 1970년대 베이츠는 종속이론과 근대화론처럼 합리적 선택이론과는 거리가 먼 이론들이 비교정치학계를 휩쓸던 시절에 합리적 선택이론을 사용함으로써, 게다가 아프리카를 선택함으로써 비주류가 되었다.[18] 베이츠는 "나는 내가 학계에서 주변부에 있다는 것을 알고 있었고, 주변부라도 학계에 있는 것만으로도 행복했다. 그러니까 나는 그저 아프리카 연구자였다. 주류가 되려고 아프리카 연구자가 되는 사람은 없다"라고 설명했다. 마찬가지로 레이틴은 연구자로서 경력을 시작해 첫 10여 년의 대부분을 소말리아 정치 문화의 매력에 푹 빠져 지냈지만, 그 주제가 그리 관심을 끌지 못할 것이라는 점을 애초부터 잘 알고 있었다. 레이틴은 다음과 같이 신랄하게 이야기한다. "내가 학계에 미친 영향은 제로였다. 사실 첫 12~13년 동안은 각주에도 중요하게 언급되지 못하는 형편이었다. …… 누군가가 유일하게 인용했던 게 '소말리아는 아프리카 동부 해안에 있다, 데이비드 레이틴을 참조하라'는 것이었다." 젊은 조교수였던 스콧은 동남아시아 지역의 역사와 인류학 연구를 위해 1년간 학교를 떠나 동남아시아에서 열정을 불태우는 길을 선택했다. 그는 다음과 같이 충고하면서 자신을 맥 빠지게 만들던 한 동료의 비판을 떠올렸다. "스콧, 자네는 정말이지 머리가 안 돌아가. 동남아시아 연구자라니, 완전 시간 낭비라고. 지금 정치학에서 대세는 그런 게 아니라니까. 자네 경력은 끝나는 거야."

---

[18] 합리적 선택이론은 1990년대가 돼서야 비교정치학에서 폭넓게 사용된다.

주류와 관련해 모험을 감행한 또 다른 사례는 학자들이 자신의 연구를 내놓는 방식에서 찾아볼 수 있다. 이 책에서 인터뷰한 학자들은 동료 심사 학술지[19]에 책과 논문을 출판하는 일반적인 전략을 항상 따르지는 않는다. 가령 린츠와 스테판은 모두 동료 심사 학술지에 논문으로 내기에는 너무 길지만 책으로 출판하기에는 또 너무 짧은, 백여 쪽 분량의 원고를 쓰는 경향이 있다. 이 때문에 그들 연구의 상당수는 일반적으로 책을 내거나 학술지에 논문을 싣는 것보다는 주목을 끌기 힘든 편저의 한 장으로 발표된다. 더욱이 린츠의 가장 영향력 있는 논문 가운데 하나인 대통령제와 민주주의에 대한 논문은 요약본이 출판될 때까지 수년간 해적판samizdat 형태로만 이용할 수 있었다 (Linz 1990a).[20]

연구 문제를 선정할 때

선도적인 학자들이 모험을 감행하는 또 다른 영역은 그들이 고심하는 연구 문제에 대한 것이다. 이들은 결과가 불확실함에도 불구하고 엄청난 시간과 노력이 필요한 거대한 범위의 연구 문제에 대한 해답을 찾으려고 수많은 시도를 해왔다. 또한 이전 연구의 관점에서 벗어나 새로운 연구 문제를 찾아 항상 움직이는 노력도 보인다. 최고의 학자들은 이미 성공을 인정받은 낡은 문제에 안주하는 대신에, 호기심을 잃지 않고 새로운 문제와 새로운 주제를 항상 찾아다닌다.

19 • 동료 심사 학술지peer-reviewed journal
그 분야의 전문 연구자들이 편집인으로 참여해 학술지에 실릴 논문들을 검토, 평가한 후 출판하는 학술지들을 말한다.
20 전체 논문은 결국 Linz(1994)로 출판되었다.

거대한 연구 문제들. 여러 학자들이 야심찬 연구 문제와 씨름하는 모습은 인상적이다. 어떤 나라들은 민주적인데 왜 다른 나라들은 그렇지 못할까? 혁명의 원인은 무엇일까? 경제 발전을 어떻게 설명할 수 있을까? 이런 주제를 다루려면 평균 이상의 에너지와 인내심이 필요하다.

무어는 여덟 개 국가의 수백 년 역사를 분석하며 집필에만 10년 이상이 걸린『독재와 민주주의의 사회적 기원』(1966)을 쓰던 시절을 회상하면서, 그처럼 어려운 프로젝트에 대담하게 착수한 동기를 다음과 같이 설명했다. "사실『사회적 기원』의 집필을 시작할 때 세운 계획은 훨씬 거창했다. 지나치게 거창한 계획이었다. 농업 사회의 계급 구조 형태를 보이는 국가는 물론이고 산업사회의 구조를 지닌 국가, 심지어 그 외의 형태를 취하는 국가도 몇 개국 더 다루려고 했었다." 스카치폴은 세 가지 주요 혁명을 비교한 박사논문을 쓰려 했던 것과 관련해서, "프랑스와 러시아, 중국 혁명을 한꺼번에 다루는 논문을 대학원생이 쓴다는 이야기를 그때까지 들어본 적이 없다. 다들 통계를 공부하고, '적당한' 프로젝트를 찾아 논문을 썼다"라고 이야기했다. 마지막으로 데이비드 콜리어는 비교 역사 연구가 두꺼운 책으로 출간되는 경우가 많은 이유에 대해 설명하면서 ─ 그가 루스 베린스 콜리어Ruth Berins Collier와 함께 쓴 『정치적 장의 형성』Shaping the Political Arena(Collier and Collier 1991)은 877쪽 분량의 책으로 라틴아메리카 8개국을 대상으로 근대 정치제도의 역사적 뿌리를 살펴보고 있다 ─ 거대한 연구 문제를 해결하는 데는 끈기가 필요함을 강조했다. "이 책을 쓰는 일은 매우 도전적인 기획이었고, 의도했던 것보다 훨씬 더 오랜 시간이 걸렸다. 자그마치 10년 동안 그 책을 썼다. …… 특정 국가들에 대한 주장들을 정리하는 데도 많은 지면이 필요하기 마련이다. 우리의 경우, 20세기 첫 10년부터 1980년대까지의 기간을 포괄했다. 그렇게 해서 결국은 대여섯 개의 역사적 국면을 거쳐 각국이 진화해 온 양상에 초점을 맞춘 …… 길고, 정교한 분석을 해냈다."

새로운 연구 문제. 많은 선도적 학자들은 이미 인정받은 자신의 전문 영역을 옹호하며 위험을 회피하기보다는, 자신들의 기술과 재능이 아직 검증받지 못한 새로운 연구 주제로 이동함으로써 스스로에게 도전한다. 이렇게 학문적 모험을 감행하는 모습은 헌팅턴의 사례에서 잘 나타난다. 헌팅턴은 지난 50여 년간 정치학의 주요 분야 세 곳 — 미국 정치, 국제관계, 비교정치 — 을 넘나들며 책을 발표했다. 헌팅턴은 자신이 "여러 분야를 기웃거렸다"고 말한다. 그는 이리저리 옮겨 다닌 자신의 행보를 설명하면서, 자신의 연구에서 핵심적 역할을 하는 것은 방법론이나 이론, 학문적 경계보다는 실질적 문제들이라고 지적한다. "나는 현실적으로나 이론적으로나 내가 중요하다고 생각하는 문제를 다루고 싶다. 그렇기 때문에, 설사 연구 분야를 바꿔야 한다 하더라도, 그런 류의 문제와 사안이 있는 곳을 따라가는 것뿐이다." 새로운 문제를 추구하는 비슷한 충동은 오도넬의 연구가 거쳐 온 길을 살펴보아도 알 수 있다. 오도넬의 연구는 권위주의 체제에서 민주주의로 이행하는 권위주의 정권의 문제에서, 가장 최근에는 민주주의 질의 문제로 이동했다. 오도넬은 새로운 문제에 도전하고 싶은 충동에 대해 다음과 같이 이야기한다. "몇몇 동료들은 내게 불만을 토로하기도 한다. 공들여 내 글을 보고 있었는데, 정작 나는 이미 다른 주제로 넘어가 버렸다고 말이다. 나도 어떤 측면에서 보면, 좋지 않은 버릇이라고 생각하지만, 주체할 수가 없다. 새로운 주제에 사로잡히면, 말하자면 키우던 애들도 친척 집에 보내 버리고 다른 데로 이사를 가버리는 것이다. 내 연구 방식이 그렇다." 스카치폴도 이와 비슷한 사례이다. 그녀는 혁명에 대한 비교정치 연구로 많은 성공적인 논문과 중요한 책을 발표한 후, 새롭고 전혀 다른 주제인 미국의 사회정책으로 관심을 옮겨 간 것에 대해 설명하면서 이렇게 이야기한다. "『국가와 사회혁명』 출간 후 얼마 지나지 않아 혁명에 관해 더는 쓰고 싶지 않다는 생각이 들었다. 학자로서의 내 전략이 생산적인 결과가 나올 만한 문제들을 선정해서 그것을 이용해 이론적인 문제들을 퍼즐 맞추듯 풀어 가는 것이기도 하거니와, 새로운 주제로 넘어가고 싶기도 했다. 혁명 전문가로 남을 마음은 없었다." 마지막으로, 무어는 러시아 전문가로서 학계에서 첫 10년을 성공적으로 보낸 후에 폭이 넓은 비교정치학자로 변신했다. 어떤 계기가 있었냐는 질문에 무어는 이렇게 대답했다. "러시아 전문가가 된다는 게 달갑지 않았다. …… 다른 데 관심이 갔다. 『사회적 기원』에서 드러난 문제인, 전체주의와 자유주의, 급진적 혁명의 뿌리가 무엇인지 궁금해졌다."

물론, 최고의 학자들이 모두 새로운 연구 문제를 선택하는 모험을 감행한 것은 아니다. 레이프하르트는 다원적이고 분열된 사회에서 안정적인 민주주의를 달성하는 과제에 꾸준히 집중해 왔다. 마찬가지로 레이틴은 문화와 정치의 관계를 계속해서 집중 연구해 왔다. 비교정치학자들 대부분이 같은 지역이나 같은 나라로 폭을 좁혀 집중하는 반면, 그의 연구는 여러 지역에 걸쳐 있다는 지적에 대해 레이틴은 다음과 같이 말했다.

> 나는 폭이 매우 좁은 사람이다. 정치학을 연구하는 동안 대체로 좁은 범위의 동일한 문제들에 초점을 맞췄다. 기본적으로 문화와 정치의 관계, 그리고 문화적 이질성의 정치적 함의에 관한 것이었다. …… 소말리아에 대한 것이든, 나이지리아나 카탈루냐, 구소련 붕괴 이후의 세계에 대한 것이든, 내 연구에서는 동일한 문제가 몇 가지 상이한 방식으로 반복적으로 제기되고 있다는 점을 알 수 있을 것이다. 나는 다른 비교정치학자들에게 이렇게 말해 왔다. 당신들은 새로운 장소로 가기 위해 치러야 할 비용은 과대평가하면서 동일한 장소에서 새로운 문제를 연구하는 비용은 과소평가하고 있다고 말이다.

모험의 대가

모험을 한다고 해서 늘 성과가 뒤따르는 것은 아니다. 주변부에서의 혁신적인 연구가 간혹 주류 지형을 파고들고 심지어 커다란 변화를 일으키기도 하지만, 주변부 연구의 운명은 대개 비주류로 남는 것이다. 예를 들어, 베이츠는 그의 책 『산업화에 대한 농촌의 대응』*Rural Responses to Industrialization*이 폭넓은 관심을 받지 못한 이유 가운데 하나가 합리적 선택이론을 사용했기 때문이라면서, 합리적 선택이론이 책을 주류 이론의 밖으로 밀어냈다고 했다. "1970년대 중반 비교정치학은 종속이론과 종속이론에 대한 마르크스주의적 비판에 초점을 맞추고 있었다. 내 책은 그에 대해 어떤 언급도 하지 않고 있었기 때문에 당시 이론과 거리가 있었다. 이것이 바로 내 책이 관심을 끌지 못했던 이유다."

또 다른 방식으로 모험을 감행해도 그 대가가 클 수 있다. 헌팅턴은 자신이 했던 것처럼 여러 분야를 넘나들다 보면 이럴 수도 있다고 말한다. "일반적으로 특정 분야의 전문가들은 그 사람이 다른 분야에서 어떤 연구를 해왔는지 제대로 알지 못할 것이다. 비교정치학자들은 나를 『정치발전론』(1968)이나 『제3의 물결』(1991)과 관련 지어 본다. 하지만 『군과 국가』(1957)나 내 다른 미국 정치 관련 저서(Huntington 1981b)에 대해서는 전혀 모른다." 린츠는 여러 글을 묶은 책의 한 장으로나 어울리는 분량의 글을 쓰는 성향 때문에 자신의 연구가 독자의 눈에 잘 띄지 않고 영향력도 작아진 것 같다고 이야기했다.[21] 마지막으로 슈미터는 새로운 나라 아르헨티나에 대한 상당한 현지 조사를 통해, 이전 연구에서 초점을 맞췄던 브라질 사례를 뛰어넘으려는 노력을 했음에도 불구하고 출판을 하지 못한 이야기를 해주었다. 그는 이 결과를 자신의 "대실패들" 가운데 하나로 생각한다.

최고의 학자들조차 모험을 감행했다가 낙심과 좌절을 경험한다. 그리고 비교정치학 역사의 쓰레기통이 있다면 그 속에는 아마 모험을 감행했다가 실

---

[21] "원초주의에서 민족주의까지"(Linz 1985a)에 대한 〈인터뷰 4〉 린츠의 논의를 참조. 오늘날 종신 재직권을 받기 위해 필요한 요건을 고려해 볼 때, 일반적이지 않은 분량의 논문을 쓰는 것은 실패의 지름길이 되기 쉬우므로, 종신 재직권이 없는 교수진이나 학생들에게는 그런 방법에 따르는 위험을 경고할 필요가 있다.

패해서 별로 알려지지도 않고 기억에서도 사라진 무수한 학자들의 연구가 가득할 것이다.

안전 제일주의 : 우리는 너무 위험 회피적인가?

모험을 감행한 대가는 클 수 있지만, 이 책에서 인터뷰한 학자들은 교수들과 학생들이 너무 위험 회피적이라는 점에 우려를 표명했다. 셰보르스키에 따르면,

> 미국에서 학계의 전반적인 보상 구조는 학자들로 하여금 지적으로나 정치적으로 위험을 회피하도록 만들고 있다. 대학원생과 조교수들은 자신들의 지적 야심을 두세 개의 학술지에 실릴 수 있는 논문으로 포장해야 하며, 정치적 입장처럼 보일 만한 것은 그 어떤 것도 드러내지 않아야 한다는 것을 배워 가고 있다. 이런 전문가주의는 협소하게 정식화된 문제에 대한 지식을 발전시키기는 한다. 하지만 우리에게는 학계 밖으로 우리의 지식을 전파할 수 있는 토론의 장이 없다. 사실 우리끼리조차도 정치에 대해 이야기하지 않는다.

린츠도 학문적인 성공을 측정하는 데 동료 심사 학술지에 실린 논문 편수 등과 같은 표준화된 기준을 사용하는 일이 늘어나면서 혁신의 가능성이 줄어들고 있다고 주장하면서 이런 점을 지적한다. "누가 승진하고 누가 자리를 얻느냐를 결정하는 데 있어 동료 심사 학술지에 기고한 횟수 같은 비인격적이고 기계적인 기준을 신뢰하는 일이 점점 많아지고 있다. 더 비인격화되고 더 관료화될수록 그 분야는 표준적이고 예측 가능한 결과물을 내놓게 되겠지만, 이런 표준화는 학계의 이단아나 혁신자들이 설 자리를 허락하지 않을 것이다."[22] 헌팅턴은 대학원생들이 "폭넓은 문제를 제기하는 데 대해 매우 소극적

이다"라고 지적하면서 이런 소심함으로 인해 대학원생보다 학부생 가르치는 일이 더 흥미롭다고 이야기했다. 오도넬은 거대하고 대담한 책들의 시대가 지나가는 것을 안타까워했다. "방법론적 정교화에 치중하는 현재의 경향 속에서, 거대한 쟁점들을 설명해 낼 수 있는 책을 써낼 수 있다는 야심찬 포부와 자신감을 잃지는 않았는지 걱정이다. 무어, 달, 혹은 아이젠슈타트Shmuel Eisenstadt가 자신들의 주저를 썼을 때만 해도, 큰 문제에 대해서 방법론적으로 자의식적이면서도 중요한 저작을 쓸 수 있다는 생각이 존재했다. 이런 생각이 사라질까 두렵다."

이런 우려에도 불구하고, 이 책에서 인터뷰한 학자들을 비롯해 아무도 언제 어디서나 항상 무모해도 좋다고 말하는 학자는 없을 것이다. 모든 사람이 위험이 큰 연구를 할 수 있거나 해야만 하는 것은 아니다. 지독한 독립성이 모두에게 맞는 것은 아니다. 스승을 모방하거나 심지어 흉내만 내면서도 탄탄하고 훌륭한 연구들이 많이 이뤄졌다. 게다가 건전한 학계라면 실제로 위험성이 적은 '정상' 과학을 하는 수많은 연구자 집단이 필요할지 모른다. 패러다임을 변화시키는 만루 홈런을 치겠다는 희망에서 담장을 향해 방망이를 휘두르는 이단아가 너무 많은 것은 아마 재앙을 부르는 지름길일 것이다.[23]

하지만 그 분야 전체를 벼랑 끝으로 몰아갈 수도 있는 군중심리의 지배를 막기 위해 자의식적인 발걸음은 필요하다. 선도적인 학자들은 집단 사고의 지배력에 맞설 수 있는 실용적인 방안을 제시했다. 스카치폴은 학생들에게 다양한 교수진을 만나 보라고 권한다. "다양화를 통해 독립적인 공간을 마련해야 한다. 한 사람 또는 한 가지 방법에만 매달리지 말고 다양한 시도를 하

22 스콧은 그가 "과잉 전문화"hyper-professionalism라 부르는 것을 이야기하면서 비슷한 지적을 하고 있다. 〈인터뷰 9〉 참조.

23 자의식이 강한 혁신가와는 달리 "이미 확립된 규칙에 따라 복잡한 게임을 즐기는 전통주의자들"이 과학적 진보를 위해 했던 주요 역할에 대해서는 Kuhn(1977, 237) 참조.

라는 것이다. 다양한 사람들에게서 배우는 것은 독창적 조합을 만들어 낼 수 있는 좋은 방법이다." 린츠는 "'나는 정치철학을 전공하니까 비교정치학 과목은 듣지 않을 거야'라든지 '난 비교정치학을 전공하니까 정치철학과 관련한 것은 아무것도 듣지 않을 거야'라는 식으로 자신의 한계를 설정하지 말고, 자신이 속한 대학원의 좋은 자원들을 폭넓게 활용해야 한다"고 충고했다. 스콧은 폭넓은 독서의 중요성을 강조했다. "'내가 먹는 것이 바로 나'라는 건강식품 광고처럼, 그가 읽는 책과 그가 대화하는 사람을 보면 바로 그가 어떤 지식인인지 알 수 있다. 정치학 서적만 읽고 정치학자와만 대화하는 것은 한 가지 식품군만 섭취하는 것과 같다. 이것이 전부라면 독창적이고 새로운 이론을 만들어 낼 수 없다. 주류 이론을 재생산할 뿐이다. 정치학을 제대로 연구하고 싶다면 손에 잡는 것 가운데 적어도 셋에 하나는 반드시 정치학 이외 분야의 책이어야 한다." 레이프하르트는 한 쪽 발은 학계의 주류에, 다른 한 쪽은 주류 밖에 담그고 위험을 분산시키라고 젊은 학자들에게 제안했다. "비결은 기존 연구에 갇히지 않고 그 위에 쌓아올리는 것, 패러다임 내에서 연구하되 패러다임 밖에서 생각하는 것이다."

마지막으로 종신 재직권을 얻은 후에 모험을 감행하는 것이 더 적절하고 확실히 더 현명한 것일 수 있다. 무어가 씁쓸하게 말하듯, "한순간에 사람을 바보로 만들 수도 있는 걸 보면, 종신 재직권이란 게 대단하긴 하다." [무어의 말마따나] 바보들이 학계를 지배하는 것은 당연히 바람직하지 않을 것이다. 하지만 종신 재직권을 통해 얻은 엄청난 자유를 지적 모험을 감행하는 데 쓰려고 노력한다면, 비교정치학이 활기차고 흥미로운 분야로 남는 데 일조할 수 있을 것이다.

인간적 차원에 대한 강조는 과학적 탐구에서 가장 정의하기 어려운 한 측면을 조명해 준다. 그것은 아이디어를 착안하는 과정이다. 방법론에 대한 교재와 수업은 주로 아이디어를 검증하는 문제에 초점을 맞추고 있지만, 처음 단계에서 검증할 만한 아이디어를 어떻게 착안[형성]하는지에 대해서는 대개 별다른 통찰을 보여 주지 못한다.[24] 마찬가지로, 관련 전문가들이 쓴 책을 보아도 아이디어를 어떻게 떠올리는지에 관한 논의는 거의 찾아볼 수 없다. 인터뷰 형식은 선도적인 학자들이 실제로 연구를 수행하는 방법을 살펴볼 수 있게 하기 때문에, 이 책에 제시된 자료는 좋은 아이디어를 착안하는 과정에 대한 귀중한 창구를 열어 준다. 앞서 지적했듯이, 인터뷰들은 풍부한 삶의 경험이 새로운 아이디어를 착안하는 데 있어서 비옥한 토대로 작용한다는 점을 보여 준다. 하지만 경험이 비교 연구의 통찰에 이르는 유일한 길은 아니다. 학자들은 상당한 시간을 독서에 할애한다. 또한 책, 학술지, 신문 모두 아이디어를 발전시키는 데 없어서는 안 될 중요한 역할을 한다. 더욱이 정치적이고 사회적인 상호작용을 직접 관찰하는 것 역시 독창적인 가설을 만들어 낼 수 있는 중요한 도구다. 이 책에 실린 인터뷰들은 선도적인 학자들의 비교 연구의 상상력을 촉발하는 다섯 가지 방법을 강조하고 있다.

① 미지의 자료를 찾기 위한 도서관과 서점에서의 '문헌 조사'

---

[24] 이와 같이 가설 형성보다 가설 검증만을 불균형적으로 강조하는 현상은 비단 정치학과 사회학에만 국한된 일은 아니다. McGuine(1997) 참조. 독창적인 사회과학 연구를 수행하는 "요령"에 대해서는, Becker(1998) 참조.

② 시사 문제 따라잡기

③ 동시대 저작들에 대한 비판적 개입

④ 정치·사회 이론의 고전에 대한 반복적 독해

⑤ 정치 행위에 대한 실시간 관찰[25]

문헌 조사에는 도서관과 서점에서 무턱대고 책을 뒤적이는 일까지 포함되는데, 이를 통해 새로운 통찰을 제공해 주는 저작들을 뜻하지 않게 발견할 수 있다.[26] 예를 들어 슈미터는 리우데자네이루에 있는 중고 서점을 뒤지다 1930년대에 쓰인 잘 알려지지 않은 책을 발견했는데, 이를 통해 브라질의 이익대표 체계가 '코포라티즘'으로 개념화될 수 있다는 통찰을 얻었다.[27] 비슷하게 스카치폴은 1900년대 초 미국의 사회보장에 대한 고서적에서, 남북전쟁 참전자를 위한 연금을 근거로 미국이 사회보장 부분에서 유럽보다 앞서 있었다는 주장을 발견했다.[28] 스카치폴은, "호기심이 생길 수밖에 없었다. 유럽에 비하면 미국은 느림보일 뿐이라고 주장하는 기존의 모든 문헌에 반하는 내용이었고, 단순히 생각해 봐도 [그 책이 나온] 1913년에 미국이 복지 정책을 선도했을 것 같지는 않았기 때문이다. …… 회의적이었지만 뭔가 나올 것 같은 예감이 들어 계속 연구를 진행했다." 스카치폴의 예감은 적중했고 그녀의 조사는 독창적인 주장으로 이어졌다. 실제 미국은 유럽 국가들에 뒤진 것이라 아니라 시기적으로 조숙한 복지국가였다. 이 주장은 후에 그녀의 『병사와 어머니 보호하기』*Protecting Soldiers and Mothers*(1992)의 골자가 된다.

---

25 이것이 비교정치학의 상상력을 자극하는 전략의 목록을 총망라한 것은 아니다. 하지만 이 목록은 이 책이 초점을 맞추고 있는 학자들이 논의한 주요 전략을 포함하고 있다.

26 문헌 조사는 점점 인터넷에 의존하게 될 수도 있다.

27 Manoilesco(1934). 이 사건에 대한 슈미터의 설명은 Schmitter(1997b, 289-90) 참조.

28 Rubinow(1968). 이 책이 처음 출간된 것은 1913년이다.

신문과 잡지를 읽음으로써 시사 문제를 따라잡는 것 역시 새로운 아이디어를 자극하는 데 도움이 될 수 있다. 헌팅턴은 "실제 세상에서 일어나는 일들"에 대해 읽는 것이 그의 연구에서 근본적인 역할을 한다고 말한다. 그는 여러 개도국에서 있었던 혼란과 무정부 사태 그리고 부패를 목격하게 되면서 "모두가 근대화와 발전에 대해 이야기하던" 1960년대에 어떻게 "정치발전보다는 정치적 퇴행decay이 더 많다고 생각하게 되었고 ……『정치발전론』(1968)을 쓰게" 되었는지 이야기하고 있다. 시사 문제에 대한 관심은 선행 연구와 연계되어 새로운 아이디어를 착안하는 데 도움을 줄 수 있다. 슈미터는 스위스에서 신문을 읽다가 우유 가격을 매년 결정하는 스위스우유생산자협회Swiss Milk Producers' Association의 역할에 관한 기사를 보게 되었다.[29] 그는 이와 같은 가격 조정 방식이 브라질과 포르투갈에서 이전에 그가 연구했던 적이 있는 코포라티즘의 이익 매개 방식과 매우 비슷하다는 것을 알아차렸다. 이 깨달음 덕분에 그는 도서관으로 달려가 스위스 이익집단 정치에 대한 자료를 조사했고, 거기서 스위스 코포라티즘에 대한 1930년대 미발표 논문을 찾아냈다. 슈미터는 신문에서 영감을 얻어 도서관으로 달려간 결과, 코포라티즘 개념이 권위주의 국가뿐만 아니라 민주주의국가에도 적용될 수 있음을 알게 된 것이다. 이런 통찰은 그의 대표적 논문인 "여전히 코포라티즘의 시대인가?"Still the Century of Corporatism(Schmitter 1974)와 이익집단 정치에서 다원주의 모델에 대한 대안 모델로 코포라티즘 모델을 정교화했던 후속 연구에도 적용되었다.

동시대 연구에 대한 비판적 개입은 새로운 아이디어를 생성하는 또 다른 방법이다. 레이틴은 해리 엑스타인Harry Eckstein, 애런 윌더브스키Aaron Wildavsky, 아렌트 레이프하르트 등 동시대 학자가 수행한 문화와 정치 간의 관계에 대한 연구가, 자신이 발전시키고 정교화한 아이디어와는 달리, 왜 실패할 수밖에

---

[29] 이 책 2권 〈인터뷰 8〉과 Schmitter(199b, 291-92) 참조.

없었는지 다음과 같이 설명했다. "처음부터 나는 해리 엑스타인을 추적했다. 나는 엑스타인의 일치[합치] 이론congruence theory에 반하는 주장을 하고 있었는데, 엑스타인은 한 영역(문화)을 다른 영역(정치)에 직접 대응시키는direct mapping 입장이었다(Eckstein 1966). 반면에 나는 문화 영역과 여타의 영역들 사이, 예컨대 종교와 정치 사이에는 필연적인 관계가 없다고 했다. ······ 또한 내 견해는 레이프하르트의 견해와도 달랐고, 문화에 대해 글을 쓰는 거의 모든 사람들과 달랐다." 레이틴은 이처럼 동료들의 연구에 비판적으로 개입함으로써 문화가 정치적 선택을 주조하기도 하고 정치적 선택에 의해 주조되기도 한다는 생각을 정식화할 수 있었다. 마찬가지로 스카치폴은 "잘못 생각하고 있는 사람들"과 논쟁하는 것이 그녀만의 생각을 발전시키는 과정에서 중요한 역할을 했다고 지적했다. "항상 다른 이들의 연구를 비판해 가며 내가 생각하는 바를 진전시켜 왔다. 다른 학자의 연구에서 어떤 면은 옳고 어떤 면은 그르다는 것을 파악하는 일은 언제나 재미있다. ······ 내 주요 저서는 기존의 이론, 특히 내가 존경하는 연구를 반박하거나 대화를 나누는 것에서 촉발되었다."

비교 연구의 상상력을 자극할 수 있는 또 다른 방법은 정치·사회 이론의 고전적 저작들을 읽는 것이다.[30] 고전은 선도적인 비교정치학자들의 지적 삶에서 중요한 역할을 했다. 달은 항상 플라톤, 루소, 마르크스와 함께 "가상의 대화"를 하며 연구했다고 말했다. 셰보르스키는 "정치 이론 분야의 고전을 읽는 것은 내게 매우 중요하다. 나는 고전에서 가설이나 역사적 정보, 위대한 아이디어를 얻는다"라고 말했다. 슈미터는 "난 거의 자동적으로 고전을 참조하게 된다. 언제나 연구하고자 하는 문제의 본질에 대해 생각하는 것에서 시작해 이렇게 자문한다. '이 문제에 대해 이야기했던 사람이 누구지?' 어떤 때는 그저

---

[30] 근대 사회과학에서 고전의 역할에 대한 통찰력 있는 글로는 Merton(1996a)을 참조. 이 책에서 인터뷰한 모든 학자들이 반드시 고전에서 영감을 얻는 것은 아니었다는 점을 강조할 필요가 있다. 실제로 레이틴과 레이프하르트와 같은 몇몇 학자들은 고전이 자신의 연구에 그다지 영향을 미치지 않았다고 말한다.

그 고전들을 알고 있거나 읽어 본 적이 있으면 된다. …… 나는 우선 본능적으로 정치사상에서 그동안 내가 읽어 본 것들에 대한 기억을 더듬어 본다."

마지막으로 린츠는 "어떤 주제에 대한 연구를 시작할 때마다 베버가 그 주제에 관해 작업한 것이 있는지를 먼저 살핀다"라고 했다. 린츠는 고전에서 아이디어와 영감을 끌어내는 방법을 보여 주려고, 니카라과의 아타스타시오 소모사 데바일레Anastasio Somoaza Debayle 독재와 도미니카공화국의 라파엘 레오니다스 트루히요Rafael Leonidas Trujillo 독재 등 개인 독재personalistic dictatorship 연구에서 베버의 술탄주의sultanism 개념을 사용했던 일을 이야기한다.[31] 이런 사례들의 경우 통치자가 향유했던 정실주의, 족벌주의, 그리고 구속받지 않는 재량의 정도가 너무 극단적이었기 때문에, 린츠는 이를 스페인의 프랑코와 포르투갈의 살라자르António Salazar 체제와 같은 범주로 분류하는 데 불편함을 느꼈다. 린츠에 따르면,

> 베버는 전통적이고 합법적인 형태의 세습제와 술탄주의로 타락한 세습제를 구분했다. 난 베버가 세습제를 논한 부분을 다시 읽으면서 이렇게 생각했다. '이게 바로 내가 찾고 있던 거야!' 그러고는 족벌주의, 정실주의, 권력과 부의 사적 전유와 같은 술탄주의의 지표들을 명기함으로써 베버의 개념을 현대적인 방법으로 재정식화했다.

> 탐구하고 싶은 문제들이 마음속에 있을 때 고전을 읽다 보면 '음, 흥미로운 통찰이군. 내가 알고 싶었던 것을 설명해 주네'라고 말하게 되는 경우가 가끔 있다. 많이 읽으면 읽을수록 더 많이 그리고 더 잘 알 수 있게 되는 것이다.

정치적 행위에 대해 그때그때 이루어지는 관찰도 새로운 아이디어를 형성

---

[31] 술탄 체제 개념에 대한 린츠의 초기 정식화는 Linz(1975)에 있다. 아울러 Chehabi and Linz(1998a)도 참조.

하는 또 다른 기법이다. 스콧은 2년간 말레이시아 마을에 머물면서 어떻게 농부들과 풍부한 대화를 할 수 있게 되었는지 설명해 주었다. 스콧은 그 인터뷰 덕택에 [농민들이 일을] 방치하거나 지체하는 방식을 통해 마을의 조용한 외관 이면에서 "헤게모니에 맞서 드러나지 않는 형태로 저항한다는 사실"을 알 수 있었다.[32] 또한 스콧은 "정치는 어디나 존재한다"며 어떤 이국적인 먼 곳에만 있는 것이 아니라고 강조했다. 그러면서 그는 뉴욕에서 워싱턴 D.C.로 가는 기차 안에서 승객들 사이의 정치적 상호작용을 목격한 일화를 들려주었다. 슈미터도 관찰의 중요성을 강조한다. 그는 새로운 개념을 만들어 내려 할 때는 정치 행위자들과의 대화나 그들이 자신들의 일을 설명하기 위해 사용하는 말을 가까이서 들어 보는 것도 자극이 된다고 말했다. 바르셀로나 현지 조사를 하는 동안 카탈루냐 민속무용인 사르다나 춤Sardana을 관람하면서 관찰한 내용에 대한 레이틴의 이야기는 특히나 관찰이 새로운 아이디어를 어떻게 촉발할 수 있는지를 보여 주는 생생한 실례가 된다.

사르다나 춤을 출 때 사람들은 소지품을 중앙에 놓고 그 주위에 둘러서서 춤을 춘다. 그렇게 해서 그들은 춤추는 내내 자신의 소지품을 지킬 수 있는 도시적 무용을 발전시킨 것이었다. 그들은 꽤 많은 수의 스텝을 세어야 했다. …… 나는 그들이 자기 입으로 스텝을 세는 걸 보았지만, 그런 모습을 들켜서는 안 되도록 되어 있었기 때문에 그들은 애써 숨기려 노력했다.

수천 명의 관광객이 보는 춤이고, 사실 항상 있는 행사라 무용 자체는 비교적 지루한 편이다. 하지만 내게 그 춤은 영감을 불러일으켰다. 나는 내 자신에게 매우 간단한 질문을 던져 보았다. '지금까지 여러 지역에서 살아 봤지만 이곳처럼 부르주아적인 도시는 없었다. 길을 오가는 사람들은 상업 부르주아들이다. 그들이 춤을 추면서도 재

---

[32] 이 연구의 결과는 Scott(1985)에 발표되었다.

산을 지킬 수 있는 도시 문화 형태를 발전시킨 것이다. 사람들은 수를 세고 있다! 수를 센다는 것은 상업의 기본이다.' 그리고 물었다. '이토록 합리적이고 계산적인 사람들이 어째서 의사소통 능력을 늘리는 데 별반 도움이 되지도 않는 언어 운동을 밀어붙인 것일까? 일반적인 통념에 비추어 보면 카탈루냐 사람들은 대대적인 영어 배우기 운동을 펼쳐야 했다. 그래야 자신들이 상업적 거래를 하는 데도 훨씬 유용할 것이 아닌가. 그런데 이들은 왜 카탈루냐어 운동을 펼쳤을까? 성공한다고 해도 현재보다 말이 통하는 대상이 더 늘어나지는 않을 것이고 의사 전달에 있어서 이득은 전혀 없을 텐데 말이다.'

그 후 2~3일간 좀비처럼 그냥 그 마을을 걸어 다니며 내 자신에게 그 질문을 묻고 또 물었다.

사르다나 춤을 지켜보면서 레이틴은 게임이론의 도구들, 특히 조정 게임coordination games 개념이 사람들이 물질적으로 별반 이익이 되지 않는 언어 운동에 참여하는 이유를 설명하는 방법을 제공해 준다는 점을 깨달을 수 있었다.[33] 레이틴은 "바르셀로나에서 얻은 이런 통찰 덕분에 내 연구는 한동안 완전히 새로운 방향으로 진행되었다. 현지 조사는 내게 자극을 준다"고 이야기한다.

풍부한 삶의 경험, 열정 그리고 모험심이 선도적인 학자가 되는 것을 보장해 주지 않는 것처럼, 세상에 알려지지 않은 책 찾기, 신문 정독, 동시대의 연구자에 대해 비판적 개입, 고전 읽기, 그리고 관찰이 중요한 아이디어를 형성하기 위한 충분조건은 아니다. 결국 많은 사회과학자들이 신문을 읽고 시사 문제를 추적하지만, 헌팅턴의 『정치발전론』(1968)이나 슈미터의 "여전히 코포라티즘의 시대인가?"(1974)처럼 영향력 있는 연구 결과를 만들어 내는 학자는 소수에 불과하다. 또 많은 이들이 현지 조사를 하고 일상에서 많은 일들

---

33 조정 게임에 대해서는, Schelling(1980) 참조.

을 접하지만, 스콧이 『약자의 무기』Weapons of the Weak(1985)에서 보여 준 것과 같은 수준의 통찰에 도달하는 학자는 극히 소수다. 더욱이 베버의 말대로, "아이디어는 책상에 앉아 골똘히 생각하며 연구할 때 나타나는 것이 아니라, 오히려 예기치 못한 순간에 나타난다"(1946a, 136).[34] 뛰어난 지적 능력, 특히 중요한 문제를 인식하고 해결해 나갈 수 있는 능력만큼이나, 각고의 노력과 훈련 그리고 어느 정도의 운 역시 좋은 아이디어를 발전시키는 데 필요하다.

운이나 지적 능력 같은 요소는, 불가능한 것은 아니지만, 사실상 통제가 어렵다. 하지만 그게 아니더라도 새로운 아이디어를 발전시킬 수 있는 방법은 있다. 인터뷰에서 학자들은 호기심과 확신 그리고 직감을 따르는 충동 등이 뒤섞여 발생하는 전혀 예상치 못한 뜻밖의 가능성들에 대한 개방적 자세가 얼마나 중요한지를 강조했다. 나아가, 기존의 "일반적 통념"을 확실히 파악하고 있어야 새로운 정보를 찾아내는 능력을 고양시킬 수 있다. 예를 들어, 스카치폴이 일반적으로 미국을 복지 후진국으로 묘사한다는 사실을 이해하고 있지 못했다면, 선행 연구 조사에서 우연히 발견한 책이 일반적인 관점과 충돌하는 주장을 하고 있다는 사실을 알아차리지 못했을 것이다. 아울러 그녀에게 실마리를 추적하는 호기심이나 일반적인 통념에 문제를 제기할 수 있는 자신감과 비판 정신이 없었다면, 운 좋게 발견한 그 책도 아무 결실을 맺지 못했을 것이다.

비교 연구의 상상력을 촉발하는 비법은 없다. 하지만 이 책의 인터뷰들은, 풍부한 삶의 경험과 지금까지 논의한 창조적인 가설 형성을 위한 다양한 방법들이 좋은 아이디어를 착안해 내는 데 중요하다는 점을 보여 주고 있다.

---

[34] 베버(1964a, 136)는 이렇게 덧붙였다. "아이디어가 떠오르는 것은, 예상치 못할 때 혹은 책상에서 곰곰이 생각하거나 찾고자 노력하지 않을 때이다. 하지만 그전에 책상에 앉아 곰곰이 생각하거나 열정적인 답을 찾고자 노력하지 않았더라면, 마음속에서 아이디어가 떠오르는 일은 없을 것이라는 사실은 틀림없다."

오래된 저작들, 특히 고전은 최고의 학자들에게 영감을 불어넣는 중요한 역할을 하지만, 비교정치학계의 자기 분야에 대한 기억은 아주 미약한 것이 현실이다.[35] 비교정치학의 역사에 대한 연구가 거의 없다 보니, 학생들은 그 역사를 거의 배우지 못한다.[36] 사실 대학원생들은 과거의 연구는 읽지 말라는 이야기를 자주 듣는다. 오래된 연구는 대개 시대에 뒤떨어졌거나 심지어 "과학적이지 못한" 것으로 간주되고 있다. 학계가 이렇게 과거를 잊어버리는 것이 왜 우려할 만한 일인가? 과학이 발전하려면 과거를 잊어버릴 필요도 있지 않은가? 베버에 따르면, "과학[학문]에서는 누군가가 일군 성과가 10년, 20년, 50년 후에는 골동품이 된다는 것을 우리 모두 잘 알고 있다. 그것이 과학의 운명이다. …… 모든 과학적 '성과'는 새로운 '질문'을 야기한다. 즉, 모든 과학은 누군가가 자신을 '넘어서기를' 그래서 구식이 되기를 기대하는 것이다"(1946a, 138). 클로드 베르나르Claude Bernard는 "적절한 조사 방법이 없다면 벌레 먹은 이론이나 관찰을 발굴한다고 해서 무엇에 쓸 수 있겠는가?"라고 예리하게 묻는다. 아울러 A. N. 화이트헤드A. N. Whitehead는 "창시자를 망각하기 주저하는 과학은 가망이 없다"라는 격언을 제시한다.[37]

---

[35] 학계의 역사에 대한 기억의 중요성 — 그리고 이와 관련해 비교정치학이 갖고 있는 약점 — 에 대해서는 Almond(1990, 23-29, part II) 참조.

[36] 최근 대학원 강의계획서와 졸업 시험 도서 목록을 조사해 본 결과, 이 분야에서 정전이라 여겨지고 있는 연구들(샘플에서는 32개 학과의 3분의 1 이상이 목록에 올린 연구들) 가운데 비교정치학의 역사에 대한 것은 없음을 알 수 있었다(España-Nájera, Márquez, and Vasquez 2003). 비교정치학에서 선도적인 학자의 삶과 기여에 대한 연구가 사실상 없다는 것은 학계가 과거를 잘 기억하지 못한다는 것을 보여 주는 또 다른 지표다. 반대로 사회학과 경제학에서는 창시자와 선도적인 대가의 전기가 잘 알려져 있다.

이런 관점에 따르면, 비교정치학계의 문제는 과거를 너무 기억하지 못해서가 아니라 과거를 너무 많이 기억하는 데 있다. 비교정치학계는 창시자들을 망각하는 데 너무 주저해 왔다. 이는 학생들이 세미나와 졸업 시험을 준비하는 과정에서 1960, 70, 80년대의 낡은 '고전들'을 읽는 데 엄청난 시간을 들인다는 사실에서도 알 수 있다. 학계가 발전하려면 이런 오래된 연구들을 커리큘럼에서 제외하고 최신 연구로 바꿀 필요가 있다.[38] 이처럼 과거 연구의 저자를 회고적으로 강조하는 책들은 잘해야 과학사 수업에나 쓸모가 있을 뿐이며, 최악의 경우 과학 발전에 장애가 된다. 과학에 고전은 없다.[39] 비교정치학의 과거에 대한 무지는 축복일 뿐만 아니라, 그 분야의 건전함을 위해서도 필요하다.

하지만 이 책은 학계의 기억상실증이 바람직하다는 생각을 강하게 반박하고 있다. 첫째, 근대과학의 기본 원칙은, 과학자는 자신의 연구 주제에 대한 이전의 연구를 이해하고 이를 받아들여야 한다는 것이다. 로버트 머튼에 따르면(Merton 1996a, 27), "이에 대한 이유는 분명하다. 과거 연구에 대해 무지하면 과학자는 이미 다 밝혀진 것을 붙잡고 있는 자신을 책망해야 하는 경우가 발생한다." 그래서 과거를 잊는다는 것은 반反과학적이다. 달은 정치학의 논쟁적인 중심 주제로 권력론을 들며 1950년대 이후 권력에 대한 연구가 발전되지

---

[37] 베르나르와 화이트헤드의 인용구는 Merton(1996a, 28과 33)에서 가져왔다. 마찬가지로 토머스 쿤도 "과학은 자신의 과거를 파괴한다"라고 주장한다. Dryzek and Leonard(1988, 1249)에서 인용.

[38] 이런 입장의 가장 극단적인 형태는 오귀스트 콩트Auguste Comte의 "대뇌 위생학의 원리"principle of cerebral hygiene에서 찾아볼 수 있다. Merton(1996a, 29)이 이야기하듯이, "[콩트는] 자신의 주제와 아주 조금이라도 관련된 것들조차 읽지 않는 단순한 방법으로 자기 고유의 아이디어가 아닌 모든 것을 머릿속에서 깨끗이 지워 버렸다."

[39] 학술지에 실리는 논문들의 "반쪽 수명"에 대한 한 연구에 따르면, 물리학과 생물학 분야 학술지에서 사실상 10년 이상이 된 저작들에 대한 인용은 없었다(Baum et al. 1976). 물론 학계의 기억상실증이 항상 학문적 영감을 얻기 위해서만은 아니다. 그것은 새로운 세대의 학자들이 이전 세대로부터 자신들의 자립을 주장하기 위한 노력의 결과일 수도 있다.

않아 안타깝다고 지적하면서 학계의 기억상실증이 가진 위험을 보여 주는 좋은 사례를 제시한다. "50년이 지났지만 사람들은 권력이라는 단어와 개념을 우리가 연구를 시작하던 그때와 다르지 않게 쓰고 있다. 권력 그리고 권위 또는 합법적 권력을 구분하는 기본적인 분류 그러니까 막스 베버의 분류마저 기억하지 못하는 듯하다. 내 생각에 우리는 권력 연구에서 발전이 없을 뿐만 아니라 실제로는 퇴행하고 있다." 학계의 기억상실증 때문에 오인된 무지|mis-specified ignorance — 연구자가 선행 연구들을 철저히 검토했다면 밝혀졌을 지식을 지식의 공백으로 잘못 생각하는 것 — 의 문제에 봉착할 수도 있다.[40] 학계의 기억상실증은 비교정치학 연구의 발전에 위협이 된다. 왜냐하면 과거의 성과를 활용하지 못하고 실수를 되풀이하거나 바퀴를 재발명하는 일이 발생할 가능성이 커지기 때문이다(Almond 1990, 7-8).

둘째, 학계의 기억상실증으로 인해 정규 교과과정에서 고전적 저작들이 퇴출당하면서 우리는 영감을 주는 지적으로 탁월한 모델들을 빼앗기게 되었다. 고전을 읽으면 연구에 녹아 있는 위대한 사상을 엿볼 수 있다. 베버에 대한 오도넬의 다음과 같은 기술은 정곡을 찌른다. "그[베버]가 문제를 사고해 나가는 모습이나 그의 사고가 작동하는 방식을 보고 있노라면 많은 깨달음을 얻게 된다. …… 나는 그의 지적인 능력을 내 모델로 삼았다." 고전은 감각과 판단력을 기르는 데 필수적인 도구들이다(Merton 1996a, 31-32). 게다가 인터뷰에서 강조된 것처럼, 고전을 읽는 것은 새로운 아이디어를 착안하는 데 좋은 방법이기도 하다.

셋째, 학계의 기억상실증은 비교정치학의 성과에 대한 무지를 양산함으로써, 비교정치학 분야에 대한 자신감의 위기를 불러온다. 레이틴은 정치학

---

40 머튼의 "인식된 무지"specified ignorance — "아직 모르고 있지만 지식의 발전을 위해서는 알아야만 한다는 것"에 대한 인식 — 에 대해서는 Sztompka(1996, 11) 참조.

자들이 과거 50년간 학계가 이룩한 많은 성과에 대해 큰 자부심을 느껴야 한다는 점을 설득력 있게 주장했다.[41] 물론 이를 위해서는 무엇보다 학계의 성과를 우선 알아야 하고, 이는 과거를 기억할 수 있는 좋은 기억력이 없으면 분명히 불가능하다.[42]

마지막으로, "물리학을 공부하는 학생이라면 …… 뉴턴, 패러데이, 맥스웰의 원저작들을 보지 않아도 큰 문제는 없다."[43] 마찬가지로 생물학자도 다윈의 『종의 기원』을 직접 읽을 필요는 없다. 반면 정치 질서에 관심이 있는 학생이라면 어느 누구도 홉스와 헌팅턴을 무시할 수 없다. 또한 민주주의를 깊이 고민하는 학생이라면 어느 누구도 아리스토텔레스, 슘페터, 달, 레이프하르트를 무시할 수 없다. 아울러 혁명을 진지하게 고민하는 학생이라면 어느 누구도 토크빌, 무어, 스카치폴을 무시할 수 없다. 기본적으로 비교정치학은 우리가 지속적으로 알 만한 가치가 있는 것들에 의해 정의된다. 그리고 바로 이 연속성이 사회과학과 자연과학이 다른 점이다. 언제 어디서나 반복되는 이런 핵심적인 질문들과 주제가 있기 때문에 사회과학에서 고전이 지속적인 생명력을 가질 수 있는 것이다.[44]

과거는 우리 분야의 정체성에 대한 열쇠를 쥐고 있다. 만약 학계의 기억상실증으로 인해 우리가 우리 분야의 역사와 단절된다면, 비교정치학은 영혼을 잃어버린 채, 자신의 기원과 정체성에 대해 좀 더 확고한 인식을 갖고 있는 다른 분야와 학과들을 영원히 부러워하고 모방하며 살아야 할 것이다.

---

[41] 3권 〈인터뷰 14〉와 Laitin(2004a)도 참조.

[42] 학계의 역사와 정체성 사이에 존재하는 불가분의 관계에 대해서는 Dryzek and Leonard(1988) 참조.

[43] M. M. Kessler. Merton(1996a, 24)에서 재인용.

[44] 비교정치학에서 언제 어디서나 반복되는 핵심적인 질문과 주제가 있다는 데 대해서는 특히 달(1권 〈인터뷰 3〉)과 레이틴(3권 〈인터뷰 14〉)의 인터뷰에서 강조되고 있다.

이 책은 인간적 차원에 초점을 맞춤으로써 비교정치학 연구의 핵심적 측면을 조명하고 있다. 이는 최고의 학자들이 풍부한 삶의 경험과 학문에 대한 열정, 그리고 모험을 감수하는 특성을 가지고 있음을 보여 준다. 또 새로운 아이디어를 착안하는 방법에 관한 신선한 통찰을 제공한다. 마지막으로 비교정치학이 직면한 주요 도전 과제를 조명해 준다. 비교정치학의 연구 수준은 연구자가 가진 경험의 질에 달려 있기 때문에, 오늘날 선도적인 학자들이 목격하고 있는 학생들의 경험 부족은 비교정치학의 미래 생명력에 대한 우려를 낳고 있다. 학생은 물론 교수들도 정기적으로 대학의 틀을 벗어나 풍부한 경험을 쌓을 수 있는 방안을 찾아 볼 필요가 있다. 교수들과 학생들이 모두 학문을 그저 9시에서 출근해서 5시에 퇴근하는 직업으로 생각하는 경향이 확산되면서 연구에 대한 열정은 위험에 처해 있다. 이런 전문가주의의 철장을 벗어나기 위해서는 ‘소명’으로서의 연구에 대한 열정을 기르도록 하고 적절히 보상해 줘야 한다. 그리고 감정적 개입과 규범적 헌신이 과학적 연구와 양립 가능하며, 심지어 훌륭한 과학적인 연구를 위해서는 필수적이라는 점이 인정되어야 한다. 전문가주의는 모험심과 창조성을 짓누를 우려가 있다. 따라서 군중심리의 지배를 막기 위해 혁신에 대한 유인을 강화해야 한다. 마지막으로 학계의 기억상실증은 우리에게서 지적으로 탁월한 유용한 모델을 빼앗아 가고, 학계의 성과에 대한 자신감을 약화시킨다. 우리는 비교정치학의 역사를 알고, 가르치며, 이로부터 영감을 이끌어 냄으로써, 비교정치학의 역사에 대한 기억을 향상시킬 필요가 있다.

결론적으로 이 책에서 인터뷰한 선도적 비교정치 연구자들의 실례를 통해서 존경받는 학자가 되기 위한 조건을 다음과 같이 정리해 볼 수 있다.

1. 대학원에 가기 전에 학문적 경로에서 벗어나 일을 해보거나 여행을 통해 현실 세계의 경험을 쌓아라. 이는 연구에 의미를 부여하고 목적의식을 고취하는 데 도움을 주어 더 훌륭한 사회과학자가 될 수 있도록 할 것이다. 또한 그와 같은 경험은 인간 행동에 관한 지식의 단단한 토대가 되어, 새로운 아이디어의 원천이자 일반화된 가설을 검증할 수 있는 기초가 될 수 있다.

2. 여건상 대학원 이전에 시간을 낼 수 없다면, 현지 조사에 기초한 논문을 쓰는 것이 경험을 얻을 수 있는 차선책일 것이다. 현지에서 보내는 시간을 연장하는 방안을 검토할 필요가 있다. 현지 조사는 비교 연구에 꼭 필요한 경험적 근거를 제공하고, 관찰력을 연마할 수 있게 한다. 아울러 현지 조사는 연구자의 길을 걷는 내내 자신의 연구에 정보를 제공해 줄 평생 투자로 인식되어야 한다. 이는 당신이 현지 조사를 다시 하지 않는다 해도 그러하다.

3. 자신의 연구에 열정적이고 적극적인 교수진과 공부하라. 학문을 단지 9시에 출근해서 5시에 퇴근하는 직업으로 여기지 마라. 당신의 연구를 즐겨라. 거기서 더 많은 즐거움과 기쁨을 얻을수록, 연구는 더 좋아질 것이기 때문이다.

4. 다른 학생들 및 교수들과 돈독한 쌍방향 커뮤니티를 형성하라. 교실과 정규 교육의 한계를 넘어서라. 교실 밖 스터디 그룹, 워크숍, 심지어 사회 모임에서의 상호교류는 연구에 대한 열정을 키워 줄 수 있다.

5. 규범적 현실 참여를 통해 연구 문제를 선택하거나 연구의 규범적 의미를 탐구하는 것을 두려워하지 마라. 이는 연구에 대한 열정을 키울 것이다. 다만, 규범적 현실 참여로 말미암아 당신의 입장을 뒷받침해 주지 않는 '불편한 사실'을 외면하지는 말아야 한다.

6. 신중하게 모험에 뛰어들어라. 좋아하는 수업이 있다면, 설사 다른 분야, 다른 학과 교수의 수업이라도 들어라. 주류 연구를 알고 있어야 하며, 주류 연구에 정통해야 한다. 하지만 한 쪽 발은 주류 밖에 두려고 노력하라. 오직 한 교수의 제자만 되려 하지 말고 다른 관점을 지닌 다양한 교수진을 직접 경험하라. 당신이 성공을 거두고 종신 재직권이 생기게 되면, 여유를 가지고 좀 더 큰 모험을 감수할 수 있다.

7. 학계의 흐름과 유행을 넘어 고전과 과거의 연구 그리고 선배 학자들의 지혜에도 관심을 기울여야 한다. 스스로를 고대까지 거슬러 올라가는 혁혁한 계보를 가진 분야의 일원으로 생각하라.

학생들을 방법론적으로 훈련시키는 데서 나타난 최근의 진전과 더불어, 경험, 열정, 모험심 그리고 비교정치학의 역사에 대한 기억이 덧붙여진다면 새로운 세대의 비교정치학자들은 훌륭한 선배들 못지않은, 외려 그들을 능가할 수 있는 성과를 이룰 수 있을 것이다.

2장

비교정치학의
어제와 오늘

헤라르도 뭉크

비교정치학은 19세기 후반 미국에서 정치학의 독자적인 분야로 등장했으며, 이후에도 대체로 미국 대학들과의 협력을 통해 발전해 왔다. 미국 학계의 영향력은 제2차 세계대전 이후 20여 년에 걸쳐 정점에 도달했다가 급격히 줄어들었으며, 20세기 후반에 이르러 비교정치학은 명실상부 국제적인 연구 분야로 성장했다. 그럼에도 불구하고 미국을 비롯해 외국에서 태어난 연구자들이 미국에서 이루어진 연구 성과나 미국에서 훈련을 받은 연구자들이 세계 곳곳에서 이룩한 연구 성과에 의해 미국 학계의 영향력은 확고하게 유지되고 있다. 비교정치학 연구의 표준은 기본적으로 미국에서 확립되었다. 요약하자면, 비교정치학의 역사는 대체로 미국 학계에서 작업을 하고 훈련을 받았던 사람들이 만들어 왔다.[1]

---

[1] 미국 정치학의 역사에 관해 기본적으로 참조할 수 있는 문헌 가운데 정치학자들이 쓴 것으로는 Crick(1959), Somit and Tanenhaus(1967), Waldo(1975), Ricci(1984), Seidelman and Harpham(1985), Almond(1990; 1996; 2002), Farr and Seidelman(1993), Gunnell(1993; 2004), Easton, Gunnell, and Stein(1995), Adcock(2003; 2005), Adcock, Bevir and Stimson(2007)이 있다. 정치학과 그 자매 분과 학문 사이의 관계에 대해서는 Lipset(1969), Ross(1991), Doggan(1996) 참조. 다른 나라와 비교해 미국 정치학의 특성에 관해서는, Easton, Gunnell and Graziano(1991) 참조. 미국과 서유럽에서 최근에 진행된 연구 관행의 수렴과 분화에 관한

이 장에서는 미국 비교정치학의 어제와 오늘을 중심으로 세 가지 쟁점, 즉 비교정치학의 주제, 이론의 역할 그리고 방법에 대해 살펴볼 것이다. 이 세 가지 쟁점들은 비교정치학이 발전해 온 역사를 시기별로 나누고 현황을 평가하기 위한 토대라 할 수 있다. 나아가 한편으로 비교정치학과 다른 정치학 분야 및 여타 사회과학 사이의 연관성에 대해 살펴볼 예정이며, 다른 한편으로는 비교정치학자들이 다루는 정치적 사건들과 그들이 견지하고 있는 가치들에 대해서도 간략히 살펴볼 것이다.

이 장에서 개진하고 있는 주장은 다음과 같다. 19세기 후반 정치학이 독자적인 학문 분과로 제도화된 이후, 비교정치학의 발전은 두 차례의 혁명을 통해 진행되었다. 첫 번째는, 행태주의 혁명으로 제2차 세계대전 직후부터 1960년대 중반에 이르기까지 비교정치학에 커다란 영향을 미쳤다. 두 번째 과학혁명은 냉전이 종식될 무렵에 시작되어 현재도 진행 중에 있다. 두 경우 모두, 변화는 미국 정치학 분야의 발전이 자극제가 되어 시작되었으며 과학의 이름으로 정당화되었다. 그러나 이 두 혁명이 제기한 이념과 그 영향은 서로 달랐다. 행태주의 혁명은 대체로 사회학에 기반을 두었던 반면, 두 번째 과학혁명은 경제학으로부터 많은 이념을 가져왔으며, 방법론을 매우 강조했다. 게다가, 비록 두 혁명이 모두 대체로 전통주의자들과 혁신주의자들 사이의 긴장을 수반했지만, 현재 진행 중인 혁명은 고도로 제도화된 분야에서 일어나고 있으며, 적용 과정에서 비교적 다양한 모습을 나타내고 있다.

비교정치학의 기원과 발전에 대한 평가 외에도, 이 장에서는 비교정치학의 현황을 살펴본 뒤, 마지막으로 미래를 위한 제언을 할 것이다. 여기서 현재와 관련해 강조하고자 하는 바는, 비교정치학 연구자들 ─ 간단히 말해, 비

논의로는 Norris(1997), Schmitter(2002), Moses, Rihoux and Kittel(2005) 참조. 미국 학자들이 쓴 비교정치학에 대한 개관으로는 Eckstein(1963), Apter(1996) 참조. 유럽 연구자들이 쓴 것으로는 Daalder(1993), Mair(1996), Blondel(1999) 참조.

교정치학자들 — 이 많은 성과를 이룩했으며 정치학에 관한 광범위한 지식을 생산해 냈지만 몇 가지 심각한 한계들로 인해 전 세계를 포괄할 수 있는 정치학의 발전이라는 임무를 완수하는 데는 실패했다는 것이다. 특히, 정치학에 대한 일반 이론 또는 통합 이론의 부족, 세계 정치에 대한 견고하고도 광범위한 경험적 일반화의 실패를 강조할 것이다. 비교정치학의 미래와 관련해 이 장에서 주장하는 바는, 비교정치학의 발전을 가로 막고 있는 비교정치학자들 사이의 백해무익하거나 소모적인 분열은 비교정치학이 뿌리를 두고 있는 인문학적 전통의 깊이와 과학적 열망의 중요성을 올바로 성찰할 때에만 비로소 극복될 수 있다는 것이다.

분과 학문으로서 정치학의 등장 1880~1920

비교정치학이라는 하위 분야가 등장하기 이전에 하나의 분과 학문으로 자리 잡고 있었던 정치학의 기원은 대체로 수 세기 전에 쓰인 기초적 문헌들로부터 추적할 수 있다. 그 기원은 고대 시대 — 예컨대, 『국가』The Republic(기원전 360년)의 저자인 그리스 철학자 플라톤(기원전 427~347년), 『정치학』Politics(기원전 340년경)의 저자인 아리스토텔레스(기원전 384~322) 등의 저술 — 로까지 거슬러 올라갈 수 있다. 따라서 정치학은 사회과학 분과 학문 가운데서도 가장 오래된 학문이라고 할 수 있다. 근대 시대의 경우, 이탈리아 르네상스 시기의 정치철학자인 마키아벨리(1469~1527)의 『군주론』The Prince(1515)과 프랑스 계몽주의 정치사상가 몽테스키외(1689~1755)의 『법의 정신』On the Spirit of Laws(1748)이 있다. 좀 더 최근인 산업화와 민족주의의 시대에, 정치 분석은 고전 사회

표 3 _ 고전 사회 이론(1776~1923)

국가	저자	주요 저서
영국	아담 스미스(1723~90)	『국부론』 *The Wealth of Nations*(1776)
	데이비드 리카도(1772~1823)	『경제학과 과세의 원리』 *On the Principles of Political Economy and Taxation*(1817)
	존 스튜어트 밀(1806~73)	『정치경제학 원리』 *The Principle of Political Economy*(1848) 『대의 정부에 대한 고찰』 *Considerations on Representative Government*(1861)
프랑스	오귀스트 콩트(1798~1857)	『실증철학 강의』 *Course in Positive Philosophy*(1830~42)
	알렉시스 드 토크빌(1805~59)	『미국 민주주의』 *Democracy in America*(1835) 『구체제와 프랑스혁명』 *The Old Regime and the French REvolution*(1856)
	허버트 스펜서(1820~1903)	『사회학』 *The Principles of Sociology*(1987~96)
	에밀 뒤르켐(1858~1917)	『분업』 *The Division of Labor in Society*(1893) 『사회학적 방법의 규칙들』 *Rules of the Sociological Method*(1895)
독일	칼 마르크스(1818~83)	『공산당선언』 *The Communist Manifesto*(1848) 『루이 보나파르트 브뤼메르 18일』 *The Eighteenth Brumaire of Louis Bonaparte*(1852) 『자본』 *Capital*(1867~94)
	막스 베버(1864~1920)	『프로테스탄트 윤리와 자본주의 정신』 *The Protestant Ethic and the Spirit of Capitalism*(1905) 『경제와 사회』 *Economy and Society*(1914) 『일반 경제학사』 *General Economic History*(1923)
이탈리아	빌프레도 파레토(1848~1923)	『정신과 사회 : 일반 사회학 논고』 *The Mind and Societ : A Treatise on General Sociology*(1915~19)
	가에타노 모스카(1858~1941)	『지배계급』 *The Ruling Class*(1923)
	로베르트 미헬스(1876~1936)	『정당 : 근대 민주주의의 과두적 경향에 관한 연구』 *Political Parties : A Sociological Study of the Oligarchical Tendencies of Modern Democracy*(1915)

이론을 저술한 유럽 사상가들에 의해 더욱 발전했다〈표 3〉참조〉.

신생국인 미국에서 정치사상의 전통은 취약할 수밖에 없었으며 학계의 폭도 유럽만큼 넓지 않았다. 알렉산더 해밀턴Alexander Hamilton(1755~1804), 제임스 매디슨James Madison(1751~1836), 존 제이John Jay(1745~1829)가 저술한 『연방주의자 논문집』 *The Federalist Papers*(1787~88)을 비롯해, 미국 최초의 정치학 교수인 독일 태생의 프랜시스 리버Francis Lieber[본명은 프란츠 리버Frantz Lieber](1800~1872)의 저술 등 중요한 저작들이 있기는 했지만 유럽의 폭넓은 문헌들에 필적할 만한 것은 아니었다. 게다가, 미국의 상대적 후진성은 고등교육 분야에서 두드러졌다. 미국에는 상당수의 교육 중심 대학teaching college — 그중 가장 오래된 대학은 1636년에 설립된 하버드 대학이다 — 이 있었지만, 연구 중심 대학research university은 1876년에야 설립된 존스홉킨스 대학이 처음이었으며, 미국인들 대다수는 유럽의 사회과학을 통해, 특히 1870년대부터 1900년대에 걸쳐 세계에서 가장 선진적이었던 독일 대학들에서 주로 훈련을 받았다. 그러나 미국 대학들에서 일련의 혁신이 이루어진 덕분에, 미국은 정치학을 하나의 분과 학문으로 구성하는 신기원을 이룩했으며, 나아가 정치학의 한 분야로서 비교정치학이 등장할 수 있는 길을 열었다.

미국이 개척한 이 과정은 다양한 제도적 발전을 거치면서 정치학이 하나의 분과 학문으로 자립할 수 있는 조직적 기반을 제공해 주었다. 이런 새로운 추세를 보여 주는 것이 바로 독자적인 정치학과의 증가이다. 또한 대학원 과정의 개설 역시 중요한데, 최초의 대학원 과정은 1880년 존 버제스John W. Burgess가 설립한 컬럼비아 대학 정치학과에서 개설 — 정치학의 역사에서 이 시기의 출발을 알린 사건이다 — 되었으며, 이후 미국에서 정치학 박사들은 점점 늘어났다. 그리고 마침내 1903년에는 미국정치학회American Political Science Association, APSA가 창립되었다. 이런 중요한 단계들을 거치면서 정치학은 새로운 분과 학문으로서 독자적인 면모를 갖추기 시작했다.

이런 정치학의 자립화 과정은 미국에서 애초부터 정치학과 매우 밀접히 연결되어 있었던 역사학과 정치학의 분화를 수반했다.[2] 처음으로 정치학을 가르쳤던 학과들 가운데 상당수는 정치학과 역사학을 함께 가르쳤으며, 미국 정치학회 역시 미국역사학회American Historical Association, AHA로부터 떨어져 나온 사람들이 만든 것이었다.[3] 나아가, 역사학은 정치학자들이 정치학적 주제를

---

[2] 이 시기 정치학과 역사학 사이의 관계에 대해서는, Ross(1991, 64-77 그리고 8장) 및 Adcock(2003) 참조.

정의하는 방식에 큰 영향을 미쳤지만, 동시에 역사학과는 별개로 정치학의 정체성을 확립하려는 정치학자들의 욕망 또한 분명했다.

정치학의 창설자들 가운데 상당수는 독일에서 훈련을 받았는데, 이들은 독일에서 독일 국가학(정치학)Staatswissenschaft과 역사적으로 정향되어 있는 정신과학(사회과학)Geisteswissenschaft의 세례를 받았다. 따라서 당대 독일 사상의 흐름과 마찬가지로 국가가 당연히 새로운 분과 학문의 두드러진 주제가 되었다. 그러나 전 분야를 아우르는 분과 학문인 역사학 역시 국가를 다루었기 때문에, 정치학자들은 두 가지 방식으로 역사학과 정치학을 구별하려고 했다. 첫째, "역사학은 과거의 정치학이고 정치학은 현재의 역사학이다"라는 당시의 구호에 따라, 정치학자들은 과거를 역사학자들의 영역으로 남겨 두고, 당대의 역사에 초점을 맞추었다. 둘째, 정치학자들은 모든 잠재적 요소들을 다루려는 역사학의 열망과 거리를 두면서, 정부라는 좀 더 제한적인 문제 및 정부와 관련된 공식 정치기구[제도]에 초점을 맞추었다.[4]

정치학의 주제를 규정하는 이와 같은 방식은, 비슷한 시기에 자매 분과 학문으로서 자신의 정체성을 확립한 경제학 및 사회학과 비교해 볼 때, 몇 가지 유사점과 차이점이 있었다.[5] 분과 학문으로서 경제학의 탄생은 한계효용학파의 혁명 및 신고전파 경제학 — 앨프리드 마셜Alfred Marshall(1842~1924)의 『경제학 원론』Principles of Economics(1980)에서 구체화된 — 의 형성, 즉 스미스, 리카르도, 밀의 고전 정치경제학이 포괄했던 주제들을 제한하는 것과 연관되어 있었다.[6] 이와는 대조적으로, 사회학자들은 콩트, 토크빌, 스펜서, 뒤르켕, 마르크

---

3 미국역사학회는 1884년에 설립되었다.

4 정치학이 다루는 주제에 대한 공식적 정의에 대해서는 Somit and Tanenhaus(1967, 23-27, 63-69) 참조.

5 미국경제학회American Economic Association, AEA는 1885년에 창립되었으며, 미국사회학회American Sociological Association, ASA는 1905년에 창립되었다. 경제학과 사회학의 탄생 및 이 두 분과 학문이 자신들의 주제를 어떻게 정의했는지는 Ross(1991, 6장, 7장) 참조.

스, 베버, 파레토, 모스카, 미헬스 등 고전 사회 이론의 계승자를 자처했다. 또한 그들은 사회학을 모母 분과 학문mother discipline이자 종합적인 사회과학으로 규정하며, 사회에 대한 전반적인 관심을 공언했다. 따라서 정치학자들은 경제학자들과 마찬가지로, 그리고 사회학자들과는 대조적으로, 정치학을 전문화되고 제한적인 주제에 적합한 학문으로 규정한 것이라 할 수 있다.

그러나 또 다른 핵심적 측면에서 정치학의 주제를 규정하는 방식은 경제학 및 사회학과 근본적으로 달랐다. 이들 자매 분과 학문들은 이론 중심적 선택 ― 경제학은 고전 이론을 재구성했고, 사회학은 고전 이론의 확장을 추구했다 ― 을 통해 스스로의 정체성을 규정했다. 반면, 정치학은 역사학과 차별화를 시도하면서, 경험적 요소를 강조하는 자기 영역을 개척했으며, 유럽의 거대 이론화 경향과 역사철학을 재가공하기보다는 이를 거부하는 데 집중했다. 요약하자면, 정치학은 역사학으로부터 분리, 그리고 역사학 연구와 정치학 연구를 구별하려는 노력의 결과로 탄생했다. 그러나 새로운 분과 학문의 탄생은 고전적 전통과의 단절 ― 재구성이라기보다는 ― 을 수반한 것이기도 했다.

정치학이 탄생하게 된 이와 같은 방식은 초기의 정치학 연구에 상당한 영향을 미쳤다〈표 4〉참조). 가장 핵심적으로, 정치학은 근본적으로 이론 ― 정치학의 주요 측면들을 어떻게 통합할 것인가를 추구하는 메타이론의 측면에서건, 정치학의 한 가지 혹은 두세 가지 측면에 초점을 맞춘 중범위 이론의 측면에서건 ― 을 상실했다.[7] 실제로, 이 시기 연구 문헌들에 공통적이었던 공식적 법[제도]적 접근법formal-legal approach은 대체로, 일반적이고 [경험적으로] 검증할

<hr>

[6]＊ 예컨대, 신고전파 경제학자들은 기존의 '정치경제학'political economy이라는 표현에서 '정치'를 제외함으로써, 정치경제학의 정책학적·규범적 성격을 탈각시켰다.

[7] 여기서 메타이론이란 부분적인 이론들을 논리적으로 연결하고 통합하는 체계를 의미한다. 따라서 메타이론은 일반 이론을 구축하는 데 핵심적이다. 또한 여기서 중범위 이론이란, 사회학자 머튼(Merton 1968, 39-73)의 정의에 따라, 소위 거대 이론이라 불리는 것들보다 규모가 작은 이론을 의미한다.

수 있는 가설을 제시하지 않았다는 점에서 비이론적이었다. 연구는 또한 매우 협소한 의제들을 다루었다. 정치학자들은 정부의 공식 제도들을 연구했으며, 남북전쟁 이후 미국에 도입된 개혁과 19세기 말과 20세기 초 유럽에서 나타난 헌정 변화와 같이, 당대의 제도적 문제들에 관한 논변 — 대체로 제한적 민주주의의 장점에 관한 지배적인 통념을 반영했다 — 을 제시했다.[8]

방법의 측면에서, 지나칠 정도로 추상적이고 심지어 형이상학적으로 보이는 유럽의 역사철학에 대한 미국의 반발은 관찰 가능한 것, 즉 경험적 사실을 둘러싼 논의의 기반을 다지는 데 긍정적인 영향을 미쳤다. 그러나 이런 작업은 대부분 정부의 법[제도]적 측면들에 대한 세세한 정보를 제시하는 사례 연구에 집중되어 있었다. 그것도 좀 더 추상적인 논의들에 기반을 둔 정치 이론들과 연계된 것이 아니라, 이를 그저 서술하는 정도에 머물렀다.[9] 게다가, 상당히 적은 수의 국가들에 집중되는 경향이 있었으며, 국가 간 체계적인 비교는 이루어지지 못했다.

미국 정치학자들이 수행했던 초기 연구의 한계에도 불구하고, 자립적인 분과 학문으로서 정치학을 구축한 것은 장차 정치학이 성장할 수 있는 기반을 닦았다는 점에서 중요한 발전이었다. 유럽 등지에서, 정의상 제국주의적

---

8 물론 모든 정치학자들이 정치학을, 정부와 공식 제도를 다루는 것으로 간주한 것은 아니었다. 예컨대, 아서 벤틀리Arthur Bentley의 『정치과정』Process of Government은 공식적인 정치제도에 대한 분석을 넘어서고 있었으며(Bentley 1908), 후속 연구들은 이익집단 정치를 예고하고 있었다. 그러나 이 책은 외부재벤틀리는 시카고 대학에서 사회학을 가르쳤으며, 『타임스 헤럴드』Times-Herald와 『레코드 헤럴드』Record-Herald의 기자·편집자로도 일했대가 쓴 책이며, 이후 40여 년간 간과되어 왔다고 할 수 있다. 이 시기에 지배적이었던 공식적 법[제도]적 접근법 이외의 방법과 관련해, 진화론에 관해서는 Eckstein(1963, 13-16), 법 이외의 제도 및 사회 경제적 요인에 관한 연구로는 Ross(1991, 8장) 참조. 나아가, 이 시기의 예외적 저작으로, 초대 미국정치학회 회장을 역임했던 프랭크 굿나우Frank Goodnow(1859~1939)의 『정치와 행정』Politics and Administration은 체계적인 이론에 대한 관심을 보여 주고 있다(Goodnow 1900; 굿나우에 관해서는, Adcock 2005).

9 이런 연구 문헌들은 일반적으로 "묘사적[기술적]"이었으며, 이 점에서 비판을 받았다. 그러나 이런 딱지는 정확한 것이라 할 수 없다. 왜냐하면 사회과학의 주요 목표 가운데 하나가 바로 묘사이며, 묘사는 이론을 필요로 하기 때문이다. 따라서 묘사가 이론에 반하는 것은 아니다.

표 4_ 미국에서 비교정치학의 기원과 발전

기간	정치학의 등장, 1880~1920	행태주의 혁명, 1921~66	포스트 행태주의, 1967~88	2차 과학혁명, 1989~현재
주제	정부와 공식 정치제도	정치 체계 비공식 정치 정치 행태	국가 및 국가-사회관계 공식 정치제도 정치 행태	국가 및 국가-사회관계 공식 정치제도 정치 행태
이론 — 메타이론들	없음	구조기능주의	국가론	합리적 선택론과 게임이론 합리적 선택 제도주의 역사적 제도주의
중범위 이론들	없음	이익집단, 정당, 정치 문화, 관료제, 군부, 민주화, 민주주의의 안정성	국가 형성, 혁명, 관료와의 민주주의의 다양성, 민주주의의 붕괴와 이행, 군부, 정당, 민주주의 제도, 코포라티즘, 사회민주주의, 정치 문화, 경제 발전 모델, 경제개혁	국가의 붕괴, 내전, 종족 갈등, 민주주의의 다양성, 선거 및 여타 민주주의 제도, 정당, 선거, 시민들의 태도, 정치 문화, 사회운동, 경제성장 결정, 자본주의의 다양성
방법	사례연구와 몇몇 소규모 비교	사례연구와 소규모 비교, 국가 간 통계분석	사례연구 및 소규모 비교, 국가 간 통계분석	사례연구 및 소규모 비교, 국가 간 통계분석 일반적에 대한 통계분석 형식적 이론화
평가 — 이론적 강점	정치학의 독자적 주제 확립	이론화 시도 사회적 요소들에 대한 초점 도입	사례연구에 기반을 둔 이론화 정치과정과 변화에 대한 관심 증가	행위(행위자와 선택)와 제도 강조 내생성 문제에 대한 재인식
경험적 강점	관찰의 경험적 기반 강조	좀 더 많은 비교 분석 경험적 범위의 확대	좀 더 엄격한 비교 분석 장기적인 역사 분석	좀 더 많은 비교분석과 엄격한 검증

	공사별 접근법			
이론적 취약점	비이론적이고 협애한 분석으로서 공사별 접근법	증범위 이론들 사이의 통합 부족 블랙박스로서의 국가 비정치적 요소들의 결과로서의 정치화 과도한 구조적·기능주의적 분석	증범위 이론들 사이의 통합 부족	증범위 이론들 사이의 통합 부족
경험적 취약점	체계적 비교의 부족 협소한 경험적 범위	구조기능주의에 대한 검증 부족	형식 이론들에 대한 검증 부족	
다른 학문 및 이론과의 관계	…에 대한 반발	유럽의 거대 이론화와 역사철학	역사학	환원주의 진화론 사회가 단일한 형태로 진보한다는 구조기능주의	지역연구
	…로부터 차용	역사학: 독일 역사학파와 법 연구들	미국정치학 사회학: 파슨스의 사회학 인류학 심리학	사회학: 역사 사회학 마르크스주의: 서구 마르크스주의 남미 종속이론	미국 정치학 경제학
연구 배경	정치적 사건과 추세	미국 대호황 시기(Guilded Age)의 '사회적 문제', 유럽의 민주화와 헌법 개혁, 제1차 세계대전, 러시아혁명	대공황, 뉴딜, 파시즘, 제2차 세계대전, 아프리카 및 아시아 국가들의 독립, 냉전, 매카시즘, 인권운동	1969년 베트남전쟁, 유럽 사회민주주의, 남미군부 독재의 권위주의 및 전체주의 체제, 전 지구적 민주화, 공산주의의 붕괴	탈냉전, 지구화, 시장개혁, 종족 갈등, 9·11, 이라크 전쟁
비교/정량화하기 어려운 가치		제한된 민주주의의 최고적 (반다수제) 전통에 대한 함의, 보수적 온건 자유주의	자유주의적 가치에 대한 함의	가치를 둘러싼 갈등 : 자유주의, 보수주의, 급진주의	민주주의에 대한 함의, 신자유주의와 지구화를 둘러싼 갈등

영역이었던 사회학의 강세는 정치학 연구에 초점을 둔 분과 학문의 설립을 가로막았다.[10] 그래서 미국은 좀 더 선진적이었던 유럽적 전통과 단절하고 자기만의 조직적 기반을 가진 하나의 독자적 분과 학문인 정치학을 설립함으로써, 유럽을 따라잡고 결국은 앞설 수 있는 새로운 경로를 개척했다.[11]

행태주의 혁명
1921~66

미국 정치학의 발전에서 첫 번째 전환점은 통상적으로 시카고 대학의 교수였던 찰스 메리엄(1874~1953)이 새로운 정치학을 위한 선언(Merriam 1921)을 출간한 1921년으로 거슬러 올라간다. 이는 미국에서 정치학의 창설자들 가운데 상당수가 채택했던 역사적 접근법으로부터의 이탈을 의미했다.[12] 이 책의

[10] 미국정치학회가 1903년에 창립된 데 비해, 다른 나라들에서는 제2차 세계대전이 종결된 이후에나 정치학회가 만들어졌다. 예컨대, 프랑스에서는 1949년, 영국과 네덜란드에서는 1950년, 독일에서는 1951년, 그리스에서는 1959년, 덴마크에서는 1965년, 칠레에서는 1966년, 오스트리아에서는 1971년, 이탈리아에서는 1973년, 아르헨티나에서는 1983년에나 만들어졌다. 국제정치학회International Political Science Association, IPSA는 1949년에 만들어졌다.

[11] 고전 사회 이론 전통과의 단절은 미국에서만 나타났던 독특한 현상이 아니었다. 실제로, 애드콕(Adcock 2005)이 보여 주었듯이, 19세기 말 미국 정치학자들은 독일, 영국 그리고 프랑스 연구자들의 저작에 의존했는데, 이들 역시 고전 사회 이론의 전통에서부터 떨어져 나와 좀 더 제도적인 접근법을 발전시키려 했다. 그러나 새로운 분과 학문으로서 정치학을 설립하는 데 필수적인 계기였던, 독자적인 정치학적 주제를 개척했던 곳은 바로 미국이었다.

[12] 과학에 대한 강조는 유럽에서 진행된 방법론 논쟁Methodenstreit ― 1880년부터 대략 1910년까지 진행되었으며, 궁극적으로는 랑케의 독일 역사학파에 의해 종결되었다 ― 의 미국판이라고 할 수 있다. 그러나 과학에 대한 강조는 또한 사변적 사고를 일소하고, 문제 해결에 초점을 맞춤으로써, 정책적 유효성을 추구하고 정치학을 발전시키려는 메리엄의 관심을 반영하는 것이기도 했다. 이런 의미에서, 새로운 정치과학science of politics에 대한 요청은 미

출간 이후 전미정치학대회National Conference on the Science of Politics가 1923년, 1924년, 1925년에 각각 개최되었는데, 이는 정치학에서 매우 중요한 사건이었다. 또한 사회과학 연구의 인프라를 구축해야 할 필요성을 역설한 메리엄의 제안을 토대로 사회과학연구협의회Social Science Research Council, SSRC가 설립되었는데, 이는 사회과학 전 분야를 포괄한 최초의 전국 조직이었다. 이는 정치학에서 1920년대와 1930년대 일군의 연구자를 배출했던 영향력 있는 창구였던 시카고학파의 등장을 알리는 신호이기도 했다.[13] 그러나 비교정치학 연구에 관해 메리엄이 제기한 의제가 미친 영향(충격)은 1950년대와 1960년대에 걸쳐 행태주의 혁명이 정치학 분야를 휩쓸고 나서야 충분한 위력을 발휘했다.

정치학에 대한 새로운 접근법이 일시적으로 지체된 이유 가운데 하나는 그것이 주로 미국 정치에 대한 연구에 초점을 맞추었을 뿐만 아니라, 거기에 제한되었기 때문이었다. 애초에 정치학은 비교정치학, 또는 당시에 일반적으로 불렸던 표현에 따르자면, 비교정부학comparative government과 사실상 동의어로 간주되었다.[14] 실제로 버제스를 비롯한 정치학의 창설자들은 '역사적-비교' 방법의 강력한 옹호자였다. 그러나 정치학과 다른 분과 학문들 사이의 경계가 정착되고, 나아가 정치학 내에서도 다양한 연구 분야가 형성됨에 따라 정치학 내부에서도 다양한 분화 과정이 전개되기 시작했다. 이와 같은 이차적

국적 패러다임과 [윌리엄] 제임스와 [존] 듀이의 저작에 그 뿌리를 두고 있다(Farr 1999).

13 시카고학파로는 찰스 메리엄, 해럴드 고스넬Harold Gosnell(1896~1997), 해럴드 라스웰Harold Lasswell(1902~78), 레너드 화이트Leonard White(1891~1958), 퀸시 라이트Quincy Wright(1890~1970) 등이 있다. 이들 외에도 시카고학파라는 이름은 시카고 대학에서 훈련을 받은, 게이브리얼 알몬드(1911~2002), V. O. 키 2세V. O. Key Jr.(1908~63), 데이비드 트루먼David Truman(1913~2003), 허버트 사이먼Herbert Simon(1916~2001) 등에게도 적용된다. 이들 가운데 허버트 사이먼은 정치학자로서는 유일하게 노벨 경제학상을 수상하기도 했다. 시카고학파와 그 주요 구성원들에 관해서는, Almond(1990, 309-328; 1996, 65-68; 2002, 3장, 4장) 참조.

14 비교정치학이라는 용어는 몇 해 전인 1873년에 옥스퍼드 대학의 에드워드 프리먼Edward Freeman(1823~92)에 의해 만들어졌다(Freeman 1873).

이며, 내적인 분화 과정은 미국에서 학위를 마친 박사들의 비중이 증가했던 현상을 반영한 것이었으며, 이에 따라 미국 정치에 대한 연구가 정치학 내에서 독자적인 분야라는 관점도 강화되었다. 그러자 의도했던 것은 아니지만 자연스럽게, 비교정치학은 미국 정치학이 다루지 않는 영역, 즉 미국 이외의 정부와 공식적 정치제도에 대한 연구가 되었다. 이는 매우 중요한 결과를 가져왔고, 그 효과는 즉각적으로 나타났다. 비록 미국 정치학 연구자들이 메리엄의 이념을 수용하긴 했지만, 이와 같은 연구 분야의 새로운 구조화로 말미암아 비교정치학자들은 이로부터 단절되었던 것이다.

메리엄의 제안이 미친 충격이 곧바로 감지되지 않았던 또 다른 이유는 독일 나치의 등장 및 제2차 세계대전의 발발과 연관되어 있었다. 한편으로, 이로 말미암아 유럽의 저명한 연구자들, 특히 독일의 사상가들이 상당수 미국으로 이주해 미국 대학들에서 자리를 잡았다.[15]

그리고 이들은 미국 정치학계에 규범적 정치 이론을 더 강조하는 경향을 다시 불어넣었다. 다른 한편, 정치학의 개조를 주창했던 상당수 미국 연구자들은 전시에 정부에 참여하게 되었다. 이로 인해 정치학 연구는 전반적으로 중단되었으며, 정치학 분야에서 진행 중이던 혁명도 잠시 보류되었다.

이런 과도기가 제2차 세계대전의 종전과 함께 종결됨에 따라 행태주의 혁명의 시대가 찾아왔다.[16] 1920년대와 마찬가지로, 변화는 미국 정치학 분야

---

15 미국으로 건너온 독일 정치학자들로는, 테오도어 아도르노Theodore Adorno, 한나 아렌트, 칼 도이치, 막스 호르크하이머Max Horkheimer, 오토 키르히하이머, 헤르베르트 마르쿠제, 한스 모겐소, 프란츠 노이만, 레오 슈트라우스 Leo Strauss, 에릭 보겔린Eric Vogelin, 칼 비트포겔Karl Wittfogel 등이 있다.

16 엑스타인(Eckstein 1963, 18-23)은 이 시기 비교정치학에 가장 큰 영향을 미친 책들—영국 교수인 허먼 파이너 Herman Finer(1898~1969)의 『현대 정치의 이론과 실제』*Theory and Practice of Modern Government*(1932), 독일 태생의 하버드 교수 칼 프리드리히Carl Friedrich(1901~84)의 『입헌 정부와 정치』*Constitutional Government and Politics*(1937) —의 특징을 공식-법 제도적 연구 문헌들과 이후 행태주의적 연구 문헌들 사이의 '과도기' 저작들로 적절히 설명하고 있다. 이 저작들이 성취한 업적은 매우 중요했다. 이 두 저서는 제도별 분석[영국 작가이자 미국 주재 대사였던 제임스 브라이스James Bryce의 『현대 민주정치』*Modern Democracies*(1921)처럼 국가별 분석을 제시했다기보다는]을

에서 시작되었는데, 특히 시카고학파의 다양한 연구자들이 이런 변화를 주도했다. 그러나 이 시기에 변화를 주도했던 사람들은 자신들의 의제를 좀 더 야심차게 내걸었으며, 또한 1945년 사회과학연구협의회 내에 설립된 정치행태위원회Committee on Political Behavior와 같은 좀 더 큰 조직적 자원을 통제하고 있었다.[17] 게다가 변화에 대한 요청은 이전처럼 미국 정치[학] 분야로 한정되지 않았다. 오히려, 수많은 주요 사건들 ― 1952년 노스웨스턴 대학에서 열린 사회과학연구협의회 학술대회, 몇몇 강령적 진술들[비교정치학의 이상과 그것이 따라야 하는 규범에 관해 언급한 글들을 말한다], 그리고 가장 중요하게는 사회과학연구협의회 내부에 비교정치위원회의 창립[초대 회장(1954~63)으로는 게이브리얼 알몬드] ― 을 통해 행태주의는 비교정치학 분야에 광범위하게 전파되었다.[18]

비교정치학에서 행태주의는, 정치학의 다른 분야에서와 마찬가지로 두 가지 독특한 이념을 대표했다. 하나는 비교정치학의 적절한 주제에 관한 것

제시했으며, 공식·법 측면에 일면적으로 집중하는 것을 넘어, 정당, 이익집단, 대중 매체를 다루었다고 할 수 있다. 그러나 이론과 방법을 둘러싼 쟁점들에 대한 그들의 접근법은 거의 변화하지 않았다. 즉, 비록 이 문헌들이 정치 이론을 참조하고는 있지만, 이 저자들은 이론적 측면과 경험적 측면 사이의 단절을 특징으로 했으며, 엄격한 방법에 토대를 둔 것도 아니었다. 요약하자면, 파이너와 프리드리히의 저작은 전통적 연구의 종합이자 성숙을 대표한다고 할 수 있다.

17 행태주의 혁명의 도래를 알린 세 개의 기념비적 저술로는, Lasswell and Kaplan(1950), Truman (1951), Easton(1953) 등이 있다. 시카고학파가 행태주의의 출발과 확산에 큰 영향을 미쳤지만, 1950년대와 1960년대 정치학 연구의 중심은 알몬드, 달, 도이치, 레인, 라스웰, 린드블롬 등이 재직하고 있던 예일 대학교였다. 또한 팰러앨토에 위치한 (포드재단의 주도로 1954년 설립된) 스탠퍼드 행태과학고등연구소Center for Advanced Study in the Behavioral Science 역시 주목할 필요가 있다. 행태주의가 초기에 미친 영향에 대해서는, Truman(1955) 참조. 1940년대와 1950년대 정치학 연구 문헌에 대한 좀 더 광범위한 연구로는, Lindblom(1997) 참조. 사회과학연구협의회와 그 산하의 다양한 위원회에 대해서는, Sibley(2001)과 Worcester(2001) 참조. 1955~70년 예일대 정치학에 대한 논의로는, Merelman(2003) 참조.

18 비교정치학에 새로운 의제를 제기한 글들로는 노스웨스턴 대학교에서 열린 사회과학연구협의회가 주관한 대학 간 연구 세미나 보고서(Macridis and Cox 1953)와 캐힌 등(Kahin et al. 1955)이 작성한 강령적 보고서, 그리고 Almond, Cole and Macridis(1955) 등이 있다. 1952년에 열린 노스웨스턴 대학교 학술대회에 대해서는 Eckstein(1998, 506-510) 참조. 또한 사회과학연구협의회의 비교정치위원회에 관해서는 Gilman(2003, 4장) 참조.

이었다. 이와 관련해, 행태주의자들은 비교정치학이 포괄하는 범위를 정부의 공식 제도로 제한하는 데 반발하며, 정치 체계의 작동에 핵심적인 것으로 그들이 간주했던 비공식적 절차와 행태 — 이익집단, 정당, 대중 매체, 정치 문화, 정치사회화 등과 관련된 — 를 비교정치학의 연구 범위에 포함시키려고 노력했다. 두 번째 핵심 이념은 이론과 방법에 있어서의 과학적 접근법에 대한 요구였다. 행태주의자들은 모호하고 난해한 이론과 몰이론적 경험주의자들에 대항해, 체계적인 이론과 경험적 검증을 요구했다.[19] 따라서 비교정치학의 기존 관행들에 중요한 변화를 불러일으키기 위해 노력했다. 이들이 비교정치학 분야에 끼친 영향은 매우 컸다.

행태주의자들이 비교정치학의 연구 범위를 정부와 정부의 공식 제도 너머로 확장함에 따라 비교정치학은 다른 분과 학문으로부터 이론적 영향을 받게 되었다. 특히 가장 큰 영향을 미친 것은 사회학이었다. 실제로 베버-파슨스적 개념들은 당대의 지배적인 메타이론이었던 구조기능주의(Parsons 1951)에서 중요한 역할을 했으며, 비교정치학에 가장 큰 영향을 미쳤던 몇몇 문헌들 역시 사회학자로 훈련받은 학자들이 쓴 것이었다.[20] 게다가, 사회심리학이 정치 문화에 관한 연구에 영향을 미쳤듯이(Almond and Verba 1963), 인류학 역시 구조기능주의에 몇 가지 영향을 미쳤다. 이 점에서, 행태주의자들은 정치학이 초기에 다른 사회과학들과 단절되어 있던 상황을 극복하는 데 도움을 주었으

---

[19] 정치학에서 행태주의 혁명의 주요 인물 가운데 한 사람인 로버트 달(Dahl 1961b, 766)에 따르면, 행태주의는 "기존의 정치학이 견지해 왔던 …… 역사적, 철학적, 그리고 제도-묘사적 접근법"에 의문을 품어 왔던 학자들 — 이들은 체계적인 이론의 건설 및 경험적 검증을 지지했다 — 이 제기한 "정치학 내에서의 항의 운동이었다."

[20] 사회학과의 이와 같은 연계는 전례가 없는 것이 아니었다. 예컨대, 라스웰의 『정치학 : 누가, 무엇을, 언제, 어떻게 획득하는가』 Politics : Who Gets What, When, How(Lasswell, 1936)는 사회학자인 파레토와 모스카로부터 뚜렷한 영향을 받았다. 그러나 사회학자들과 비교정치학자들 사이에 나타난 교류의 범위는 이 시기에 특히 활발했다. 가장 두드러진 예는 바로 립셋인데, 그는 정치사회학에 관한 수많은 영향력 있는 글을 썼으며(Lipset 1959; 1960a), 미국정치학회 회장(1979~80)과 미국사회학회 회장(1992~93)을 역임했다.

며, 다른 분과 학문과의 이와 같은 연계는 이론화에 대한 강조로 이어졌다.

그러나 이론에 중심적 역할이 부여되면서 몇 가지 문제도 생겼다. 행태주의자들이 비교정치학의 연구 주제를 재정의함에 따라, 비교정치학자들은 사회 행위자들과 정당 — 국가와 사회를 연결하는 매개체로서의 — 에 초점을 맞추게 되었다. 그럼에도 불구하고, 행태주의자들은 주로 국가 이외의 영역에서 발생하는 과정에 관심을 기울였으며, 정치에 대한 환원주의적 설명을 제시했다. 국가를 블랙박스로 간주하고, [사회적] 행위자들의 구성과 그들이 상호작용하는 방식을 국가가 주형할 수 있다는 가능성을 간과함에 따라, 정치는 사회적 행위자들이 특정 기능을 어떻게 수행하는가 또는 경제적 이해관계를 둘러싼 갈등이 어떻게 정치적으로 해소되는지에 대한 반영reflection으로 전락했다. 다시 말해, 정치는 인과적 요소로 간주되지 않았으며, 그 결과 정치학의 한 분야로서 비교정치학의 독자성에 대한 인식은 사라졌다.

이 시기 연구 문헌들의 또 다른 문제는 이론화의 방식이 이론의 본질과 무관하게 이루어졌다는 것과 관련되어 있었다. 알몬드와 제임스 콜먼James Coleman이 편한 『개발 도상 지역의 정치』The Politics of the Developing Areas(1960)에도 잘 나타나 있듯이, 정치학의 일반 이론을 발전시키려는 이론화 노력이 가장 야심차게 기획되기도 했지만 그 노력의 주요 성과인 구조기능주의[21]는 심각한 한계를 노정하고 있었다. 특히, 구조기능주의의 주창자들이 모두 과학적 연구 방법을 강조했음에도 불구하고, 이 메타이론을 사용한 문헌들 가운데 상당수는 검증 가능한 명제와 가설을 제시하는 데는 역부족이었다. 물론, 중범위 수준의 이론화에 좀 더 관심을 가졌던 당시의 또 다른 흐름들은 검증 가능한 가설들을 만들기도 했으며, 경험적 검증이 이뤄지기도 했다. 대표적으

---

[21] 구조기능주의가 당시에는 지배적인 메타이론이었지만, 그것 역시 다양한 메타이론 가운데 하나에 불과했다. 이 시기에 있었던 다양한 메타이론에 대해서는 Holt and Richardson(1970, 29-450) 참조.

로 립셋의『정치적 인간』*Political Man*(1960a)을 들 수 있는데, 이 책에는 (『미국정치학회보』에 실린) 경제 발전과 민주주의의 관계에 관한 그의 유명한 논문이 포함되어 있었다(Lipset 1959). 그러나 이런 이론화 양식은 구조기능주의가 목표로 삼았던 수준(중범위 이론들을 연결하고 통합해 줄 기반을 제공할 수 있는 틀, 즉 다양한 부분들이 어떻게 전체를 형성하는지 보여 주는 이론)에는 미치지 못했다. 이런 중범위 이론들은 구조기능주의가 아닌 다른 메타이론들에 기반을 두는 경향이 있었다. 예컨대, 구조기능주의 외에도 이익 갈등이라는 마르크스주의적 통념이 정치사회학자들의 연구에서 상당히 중요한 역할을 했다. 그러나 이런 메타이론들은 구조기능주의만큼 충분히 명확하게 정교화되지 못한 상태였다.[22] 요약하자면, 『개발 도상 지역의 정치』와 『정치적 인간』은 모두 제2차 세계대전 이후 시기의 광범위한 사회경제적·정치적 변화 과정을 설명하고자 했던 근대화 학파의 작품이기는 했지만, 그들의 메타이론들과 중범위 이론들은 서로 연결되어 있지 않았으며, 따라서 일반 이론의 창출과 가설의 검증이라는 한 쌍의 목표는 충족되지 못했다.

방법의 측면에서도, 행태주의는 눈에 띄는 변화를 도입했다. 경험 분석의 지배적인 형태는 여전히 사례연구와 소규모small-N 비교였지만, 비교 분석이 점차 일반화되었으며, 전통적으로 주요 유럽 국가들에 초점이 맞춰져 있던 경험적 연구의 범위가 확장되면서, 유럽의 작은 국가들에 대한 관심이 증가했다. 또한 비교정치학자들의 관심이 아시아와 아프리카에서 새로 독립한 국가들과 라틴아메리카에서 오랫동안 독립을 유지했던 국가들에 집중되면서, 제3세계에 대한 관심도 만개했다.[23] 게다가, 비교정치학자들이 미국에 대한 연구

---

[22] 정치사회학 연구 의제의 틀을 마련할 수 있는 명료한 메타이론의 부족에 대해서는, Lipset and Bendix(1966, 6-15) 참조.

[23] 정치발전론의 입장에서 제3세계 정치를 다룬 문헌에 대해서는 Huntington and Domingquez(1975)와 Almond(1990, 9장) 참조.

를 수행함에 따라, 비교정치학의 범위에서 미국을 자의적으로 배제했던 관행이 사라지게 되었다.[24] 통계분석을 도입한 것 역시 방법론적 측면에서 또 다른 새로운 특징이었다. [설문 조사에 기반을 둔 연구로서 선구적이었던, 알몬드와 버바의 『시민 문화』The Civic Culture(1963)에 잘 나타나 있듯이] 매우 초보적인 국가 간 통계분석이 그와 같은 연구들에서 시도되기도 했다.[25] 이는 양적 연구를 위한 핵심 자료인 제도 및 거시적 변수들에 관한 대규모large-N 국가 간 데이터 세트[일정한 규칙에 따라 항목별로 정리된 데이터]를 발전시키려는 노력과 연계되었는데, 이런 작업은 칼 도이치(1912~92)가 설립한 예일대 정치 데이터 프로그램Yale Political Data Program 등이 주도했다.[26] 이에 따라 비교정치학자들은 명실상부하게 자신들이 전 지구적 규모의 연구에 착수했다고 공언할 수 있게 되었다.

전반적으로, 미국 비교정치학의 위상은 제2차 세계대전 이후 20여년에 걸쳐 크게 성장했다. 여러 가지 한계에도 불구하고, 이 분야는 점차 이론 중심적으로 변화했으며, 방법론적으로 더욱 정교해졌다. 게다가, 비교정치학 분야의 정체성과 제도적 기반은 현지 조사와 연구를 지원하는 사회과학연구협의회의 확대, 수많은 연구 중심 대학들에서 진행된 지역연구 기반의 확충,[27] 그리고 비교정치학과 지역연구를 전문적으로 다루는 학술지의 등장과

---

24 비교의 관점에서 미국을 연구하는 전통(그 선구는 바로 토크빌이다)은 1960년대 주요 비교정치학 저작들의 특징이 된다(Lipset 1960a, 1963; Moore 1966; Huntington 1968).

25 1960년대 후반의 국가 간 설문 조사 연구에 대한 개관으로는, Frey(1970) 참조.

26 예일대 정치 데이터 프로그램에 대해서는, Deutsch et al.(1966) 참조. 또한 이를 통해 만들어진 양적 자료들에 대해서는, 『세계 정치·사회 지수 편람』World Handbook of Political and Social Indicators(Russett et al. 1964) 참조. 또 다른 새로운 데이터베이스로는, 『교차-정치체 설문 조사』Cross-Polity Survey(Banks and Textor 1963)가 있다.

27 지역연구는 1958년 제정된 국가방위교육법National Defense Education Act, NDEA을 통해, 연방 정부가 대학들에 자금을 지원하면서 더욱 확대되었다. 지역연구자들 사이에서의 지식 교환은 지역연구 모임들이 결성됨으로써 더욱 촉진되었다. 아시아연구협회Association for Asia Studies, AAS는 1941년 설립되었으며, 슬라브학회American Association for the Advancement of Slavic Studies, AAASS는 1948년에, 아프리카 학회African Studies Association는 1957년, 라틴아메리카 학회Latin America Studies Association, LASA와 중동학회Middle East Studies Association,

같은 발전을 통해 더욱 강화되었다.[28] 미국에서 비교정치학은 빠른 속도로 성장해 나갔다. 비교정치학의 새로운 위상은 특히 미국에서 활동 중인 비교정치학자들과 유럽의 학자들 사이에 새롭게 확립된 관계에서 분명히 드러났다. 1960년대, 미국의 비교정치학자들은 고전 사회 이론[29]과 다시 관계를 맺기 시작했으며, 유럽 연구자들과 공동 작업을 수행하기도 했다.[30] 그러나 과거와는 달리 이제 미국은 비교정치학의 모델을 수출하게 되었다.

MESA는 1966년 설립되었다.

[28] 주요 학술지로는, 1948년 출간된 이래로 국제정치와 비교정치 연구를 주도한 『세계 정치』World Politics, 1968년에 출간된 『비교정치학』Comparative Politics과 『비교정치학연구』Comparative Politics Studies 등이 있다. 지역연구 학술지들은 일반적으로, 각 지역연구 학회들이 매년 발간하고 있다.

[29] 1960년에 걸쳐 유럽의 주요 고전이 영어로 번역되면서 미국의 학자들이 이를 좀 더 쉽게 접할 수 있게 되었다. 예를 들어, 미헬스의 『정당』Political Parties(1915)은 1962년 영어로 출간되었다. 러시아 학자인 오스트로고르스키 Moisei Ostrogorski(1854~1919)의 『민주주의와 정당 조직』Democracy and the Organization of Political Parties(1902)은 1964년에, 막스 베버의 『경제와 사회』Economy and Society(1914)는 1968년에 각각 번역되었다.

[30] 행태주의 시기 동안, 미국 대학들과의 국제적인 연계는 유럽으로 한정되었다. 알몬드(Almond 1997, 59)가 지적하듯이, 사회과학연구협의회의 비교정치위원회가 1954년에 창립된 이후, 1960년대까지 총 245명의 연구자들이 이 위원회와 관계를 맺었는데, 이 가운데 199명이 미국 학자들이었으며, 비미국 학자들 가운데 대부분은 유럽 학자들이었다. 유럽과의 교류에서, 중요한 역할을 했던 인물은 노르웨이 출신 학자인 스테인 로칸Stein Rokkan이었는데, 그는 1960년에 설립된 국제사회학회International Sociological Association, ISA의 정치사회학위원회Committee on Political Sociology, CPS와 같은 모임에서 중요한 역할을 했다. 또한 유럽정치연구컨소시엄European Consortium for Political Research, ECPR을 통해 유럽 사회과학을 제도화하는 데 중요한 역할을 했다. 제2차 세계대전 이후 유럽 비교정치학의 재건과 재구성에 대해서는, Daalder(1997a)의 개인적 설명을 참조.

비교정치학에서 행태주의의 우위는 1960년대 중반, 좀 더 정확히는 1966년에 끝나게 된다. 물론 행태주의에 대한 비판은, 그보다 이른 시기인 1950년대 중반부터 시작되었으며, 1966년 이후에도 행태주의에 기반을 둔 연구는 계속되었다. 게다가, 행태주의 혁명을 주도했던 연구자들의 세련된 메타이론적 정식들이 1965년과 1966년에 각각 출간되기도 했다(Easton 1965a, 1965b; Almond and Powell 1966). 그러나 이런 저술들은 미래의 연구에 박차를 가했다기보다는, 한 연구 프로그램이 정점에 도달했다가 퇴조하기 시작했다는 것을 보여 주는 신호였다. 실제로, 구조기능주의를 정치학 일반 이론으로서 정교화하는 데 이바지한 체계 건설자들이 행사하던 주도권은 빠른 속도로 약화되기 시작했다. 2년 후 출간된 립셋과 로칸의 "균열 구조, 정당 체계 그리고 유권자 정렬"Cleavage Structures, Party System, and Voter Alignments(Lipset and Rokkan 1967b)은 새로운 지적 의제의 출발을 알리는 신호였다.[31]

새로운 학풍의 형성에 공헌한 저자들은 여러 가지 측면에서 매우 다양했다. 그들 가운데 일부는, 비교정치학에 행태주의가 도입되었던 1910년대와 1920년대에 태어난 세대의 일원이기도 했다. 실제로, 변화의 가장 뚜렷한 지표 가운데 일부는 바로 그 세대의 구성원들이 쓴 저작의 출간 ─ 립셋과 로칸의 공저와 헌팅턴의 『정치발전론』(1968)과 이후 사르토리Giovanni Sartori의 『정당과 정당 체계』Parties and Party System(1976) ─ 이었다.[32] 그러나 그다음 세대의 초

---

31 사르토리(Sartori 1969, 87-94)는 정당 구조에 대한 립셋과 로칸의 저작(Lipset and Rokkan 1967b)이 그 이전에 출간된 연구 문헌들과는 그 핵심에서부터 매우 다른 관점을 제시하고 있음을 지적하고 이를 강력히 옹호했다.

32 사회과학연구협의회의 비교정치위원회는 1979년까지 계속 역할을 했으며, 1970년대 전반에 걸쳐 당대의 새로

기 저작들이 협의주의(Lijphart 1968a), 코포라티즘(Schmitter 1971), 군부(Stepan 1971), 권위주의(O'Donnell 1973), 혁명(Scott 1976; Skocpol 1979)에 대한 분석을 통해 비교정치학을 빠르게 일신했다. 따라서 기성세대 연구자들과 이제 막 비교정치학 분야에 진입한 신진 연구자들 모두가 새로운 연구를 생산해 냈다고 할 수 있다.

이들 저자들의 출신 국적과 그들이 견지했던 가치 역시 다채로웠다. 새로운 의제를 제기했던 이들 가운데는 미국에서 활동하는 해외 출신 학자들도 있었는데, 처음으로 유럽, 특히 독일 이외 지역 출신들이 포함되었다.[33] 게다가, 이들 저자들 가운데 상당수가 견지했던 정치적 가치들은 이전 시기의 연구자들이 광범위하게 공유했던 자유주의적 관점과는 다양한 측면에서 벗어나 있었다.[34] 파시즘과 제2차 세계대전의 경험은 많은 연구자들에게 여전히 강한 영향을 미치고 있었지만, 미국의 민권운동(1955~65)과 베트남전쟁(1969~75)은 미국의 민주주의와 외교정책에 대한 보수적인 입장과 급진적인 입장을 낳았다. 이와 관련해, 미국 이외의 국가들에서는, 상대적으로 정치 질서와 경제개발 문제가 절박했기 때문에, 민주주의는 사치스러운 것으로 비쳤다.

이런 다양성으로 말미암아 비교정치학 발전에서 이 새로운 시기의 특징과 일관된 흐름을 꼬집어 지적하기는 어려웠다. 한편으로, 행태주의를 넘어

운 추세를 반영하는 몇몇 저작들을 출간하기도 했다(Binder et al. 1971; Tilly 1975; Grew 1978). 그러나 과거와는 달리, 비교정치위원회가 새로운 지적 의제를 만들지는 못했다.

[33] 1967년 이후 비교정치학에 주요한 공헌을 한 학자들 가운데, 몇몇은 미국에서 태어났으나, 수년간 유럽에서 살았던 연구자(슈미터)도 있었으며, 일부는 유럽에서 태어나기도 했다(린츠, 사르토리, 레이프하르트, 셰보르스키). 그리고 그 일부는 라틴아메리카에서 성장하기도 했다(오도넬). 따라서 이 새로운 연구자들이 여전히 유럽적 기반을 갖고 있기는 했지만, 여기에는 처음으로 제3세계 출신 연구자의 목소리가 포함되기도 했다. 덧붙여, 이 새로운 그룹은 1930년대에 유럽에서 미국으로 이주한 일군의 연구자들과는 달리, 대체로 미국에서 연구했으며 미국의 대학들에서 박사 학위를 받았다.

[34] 전간기, 민주주의에 대한 다원주의적이고 자유주의적인 개념화를 둘러싼 합의의 출현에 대해서는, Gunnell(2004) 참조. 1960년대에 다양한 가치를 둘러싼 갈등에 대해서는, Ladd and Lipset(1975) 참조.

서려는 움직임이 부분적으로는 새로운 세대의 등장을 배경으로 일어난 것은 사실이었지만, 세대교체가 일어난 시점과 변화가 반드시 일치하는 것만은 아니었다. 새로운 문헌들 가운데 일부는 1910년대와 1920년대에 태어난 세대의 연구자가 저술한 것이었으며, 립셋의 경우처럼 이들은 행태주의적 연구와 매우 친숙했다. 게다가, 새로운 젊은 세대의 연구자 가운데 상당수도 행태주의자들 밑에서 교육을 받은 이들이었다.[35] 따라서 새로운 연구 문헌들은 기존의 문헌들로부터, 그리고 이런 문헌들과의 대화를 통해 등장한 것이었지 그것들과 완전히 단절하면서 등장한 것이 아니었다. 다른 한편, 자유주의적 가치관을 둘러싼 합의의 퇴조는 새로운 합의에 의해 대체되지 않은 채, 자유주의적, 보수주의적, 급진주의적 가치관들이 공존하는 현상을 낳았다. 이런 합의의 부재는 새로운 요소들을 비교정치학에 도입했다. 특히 주요 논쟁 가운데 상당수가 서로 상이한 가치관을 가진 연구자들 사이에서 나타났다는 점에서, 그리고 가치관과 연구 사이의 연계가 그 이전 시기보다 더욱 명확해졌다는 점에서 그러했다. 그러나 이런 논쟁들은 자유주의적 의제와 새로운 의제 사이의 대결이라는 모양새로 조직되지는 않았다. 실제로, 보수주의자들과 급진주의자들 사이의 차이는 보수주의자들과 자유주의자들 사이의 차이, 급진주의자와 자유주의자들 사이의 차이보다 컸다. 따라서 새로운 연구 문헌들을 어떤 단일한 가치관을 가진 것으로 특징지을 수 없다.

그러나 1967년을 기점으로 등장한 연구 문헌들의 새로운 면모와 일관된 흐름은 근대화 학파에 대한 비판과 그 대안이라는 측면에서 확인할 수 있다. 근대화 학파에 대한 비판 가운데 가장 광범위하게 공유되었던 것은 행태주의론자들의 환원주의 — 정치(학)은 좀 더 근본적인 사회적 또는 경제적 토대로

---

[35] 예컨대, 레이프하르트의 박사논문 심사 위원회 심사위원장은 알몬드였고, 슈미터의 박사논문 심사 위원회에는 립셋이 있었다.

환원될 수 있으며, 이를 통해 설명할 수 있다는 관념 — 에 대한 비판이었다. 따라서 그에 대한 대안은 자율적 실천으로서 정치를 재옹호하고, 정치적 결정 요인들을 강조하는 것이었다.[36] 주목할 만한 새로운 연구들은 체계-건설자들이 아니라, 행태주의 시기에 그들의 작업을 거부했던 학자들이 쓴 것이었다. 사실, 새롭게 등장한 연구 문헌들이 비교정치학 연구를 위해 [행태론자들과 동등한 수준의 정교하고 야심 찬 대안 틀을 제시한 것은 아니었다. 따라서 비교정치학의 발전에서 이 새로운 시기는 '포스트-행태주의' 시기라고 부르는 것이 가장 적절하다고 할 수 있다.[37] 그러나 새로운 연구 문헌들이 도입한 변화는 매우 중요했다.

정치학 고유의 문제에 대한 강조는 비교정치학의 주제들을 새롭게 정의해야 한다는 점을 함축하고 있었다. 이런 변화의 흐름이 정치 행태와 이익집단에 대한 연구와 같은 행태주의자들의 표준적인 관심사에 대한 거부를 수반하지는 않았다. 하지만 새로운 연구들, 예컨대 코포라티즘에 대한 연구에서 이익집단과 같은 쟁점들은 국가의 관점에서 다루어졌다.[38] 스카치폴(Skocpol 1985a)이 지적했듯이, 새로운 것은 자율적 행위자로서 "국가를 제자리로"bring the state back in, 돌려놓아 국가-사회 관계를 새로운 측면에서 조명하려는 시도

---

36 또 다른 중요한 비판은 근대화론의 진화론과 기능주의에 관한 것이었다. 진화론에 대해서는 여러 사회가 획일적인 방식으로 진보하는 것으로 보는 견해, 특히 역사의 종점이 미국이라는 견해에 대한 비판이 제기되었으며, 그 대안으로는 역사적 접근법이 제시되었다. Moore(1966)와 O'Donnell(1973)의 저작은 이런 주제를 강조했다. 기능주의에 대한 비판은 이보다 좀 더 늦게 제기되었으며, Barry(1970, 168-73)와 Elster(1982)가 제기한, 적합한 설명을 구성하는 것은 무엇인가에 대한 질문 속에 가장 명확히 표현되어 있다. 기능주의에 대한 대안은 선택과 행위자를 강조하는 접근법이었다.

37 행태주의 연구 문헌들에 대한 몇몇 비판들(서구 마르크스주의와 라틴아메리카의 종속이론에 기반을 둔)은 새로운 대안 패러다임을 제시하고자 노력했다(Janos 1986, 3장). 그리고 이런 연구 문헌들은 비교정치학에 몇 가지 영향을 미치기도 했다. 그러나 정치학에서는 사회학에서만큼 강력한 영향을 미치지 못했으며, 새로운 포스트-행태주의 의제를 개척한 학자들로부터 비판을 받았고, 이들로부터 무시되기도 했다.

38 이익집단 연구에서 나타난 관점의 변화에 대해서는 Berger(1981) 참조.

였다. 새로운 문헌들은 또한 행태주의자들이 추방해 버린 공식 제도들도 제자리로 돌려놓았다. 즉, 만약 정치가 [하나의 독립된 영향력을 갖는] 인과적 요인으로 간주될 수 있다면, 선거제도, 정당 구도, 정부 부서들 사이의 관계 등과 같은 정치[학] 특유의 조작 가능한 도구들을 다루는 것은 당연했다.[39] 요컨대, 행태주의에 대한 비판은 비교정치학이 국가, 국가-사회 관계 그리고 정치제도들에 다시 한 번 초점을 맞추도록 했다.

이론화에 대한 접근법 역시 변화를 겪었다. 이 시기에 이론화는 구조기능주의를 대체할 새로운 메타이론을 건설하기보다는 중범위 이론들을 발전시키는 데 초점을 맞추었다. 물론 메타이론적 문제들이 논의되었으며, 국가론에 관한 광범위한 연구 문헌들이 쏟아졌다. 그러나 파슨스적 범주들을 정치학 연구에 적용하는 데 실패하면서, 야심차고 포괄적인 이론틀의 정교화를 가로막는 과도한 거대 이론화에 대한 반감이 나타났으며, 이에 따라 이전 시기의 구조기능주의와 같은 지배적인 메타이론은 나타나지 않았다.[40] 따라서 이론화를 한다고 해서 꼭 통합된 단일 이론을 만들어 내야 한다고 생각하지 않았으며, 그 결과 서로 연관성 없는 '이론의 섬들'(Guetzkow 1950)이 만들어졌다. 그러나 많은 연구자들이 이론의 수의[구속]theoretical straitjacket로부터 자유로워짐에 따라, 매우 생산적이고도 창의적인 시대가 열렸다. 이익집단, 정치 문화, 군부와 같은 전통적인 문제들이 계속 연구되었으며, 국가의 형성과 혁명, 다양한 형태의 권위주의와 민주주의, 민주주의의 붕괴와 이행, 민주주의 제도, 사회민주

---

[39] 공식 제도의 중요성에 대한 재평가는, 프랑스 법학자이자 사회학자인 모리스 뒤베르제(Duverger 1954)와 더글러스 레이(Rae 1967)의 선거제도에 대한 독창적인 저작들로부터 자극을 받았다.

[40] 알포드와 프리드랜드(Alford and Friedland 1985)는 이 시기 연구 문헌들의 관점을 세 가지(다원주의적, 관리주의적managerial, 계급적 관점)로 구분하고 있다. 마르크스주의 연구 문헌들에서 주로 나타난 국가론에 대한 개괄과 평가, 그리고 밀리밴드Miliband-풀란차스Poulantzas 논쟁, 털록Tulloch과 뷰캐넌Buchanan 및 공공 선택학파와 같은 경제학자들이 쓴 연구 문헌들 — 이런 문헌들은 1980년대까지 비교정치학자들이 거의 읽지 않았다 — 에 대해서는, Przeworski(1990) 참조.

주의, 경제 발전 모델 등과 같은 새로운 문제들도 많은 관심을 받았다. 게다가, 이런 문제들에 대한 연구는 정치과정에 생명력을 불어넣는 이론과 개념들을 발전시키고 정치 변동의 문제를 다루는 데 큰 공헌을 했다[이에 관한 뛰어난 글들로는 후안 린츠의『민주주의 체제의 붕괴』The Breakdown of Democratic Regimes(1978), 오도넬과 슈미터의『권위주의 통치로부터의 이행』Transitions from Authoritarian Rule(1986) 등이 있다. 요약하자면, 비교정치학의 지식 기반이 빠른 속도로 확대되었으며, 환원주의적 함의를 내포한 주장들은 점차 사라지게 되었다.[41]

방법에 관한 이야기는 좀 더 복잡하다. 전반적으로, 이 시기의 연구는 사례 연구와 소규모 비교에 기반을 두고 있었다. 이런 방법들은 대체로 현지 조사를 통해 획득된 심층적인 지식을 이용하는 지역연구의 주요 요소였다. 덧붙여, 이전 시기에 도입되었던 통계 방법은 이 시기에도 계속 사용되었다. 이전과 마찬가지로, 설문 조사 연구와 데이터 세트의 창출에 관심이 집중되었다.[42] 나아가 선거, 여론, 민주주의와 같은 문제들에 대한 양적 연구 문헌들이 발전하기 시작했다.[43] 따라서 1960년대 중반 비교정치학 분야의 연구 방향이 바뀜

---

[41] 비록 새로운 문헌들이 근대화 학파의 환원주의에 대한 대안을 제공하는 것으로 읽을 수도 있지만, 이런 문헌들은 또한 주요한 간극, 즉 정치 변동에 대한 분석을 매우 담고 있다. 구조기능주의는 정적인 이론, 즉 체계의 기능에 대한 이론이며, 변동 즉 근대화에 대한 논의는 사회, 경제적 측면에 집중되어 있었다. 실제로, 1960년대 이전에는 정치 변동에 대한 문헌들은 거의 없었다. 이 시기 비교정치학의 중심 저작들에 관한 개관으로는, Migdal(1983), Rogowski(1993) 참조.

[42] 1970년대에 국가 간 교차 조사 연구 문헌에 대한 두 개의 중요한 공헌으로는 Inglehart(1977)와 Verba, Nie and Kim(1978)이 있다. 자료와 관련해, 몇몇 노력들은 1960년대 초에 시작된 데이터 세트를 개정하고 향상시키기 위한 작업에 집중되었다.『교차정치체 설문 조사』Cross-Polity Survey(Banks and Textor 1963) 작업을 했던 뱅크스는 1968년에 국가 간 교차 시계열 데이터Cross-national Time-Series Data를 출간하기 시작했는데, 이 자료는 광범위하게 사용되었으며 정기적으로 개정되었다. 이 시기에는 또한『세계 정치·사회 지수 편람』World Handbook of Political and Social Indicators의 두 가지 새로운 판본이 출간되었다(Taylor and Hudson 1972; Taylor and Jodice 1983). 덧붙여, 1970년대에 두 개의 영향력 있는 데이터베이스가 만들어졌다. 프리덤 하우스Freedom House는 1973년 이후 매년 정치·사회 지표를 발표하기 시작했으며, 폴리티 지수는 1978년 처음 배포되었다. 좀 더 광범위하고, 국제적인 자료 축적 운동에 대한 개괄로는, Scheuch(2003) 참조.

[43] 1980년대까지 선거 행태와 여론에 대한 양적 연구 문헌들에 대한 개괄로는, Dalton(1991) 참조. 민주주의에 대

에 따라 메타이론으로서 구조기능주의는 대체로 폐기되었음에도 불구하고, 체계적인 경험적 검증을 강조하는 행태주의의 방법론적 차원은 유지되었다.

그러나 방법론적 대립 역시 뿌리 내리기 시작했다. 실제로, 이 시기 비교정치학 연구의 중심은 양적 연구가 아니었으며, 지배적 흐름이었던 질적 연구의 전통에서 활동하는 학자들은 이를 무시했다. 따라서 1960년대에 정치학 전반과 제휴를 맺고 있었던 양적 연구에 대한 관심이 비교정치학자들 사이에서 나타나기는 했지만, 비교정치학자들은 양적 연구의 측면에서 다른 정치학자들, 특히 미국 정치 연구자들에 뒤처지기 시작했다. 정치학에 적합한 양적 연구 방법을 발전시키고, 이에 대한 훈련을 확대하려는 다양한 노력들이 시작되고 있는 시점에서,[44] 비교정치학자들은 이와는 다른 길로 나아간 것이다.

'국가 간 교차' 연구라는 이름으로 알려진 양적 연구 문헌들이 미친 영향이 상대적으로 덜했던 이유는 비교정치학이 방법을 강조하지 않았기 때문이 아니었다. 1970년대 전반기에, 비교정치학자들은 사례연구와 소규모 비교에 관한 일련의 방법론적 텍스트들을 출간했으며, 이에 대해 논의했다.[45] 사실 이 시기는 비교정치학에서 상대적으로 방법론에 대한 자각이 고조되었던 시기였다. 이 점에서 양적 연구의 지체는 이런 연구 문헌들에서 나타난 일정한 한

한 양적 연구 문헌들에 대해서는, Jackman(2001) 참조.

[44] 그 이전인 1948년, 미시간 대학교 설문조사연구센터Survey Research Center는 양적 연구 방법에 대한 교육과정을 개설하기도 했다. 그러나 과학적·질적 연구 방법 중심의 정치학으로의 전환을 위한 동력과 제도적 기반을 제공한 것은 바로 미시간 대학 '정치·사회 연구를 위한 대학 간 협의회'Interuniversity Consortium for Political and Social Research, ICPSR의 창립이었다. 또 다른 기념비적 사건으로는 1965년에 정치학이 국립과학재단National Science Foundation, NSF에 가입한 것이었다. 이런 흐름은 계속 이어져 마침내 1975년 양적 연구를 중심으로 하는 정치학자들이 간행물 — 『정치학 방법론』Political Methodology, 이후 『정치 분석』Political Analysis로 개명 — 을 발간하게 되었으며, 1984년에는 정치학 방법론 학회Society for Political Methodology가 개최하는 연례 여름 학술회의가 시작되었다. 1985년에는 미국정치학회 내에 정치학 방법론 분과가 만들어졌다.

[45] '비교 방법'이 무엇인지에 관한 당시의 주요 저작들로는, Smelser(1968; 1976), Przeworski and Teune(1970), Sartori(1970), Lijphart(1971), Eckstein(1975) 등이 있다. 또한 George(1979), Skocpol and Somers(1980)도 참조.

계들 때문이었다. 설문 조사 자료에 기반을 두고 이루어진 정치 문화에 관한 연구 문헌을 둘러싼 논쟁에서 나타났듯이, 비교정치학자들은 대체로 양적 연구의 이론적 토대에 대해 매우 유보적인 입장을 견지했다.[46] 게다가, 양적 연구 문헌들은 당대의 가장 긴박한 문제들이나 중요한 이론적 쟁점들을 다루고 있지 않았다. 주로 여러 나라들에 대한 자료가 부족했기 때문에, 양적 연구는 잘 작동하는 민주주의국가들에 대한 연구에서 가장 잘 발전했지만, 사실 당시만 하더라도 대부분의 국가들은 민주주의가 아니었던 탓에 선거, 민주주의 제도, 나아가 시민들의 태도와 같은 문제는 그저 먼 나라 이야기일 뿐이었다.[47]

비교정치학 연구의 주류에서 양적 연구가 소외되었음에도 불구하고, 양적 연구는 비교정치학의 발전에 중요한 영향을 미쳤다. 이런 상황으로 인해 비교정치학 내에서 양적 연구와 질적 연구라는 두 가지 연구 전통은 뚜렷이 분리되었는데, 이 두 전통 사이에서 대화는 이뤄지지 않았다.[48] 그 결과 정치학 내에서 비교정치학자들과 미국 정치 연구자들은 점차 분리되기 시작했다. 비교정치학자들은 인접한 분야인 미국 정치론 연구자들이 양적 연구 방법을 정교화하면서 이룩한 성과에 대체로 무관심했다(Achen 1983; King 1991; Bartels and Brady 1993). 사실상, 비교정치학자들은 양적 방법론에 관한 연구에 별반 기여를 하지 않았을 뿐만 아니라, 이런 문헌들을 읽지도 않았다. 정치학의 다양한 분야들을 아우르는 공통의 방법론적 표준을 둘러싼 문제는 억누르기 힘든 긴장의 근원이 되어 가고 있었다.

---

46 양적 연구에 기반을 둔 정치 문화 연구 문헌에 대한 이론적 비판을 둘러싼 논의에 대해서는, Johnson(2003) 참조.
47 예컨대, 양적 분석에 광범위하게 기반을 둔 제도 분석의 부활을 알리는 선구적 연구인 레이프하르트의 『민주국가론』Democracies(1984)은 권위주의 체제 연구자들에 대해서는 거의 아무런 언급을 하지 않았다.
48 관점에서의 근본적인 차이를 살펴보기 위해서는, 질적 연구를 옹호하는 Sartori(1970)의 반대 입장과 양적 연구를 옹호하는 Jackman(1985) 참조.

비교정치학의 발전에서 새로운 국면은 이 분야를 좀 더 과학적으로 만들려는 노력과 함께 시작되었는데, 이런 노력은 주로 미국정치학회 산하 비교정치학 분과 — 상당수의 연구가 지역연구에 초점을 맞춤에 따라 나타난 비교정치학 분야의 파편화에 맞서 1989년에 설립된 — 가 주도했다. 물론, 이와 같은 과학에 대한 강조는 행태주의 혁명을 떠올리게 하는 것이었으며, 사실 행태주의자들은 이미 지역연구의 한계에 대해 언급한 바 있었다.[49] 나아가, 비교정치학에서 이런 2차 과학혁명은 행태주의 혁명에서와 마찬가지로 비교정치학 내부에서 자체적으로 등장한 것이 아니라, 미국 정치학 분야에서 먼저 등장해 정교화된 아이디어의 수입을 통해 나타난 것이었다. 그럼에도, 내용과 충격[영향] 면에서 1950년대와 1960년대 비교정치학계를 휩쓸었던 행태주의 혁명과 몇 가지 커다란 차이가 있었으며, 새로운 혁명은 1990년대 비교정치학을 뒤바꿔 놓았다.

새로운 혁명의 지지자들은 통합된 일반 이론의 창출을 꿈꾸었던 행태주의자들과 비슷한 야심을 갖고 있었다. 그러나 행태주의자들의 이론적 시도와 비교해 그들은 두 가지 점에서 달랐다. 첫째, 새로운 혁명의 옹호자들은 과거의 메타이론이었던 구조기능주의의 주요 진원지였던 사회학에 맞서 경제학에 전적으로 의존한 메타이론을 제안했다. 이들이 옹호했던 메타이론은 합리적 선택이론의 게임이론적 판본과, 이와 연관되어 있기는 하지만 구별되는 메타

---

49 알몬드는 『개발 도상 지역의 정치』 서문 첫 문단에서 "'지역연구' 접근법으로부터 …… 순수한 비교·분석적 접근법으로의 이동의 중요성"을 강조했다(Almond and Coleman 1960, vii).

이론인 합리적 선택 제도주의 — 이는 제도를 제약 요인으로 도입한 매우 중요한 움직임이었다 — 였다.[50] 둘째, 새로운 메타이론들은, 행태주의와는 달리, 비교정치학의 주제를 새롭게 정의하지 않았다. 즉, 행태주의자들은 정치학 일반 이론을 제안했던 반면(이는 비교정치학자들이 무엇을 연구해야 하는지에 대한 직접적인 함의를 가졌다), 합리적 선택론자들은 행위에 대한 일반 이론을 발전시키는 것을 가장 중요한 과제로 삼았다.[51] 실제로, 합리적 선택이론은 다양한 제약 요인들 아래에서 이뤄지는 의사 결정 과정을 연구할 수 있는 특정 요소들을 제시했지만, 경제적 또는 사회적 행위와 명확하게 대비되는 정치적 행위가 무엇인지에 대해서는 제시하지 않았다. 실제로, 합리적 선택이론은 어떤 특정 행위 영역에만 적용되는 것이 아니었다는 점에서 다양한 영역에서 나타나는 행위에 대한 이론들을 통합할 수 있는 통합 이론으로 간주되었다.

그 결과 방법과 관련해 좀 더 과학적인 이론화를 추구하려는 충동은 두 가지 형태를 띠었다. 한편으로는, 합리적 선택이론화와 밀접히 연관된 것으로, 이론화에 있어 논리적 엄격성을 강조했는데, 이는 이론화의 방법으로서

---

[50] 경제학과 사회학에 대한 이와 같은 주장은 몇 가지 해명이 필요하다. 이전 시기 동안 비교정치학자들은 경제학자들의 저작에 의존해 왔지만, 이들이 참고했던 것은 소스타인 베블런Thorstein Veblen(1857~1929), 상대적으로 비정통 경제학자인 거센크론, 허시먼 등과 같은 전통에 있는 역사적 또는 제도적 경제학자들의 저작들이었다. 반면, 콜먼(Coleman 1990a), 골드소프(Goldthorpe 2000)와 같은 저명한 사회학자들을 포함해 몇몇 사회학자들은 합리적 선택론을 받아들였다. 그러나 경제학과 경제적 행위에 초점을 두고 연구를 했던 사회학자들조차 경제를 사회의 일부로 간주하는 경향이 있었으며 합리적 행동을 하나의 변수로 간주했다(Smelser and Swedberg 1994).
정치학에서 합리적 선택론이 인기를 끌었던 것은 로체스터 대학의 윌리엄 라이커William Riker(1920~93) 때문이라고 할 수 있다. 이후, 합리적 선택 제도주의가 인기를 끌었던 것은 경제학자 더글러스 노스(North 1990)가 쓴 저작이 많이 읽히면서다. 합리적 선택론을 옹호한 라이커의 강령적 진술에 대해서는 Riker(1977; 1990) 참조. 라이커와 로체스터 학파에 대해서는 Amadae and Bueno de Mesquita(1999) 참조. 합리적 선택론의 기원에 대한 논의와 랜드연구소RAND Corporation의 주요 역할에 대해서는, Amadae(2003) 참조. 대체로 간과되기는 했지만, 사회학 및 경제학으로부터 차용한 이론들로부터 정치학자들이 벗어나야 한다는 초기의 요청에 대해서는, Mitchell(1969) 참조.
[51] 일반 이론으로서의 합리적 선택이론에 대해서는, Munck(2001) 참조.

[수학적 용어를 사용하는] 형식적 이론화 또는 모델화를 옹호했던 연구자들보다 더 나아간 것이었다.[52] 다른 하나는, 행태주의자들이 견지했던 방법론적 열망의 산물이자 정치학 방법론이 어느 정도 성숙함에 따라 나타난 결과라고 할 수 있는데, 그것은 경험적 검증이라는 양적·통계적 방법의 사용을 강조하는 것으로 나타났다.[53]

합리적 선택, 형식 이론formal theory, 양적 방법이라는 세 지류를 가진 새로운 의제의 영향은 주목할 만했다. 물론, 비교정치학에서 합리적 선택이론을 활용한 연구는 그 이전에도 있었다.[54] 하지만 1989년 이후, 이런 연구들은 점차 더 많은 문제들, 예컨대 민주화(Przeworski 1991, 2005), 내전에서의 윤리적 갈등(Fearon and Laitin 1996), 투표(Cox 1997), 정부 형성(Laver 1998), 경제정책(Bates 1997a)과 같은 문제들을 포괄하며 정식화되었다. 양적 연구와 관련된 변화는 더욱 컸다. 여러 가지 정치적 사건들, 특히 전 지구적 민주화 물결로 인해 미국 정치학 분야에서 광범위하게 논의되었던 표준적인 질문과 방법은 비교정치학 연구자들에게 좀 더 중요한 것이 되었다. 게다가, 이용할 수 있는 데이터 세트가 엄청나게 확장되었다. 새로운 국가 간 교차 시계열New cross-national

---

52 합리적 선택이론과 형식적 이론화 사이의 필연적 연계는 없다는 점을 분명히 할 필요가 있다. 형식적 방법 없이 진전된 합리적 선택이론이 존재하며 형식적 방법은 다른 여타의 이론들과 연계될 수도 있다.

53 비록 이 두 가지 형태의 방법이 원칙적으로 상호 보완적이라 하더라도, 각각의 방법을 사용하는 연구자들은 서로를 비판해 왔다. 예를 들어, 양적 방법을 옹호했던 그린은 형식 이론가들이 경험적 결과를 생산하는 데 실패했다고 비판했다(Green and Shapiro 1994). 반면 형식 이론가들은 몇몇 양적 연구자들 사이 '무분별한 수치 처리' 경향을 비판해 왔다. 그럼에도 불구하고, 형식 이론과 양적인 경험적 방법 사이의 간극을 메우고자 하는 노력이 진행되어 왔다(Morton 1999; Camerer and Morton 2002). 이와 관련해, 국립과학재단의 후원하에, '이론 모델의 경험적 함의'EITM에 관한 여름 강좌가 2002년에서 2005년에 걸쳐 진행되었다.

54 제임스 스콧의 『농민의 도덕 경제』(1976)The Moral Economy of the Peasant에 대한 합리적 선택이론의 대응으로 읽혔던, 새뮤얼 팝킨Samuel Popkin의 『합리적 농민』(1979)The Rational Peasant은 비교정치학자들이 관심을 가졌던 문제에 합리적 선택이론을 적용한 첫 사례라고 할 수 있다. 또 다른 주요 초기 저작으로는, 베이츠의 『열대 아프리카의 시장과 국가』(1981)Markets and States in Tropical Africa이다. 이런 초기 연구 문헌들에 대한 개괄로는, Bates(1990), Keech, Bates, and Lange(1991) 참조.

time series이 다양한 경제적 개념, 광범위한 정치적 개념(예컨대, 민주주의 및 정부와 같은), 그리고 다양한 정치제도에 기반을 두고 만들어졌다.[55] 또한 앵거스 캠벨Angus Campbell, 필립 컨버스Philip Converse, 워런 밀러Warren Miller, 도널드 스톡스Donald Stokes가 『미국 유권자』The American Voter(1960)에서 개척한 것과 같은 유형의 자료 — 미국 선거 연구 모델 — 나, 지역 지표 및 세계가치조사World Value Survey와 같은 좀 더 광범위한 국가 간 조사 자료 역시 급격히 증가했다.[56] 이처럼 양적 연구의 기반이 확충됨에 따라, 비교정치학에서 통계에 기반을 둔 저작들의 양이 급격히 늘어난 것은 물론, 매우 정교해져 갔다.

이런 통계 연구 가운데 몇몇, 예컨대 셰보르스키 등이 저술한 『민주주의와 발전』Democracy and Development(Przeworski et al. 2000)은 민주주의의 결정 요인과 그 영향에 관한 오래된 논쟁들을 재조명하기도 했다. 그러나 다른 저작들은 선거와 시민들의 태도, 입법부와 행정부, 그리고 미국 정치학 내에서 오랫동안 관심을 가져왔던 쟁점들에 집중되었다. 또한 1960년대 이후 비교정치학자들이 통계분석 방법에 익숙해짐에 따라, 미국 정치학의 표준적 관행인 통계분석을 활용한 양적 연구가 국가 간 교차 분석을 넘어 일국적 차원의 연구에 사용되기 시작했다. 게다가, 이런 저작들 가운데 상당수가 형식적 이론화와 거의 연계되지 않거나, 매우 느슨하게만 연계되어 있었음에도 불구하고, 이런 간극조차 점차 극복되었다. 특히 비교정치학의 표준적인 문제들에 대한 연구를 시작했던 경제학자들의 작업에서 그러했다(Persson and Tabellini 2000, 2003).

[55] 경제 데이터의 중요한 출처 가운데 하나는 펜 월드 테이블Penn World Tables(Summers and Heston 1991)이다. 정치학에 관한 데이터 세트에 대한 개괄로는, Munck and Verkuilen(2002)와 Munck(2005) 참조.

[56] 최초의 지역 지표인 유로바로미터Eurobarometer는 1973년 운용되기 시작했다. 여타의 지표들은 1991년 이후 탈공산주의 국가들에서의 여론을 추적하기 시작했으며, 라틴아메리카에서는 1995년, 아프리카에서는 1999년, 아시아에서는 2001년에 시작되었다. 세계가치조사는 1990~91년에 자료들을 모으기 시작했다. 다양한 국가 간 조사 자료에 대해서는, Norris(2004) 참조.

그러나 새로운 연구 문헌들이 비교정치학 분야에 초래한 중요한 변화에
도 불구하고, 2차 과학혁명의 의제들은 1950년대와 1960년대 행태주의 혁명
이 비교정치학 분야에서 일으켰던 커다란 전환에 필적할 만한 영향을 미치지
는 못했다. 이 의제들의 영향이 제한적이었던 것은, (정치학 연구에서 다시 과학
적 방법을 강조하는 것에 대한 학문 분과를 넘어선 반발, 즉) 페레스트로이카 운동 때
문이었다.[57] 그러나 또 다른 주요 요인은 이론과 방법에 대한 잘 확립된 또 다
른 접근법이 존재했기 때문이었다. 실제로, 1989년 이후에는 행태주의 시기
에 지배적인 영향력을 행사했던 구조기능주의나 근대화 학파와 같은 지배적
인 조류가 등장하지 못했는데, 이에 따라 이 시기는 다원주의적 시기라고 특
징지을 수 있었다. 대조적으로, 비교정치학에서 새로운 혁명은 비교정치학자
들 사이에서 이론과 방법의 문제에 대한 광범위한 자각이 일어나도록 자극했
는데, 이로 말미암아 다양한 관점을 가진 학자들 사이에서 다양하고도 비교
적 건강한 상호 작용이 나타날 수 있었다.

가장 첨예한 논란을 일으켰던 문제는 합리적 선택이론의 위상에 관한 것
이었다. 분명 상당수의 비교정치학자들이 합리적 선택론자들의 이념을 맹목
적으로 거부했던 점도 부인할 수 없지만, 합리적 선택론자들이 품었던 헤게
모니적 열망에 대해 몇몇 학자들이 제기한 우려는 나름의 근거가 있는 것이
었다(Lichbach 2003). 그러나 합리적 선택이론을 둘러싼 격론은 사실상 관심
을 핵심 문제로부터 다른 곳으로 돌리게 했다. 비교정치학 분야에서 합리적
선택이론의 도입은 유익한 효과를 가져왔는데, 이는 합리적 선택이론이 학자
들로 하여금 대안적 관점을 더욱 세밀히 가다듬도록 했으며, 이론적 논쟁을
조직화하는 데 도움이 되었기 때문이다. 실제로, 합리적 선택이론과 구조적

---

57 페레스트로이카 운동은 2000년 10월 수많은 정치학자들에게 보낸 익명('미스터 페레스트로이카')의 전자우편에서
시작되었는데, 이 전자우편에서 미스터 페레스트로이카는 미국정치학회와 학회의 핵심 학술지인 『미국정치학회보』의
주된 경향을 비판했다. 페레스트로이카 운동에 대해서는 Monroe(2005) 참조.

접근법 사이의 대조, 제도적 접근과 문화적 접근 사이의 대조는 비교정치학 분야에서 나타났던 몇몇 골치 아픈 이론적 쟁점들을 구체화하는 데 도움을 주었다. 그럼에도 불구하고, 합리적 선택이론가들이 그들의 분석에 제도를 포함시키기 시작하고, 논쟁이 합리적 선택 제도주의(Weingast 2002)와 역사적 제도주의(Thelen 1999; Pierson and Skocpol 2002)라는 두 가지 주요 대안을 중심으로 진행됨에 따라, 이런 메타이론들 각각의 고유 특징이 무엇인지를 정확히 추적하는 것은 점차 어려워졌다.[58]

제도로의 수렴은 합리적 선택 제도주의와 역사적 제도주의가 공통의 문제 — 정치인들을 제약하는 것처럼 보이는 제도가 사실은 정치인들에 의해 변화한다는 것, 즉 제도는 정치과정에 내생적인 요인이라는 사실 — 를 마주하고 있다는 점을 밝히는 데 이바지했다. 그러나 이런 상이한 메타이론들은 정적인 이론과 동적인 이론을 명쾌히 구분하면서 이 둘 사이를 연계하는 데 실패함에 따라, 정치 행위에 대한 분석에서 이런 핵심 쟁점에 대한 명확한 해법을 제시하지는 못했다. 게다가, 이런 메타이론들은 행위에 대한 일반 이론 — 정치학 일반 이론과는 다른 — 과 관련된 쟁점들을 적절히 변별화하는 것조차 실패했다. 따라서 메타이론들 사이의 논쟁이나 종합을 위한 토대가 되는 패러다임에 관한 수많은 언급에도 불구하고, 이런 메타이론들은 여전히 안개 속에 남게 되었다.

방법론과 관련해서는 상황이 다소 다르게 전개되었다. 양적 방법의 사용이 증가함에 따라, 질적 방법론 역시 다시 활기를 띠기 시작했다. 이 과정은 실질적으로 데이비드 콜리어가 연구의 현황을 비판적으로 평가한 것을 계기로 촉발되었다(Collier 1991, 1993).[59] 특히, 게리 킹Gary King, 로버트 커헤인Robert Keohane,

---

[58] 1990년대 비교정치학에서 공통적으로 사용되는 이러저러한 메타이론들에 대해서는, Hall and Taylor(1996)과 Lichbach and Zuckerman(1997) 참조.

[59] 콜리어는 루스 베린스 콜리어와 공저한, 『정치적 장의 형성』의 저자이기도 한데, 이 책은 엄격한 질적 연구의 모

시드니 버바의 영향력 있는 저서인 『사회조사 설계』*Designing Social Inquiry*(1994)의 출간과 소규모 사례연구에 대한 다양한 비판을 통해 가속화되었다.[60] 그리고 이런 흐름은 질적 방법론에 대한 중요한 새로운 언급과 더불어 공고화되었다(Brady and Collier 2004; George and Bennett 2005).[61] 덧붙여, 이런 질적 연구 방법에 대한 관심의 부활은 (대규모 사례연구와 통계적 방법, 그리고 소규모 사례연구와 질적 방법 사이의 연계를 모색함으로써) 상이한 방법론들 사이에 다리를 놓으려는 다양한 노력들(Brady and Collier 2004)과 결합되어 있었다. 예컨대 '분석적 서사'analytical narratives의 주창자들은 형식 이론을 검증하기 위한 도구로 사례연구를 사용하기도 했고(Bates st al. 1998; Rodrik 2003), 데이비드 레이틴은 통계, 형식화, 서사를 포함한 삼차원적 방법론의 가능성(Laitin 2002, 630-631; 2003)을 제안하기도 했다. 따라서 이론에 대한 논쟁과는 대조적으로, 방법론을 둘러싼 논쟁은 다양한 방법들이 잠재적으로 기여할 수 있는 바를 잘 이해하게 만들었으며, 종합을 위한 토대를 확인하는 데 공헌했다.

마지막으로, 연구의 실질적인 측면에서, 합리적 선택이론이 끼친 영향으로 인해 경제학으로부터 빌려온 개념들이 비교정치학에 더욱 커다란 영향을 미쳤으며, 이는 새로운 연구 방법으로 나아가는 길을 개척했다(Miller 1997). 그러나 1950년대와는 달리, 1990년대의 새로운 과학혁명은 경험 연구의 초점을 크게 변화시키지는 않았다. 오히려, 지난 15년에서 20년 사이에 수행된 중범위 이론화의 경우 상당한 연속성이 있었다. 그리고 이론화의 수준에서,

---

범으로 널리 인정받고 있다.

[60] 소규모 연구에 대한 중요한 비판[이런 비판의 선구인 King, Keohane and Verba(1994)는 [소규모 연구의] 표준적 관행을 암묵적으로 비판하고 있다]으로는, Gedds(1991), Lieberson(1991)이 있다.

[61] 이런 과정은 또한 질적연구방법컨소시엄Consortium on Qualitative Research Methods, CQRM 주관으로 2002년 시작된 연례 훈련 과정과 2003년 창설된 미국정치학회 질적 방법 분과를 통해 연구의 제도화 및 양적 연구에 대한 훈련으로 이어지기도 했다.

다양한 이론적 배경을 가진 연구자들 사이에서 교류가 더 이상 특별한 일이 아닌 것이 되었다는 점도 주목할 만한 일이다. 따라서 비록 경제학 제국주의라는 비판이 나타나고, 몇몇 분야에서 이는 정당한 비판이기도 했지만, 경제학과 비교정치학 사이의 관계는 양방향적이었다. 몇몇 경제학자들은 비교정치학, 특히 비교정치학자들이 제시한 정치제도에 관한 통찰을 진지하게 받아들이기도 했다. 비교정치학자들은 경제학자들의 작업을 국가와 시민권 같은 중심 문제들에 대한 연구를 재활성화하기 위해 사용하기도 했다(Przeworski 2003). 또한 경제학자들은 배링턴 무어의 『독재와 민주주의의 사회적 기원』 (Moore 1966), 페르난두 카르도수와 엔소 팔레토의 『라틴아메리카에서의 종속과 발전』 Dependency and Development in Latin America(Cardoso and Faletto 1979)과 같은 비교 역사 분석의 고전들이 제기한 논쟁을 재활성화했다.[62] 실제로, 이런 연구들이 실질적인 연구에 도입됨에 따라, 합리적 선택이론과 여타 방법들, 수학적인 형식 언어로 쓰인 이론formal theory과 음성적인 자연 언어로 쓰인 이론verbal theory, 그리고 양적 연구자들과 질적 연구자들 사이의 균열선은 상당 부분 사라졌다.

1989년 이래로 이론 및 방법의 문제를 둘러싼 분열을 그토록 강조해 왔던 강령적 진술들과 비교정치학자들의 실제 연구 사이에서 나타난 이와 같은 괴리는 다양한 요인들에 기인한 것이다. 메타이론들 사이의 차이를 명확히 하기 어려운 점, 그리고 방법은 결국 도구에 불과하다는 사실은 분명 이런 흐름에 영향을 미쳤다. 그러나 이런 괴리는 또한 비교정치학자들이 견지해 왔던 가치들과도 연관되어 있었다. 1989년 이후, 비교정치학자들 사이에는 민주주의라는 핵심 가치에 대한 광범위한 합의가 이루어지면서 신자유주의나 지

---

62 이 책은 1969년 스페인에서 처음 출간되었다. 경제학자들의 새로운 연구에 관해서는, Sokoloff and Engerman (2000), Acemoglu and Robinson(2006) 참조. 경제학자들이 이룩한 비교정치학의 고전과 최근 연구 사이의 연계에 대해서는 Przeworski(2004a) 참조.

구화와 같은 논쟁적인 쟁점에 뿌리를 두고 있는 분열을 극복할 수 있게 되었다. 그리고 이런 합의로 인해, 비교정치학자들은 정치적 가치를 놓고 갈등하면서 쏟아붓던 열정을 이제는 이론과 방법을 둘러싼 논쟁에 쏟게 되었다. 그 결과, 정치[학]에 대한 비교정치학자들의 가치 중심적 개입은 상대적으로 약화되었고, 이에 따라 비교정치학 연구에서 중요한 무엇인가[정치적 가치를 중심으로 한 이론 간 갈등]가 사라지게 되었다. 그러나 비교정치학 분야는 또한 중요한 어떤 것을 얻게 되었는데, 이는 오랜 시간 서로 상이한 전통에서 연구해온, 중요하고도 긴박한 문제들에 대한 풍부하고 엄격한 연구 문헌들이 생산되었다는 사실을 통해 알 수 있다.[63]

결론

이와 같이 비교정치학의 역사를 되돌아볼 때, 우리는 비교정치학이 의미심장한 발전을 이룩했음을 알 수 있다. 다양한 메타이론들이 도입되고 사라져 갔다. 비교정치학과 정치학의 다른 분야 사이의 관계 그리고 비교정치학과 자매 분과 학문 사이의 관계는 지속적으로 변화해 왔다. 그러나 이런 불안정성

---

63 이 시기 비교정치학의 연구에 대한 광범위한 개괄로는, Laitin(2002) 참조. 좀 더 한정된 연구 의제들에 대한 개괄로는, Lichbach and Zuckerman(1997)에 실린, Barnes, McAdam et al., Hall and Migdal이 쓴 장과 Katznelson and Milner(2002)에 실린, Kohli, Alt, Gamm and Huber, Geddes, Thelen이 쓴 장을 참조. 비교 역사적 전통의 공헌에 대해서는, Mahoney and Rueschemeyer(2003)에 실린, Goldstone, Amenta, Mahoney의 글을 참조. 지역연구에 대해서는, Szanton(2004) 참조. 또한 Wiarda(2002)도 참조.

에도 불구하고, 정치학 고유의 주제가 무엇인지에 대한 광범위한 합의가 점차 이루어졌고, 중요한 질문들에 대한 중범위 수준의 이론화는 지속적으로 성장해 왔으며, 비교정치학에서 사용되는 방법 역시 점차 정교해졌다. 비교정치학자들은 많은 성과를 올렸으며, 전 세계에 걸쳐 정치학에 대한 광범위한 지식을 생산했다.

그러나 이와 같은 성과에도 불구하고 한계 역시 많다. 첫 번째 한계는 이론과 관련이 있다. 중범위 이론화의 증가는 정치학에 대한 유용한 통찰을 양산하기도 했지만, 파편화된[단편적인] 지식을 낳기도 했다. 그러나 비교정치학자들은 1950년대와 1960년대에 걸쳐 정치학의 확고한 메타이론을 정교화하려 했던 체계 건설자들의 열망을 대체로 포기했다. 그 결과, 정적 이론들과 동적 이론들을 통합하려는 최근의 몇몇 시도에도 불구하고, (분석의 주요 척도들을 주어지고 고정된 것으로 간주하는) 정적 연구를 (이런 척도들의 변화에 관심을 두고 따라서 그것을 주어진 것으로 간주하지 않는) 동적 연구로부터 분리시키려는 경향은 여전히 강력하게 존재한다. 따라서 비교정치학자들은 다양한 실제 쟁점들에 대한 중범위 이론들과 정적·동적 이론들을 통합할 수 있는 정치학 일반 이론 또는 통합 이론을 발전시켜야 하는 과제에 직면해 있다.

두 번째 한계는 경험과 관련이 있다. 최근에 이루어진 중요한 진전에도 불구하고, 자신들의 이론에서 사용하는 상당수의 개념들을 [경험적으로 검증할 수 있는] 적절한 척도가 부족한 상황이다. 또한 유의미한 진전에도 불구하고, 비교정치학자들은 여전히 자신들의 가설을 엄격하게 검증할 수 있는 방법을 거의 사용하지 않고 있다. 경험적 분석과 관련된 중요한 도전이 제기되어 있음을 보여 주는 결정적인 신호는, 비교정치학이라는 이름이 붙은 연구들 가운데 상당수가 엄격히 말해 비교가 아니라는 점, 다시 말해 적어도 두 개 이상의 정치 체계를 비교한 연구가 아니라는 점에서도 나타난다. 이런 한계는 강력한 발견을 생산할 수 있는 비교정치학자들의 능력을 심각하게 약화시키고 있다. 따라서 비교정치학자들은 세계 정치에 대한 엄격하고 광범위한 경험적 일반화를 건설해야 하는 또 다른 도전에 직면해 있다.

비교정치학자들이 이런 도전들을 어떻게 효과적으로 헤쳐 나갈 수 있을지는 복잡한 문제이며, 이 장의 범위를 넘어선 문제이다. 그러나 우리는 비교정치학의 역사에서 몇 가지 일반적인 교훈을 도출해 낼 수 있다. 비교정치학은 과거나 지금이나 여전히 다양한 영역이며, 비교정치학자들은 이런 다양성이 힘의 원천이 될 수 있음을 여러 차례 보여 주었다. 그러나 비교정치학자들은 백해무익하거나 소모적인 분열을 강화하려는 경향 역시 보여 주었다. 따라서 비교정치학 분야가 전 지구적 정치과학을 발전시키고자 하는 자신의 임무에 좀 더 공헌하고자 한다면, 비교정치학자들이 공통의 목적에 대한 좀 더 폭넓은 인식을 갖고 작업하는 것이 필요하다. 그리고 이는 다음의 두 가지 사항을 비교정치학자들이 인식할 때에만 비로소 가능할 것이다. 첫째, 정치학 연구는 규범적 관심과 밀접히 관련되어 있으며, 정치학에 내포된 가치에 대한 명확한 인식 없이는, 연구의 목적과 근거는 모호해질 것이다. 둘째, 규범적으로 중요한 질문에 답하기 위해서, 연구자들은 자신들의 주제에 대해 열정을 가져야 할 뿐만 아니라, 적절한 과학적 방법을 사용하는 것이 필수적이다.

요컨대, 우리에게 필요한 것은 비교정치학이 뿌리를 두고 있는 인문주의적 전통과 과학적 열망의 중요성에 대한 성찰이다. 전 지구적 정치에 대한 실질적 관심만을 가지고 비교정치학자들의 영혼을 깨울 수 있는 것은 아니며, 하물며 이런 주제를 배우는 데 사용되는 방법만 가지고 되는 것은 더더욱 아니다. 따라서 비교정치학의 미래는 비교정치학의 발전을 저해하는 분열을 극복하고, 실질적인 내용과 방법, 정치와 과학에 대한 관심을 적절히 혼합할 수 있는 비교정치학자의 능력에 달려 있다고 할 수 있다.

구조기능주의의 이론화와
비서구 사회의 정치발전 연구

Gabriel Almond

게이브리얼 알몬드는 1950년대와 60년대에 비교정치학 분야에서 가장 영향력 있는 학자 가운데 한 사람으로 당시 사회과학연구협의회 산하 비교정치위원회 회장을 역임했다. 그는 정치학 연구에 적합한 비교틀을 만들어 내고자 노력했던 선구자로, 유럽에 초점을 맞추었던 기존의 비교정치학 연구 관행에서 벗어나 비서구 국가들로까지 연구 범위를 확장했다.

알몬드는 70여 년에 걸친 연구 활동을 통해 많은 결과를 발표했다. 그가 초기에 초점을 맞췄던 분야는 미국의 국내외 정책이었다. 그의 박사 학위논문은 최근에야 『뉴욕 시에서의 금권 지배와 정치』*Plutocracy and Politics in New York*(1998)라는 제목으로 출간되었는데, 여기서 그는 뉴욕 시의 엘리트들과 정치권력을 분석했다. 국제관계에 대한 연구로는 『미국인들과 외교정책』*The American People and Foreign Policy*(1950)이 있다. 1950년대 초반에는 서유럽 국가들의 정당을 중심으로 비교정치학 연구를 시작했다.

알몬드의 가장 중요한 연구 업적은 1950년대 중반부터 출판되기 시작한 일련의 저작들 속에 담겨 있다. 이를 통해 그는 정치 발전과 정치 문화에 대한 구조기능주의적 연구 방법을 정식화했다. 그는 정치 체계가 정당과 입법 기관, 관료 조직 등과 같은 '구조'로 이루어져 있다고 보았다. 이런 구조들은 시민들의 선호를 표출·집약하고, 공공 정책을 만들고 시행하며, 전반적인 정치적 안정을 유지하는 등의 고유한 '기능'을 수행한다. 알몬드는 이렇게 구조와 기능을 구분함으로써 민주적인 정치 체계와 비민주적인 정치 체계들의 다양한 형태를 분류하는 폭넓은 유형론을 개발해 냈다. 알몬드의 이론틀은 라틴아메리카뿐만 아니라 제2차 세계대전이 끝난 뒤 식민 지배에서 독립한 아시아, 아프리카의 많은 개발도상국들에도 적용되었다. 이런 틀의 초기 형태들은 "정치 체계 비교"Comparative Political Systems(*Journal of Politics* 1956)와 『개발 도상 지역의 정치』*The Politics of the Developing Areas*(1960)에서 제시되었다. 이후 알몬드는 빙엄 파월과 공동으로 저술한 『비교정치학 : 발전론적 접근』*Comparative Politics : A Developmental Approach*(1966)과 『비교정치학 : 체계·과정·정책』*Comparative Politics : System, Process, Policy*(1978)을 통해서 자신의 이론적 틀을 더욱 정교하게 다듬었다.

시드니 버바와 함께 쓴 『시민 문화』 *The Civic Culture*(1963)는 정치 문화 연구틀을 개척한 기념비적인 저서로, 설문 조사 방법을 통한 비교 연구의 잠재력을 보여 주었다. 알몬드와 버바는 설문 조사 자료를 비교함으로써 정치에 대한 시민의 정향orientation을 향리형parochial, 신민형subject, 참여형participant의 세 가지 유형으로 분류하고, 이 세 가지 유형의 정향을 지닌 개개의 시민들이 균형을 이루는 시민 문화가 민주주의에 가장 적합한 것으로 보았다. 『위기·선택·변화』 *Crisis, Choice and Change*(1973)에서는 정치 지도자들의 역할을 강조하는 여타 접근 방법들과 자신의 구조기능주의적 접근 방법을 결합시킴으로써 정치 변동에 대한 통합 이론을 만들어 내고자 했다. 말년에는 정치학과 비교정치학의 지성사와 지금도 내부에서 진행 중인 논쟁에 관해 연구했다. 널리 읽힌 이 글들은 『분과 학문의 분화』 *A Discipline Divided*(1990)와 『정치학의 모험』 *Ventures in Political Science*(2002)이라는 제목으로 묶어서 발간되었다.

1911년에 미국 일리노이 주 록아일랜드에서 태어난 알몬드는 2002년 캘리포니아 주 퍼시픽 그로브에서 세상을 떠났다. 1932년 시카고 대학에서 학사 학위를, 1938년에 같은 학교에서 박사 학위를 받았다. (지금은 뉴욕 시립대에 편입되어 있는) 브루클린 대학(1939~42), 예일 대학(1946~50, 1959~63), 프린스턴 대학(1950~59), 스탠퍼드 대학(1963~76)에서 가르쳤다. 1976년에 스탠퍼드 대학의 명예교수가 되었다. 1965~66년에는 미국정치학회 회장직을 맡았다. 1961년에는 미국 예술과학아카데미 회원으로, 1977년에는 국립과학아카데미 회원으로 선출되었다.

2002년 3월 20일,
캘리포니아 주 팰러앨토에서,
뭉크가 인터뷰했다.

처음 정치학에 관심을 갖게 된 계기는 무엇인가?

1928년에 시카고 대학에 입학했는데, 이때는 대공황이 일어나기 직전이었다. 당시에 난 저널리스트나 작가를 꿈꾸고 있었다. 고등학교 시절에는 교지 편집장이었고, 1920년대 시카고 대학에서 학생들이 발간하던 문예지에 여러 차례 글을 기고하기도 했다. 작문을 가르친 은사들 중에 손턴 와일더Thornton Wilder가 있었는데, 그가 나를 '타고난 글쟁이'라고 했으니 나로서는 내가 작가로서 재능이 있다고 생각할 만했다. 더구나 학비를 마련하기 위해 이와 관련된 일을 하고 있었다. 오전에는 수업을 듣고 오후에는 [시력을 측정하는] 검안사檢眼士들을 대상으로 하는 잡지의 편집 일을 했다. 그런데 대공황이 닥쳐 일자리를 잃고 형편이 어려워졌다. 나는 저널리스트가 되겠다던 낭만적인 꿈을 접고, 앞으로 무엇을 할지 진지하게 생각하기 시작했다. 결국 교사가 되기로 결심했는데, 내가 무엇을 가르칠 수 있을지 고민하던 중 찰스 메리엄[1] 교수와 해럴드 라스웰[2] 교수, 프레더릭 슈만Frederick Schuman 교수의 강의

1 • 찰스 메리엄Charles Merriam(1874~1953)
미국 정치학자. 1911년에는 시카고 대학에서 정치학 교수를 지냈으며 1924년부터 4년간 사회과학연구협의회 회장으로 활동한 바 있다. 메리엄은 주권론 중심의 정치사상사에서 출발, 미국적 민주주의의 신장을 지향하는 정책학으로서의 정치학을 체계화함으로써 미국 정치학의 발전에 기여했다. 그는 후배들과 함께 이른바 '시카고 학파'를 형성해 라스웰, 코헨H. Cohen, 슈만F. Schumann 등의 학자들을 배출했다.

2 • 해럴드 라스웰Harold Lasswell(1902~78)

를 들었다. 그런데 학점이 잘 나왔고, 덕분에 정치학에서 무언가를 할 용기가 생겼다. 그리고 경제학자인 프랭크 나이트Frank Knight 교수의 경제학 강의와 사회심리학자인 조지 허버트 미드George Herbert Mead 교수의 강의도 들었다. 그 뒤로 사회과학이 어떤 학문인지 감이 잡혔고 정치학이라면 할 수 있을 것 같다는 생각이 들었다. 그래서 시카고 대학 대학원에 원서를 냈고, 다행히 합격했다. 그렇게 해서 시카고 대학 정치학과에서 대학원 과정을 시작한 게 대공황이 한창이던 1933년부터다.

시카고 대학 말고 다른 학교도 생각해 보았는가?

나는 이민자 가정 출신이었고, 우리 가족은 하버드나 예일, 프린스턴처럼 멀리 떨어진 곳으로 가는 것은 생각해 본 적이 없었다. 그리고 시카고 지역에서는 시카고 대학이 학문적 분위기가 제일 좋았다. 일종의 학문의 메카였던 셈이다. 문제는 내가 합격할 수 있느냐 였는데, 다행히 합격했다.

미국의 정치학자. 1922년 시카고 대학 졸업 후, 런던·제네바·파리·베를린 등의 대학에 유학했다. 1927년 시카고 대학 교수가 되었으며, 1939~45년에는 국무성 고문을 역임하는 등 정치에도 관여했다. 1946년 이후 예일 대학에서 법학과 정치학을 강의했다. 신시카고학파의 대표자로 프로이트의 정신 분석학 방법을 정치학에 선구적으로 도입했다. 대표적인 저서로는, 『정치학 : 누가, 무엇을, 언제, 어떻게 획득하는가』(1936), 『정신병리학과 정치학』 Psycho-Pathology and Politics(1930), 『국제정치와 개인의 불안정』World Politics and Personal Insecurity(1935), 『권력과 인성』Power and Personality(1948) 등이 있다.

그 시기 시카고 대학에서는 학제 간 연계가 활발했던 것으로 알고 있다. 당시 들은 강의들은 어땠는가?

당시 학부생들은 정치학과가 어떤 과인지 잘 알지 못했다. 그런 평가를 할 만한 처지가 아니었다. 나 역시 당시에는 그것이 학제 간 연구인지 아닌지 잘 알지 못했다. 4학년 때 라스웰 교수의 "정치적 행태의 비합리적 요소들"에 대한 강의를 들으면서 시대에 앞선 참신한 강의라고 생각했다. 일종의 파격이었다. 그러나 그 강의가 일반적으로 말하는 정치학이라는 분과 학문과 어떤 관계가 있는지는 알지 못했다. 다시 말해 학부 시절에는 내가 어떤 분야에 발을 들여놓고 있는지 몰랐고, 대학원에 들어가고 나서야 확실히 알게 되었다.

대학원 때도 초반에는 학비를 마련하려고 짬을 내어 시카고 우시장에 있던 실업 구제청Unemployment Relief Service에서 고충 상담원으로 일했다. 내 일은 책상에 앉아서 실직자들의 이야기를 들어 주는 것이었는데, 긴급 원조를 신청하러 온 실직자들은 대부분이 멕시코계 미국인, 이탈리아인, 슬라브계, 아프리카계 미국인 등 외국 태생이었다. 그때는 라스웰 교수의 강의 시간에 들었던 인간 행동에 대한 사회학적 해석들과 심리학적 해석들로 머리가 꽉 차 있었다. 그래서인지 앉아서 사람들의 고충을 들어 주다 보니 이런 것들이 분석할 만한 사회과학적 자료라는 생각이 들었다. 그래서 이 자료들을 연구해야 한다고 라스웰 교수를 설득했고, 우리는 공적 원조를 받는 사람들의 공격적인 행동에 초점을 맞추기로 했다. 이론적 전제는 이들 공격적인 사람들이 혁명을 선도할 수 있다는 것이었다. 당시는 뉴딜 정책이 시행되기 전이라 상황이 정말 좋지 않았다는 사실을 염두에 두어야 한다. 미국에서 혁명이 일어날 것 같았다.

우리는 고충 상담원 세 사람의 도움을 받아, 몇 달 동안 다양한 사회적 배경을 가진 사람들 수천 명을 만났다. 우리는 사람들을 공격적인 사람과 순종적인 사람으로 분류했고, 통제 집단을 두었다. 그런 다음, 공격적인 사람들에게서 특징적인 요인을 알아내기 위해 이들에 대한 기록을 자세히 살펴보았다(Almond and Lasswell 1934). 그런 과정을 통해 나는 과학science을 한다는 게 뭔지 배우고 있었다. 결과적으로 그 경험 덕분에 정치학에 몸담게 되었고, 방법론에도 관심을 갖게 되었다. 이때부터 과학에 푹 빠지게 되었던 것이다.

이런 현장 경험 이외에, 사회과학에 대한 생각에 중대한 영향을 미친 작가나 책이 있다면?

아리스토텔레스의 『정치학』이다. 실제로, 대학원에 합격하고 나서 처음 한 일이 『정치학』을 구한 것이었다. 그러고는 그 책을 처음부터 끝까지 꼼꼼히 읽었다. 아리스토텔레스는 상당히 경험주의적인 비교학자였다. 나는 아리스토텔레스의 방법론을 정치학의 모델로 삼았다. 그 모델을 이용하면 정치와 제도에 관련된 중요 문제들을 어느 정도 설명할 수 있을 것 같았다. 항상 그런 관점을 잃지 않았다. 라스웰 교수의 강의를 들으면서 접하게 된 심리 분석 문헌에서도 많은 영향을 받았다.

대학원에서 공부하면서 막스 베버의 글을 읽었는가?

물론이다. 베버는 학문적인 면에서는 물론이고 도덕적인 면에서도 내게 매우 큰 영향을 주었다. 베버의 저서들은 대학원 초기에 접했는데 독일어로 된 원서를 읽었다. 아내가 독일 사람이라서 장인, 장모님께 인사도 드릴 겸 1937년에 신혼여행을 독일로 갔다. 그때 서점에서 베버의 저서를 많이 구했다. 나치가 집권하고 있었으나 쾰른에는 여전히 서점이 많았다. 나는 베버의 책을 한 보따리 안고 집으로 돌아왔다. 베버 이론에 대한 개설서라 할 수 있는 『경제와 사회』*Wirtschaft and Gesellschaft*(Weber 1978), 종교 사회학에 대한 세 권의 책(Weber 1951, 1958a, 1967)에서 많은 영향을 받았다. 이때 구했던『경제와 사회』는 초판이었다. 나는『정치 저작 선집』*Gesammelte Politische Schriften*(Weber 1921), 정치에 관한 글들,[3] "소명으로서의 정치"Politics as a vocation(Weber 1946b)도 읽었다. "소명으로서의 정치"는 1918년에[실제 강연 일자는 1919년 1월 28일] 강연한 내용을 정리해 놓은 책이다. 독일어 시험을 준비하기 위해 이 책을 번역하기도 했다. 그리고 그의 음악 사회학도 알게 되었다. 베버에게서 정말 많은 영향을 받았다.

하지만 당신의 박사 학위논문은 베버보다는 마르크스의 영향을 많이 받았고, 사회심리학적 관점도 끌어왔다.

　　　　박사 논문에서는 마르크스주의 이론에 경험적 유효성을 부여하고자 노력했다. 볼셰비즘에 대한 글을 쓴 초기 학자 가운데 한 사람인 새뮤얼 하퍼Samuel Harper 교수의 강의를 두 번 들었다. 당시만 해도 볼셰비즘은 러시아 역사에서 아주 최근 일이었다. 그러니까 1930년대, 숙청을 비롯한 이런저런 일들이 일어나기 전이었다는 점을 염두에 둬야 한다. 이곳 미국에서도 시카고에서 멀지 않은 공장들에서 파업과 연좌 농성이 일어났다. 그리고 대학에서는 젊은 공산주의자와 사회주의자들이 목소리를 높이고 있었다. 우리 세대는 진지한 사람이라면 누구나 당시 겪고 있던 미국 경제의 붕괴와 국가의 앞날에 대해 이야기했다. 내가 논문 주제를 정했던 것은 그런 위기 상황에서였

---

[3] 정치에 관한 베버의 글들은 선별적으로 선택되어 다양한 영문판으로 출간되었는데, Gerth and Mills(1946),『경제와 사회』*Economy and Society*(Weber 1978)의 부록, 그리고 좀 더 최근에는 Lassman and Speiers(1994) 등이 있다.

다. 나는 경제와 정치체polity를 시기별로 살펴보는 아주 경험적인 연구를 할 생각이었다. 그러고는 다뤄 볼 만한 부와 정치의 역사를 가진 뉴욕을 연구 대상으로 결정했다. 또한 심리 분석적 해석 방법을 도입해 어째서 자본가들 가운데 어떤 이들은 진보적 자유주의자liberal이고, 어떤 이들은 보수파이며, 또 어떤 이들은 반동적인지를 설명하려고 했다. 앤드류 카네기Andrew Carnegie는 적어도 당시 기준으로 보면 자유주의자였다. 윌리엄 랜돌프 허스트[4]처럼 반동적인 사람과는 대조적으로, 카네기처럼 부자인 사람이 진보적 자유주의자라는 사실을 당신이라면 어떻게 설명하겠는가? 이 문제를 설명하기 위해, 경제 권력과 정치권력 사이의 틈바구니에 있던 뉴욕의 실업가들과 법인 기업 임원들을 비롯해 J. P. 모건J. P. Morgan이나 존 록펠러John D. Rockefeller 같은 기업가들의 전기 자료를 수집했다. 다른 책(Almond 1990, 318-22)에서 설명했듯이 메리엄은 내 논문을 달가워하지 않았다. 그 이유는 내가 심리 분석의 대상으로 삼았던 록펠러가 시카고 대학의 설립자인 데다가, 대학 운영 기금을 지원하는 주요 후원자였기 때문이었다. 카네기에 대해서도 개인 자료들을 수집하고 있었는데, 그 당시 카네기재단은 연구 기금의 주요 후원자였다. 메리엄은 심리 분석을 다룬 부분을 삭제했으면 했는데, 아무리 생각해 봐도 메리엄이 내세우는 근거가 합당치 않았다. 어쨌든 박사 학위논문은 1998년이 되어서야 출간되었다. 학술지에 실었던 논문만 1945년에 출간했다(Almond 1945).

---

4 • 윌리엄 랜돌프 허스트William Randolph Hearst(1863~1951)
미국의 언론 재벌로 『뉴욕 저널』을 인수해 퓰리처의 『뉴욕 월드』와 경쟁하면서 각종 선정적인 기사들을 쏟아 냈는데, '옐로 저널리즘'이라는 말이 여기서 비롯되었다. 그는 그 밖에도 통신사, 출판사, 방송국 등을 보유해 '허스트 언론 제국'을 형성했다.

요즘 정치학의 하위 분야에 따라 본다면, 당신은 미국 정치 연구자로서 학문적 경력을 시작했다고 볼 수 있을 것 같다.

그러나 내가 택했던 모델과 대학원에서 들었던 강의들은 비교 연구였다. 화이트L. D. White 교수는 비교공공행정학을 강의하면서 프랑스와 독일, 영국의 사례들을 다뤘다. 해럴드 고스넬Harold Gosnell 교수의 강의도 정당을 비교하는 것이었다. 라스웰 교수도 비교 연구의 관점에서 가르쳤다. 이렇듯 교육과정은 매우 현대적이었지만 오늘날과 같은 심도 있는 지역연구는 접할 수 없었다. 그런 연구는 하퍼 교수나 화이트 교수 같은 분들에게서나 발견할 수 있었다. 하퍼 교수는 러시아 연구 분야에서 대단히 훌륭한 학자였다. 화이트 교수에게서는 영국의 정치와 행정, 관료제에 대해 많이 배웠다.

당신의 연구나 글을 보면 제2차 세계대전 시기의 경험이 큰 영향을 미친 것 같다. 그래서 관심사가 유럽 정치, 더 구체적으로는 독일과 나치 쪽으로 바뀐 것 아닌가?

오랫동안 독일에서 많은 사람들과 인터뷰를 하면서 지냈다.[5] 예를 들면 포로수용소에서 독일의 게슈타포와 보안 요원들을 심문했다. 어떤 면에서 보면 그때부터 이미 유럽 정치 연구자가 되어 있었던 것이다. 유럽의 레지스탕스 운동에 관심이 많아 비교의 관점에서 그 주제를 연구하면서 독일과 프랑스를 조사했다. 그 일을 하는 데 언어 능력은 매우 유용했다. 독일어는 대학생 때 배웠다. 전쟁이 끝나 미국으로 돌아왔을 무렵 나는 이미 달라져 있

---

[5] 제2차 세계대전 때 알몬드는 미국전략폭격조사단U.S. Strategic Bombing Survey에서 연합군의 폭격이 독일의 전쟁 수행력에 미치는 영향을 연구했다.

었고, 내 자신을 유럽 정치 연구자로 생각하게 되었다.

1945년 여름, 유럽에 머무는 동안 베버의 미망인인 마리안네 베버 여사를 만났던 것으로 알고 있다. 왜 만났는지, 만남은 어땠는지 궁금하다.

당시 우리 사령부가 있던 바트 나우하임Bad Nauheim은 하이델베르크에서 그리 멀지 않았다. 매우 유명한 독일 경제학자[구스타프 스톨퍼Gustav Stolper]의 아들이자 그 자신도 경제학자인 볼프강 스톨퍼Wolfgang Stolper라는 친구가 있었는데, 일요일에 스톨퍼와 함께 지프차를 타고 하이델베르크로 갔다. 우리는 마리안네 베버 여사를 자택에서 만났다. 당시 마리안네 여사는 매우 연로해서 몸이 많이 약해져 있었다. 그래서 우리는 시간을 많이 뺏으려 하지 않았다. 그녀에게 담배를 몇 갑 주었는데, 당시에는 담배가 가장 귀한 선물이었다. 담배로 커피도 구할 수 있던 시절이었다. 사실 마리안네 여사를 만났다고 해서 베버에 대해 새로 알게 된 것은 없었다. 베버의 집을 찾아간 것은 새로운 정보를 얻기 위해서가 아니라, 경의를 표하고 싶어서였다.

전쟁이 끝난 뒤 1946년에 예일 대학으로 옮겼는데 특별한 이유가 있었는가?

　　브루클린 대학에서 종신 재직권tenure을 받았지만, 지적인 면에서 그곳은 그리 매력적이지 않았다. 내가 군대에 가기 전에는 좋은 곳이었다. 당시만 해도 혁신적인 학과였고, 어느 정도 영향력 있는 젊은 사람이 많았다. 그러나 제대하고 돌아와 보니 완전히 달라져 있었다. 비교 정당론을 강의하고 싶었는데 그럴 수 없었다. 계속 "미국 정치 개론"을 가르칠 수밖에 없는 상황이었다. 그래서 다른 가능성을 찾아보게 된 것이다. 그때 예일국제문제연구소Yale Institute of International Studies에는 빌 폭스Bill Fox와 클라우스 노어Klaus Knorr, 버나드 브로디Bernard Brodie 등과 같은 시카고 대학 출신들이 있었다. 나와 친분이 있던 그들이 나를 그곳으로 초빙한 것이다. 처음에는 연구 전담 조교수로 시작해 몇 년 후에는 강의 기회가 주어졌다. 그 후 종신 재직권을 얻을 수 있는 조교수가 되었고 1949년에는 종신 재직권을 받았다.

몇 년 후 당신이 주도했던 제안, 그러니까 사회과학연구협의회 산하에 비교정치위원회를 만들자는 제안이 매우 성공적으로 빛을 보게 되었다. 이 위원회는 어떻게 만들어지게 되었으며, 정치행태위원회와는 어떤 관계였는가?

　　비교정치위원회가 만들어진 것은, 당시 정치행태위원회가 이미 이런저런 선언문들을 내놓기 시작한 데서 자극을 받은 것이다. 정치행태위원회 회원들은 대부분 젊고 독창적이며 선도적인 미국 정치 연구자들이었다. 그들은 당시 사회과학연구협의회 회장인 에드워드 펜들턴 헤링Edward Pendleton Herring 과 함께 활동하고 있었다. 그들은 정치 체계의 하부구조인 압력단체에 대한 연구를 개척하고 있었고, 정당·선거 연구에 체계적이고 경험적인 방법을 도입함으로써 심층적인 정치학 연구를 활성화시키고자 했다. 미국 정치 연구에 대한 이런 접근은 혁신적이고 생산적인 것이었다. 반면에 비교정치학 분야는 단순하고 구조적이며, 제도적이고 법적이며, 기껏해야 철학적이었다. 당시에는 미국에서 연구된 내용들을 다른 맥락에서 검토하는 일은 없었다. 유럽 정치 연구자들의 경우, 마르크스주의의 영향을 받아 이익집단을 자본가 측 집단이냐 프롤레타리아 측 집단이냐로 분석했다. 사실 그렇게 하면 정치의 하부구조를 경험적으로 연구할 수 없다. 따라서 비교정치위원회의 첫 번째 프로젝트는 유럽 국가들과 비유럽 국가들의 이익집단 연구를 활성화하는 것이었다. 헨리 에어만Henry Ehrmann과 조지프 라팔롬바라Joseph LaPalombara, 후안 린츠, 마이런 와이너Myron Weiner, 에드워드 밴필드Edward Banfield, 시모어 마틴 립셋 등이 명성을 얻게 된 것도 1920, 30년대 미국 정치 연구에서 이루어진 혁신적 결과를 유럽적 맥락에 적용한 덕분이었다.

비교정치위원회가 만들어지고 1954년 초대 회장이 되기 직전인 1952년에 노스웨스턴 대학에서 학자들이 모여 — 사회과학연구협의회 대학 간 비교정치 연구 세미나 — 중요한 선언문(Macridis and Cox 1953; Friedrich et al. 1953)을 발표한 것으로 알고 있다. 이 그룹[6]과 비

---

6 * 사회과학연구협의회 산하 대학 간 비교정치 연구 세미나
여기에 참석한 주요 학자로는 하버드 대학의 새뮤얼 비어Samuel Beer, 해리 엑스타인, 매사추세츠 공과 대학의 칼 도이치, 시카고 대학의 케네스 톰슨Kenneth Thompson, 리처드 콕스Richard Cox, 미시간 대학의 로버트 워드Robert

교정치위원회는 어떤 관계였는가?

      초기에 로이 매크리디스Roy Macridis는 사회과학연구협의회가 무언가를 하길 바랐다. 그러나 우리는 노스웨스턴 그룹보다 초점이 분명했다. 즉, 우리는 확실한 연구 디자인을 갖고 있었고, 그렇기 때문에 사회과학연구협의회도 우리가 추진하는 방향을 따랐다. 나중에 매크리디스도 우리 [비교정치]위원회의 회원이 되었으며 로버트 워드Robert Ward도 회원이 되었다. 노스웨스턴 회의의 주도적 구성원들은 정치행태위원회가 발전시키고 있던 좀 더 전문적인 정치학political science에 압도되어 있었고, 이는 바로 우리가 추구하려 했던 것이었다.

이익집단들과 정치과정에 초점을 맞춘 일 말고도, 정치학에 대한 좀 더 과학적 접근법을 개발하고자 했던 것으로 보인다.

      그렇다. 좀 더 경험적이고, 논리적으로 엄격하며, 통계를 활용하는 방법을 모색하고 있었다. 그리고 인류학, 사회학, 심리학 등을 비롯해 사회과학 전반으로부터 다양한 가설들을 모으기도 했다. 메리엄 교수가 1920년대에 이룩한 혁명을 살펴보면 알겠지만 그것은 두 가지였다. 메리엄 교수에게 전문적인 정치학이란 엄격한 정량화 작업과 사회과학 분야에서 도출된 가설의 검증을 의미했다.

Ward와 이 세미나의 의장을 맡은 노스웨스턴 대학의 로이 매크리디스 등이었다.

과학적인 정치학을 만들려는 계획은 자연과학을 모델로 삼았는가?

　　　아니다. 메리엄 교수는 라스웰 교수보다도 더 분명하게, 그가 인문 과학이라 불렀던 사회과학은 자연과학과 분명한 차이가 있다는 점을 잘 알고 있었다. 그는 '행태 과학'behavioral sciences이라는 용어를 사용하지 않았는데, 그 용어가 당시에는 좋은 인상을 주지 못했기 때문이다. 메리엄 교수는 과학을, 그들이 생산해 낼 수 있는 학문의 종류에 따라 구분했다.

비교정치위원회의 주요 성과물로는 어떤 것이 있는가? 1950년대에 만들어질 당시 세웠던 목표와 바람을 이루었다고 생각하는가?

　　　그렇다. 분명히 그렇다고 볼 수 있다. 우선 비교정치위원회가 생기기 전에는 비교정부학 분야에서 비교 연구는 매우 드물었다. 당시에는 주요 유럽 강대국들에 대한 국가별 사례연구만 있었다. 영국 정부나 프랑스 정부, 독일 정부를 따로따로 연구했다는 얘기다. 영국·프랑스·독일을 연구했고, 이탈리아도 조금 다뤘으며, 아주 드물게는 일본 연구도 이루어졌다. 하지만 그게 전부였다. 비서구권은 다루지 않았고 서구의 약소국들도 연구하지 않았다. 그런데 비교정치위원회에서 발간한 첫 번째 책, 『개발 도상 지역의 정치』 (Almond and Coleman 1960)는 세계 전 지역에 초점을 맞췄다. 관심도 많이 받았다. 내가 쓴 조잡한 서문에도 불구하고, 이 책의 기고자들은 내 이론적 틀을 네다섯 가지 상이한 방식으로 적용함으로써 현대적인 사회과학을 비교정치학 분야로 확장했으며 [미국과 유럽에 한정되어 있던] 학문적 편협성을 타파했다. 비록 한계는 있었지만 이 두 가지 일은 중요한 성과였다. 게다가 루시안 파이Lucian Pye는 1963년에 회장으로 있으면서 정치 발전에 대한 아홉 권짜리 연구 총서를 프린스턴 대학 출판부에서 발간했다. 그렇게 상당한 성과를 남겼고, 여기에는 국내외 수많은 학자들이 참여했다.

혹시 비교정치위원회에서 못다 한 일이 있는가?

　　　　우리는 이런 노력이 일종의 정치발전론으로 이어지길 정말 바랐다. 돌이켜 보면, 우리가 할 수 있는 데까지는 했다고 생각된다. 근대화론은 수정을 거쳐 다시 자리를 잡아 가고 있다. 근본적인 사회경제적 변화의 과정과 더불어 근대화는 다양한 정치적 잠재력을 만들어 낸다는 생각이 다시 유행하고 있는 것이다. 근대화가 대중을 동원하고 민주화를 위한 기회를 창출하는 것은 사실이다. 우리 이론의 이런 측면은 지금도 유효하다고 말할 수 있다. 하지만 당시 우리는 수학적 정식도 만들어 낼 수 있지 않을까 생각했다. 그때 우리는 마약을 한 것처럼 한껏 도취되어 있었던 게 아닌가 싶다. 『개발 도상 지역의 정치』 서문을 쓸 때 나는 자제력을 잃었다. 그때 나는 내 글이 무엇을 의미하는지 진지하게 생각했던 것 같지 않다. 지금은 비교정치학에서 엄밀한 '경성 과학'hard science 이론을 만들 수 있다고 생각하지 않는다. 그건 환상이다. 비교정치학은 개연성을 다루는 학문이다.

1960년대에는 비교정치위원회의 작업을 넘어선, 매우 중요한 저작 두 권이 출간되었다. 하나는 헌팅턴의 『정치발전론』(1968)으로, 이 책은 상당수 근대화 문헌들이 가지고 있던 낙관적이고 자유주의적인 경향에서 벗어났고, 또 하나는 배링턴 무어의 『독재와 민주주의의 사회적 기원』(1966)으로, 이는 좀 더 비판적인 마르크스주의적 시각에 기초하고 있었다. 이런 다른 연구자들과 대화해 보았는가? 이 두 저서가 당신의 연구에 영향을 주었는가?

무어의 책은 사실 영향력도 컸고 매우 중요한 책이었지만, 내가 제일 좋아하는 그의 책은 『소비에트 정치』*Soviet Politics*(1950)다. 『독재와 민주주의의 사회적 기원』은 몇 가지 중요한 면에서는 독창적이지만 환원주의에 빠져 있다고 생각했다. 그 책은 불확실성과 리더십, 우연의 역할을 다루지 않았다. 구조적인, 그것도 아주 심하게 구조적인 해석이었으며, 그 때문에 받아들일 수가 없었다. 당시에 나는 리더십과 우연이라는 변수를 도입하려고 애쓰던 중이었다.

헌팅턴의 책은 어떻게 생각하는가?

무어에 비해 헌팅턴은 정치적 결정과 국가의 역할을 좀 더 강조한다. 헌팅턴은 경제와 정치체의 상호작용을 더 잘 파악하고 있다. 그러나 그는 과도하게 강한 주장을 내세운다. 이런 모습은 그의 저서 『문명의 충돌』(1996)

에서도 볼 수 있다. 편집자의 입장에서는 이렇게 과장하는 경향이 이슈를 만들고 논쟁을 불러일으키므로 좋을 수도 있다. 그러나 정확함은 희생된다. 반면, 나는 원인을 다차원적으로 검토하고 실제 역사적 사건들에 최대한 가까이 접근하려고 했다. 예를 들어, 『위기·선택·변화』(1973)에서 나는 위기에 초점을 맞추었으며, 가능한 한 모든 관점에서 이를 살펴보았다. 그것은 좀 더 넓은 분과 학문적 논쟁에서 내가 맡은 역할이었다.

같은 시기 로버트 달은 『폴리아키』(1971)를 비롯해 정치적 반대에 대한 두 편의 글(Dahl 1966a; 1973)을 썼다. 이들 연구에 대해 어떻게 생각하는가?

로버트 달과 나는 예일 대학에 같이 있었고, 그에게 비교 연구를 해보라고 권하기도 했다. 1950년대에 달은 『민주주의 이론 서설』*A Preface to Democratic Theory*(1956)을 썼고, 그 후에는 뉴헤이븐에 대한 연구이자 [1962년 미국 정치학회 우드로윌슨상] 수상작인 『누가 통치하는가?』*Who Governs?*(1961a)도 출판했다. 달은 [서유럽 9개 나라의 민주주의를] 비교 연구하기 위해 '반대'oppositions라는 개념을 사용했다. 달의 『폴리아키』는 그의 가장 중요한 업적 가운데 하나였다. 그 책은 민주화에 영향을 주는 모든 요인을 체계적이고 엄밀하게 분석했다. 이는 매우 중요한 책이고, 전후에 발간된 가장 중요한 책 가운데 하나였다.

예일 대학과 연관되어 있던 또 다른 인물로는 정치학 연구에 대한 체계적 접근법으로 잘 알려진 스테인 로칸도 있다.

로칸은 비교정치학의 발전에서 나타난 또 다른 주요 경향이었던 비교정치사회학에 상당한 영향을 미친 사회학자다. 로칸 역시 비교정치위원회의 영향을 많이 받았다. 그는 모임에 매번 참석했고, 찰스 틸리Charles Tilly가 편집한 역사적 연구인 정치발전론 총서 제8권에 참여했다(Rokkan 1975). 로칸과 나는 매우 가까운 사이였다. 다른 곳에서 이미 밝혔던 것처럼, 위원회가 구성될 당시에 비교정치학 분야에는 창조적 능력을 갖춘 중심인물이 몇 명 있었다(Almond 1997, 60). 달과 헌팅턴은 특히 중요한 사람이었고 로칸도 마찬가지였다. 또 립셋도 간과할 수 없다. 그는 정치적 근대화와 민주화 연구에서 대단히 중요한 인물이었다.

당신이 시카고 대학에서 교육을 받았던 1930년대부터, 예일 대학과 프린스턴 대학을 비롯해 비교정치위원회 활동을 통해 사람들과 교류했던 1950, 60년대까지는 비교정치학에서 흥미진진한 시기였던 것 같다.

　　　제2차 세계대전 직후가 매우 빠른 성장과 기회의 시기였다는 것은 넓은 관점에서 보았을 때 맞는 말이다. 그러나 정치학의 역사에서 설명되어야 할 이례적 사건이 있다면, 그것은 1920년대 전간기에 메리엄 교수가 보여준 혁신이다. 설명해야 할 것은 이 시기에 어떻게 그런 혁신이 가능했는가이다. 경제가 제대로 기능하는 국가라곤 미국이 유일했던 제2차 세계대전 직후가 아니라는 말이다. 전후에 우리는 자원을 갖고 있었다. 또한 냉전이 막 시작된 무렵이었기 때문에, 교육 설비를 갖추고 교육에 투자해야 했다. 그 결과 기회도 열렸고 교육 환경도 좋아졌다. 이 시기에 거둔 창조적 성과는 설명이 가능하다. 미국 경제가 빠르게 팽창했다는 점, 그리고 교육 환경이 개선됨에 따라, 전쟁을 경험했거나 군을 제대한 젊은 세대에게 많은 교육 기회가 제공되었던 것이다.

이 시기, 당신은 정치학계에서 가장 뛰어난 사람들과 교류했다. 그런 교류가 당신에게는 어떤 의미를 갖는가?

1928년부터 1938년까지 시카고 대학에 있었다. 이때 알게 된 메리엄 교수와 라스웰 교수, 슈만 교수, 고스넬 교수는 대부분 은사나 친구로, V. O. 키와 앨버트 시포스키Albert Sepawsky, 빅터 존스Victor Jones, 빌 폭스, 데이비드 트루먼 등은 동료이자 평생지기로 지냈다. 예일 대학에도 1946~50년과 1959~63년, 이렇게 두 번 있었으며, 프린스턴 대학에는 그 사이인 1950년대에 있었다. 달과 찰스 린드블롬Charles Lindblom, 로버트 레인은 가깝게 지내는 평생지기다. 지난 몇십 년 동안 스탠퍼드 대학 친구들도 많이 알게 되었다. 예일 대학과 프린스턴 대학, 스탠퍼드 대학의 많은 대학원생들과도 동료이자 친구가 되었는데, 버나드 코언Bernard Cohen과 루시안 파이, 마이런 와이너, 시드니 버바, 빙엄 파월G. Bingham Powell, 로버트 문트Robert Mundt, 스콧 플래너건Scott Planagan, 스티븐 겐코Stephen Genco 등이 그들이다. 이들 젊은 동료들뿐만 아니라 다른 많은 이들과도 오랫동안 아주 친하게 지냈고, 보람도 있었다.

내게 펜들턴 헤링은 특별한 멘토였으며, 사회과학연구협의회는 문화적·지적 고향이었다. 비교정치위원회 덕분에 오랫동안 대학 밖의 사람들과 관계를 맺을 수 있었다. 위원회에서 가장 큰 예산 항목이 여행 경비였기 때문에 우리는 주로 뉴욕 시에서 모임을 가질 수 있었다. 카네기재단과 록펠러재단은 그런 모임의 창의적 성격을 인정했으며, 그 덕분에 우리는 재원을 얻을 수 있었다. 최근에는 정보 기술이 발달해 동료들과 아이디어를 계속 교환하고 있다. 이메일을 자주 사용하며 지금도 많은 학자들과 연락하고 있다.

비교정치위원회의 회장 임기가 끝나자 스탠퍼드 대학으로 옮겼는데, 그 일에 대해 이야기
해 달라.

비교정치위원회의 회장직을 맡고 있는 동안에는 뉴욕 시 가까이에
있는 것이 중요했다. 지금은 커뮤니케이션이 쉬우므로 상황이 다르기는 하
다. 어쨌든 회장 일은 할 만큼 했다. 사실 그때부터 심장이 안 좋아졌다. 1960
년대부터 심장에 문제가 있었다. 웬만한 수술은 다 받았다. 그렇지 않았으면
이 자리에도 없었을 것이다. 예일 대학에 있을 때 행정적인 책임을 맡았는데,
그 때문에 스트레스를 많이 받았다. 내겐 버거운 일이었다.

그래서 [스탠퍼드 대학이 있는] 팰러앨토로 이사해 지금까지 살고 있다. 나는
이곳 사람들을 잘 알고 있었다. 1950년대에 [스탠퍼드 대학] 행태과학고등연구
소에 있었는데, 사람들이 아예 여기서 살라고 했다. 그때는 결정하지 못했다.
1963년에 스탠퍼드 대학으로 옮기고 나서 학과장이 되었다. 기왕에 학과장을
하려면 성장할 여지가 많은 학과에서 하고 싶었는데 스탠퍼드 대학은 발전 가
능성이 많았다. 인원도 많이 필요해서 알렉산더 조지Alexander George와 시드니
버바, 존 루이스John Lewis, 데이비드 애버너시David Abernathy, 로버트 패케넘Robert
Packenham을 초빙했다. 스탠퍼드 대학의 비교정치학 분야를 그렇게 만들었다.

수많은 유수의 대학들을 거치면서 대학원생들도 많이 만나 보았을 텐데, 대학원생들과는
어떻게 교류했는가?[7]

대학원생들과의 교류는 내 삶에서 가장 즐거운 일 가운데 하나다.

예일 대학에 있을 때부터 대학원생들과 교류했다. 예일 대학과 프린스턴 대학, 스탠퍼드 대학을 거치면서 한 세대 혹은 두 세대 정도의 학생들과 교류했다. 대학원생들은 대화를 나누기에 가장 좋은 상대다. 대학원생들과의 관계는 가장 창조적인 교류다. 수많은 대학원생들과 그런 창조적인 교류를 지속할 수 있었다. 그런 친구들을 만날 수 있었던 것은 행운이었다. 그들과의 관계는 가장 만족스러운 지적 상호작용이었다. 지금은 그 학생들이 어엿한 동료 연구자가 되었다.

당신이 특히 오랫동안 동료 관계를 유지했던 학생들 중 하나가 빙험 파월인가?

파월은 스탠퍼드 대학에서 만난 첫 번째 대학원생이었다. 파월은 오리건 주의 작은 마을 출신으로 박사과정을 밟고 있었다. 그는 능력 있고 총명하며 뛰어난 친구였다. 파월은 몇 년 지나지 않아 공동 연구자가 되었다. 우리는 1966년에 『비교정치학 : 발전론적 접근』과 이 책의 1978년판인 『비교정치학 : 체계·과정·정책』을 함께 집필했다. 이 책은 7판(Almond et al. 2000)까지 나와 있다. 지금은 8판을 준비하고 있으나 사실상 그가 편집 일을 도맡아 하고 있다. 이 책이 내가 공동 편집자로서 출간하는 마지막 책이 될 것이다. 파월은 독자적인 학문 경력을 갖고 있다. 그는 『미국정치학회보』의 편집위원장이었으며, 나와 연구 분야는 다르지만 자신의 독자적인 연구를 통해 인정받고 있다.

---

7 교수로서의 알몬드에 대해서는 레프하르트와의 인터뷰(〈인터뷰 6〉)와 제임스 스콧과의 인터뷰(〈인터뷰 9〉) 참조.

대학원생들을 어떻게 교육시켰으며, 어떤 조언을 했는가?

교육에 대해 말하자면 나는 통계와 수학 쪽만 강조하는 모더니스트나 행태주의자가 아니었다. 적어도 한 가지 사례에 대해 깊이 있는 지식을 갖춰야 한다는 점을 훨씬 더 강조했다. 정말 그것이 중요하다고 생각했다. 내게 지도를 받은 대학원생이라면 누구나 통계 훈련과 더불어 그런 배경 지식을 갖췄다.

정치·사회 이론과 같은 배경 지식이 대학원 교육에서 반드시 필요하다고 보는가?

정치 이론의 역사에 대한 훌륭한 강의를 듣고, 이를 통해 고전들을 배워야 한다. 경제학을 하다가 정치학을 하게 된 사람들이 갖는 문제 중 하나가 바로 그것이다. 이들은 아리스토텔레스와 플라톤을 잘 모르는데, 그래서는 안 된다. 이들 사상가는 사실 정치학 분야의 창조적 역사에서 핵심적인 인물들이다. 많은 모더니스트들과는 달리, 수학 강의를 위해 정치 이론 강의를 포기할 생각은 없다. 나는 역사와 어떤 특정 영역을 깊이 연구하는 것, 사례에 대한 지식을 습득할 수 있게 하는 언어 능력을 강조하고 싶다. 수학에 관심이 있는 사람이라 할지라도 어떻게 해서든 그렇게 해야 한다. 비교정치학 분야에서는 수학이 그렇게 중요한 것 같지는 않다.

학생들에게 현지 조사를 하면서 1년쯤은 한 가지 사례에 깊이 몰두해 보라고 권해 본 적이 있는가?

항상 그랬다. 버바는 독일, 파월은 오스트리아, 중국 출신인 파이는 동남아시아, 와이너는 인도, 플래너건은 일본, 문트는 프랑스어권 아프리카를 연구했다.

구조기능주의, 역사적 분석, 그리고 정치 문화

구조기능주의에 대한 당신의 초기 연구는 정태적 비교 이론을 개발하려는 노력으로 볼 수 있으며, 그 후의 역사적인 글들은 동태 이론을 제시하려는 시도로 볼 수 있다고 말한 적이 있다(Almond 1997, 62-65). 역사적 연구에 대해 이야기하기 전에 구조기능주의 모델 이야기부터 하고 싶다. 구조기능주의의 기본 범주들을 어떻게 개발했는가?

　　　　내가 얻은 중요한 통찰 가운데 하나는, 사회학·인류학·사회심리학·정신분석학 그리고 경제학이 결국 과정을 설명하는 대안적이고 보완적인 방법들이라는 것이었다. 이런 견해는 시카고 대학에서 발전된 것이다. 메리엄 교수는 『정치학의 새로운 국면들』*New Aspects of Politics*(Merriam 1925)에서 이런 견해에 대해 이야기하고 있다. 그가 나를 위해 돌파구를 마련해 준 것이었고 나는 그런 견해를 당연한 것으로 받아들였다. 그러므로 나는 정치를 [형식적인] 공식 제도가 아니라 과정으로 보았다. 이는 형식주의formalism의 진정한 시작이었다. 왜냐하면 정당이나 이익집단 혹은 매체를 과정으로 기술할 때, 그런 과정들이 겉으로 드러나기 시작하며, 서로 다른 중요한 과정적 요소들이 서로 구분되기 시작하기 때문이다.

　　또 다른 중요한 통찰은 『개발 도상 지역의 정치』 서문을 쓰다가 발견한 것인데, 발달한 사회에서나 미분화된 원시적 체계에서나 동일한 과정이 발생한다는 것이다. 예를 들어, 원시 체계에서도, 마치 다른 과정처럼 보이기는 하지만 이익 표출[8]이 이루어지고 있었다. 그런 과정을 눈여겨봐야 했다. 나는 인류학자들의 도움으로 이런 사실을 알게 되었다. 1956~57년에 일군의 훌륭한 인류학자들과 함께, 팰러앨토 소재 고등 연구소Center for Advanced Study에서 개최하는 소규모 인류학 세미나에 참석한 적이 있다. 우리는 중간에 함께 다트 던지기 놀이를 하다가 이 기능주의적 접근법을 생각해 냈다. 구조기능주의의 기원은 그 인류학자 그룹에 있다.

과정은 오드가드Peter Odegard와 샤츠슈나이더E. E. Schattschneider, 헤링, 데이비드 트루먼 같은 정치학자들의 연구에서 비롯된 것이다. 기능주의는 클럭혼Clyde Kluckhohn과 같은 인류학자들의 인류학 이론에서 왔다.

파슨스의 체계화 시도는 당신에게 어떤 영향을 주었는가? 어떤 영감을 받았는가?

아주 많은 영향을 주었다. 특히 파슨스와 실스(Parsons and Shils 1951)의 이론적 정식화가 그랬다. 하지만 파슨스가 내게 '영감을 주었다'고 말하기는 어려울 것 같다. 파슨스의 후기 연구는 불행히도 점점 부풀려지고 과장되어 갔다. 또한 매우 장황하고 반복적이었다. 그러나 그가 초기 이론 연구에서 제시했던, 그리고 실스와 함께 구축했던 이론적 정식화는 대단히 생산적이었다. 파슨스는 베버에 동화되어 있었다. 파슨스는 자기가 한 말을 실천하고 있었다. 19세기의 사회학/역사학 이론을 성문화하는 것 말이다. 어떤 체계에서든 수행되어야 하는 기능들이 있다는 파슨스의 사고 방법은 유용했다.

8 * 이익 표출interest articulation
사회에 존재하는 다양한 경제적 이익, 의견, 선호 등이 요구의 형태로 나타나 정치적 결정 과정에 개입되는 것을 말한다.

당신은 구조기능주의 모델을 연구하면서 정치 체계들의 유형론을 개발했는데, 유형론을 만들게 된 이유는 무엇이었으며, 유형론이 당신의 사고에서 어떤 역할을 했는가?

새로운 비교정치학을 시작하면서 처음 한 일은 원시적 분류 작업이었다. 사람들은 저 밖에서 일어나고 있는 현상들을 보면서, 저건 실제로 일어나고 있고 객관적 현상이라고 말한다. 그러면서 그 속성은 무엇이며, 어떻게 움직이는지를 알고 싶어 한다. 그럴 경우 해야 할 첫 번째 일은 현상들을 분류하는 것이다. 『정치학 저널』*Journal of Politics*에 기고한 논문(Almond 1956)에서 했던 것이 바로 그런 작업이었다. 그 논문이 계기가 되어 『개발 도상 지역의 정치』를 쓰기 시작했다. 저개발국과 선진국을 비교할 수 있게 만들기 위해서는 꼭 필요한 일이었다.

앞에서 내가 늘 아리스토텔레스를 좋아했다고 말했다. 하지만 플라톤과 헤로도토스 또한 좋아한다. 이들 모두에게는 유형론이 있다. 정치적 유형론 말이다. 고대 그리스 시기부터 유형론이 중요했구나 하는 사실을 깨닫게 되었다. 이제는 정확한 유형론을 얻으려면 좋은 구조기능주의, 즉 좋은 정태 이론이 필요할 것이다.

하지만 당신이 유형론에 대입시킨 사회들에 대해서는 직접 경험해 본 적이 없다고 하지 않았나? 1970년에 발간된 논문 모음집 『정치 발전』*Political Development*(Almond 1970, 21) 서문을 보면 제3세계 사회를 직접 경험한 적이 별로 없었고, 1962~63년에 가서야 일본과 동남아시아, 인도, 아프리카 등을 여행했다고 했는데, 이 점이 궁금했다. 개발도상국에 적용할 수 있는 구조기능주의적 이론을 제안하는 중요한 논문을 썼던 것은 여행 전이었다.

아버지가 랍비였다. 그래서 언젠가 라스웰 교수가 내게 말한 것처럼 어린 시절의 성경 공부는 다른 문화를 전체적으로 조망하게 해주었다. 어떻게 보면 난 다양한 문화 속에서 자랐다.

그래도 여전히 신기해 보인다. 당신은 박사 학위논문을 준비하기 위해 뉴욕에서 현지 조사를 했고, 유럽에 관한 논문들도 어느 정도 그곳 사회들에 대한 직접적인 경험들이 기반이 되었다. 제3세계의 경우, 분명히 인류학에서 많은 정보를 얻을 수 있었다고 해도 이들 지역을 다루는 첫 번째 주요 저서를 쓸 때는 그 사회들을 여행하기 전이었다. 1962년과 63년에 아시아와 아프리카를 여행하고 난 뒤 생각이 변하지는 않았는가?

난 달리 생각한다. 이렇게 말하면 어떨까 싶은데, 체계·과정·정책이라는 세 가지 다른 수준의 기능을 구분하는 것은 귀납적으로 얻어진 것이 아니라 내재적이고 논리적으로 얻어진 것이다. 그 구분은 논리적 발전, 정교화, 복잡한 체계들의 분류라는 과정을 통해 얻어진 결과였다. 그러므로 그 질문에 대한 내 대답은 '그렇지 않다'라는 것이다. 아프리카의 마을과 인도의 가난한 마을, 도쿄의 뒷골목들도 직접 가보았다. 제3세계도 가보았다. 그러나 그런 제3세계에서의 경험이 내 생각을 크게 바꾸어 놓았다고 보지는 않는다. 그것이 좋다는 것이 아니라 사실이 그렇다는 얘기다. 지금껏 살아오면서 내가 경험했던 이론적 발전은 대개 다른 사람들의 글을 읽다가 관심을 갖게 된 정치 체계와 씨름하는 과정에서 시행착오를 통해 획득한 결과였다.

당신의 구조기능주의 모델이 비교정치학 분야에 어떤 영향을 주었다고 생각하는가?

어떻게 보면 그것은 비교정치학 분야에 이미 녹아들어 있었다. 일종의 상식적인 개념어가 되었다. 모든 연구자가 새로운 국가를 연구할 때면 반드시 하부구조infrastructure와 하부 과정infra-process을 어느 정도 다룬다. 그리고 이익 표출과 이익 결집 등의 개념들도 사용하는데, 이런 개념들은 내가 발전시킨 것이다. 이런 종류의 단어는 이미 존재하고 있었다. [그것을 나타내는] 유일한 용어도 아니고, 그것을 다르게 정식화할 수 있는 대안적인 방법도 있었다. 그러나 어떤 의미에서, 구조기능주의적 접근법을 발전시키려 했던 노력은 전 세계를 대상으로 비교정치학을 연구하기 위한 하나의 체계적 도식을 발전시키고자 한 최초의 시도였고, 많은 부분은 여전히 유효하다.

오랫동안 구조기능주의적 틀 안에서 연구한 뒤, 좀 더 역사적인 관점으로 옮겨 갔다. 『위기·선택·변화』(Almond, Flanagan, and Mundt 1973)에서 특히 그랬다. 이처럼 새로운 방향 전환을 하게 한 동력은 무엇인가? 당신이 씨름했던 이론적 쟁점들은 무엇이었는가?

우리는 정치 발전론이나 정치 변동론에서 구조기능주의가 중요한 역할을 하고 있다는 사실을 잘 알고 있었다. [당시] 우리에게 필요한 것은 어느 정도 안정된 상태에 있거나, 반복적인 체계에 대한 정태 이론이었다. 일종의 균형 상태에 도달한 체계 말이다. 그러나 그것이 변화하게 될 때, 우리는 단순한 구조기능주의적 접근의 단점을 알게 되었다. 예를 들어, 프랑스혁명 전후의 프랑스를 연구한다고 치자. 그러면 혁명 전후의 프랑스를 정태적인 관점에서 비교할 수는 있다. 그러나 A에서 B로 어떻게 옮겨 갔는지는 설명할 수 없다.

『위기·선택·변화』에서는 그런 이론적 도전을 어떻게 해결했는가?

우리는 먼저 왜 체계들이 A에서 B로 옮겨 가고 있는가를 설명하는 데 도움이 될 만한 기존의 문헌들을 살펴보기 시작했다. 서로 다른 네 가지 학파가 있다는 사실을 알게 되었고 그 가운데 하나가 우리의 구조기능주의였다. 우리는 다른 접근 방법들을 자세히 살펴보기 시작했다. 어떤 의미에서 보면 그 접근 방법들은 구조기능주의와는 반대되는 것이었지만 말이다.

그런 접근 방법 가운데 하나가 사회 동원론[9]으로 칼 도이치와 시모어 마틴 립셋, 대니얼 러너Daniel Learner가 발전시킨 것이다. 새로운 계급이 등장하는 상황처럼, 근본적이고 구조적인 변화가 존재하는 상황, 즉 정치 체계가 [참여의] 압력하에 놓인 상황이 어떻게 발생하는지를 사회 동원론으로 설명할 수 있다는 점을 우리는 알게 되었다. A에서 B로의 변화가 나폴레옹이나 히틀러처럼 우연적인 요소가 개입할 여지가 없는 구조적 과정이라면 그 과정은 사회 동원론으로 설명할 수 있다. 그러나 구조적 변수들 간의 통계학적 연관성을 통해 이 이론을 입증하고자 하는 노력이 많이 있었지만 한 가지 문제가 있었다.

예컨대 프랑스 제3공화국의 형성 같은 실제 역사적 사례를 연구한다고 할 때, 이는 나폴레옹 3세의 몰락을 빼고는 이해할 수 없다. 즉, 리더십(나폴레옹 3세의 어리석은 잘못) 요인이 매우 중요했다는 사실을 금방 깨닫게 된다. 나폴레옹 3세는 비스마르크에게 속아 보불전쟁에 휘말렸다. 그것은 어리석고 잘못된 결정이었다. 문제는 권력을 충분히 행사하지 못해서가 아니라 건강이 나빠졌다는 데 있었다. 생리학적 사실들이 중요했던 경우라고 볼 수 있다. 많은 사례들을 연구하면서, 리더십이 연구에 포함되어야 한다는 결론에 도달하게 되었다. 또한 우리는 이런 맥락에서 합리적 선택이론을 만났다. 훌륭한 리더십 이론을 발전시킬 수 있기 전에 먼저 탁월한 게임이론이 필요했다. 사실 지도자들이 결정을 내리고 시행하는 데 필요한 자원들을 어떻게 혹은 어떤 상황에

---

9 * 사회동원론social mobilization theory
대중의 정치 참여가 확대된 이유를 설명하는 이론 가운데 하나로 칼 도이치, 대니얼 러너, 시모어 마틴 립셋 등이 제시했다. 사회경제적 근대화가 정치 참여에 대한 시민들의 태도에 변화를 일으켰다는 주장이다. 다시 말해, 산업화, 도시화, 문맹 퇴치, 대중매체의 발달 등 근대화 과정이 대중의 사회화 과정에 영향을 미치게 되고, 그 결과 대중의 정치 참여의 욕구가 증대한다는 것이다.

서 축적할 수 있었는가를 설명할 수 있는 게임이론이 필요했던 것이다.

꽤 일찍부터 합리적 선택이론과 게임이론을 접했다는 말이다.

스탠퍼드 대학교 행태과학고등연구소에서 1년 동안 연구원으로 있었던 1956년에 그 이론을 처음 접했던 것 같다. 케네스 애로Kenneth Arrow가 스탠퍼드 대학에 있었는데, 당시에는 그도 연구원이었다. 아마 첫날인가 애로가 다운스[10]의 박사 학위논문 『민주주의 경제학 이론』*An Economic Theory of Democracy*(Downs 1957) 한 부를 내게 주었는데 그 원고를 아직도 갖고 있다. 그 논문을 읽고 깊은 인상을 받았다. 대단히 설득력이 있다는 생각이 들었다. 그 논문은 이익집단과 정당을 연구하는 사람들이 정치학 분야에 도입하고 발전시킨 정치 모델을 이론의 수준으로 높여 놓았다. 중요한 점은 민주주의 정치를 협상의 과정으로 보는 것이었다. 다운스의 책이 나오기 직전인 1930년대와 40년대의 압력 집단과 정당들을 다룬 연구들을 살펴보면 정치가는 더 이상 특정 이데올로기를 신봉하는 위대한 영웅이 아니다. 오히려 그런 정치가에 대한 관점은, 민주주의가 안정을 유지하는 비결은 '비도덕적인 흥정'을 해낼 수 있는 인민의 역량에 있다고 말한 시카고 대학의 한 철학자에 의해 포착된 것이었다. 다운스가 해냈던 것, 그리고 다운스의 멘토였던 애로가 그에게 기대했던 것은 수학적 계산을 통해 그런 관점을 정식화하는 것이었다. 물론 존 폰 노이먼John von Neumann과 오스카 모르겐슈테른Oskar Morgenstern이 이미 그

---

[10] 앤서니 다운스Anthony Downs(1930~)
관료제에 관한 고전적 저서 『관료제의 내부』(1967)*Inside Bureaucracy*를 통해 경제적 근거에서 관료제 정부를 정당화한 미국의 정책분석학자이자 경제학자다. 주요 저작으로는, 『민주주의 경제학 이론』(1957)*An Economic Theory of Democracy* 등이 있다.

당시에 게임이론을 개발하고 있었다(von Neumann and Morgenstern 1944).

당신이 정치 변동론을 발전시키려 했던 것은 일종의 절충을 위한 노력이었다고 볼 수 있을 것 같다.

정확하게 보았다. 우리는 기존의 이론들을 패러다임으로 보았다기 보다는 도구로 활용했다. A에서 B로 옮겨 가는 사례를 설명하려면 여러 가지 요소들을 종합할 필요가 있다는 사실을 점차 깨닫게 되었다. 마치 물리학자들이 네 개의 힘을 하나의 수학적 체계, 즉 일군의 방정식으로 묶으려고 노력하는 것처럼 말이다. 같은 의미에서, 우리는 네 가지 접근법, 즉 구조기능주의, 사회 동원론, 합리적 선택, 그리고 리더십을 단일 이론으로 만들어 내려했다. 그리고 결국 그런 이론을 만들어 냈다. 『위기·선택·변화』는 정치 발전 연구를 위한 분석 체계의 시작이었다. 여전히 학계에서 인정받지는 못했지만 말이다.

방금 언급한 연구서들 이외에도 정치 문화에 꾸준한 관심을 보였다. 버바와 함께 이 주제를 다룬 초기 저서인 『시민 문화』(Almond and Verba 1963)는 분명히 기폭제 같은 역할을 했던 것 같다.

『시민 문화』를 계기로 정치 문화 연구가 활발해졌다. 문화가 역사적 결과들을 설명하는 중요한 변수라는 사실을 학자들은 이미 알고 있었다. 칼 프리드리히(Friedrich 1937, 1963)나 허먼 파이너(Finer 1932)식의 비교정치학을 보면 여론을 이야기하고 있음을 알 수 있다. 그들은 대중매체에 대해 이야기했다. 프리드리히나 파이너를 순수 제도주의자나 법 중심주의자라고 할 수는 없다. 다만 그들은 문화를 체계적으로 설명할 방법을 갖고 있지 못했다. 난 그들보다 늦게 태어난 덕분에 당시 막 시작되고 있던 설문 조사 연구 방법을 이용할 수 있었다. 당시에는 프랑스와 독일, 영국, 이탈리아 사람들이 왜 어떤 정치적 행위를 했는지를 설명하는 데 도움이 될 만한, 태도 정향에 대한 가설도 많았다. 그래서 모든 가설을 이 새로운 도구와 접목시켰는데, 이것이 연구의 핵심이었다. 인터뷰 일정을 짜는 데 몇 년이 걸렸다. 그 일정은 사회 심리학 이론과 정치 이론, 베버와 파슨스 계열의 사회학을 기반으로 했다. 인터뷰를 하는 데 꼬박 5년이 걸렸다. 버바가 여간한 천재가 아니었다면 그 기간에 마치지 못했을 것이다. 파월과 공동 작업을 했던 것처럼, 나는 버바와 이 연구를 함께했다. 그때는 버바가 박사 학위논문도 마치기 전이었는데, 그런 와중에 쓴 버바의 논문은 아주 훌륭했다.

『시민 문화』는 정치 문화라는 개념의 역사에 중요한 영향을 미쳤다. 그러나 버바와 그 책을 함께 쓸 때에도 내게는 다른 관심사가 있었다. 그래서 앞으로 남은 학문적 삶을 정치 문화에만 매달려 보내지는 않을 것임을 알고 있었다. 그리고 버바가 더 잘할 수 있다는 것도 알고 있었다. 사실 버바에게 뒷일을 떠맡기는 것은 쉽고 간단한 일이었다. 그리고 버바는 놀라울 정도로 잘해 냈다.

정치 문화에 대한 로널드 잉글하트Ronald Inglehart의 연구도 탁월하다고 생각한다. 잉글하트는 정치학 분야에서 위대한 인물 가운데 한 사람인데 주목받지 못했다. 잉글하트는 우리 가운데 변화를 예측했던 유일한 사람이다. 그는 이미 1970년대에 태도 변화가 구조 변화를 가져올 것이라고 주장했는데, 그 주장이 여러 사건을 통해 입증되었다. 잉글하트가 소홀히 대접받는 이유를 모르겠다. 미국정치학회 회장이 되지 못한 것도 이해할 수가 없다. 이의도 제기해 보았지만 쟁점이 되지 못했다.

당신의 저작들 가운데 가장 아끼는 것이 있나? 특별히 자부심을 느끼는 아이디어가 있다면?

『공산주의의 매력들』*The Appeals of Communism*(Almond 1954)에서 공산주의를 하나의 커뮤니케이션 체계로 묘사하면서 내용 분석[11]을 사용했는데, 내용 분석이 여러 가지 장점이 있음을 보여 주었다. 노동자를 대상으로 한 대중 간행물과 이론적 간행물을 비교하고 체계적 내용 분석을 진행하는 것은 꽤 까다로운 작업이었다. 대체로 내가 좋아하는 연구는 경험적인 자료에 훌륭한 방법론이 결합된 것이다.

가장 아끼는 것이 뭐냐고 물었나? 1990년 모스크바에서 했던 "자본주의와 민주주의"*Capitalism and Democracy*(Almond 1991) 강연이 꽤 훌륭했다. 내게 그다지 호의적이지 않은 상황에서 강의를 했는데, 특히 게리 베커[12]가 이런 분위기를 주도했다. 참석자들은 거의 경제학자였는데 그들은 모두 사회주의를 없애 버려야 한다는 식의 강경한 입장을 취했다. 안전장치도 필요 없고 어떤 대가를 치르더라도 대대적인 변화가 있어야 한다는 주장이었다. 나는 이런 견해에 반대했다. 그것이 내 강연의 핵심 결론이었다.

---

11 * 내용 분석content analysis
행동이나 목록을 관찰하는 일반적인 관측 연구와는 달리, 대화나 다양한 커뮤니케이션 매체를 통해 나타난 내용을 객관적이고, 체계적이면서 계량적으로 기술하는 조사 방법.

12 * 게리 베커Gary Becker(1931~)
미국 경제학자. 1964년에 출판된 대표적 저서인 『인간 자본』*Human Capital*에서 인간을 자본으로 규정하고 인간 자본의 질을 높이기 위해서는 가정과 국가가 교육·훈련에 집중적으로 투자해야 한다고 주장했다. 인간이 효용의 극대화를 추구해 행동하는 합리적 존재라는 가정을 이론의 출발점으로 삼고 있으며, 자유 시장경제를 신봉했다. 미시 경제의 분석 영역을 폭넓은 인간 행동과 상호작용에까지 확대한 공로로 1992년 노벨 경제학상을 수상했다

연구 과정에 대해 이야기해 보자. 당신은 연구에 착수할 때 실제로 어떻게 하는가?

금권 지배와 정치를 다룬 박사 학위논문을 쓸 때를 생각해 보면, 나는 내가 설명하고자 하는 현실을 열심히 파보고 싶어 했던 것 같다. 현실에서 무슨 일이 일어나고 있는지 열심히 냄새를 맡으며 다녔다. 수많은 도서관들을 수시로 들락거렸다. 그곳에는 개인들의 삶의 흔적들이 숨겨져 있었다. 경험적인 자료가 없는 연구를 할 때는 자료를 만들어 내기도 했다. 버바와 함께 한 일이 그것이다. 우리는 시민 문화 자료를 만들어 냈다. 그 과정에서 우리의 연구가 안고 있는 중요한 문제점 가운데 하나가 드러났다. 저 밖에 무엇이 있는지 알기 전에는, 우리의 도구 속에 무엇을 넣어야 할지 알 수 없다는 사실이다. 일종의 순환론 같은 문제였다. 그러나 난 저 밖에 현실이라는 게 과연 있느냐 없느냐 하는 문제를 놓고 논란을 벌이는 구성주의 논쟁에는 별 관심이 없다. 그런 논쟁은 의미가 없다.

현실 세계에서 일어나는 큼지막한 사건들은 연구에 얼마나 영향을 미치는가?

내 젊은 시절 세상은 문제의 연속이었고 재앙이 꼬리를 물었다. 상황이 아주 좋지 않았다. 1937년에는 파리에 있었는데, 스페인 내전으로 산탄데르Santander가 [프랑코 군에 의해] 함락되었다는 기사 제목이 기억난다. 지금 생각해도 가슴이 답답해진다. 한번은 이런 일도 있었다. 직장을 잃은 시카고 노동자가 내게 와서는 이렇게 부탁했다. "애들이 신발이 없어서 겨울에는 축축한 발로 다니다 병에 걸립니다. 상점에 가서 신발을 얻을 수 있도록 사회복지사한테 증명서를 한 장 받을 수 없을까요?" 그런 일들이 당시 나를 좌파 정책을 지지하는 사회과학자로 만들었다. 그러나 반면에 난 누구의 말이든 곧이곧대로 받아들이지 않았다. 마르크스가 자본가 계급에게 이러저러한 권력이 있다고 말하면 '정말 그럴까?' 하고 자문하고는 나가서 살펴보았다. 실제로 그런지 검증하는 방법들을 만들어 냈다. 그때는 정말 대공황과 뉴딜 정책, 전쟁, 나치즘, 파시즘 등 큰 문제에 관심이 많았다. 독일을 예로 들어 보자. 독일은 사회과학 분야에서 최초로 고등교육을 실시한 나라이자, 막스 베버가 편집했던 진정한 의미의 사회과학 학술지[『사회과학과 사회정책』*Archiv für Sozialwissenschaft und Sozialpolitik*]를 처음 발간한 나라임에도 불구하고 결국 나치에게 넘어갔다. 이 일은 내게 큰 충격이었다. 그래서 내가 할 수 있든 없든 간에 이런 문제들을 연구해야겠다고 생각했다. 엄밀함[간결함]이 미덕이 아니라는 말은 아니다. 하지만 너무 엄밀해지는 것에는 마음이 편치 않다. 정치학이 엄밀함을 최상의 미덕으로 삼는 분야라고 생각하지는 않는다.

당신의 연구에서 사례연구 자료를 읽는 일은 중요한가?

　　나는 사례연구 자료를 많이 읽는다. 그 일을 좋아한다. 일단 특정 문제에 관심이 생기면 그 문제를 다루는 문헌 속에 파묻힌다. 아무런 선입견 없이 말이다. 나는 참고문헌 목록을 만들지 않으며, 어떤 특정 연구들이나 특정 시각을 가진 연구들만 읽으려고 하지 않는다. 어찌 보면 수동적인 과정이라고 할 수 있다. 나는 내가 문제를 지배하기 전에 문제가 나를 지배하게 한다. 『위기·선택·변화』의 경우를 예로 들어 보자. 먼저 특정 접근법(예를 들어 사회 동원론)을 채택하기보다 기존 문헌들을 검토했다. 서로 다른 방식으로 연구하는 다양한 학파가 있음을 알게 되었다. 그러고는 결국 앞서 내가 말한 것처럼 다양한 이론적 흐름들을 통합한 이론을 제시하게 되었다. 그런 식으로 수동적 측면과 능동적 측면이 조화를 이루는 창조적인 방법을 사용했다. 그런데 내 생각에 요즘은 수동적인 측면이 무시되고 있는 것 같다. 예를 들면 헌팅턴은 능동적 측면에 더 의존한다. 내 생각에 헌팅턴은 수동적 측면을 충분히 거치지 않고 있다. 그는 현실이 그를 지배하게 내버려 두지 않는다.

문제 중심적 접근법과 방법론 중심적 접근법을 둘러싼 논의는 비교정치학이 나아가야 할 방향과, 합리적 선택이론 및 게임이론의 역할이라는 문제를 놓고 벌어지는 작금의 논쟁과 관계가 있다. 당신은 비교정치학 분야에 경제학적 접근 방법을 도입하자는 제안에 대해 어떻게 생각하는가?

모든 세대는 나름의 기반을 확립할 필요가 있고 또한 발언권을 주장할 필요가 있다. 이것은 구조적으로 그렇다. '우리 선배들은 그것을 저런 식으로 했는데 이런 것은 간과했다'라고 말할 필요가 있는 것이다. 비록 선배들이 실제로는 그것을 간과하지 않았더라도 말이다. 마찬가지로 비교정치학에 대한 경제학적 접근 방법을 제안하는 사람들도 자신들이 설 기반을 확립하고 있는 것이며, 내 생각에는 현재 엄청나게 많은 일이 그 방향으로 진행되고 있는 것 같다. 말은 이렇게 했지만, 합리적 선택이론이 비교정치학 분야에 도입되려면 풍부한 상상력을 가져야 하고 절충적인 방법으로 이용되어야 한다고 생각한다. 또한 그 이론을 이용하는 사람들은 자신들이 도전하는 선행 연구들에 대해 충분히 이해하고 있어야 한다. 그런데 지금까지의 모습을 보면 그렇지 못한 것 같다.

배리 와인개스트Barry Weingast를 예로 들어 보자. 그가 몇 년 전 내게 왔을 때 정치학에 입문하고 싶은데 '어떤 책을 읽어야 할까요?'라고 묻기에 책을 한 아름 안겨 주었다. 이는 대학원생들이라면 흔히 겪는 일이다. 책을 한 아름 안겨 주고 읽고 와서 이야기하자고 했던 것이다. 그가 그 책들을 가지고 뭘

했는지 모르겠다. 그의 글에서 그 책들이 거론되는 걸 보지 못했다. 그는 자기가 정통하고자 하고 기여하고자 하는 분야에서 이미 이룩된 기존 성과들을 정말이지 존중하지 않았다. 내 생각에 그 분야는 실제로 계속 발전해 왔고 대단히 창조적이었다. 무에서 유를 창조한다는 말은 잘못된 것이다. 그간 민주화 연구는 매우 인상적이었는데, 이는 그리스에 기원을 둔 헌정론constitutional theory의 위대한 전통을 잇고 있다. 최고의 연구라면 헌정 분석, 즉 제도 분석이라는 위대한 전통 속에서 이루어져야 한다. 그것은 정치학에서 아주 기본적인 것이다.

존 페레존John Ferejohn을 보자. 그는 정치학의 끝은 일종의 정치 물리학physics of politics, 즉 E=MC²과 같은 진짜 물리학이 될 것이라고 생각한다. 그는 진짜 그렇게 믿는다. 그리고 합리적 선택이론의 주창자들 가운데 일부는 자신들이 그런 방향의 발전에 상당 부분 기여할 수 있다고 생각하기도 한다. 그러나 철학적으로 말하면, 합리적 선택이론가들은 해결할 수 없는, 실재적·존재론적 문제가 있다. 학문들마다 검토하는 자료, 즉 실재는 동일하지 않다. 동일한 분석 방법을 사용할 수 없다는 것이다. 간단하다. 칼 포퍼가 말하는 구름과 시계 문제와 같은 것이다.[13] 진화생물학자 에른스트 마이어Ernst Mayr의 연구를 예로 들어 보자. 마이어는 다윈의 관점에서 놀라운 분석을 했는데, 그 분석은 생물학 분야에서 가능한 엄밀함의 종류가 물리학의 그것과 다르다는 사실을 보여 준다(Mayr 2001). 그 이유는 물리학은 물질계를 다루는데, 그 세

---

13 이 말은 칼 포퍼의 "구름과 시계"Of Clouds and Clocks(Popper 1972)의 내용을 가리킨다. 포퍼의 '구름과 시계' 비유는 알몬드와 겐코의 "구름과 시계, 그리고 정치학 연구"(1977)Clouds, Clocks, and the Study of Politics, Almond and Genco라는 논문의 출발점으로 사용되고 있다.

* '구름'과 '시계'란 물리 체계를 표상하는 두 모형으로, 포퍼가 『객관적 지식』Objective Knowledge에서 도입한 두 가지 은유이다. '구름' 모형이란 물리 세계는 비규칙적이고 예측할 수 없는 형태를 갖는다는 은유이며, 반면 '시계' 모형은 태양계의 운행처럼 물리 세계는 매우 법칙적이라는 은유이다. 포퍼는 이런 구름 모형이나 시계 모형 하나만으로는 세계를 정확히 분석할 수 없으며, 따라서 양측을 어떻게 매개할 것인가에 대한 논의가 더 중요하다고 강조한다.

계는 비유기적이라는 점에서 생물계와는 다르기 때문이다. 사회 세계 역시 생물 세계와 비슷한 점도 많지만 그럼에도 불구하고 다른 세계라고 말할 수 있다. 이들 세계는 존재론적으로 다르다. 그러니 추구할 수 있는 엄밀함의 종류, 세울 수 있는 이론의 종류, 기대할 수 있는 환원론의 종류, 겉으로 드러난 현상들을 근본적인 요소들로 환원시킬 수 있는 정도가 모두 다르다. 이것이 사회과학자가 대면하지 않으면 안 되는 최초의 철학적 문제이다. 정치학이 물리학과 같다고 가정하는 것은 말도 안 된다.

비교정치학에 입문한 대학원생에게는 어떤 조언을 해주고 싶은가?

우선 낯선 외국으로 나가 보라는 것이다. 이것은 비교정치학의 아버지인 몽테스키외에서부터 지금에 이르기까지 모든 사람의 본능이었다. 몽테스키외는 가상의 페르시아를 만들어 냈다. 프랑스에 대해 말하려면 페르시아가 필요했던 것이다.[14] 토크빌의 경우도 마찬가지라고 할 수 있다. 토크빌은 『미국의 민주주의』(Tocqueville 1969)에서 미국에 대해 글을 쓰면서도 프랑스를 늘 마음에 두고 있었다고 했다. 어느 세대에서나 위대한 정치 이론가들은 모두 비교의 필요성에 직면했다.

당신은 비교정치학계에서 가장 원로 중 한 사람으로, 놀랍게도 80여 년에 걸쳐 저서를 발표해 왔다. 이렇게 활발하게 활동할 수 있는 비결은 무엇인가? 연구에 대한 관심을 어떻게 계속 유지할 수 있는 것인가?

대공황이 한창이던 1933년에 시카고 대학 대학원에 입학했으니까

---

14 몽테스키외는 서간문 형식의 『페르시아인의 편지』(1721)에서 페르시아인 화자의 입을 빌어 당시 프랑스 사회를 풍자·비판했다.

연구 생활을 한 것도 대략 70년 정도다. 이렇게 오랫동안 한자리를 지키며 지금도 여전히 활동을 하고 있다는 사실이 학계에서는 새로운 일이기는 하다. 습관이라고 할 수도 있을 것 같다. 그리고 정보 기술의 발전도 오랫동안 연구하는 데 도움이 되었다. 다행스럽게도 내 경우엔 고등학교 때 타자를 배웠다. 그래서 PC가 발명되자 집에서 컴퓨터로 작업을 하기 시작했다. 컴퓨터로 작업한다는 게 얼마나 쉬운 일인지 모른다. 나는 일찍 일어나는 편이다. 아침에 일어났을 때 연구할 프로젝트가 없다면 이른 아침에 뭘 해야 할지 모를 것이다. 이렇게 말하고 싶다. 내 머리가 이런 이슈와 문제를 더 이상 다루지 못한다면, 나는 죽은 것이나 마찬가지다. 그러니 나 자신을 위해서라도 내 능력이 닿는 한 최대한 창의적이고 바쁘게 살려 한다. 문제를 해결한다는 것은 즐거운 일이다. 매번 가슴이 두근거린다. 나이가 많다고 해서 연구가 잘 풀릴 때 전율을 느끼지 못하는 건 아니다. 그런 건 습관이 될 수 있다. 난 아주 어렸을 때부터 그런 습관을 가졌고 그 습관 덕분에 아직도 계속 활동하고 있는 것이다.

내게는 아주 심각한 병력이 있었다. 정말로 죽을 수도 있었다. 거의 30년 동안 심장 재활 운동을 하고 있고 또 같은 프로그램에 참석하는 많은 사람들과 일주일에 세 번씩 만나고 있다. 좋은 친구들이다. 우리는 대소사가 있으면 다 같이 축하해 준다. 그 덕에 건강도 유지한다. 물론 몸이 좀 삐걱거리긴 하지만 비교적 유연한 편이다. 지금 아흔 살이니 꽤 오래 살았다. 그저 감사할 따름이다.

요즘엔 어떤 연구를 하고 있는가?

올 가을에는 근본주의를 다룬 책이 발간될 것이다. 총 다섯 권의 대작으로 이루어진 근본주의 연구에 참여했는데, 나는 마지막 권 네 개 장의 책임 집필자였다(Marty and Appleby 1995, 16-19장). 다른 두 명의 공동 저자들과 함께 이 장들을 작은 문고판으로 만들었다. 제목은 『강력한 종교』*Strong Religion*로 정했고, 9월에 시카고 대학 출판부에서 발간될 예정이다(Almond, Appleby, and Sivan 2003). 교정은 내가 할 것이다. 나는 여전히 건재하다.

Barrington Moore, Jr.

비판 정신과
비교 역사 분석

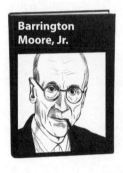
Barrington
Moore, Jr.

배링턴 무어 2세는 비교 역사 연구의 개척자였다. 근대 민주주의와 독재의 기원에 대한 그의 야심찬 작업은 1960년대 이후 세대의 연구자들에게 많은 영감을 주었다.

무어는 러시아 정치·사회 전문가로 학자로서의 경력을 쌓기 시작했다. 그의 첫 두 저작인 『소비에트 정치』Soviet Politics(1950), 『소련에서의 테러와 진보』Terror and Progress in USSR(1954)는 러시아에서 혁명운동 세력이 권력을 잡았을 때 어떤 일이 일어났는지에 관한 질문을 던졌다. 『소비에트 정치』에서는 급속한 산업화 달성과 같은 문제를 해결하기 위해 볼셰비즘 이데올로기가 어떻게 [현실에] 적응해 갔는지를 분석했다. 『소련에서의 테러와 진보』는 소비에트 체제의 모순을 살피는 한편, 소비에트 체제를 변화로 이끌 근원에 대한 잠정적 가설을 도출했다.

1960년대 출간된 무어의 가장 중요한 저작 『독재와 민주주의의 사회적 기원』(이하 『사회적 기원』)Social Origins of Dictatorship and Democracy(1966)에서는 농업 사회에서 산업사회로 이행하는 행보가 대조적이었던 주요 8개국을 분석했다. 그는 뚜렷이 구별되는 세 가지 경로를 발견했다. 미국·프랑스·영국에서 나타난 민주주의, 소련·중국에서 나타난 공산주의, 독일·일본에서 나타난 파시즘이 그것이다. 그는 러시아와 중국의 사례를 통해, 20세기 전체주의적 독재 체제의 주요 원인이 산업화라는 관점에 도전했다. 그는 산업화 변수 대신 상층 지주계급과 소농의 역할에 초점을 맞추었으며, 지주 엘리트 세력을 약화시키는 폭력적 혁명이 없다면 민주적인 근대화 경로는 실행 가능한 선택지가 될 수 없음을 보여 주었다. 그런 점에서 무어의 역사 분석은, 아프리카와 아시아 그리고 라틴아메리카에서 산업화와 민주주의가 동시에 평화적으로 달성될 수 있다는, 전후의 지배적 견해에 도전하는 것이었다.

무어는 『사회적 기원』 이후의 연구에서도 계속해서 거대한 도덕적·정치적 문제들을 다루었다. 『부정의』Injustice(1978)는 사회적 고통과 억압에 직면했을 때 반항보다는 복종이 훨씬 흔한 대응 방식으로 나타나는 이유에 대해 탐구했다. 『프라이버시』Privacy(1984)는 히브리 사회, 고대 그리스, 중국을 포함하는 다양한 문화권을 대상으로 한 인류학적·역사적 연구를 통해,

사회마다 프라이버시를 이해하는 방식에 차이가 있음을 살폈다. 마지막으로 『역사에서의 도덕적 순수성과 박해』Moral Purity and Persecution in History(2000)에서는 일신론一神論이 역사상 대규모 시련과 박해를 불러일으켰다고 주장했다.

무어는 1913년 워싱턴 D.C.에서 태어나 2005년 매사추세츠 주 케임브리지에서 사망했다. 1936년 윌리엄스 대학을 졸업했고, 1941년 예일 대학에서 사회학 박사 학위를 취득했다. 이후 시카고 대학 사회과학부에서 전임강사로 재직했고(1945~47) 그 뒤에는 계속 하버드 대학 러시아연구소Harvard University's Russian Research Center 선임 연구원으로 있었으며, 1979년에 하버드 대학 명예교수가 되었다.

2002년 5월 13일,
매사추세츠 주 케임브리지에서,
스나이더가 인터뷰했다.

어떤 계기로 정치학에 관심을 갖게 되었나?

어린 시절부터 권위에 대해 관심이 있었던 것 같다. 내게 가해지는 권위가 싫었기 때문이다. 하지만 열네 살 무렵 로드아일랜드 뉴포트 근처에 있는 세인트 조지 기숙학교에 입학하기 전까지는 잘 기억이 나지 않는다. 그 시절 난 학교 친구들이 몹시 싫었다. 내가 자기들보다 똑똑하다는 이유로 나를 괴롭히던 부잣집 애들이 있었다. 하나같이 부유했어도 능력이 모자라 더 좋은 학교에 진학하지 못한 아이들이었다. [하지만] 해군 자녀들도 있었는데 그들은 부유층 자제들과 완전히 다른 부류였다. 나는 오히려 이들과 마음이 맞아 잘 어울려 다녔다. 학교에 정말 좋은 친구가 한 명 있었는데, 그 친구와 함께 인쇄소를 운영하기도 했다. 페달을 밟아 작동시키는 낡은 인쇄기 한 대를 들여놓고서 학교에서 필요로 하거나 학교에 관한 인쇄물을 찍기도 했지만, 실제로는 문방구나 다름없었다. 주변에는 그 친구 이름을 따서 헌트 문구사로 알려져 있었다. 당시 세인트 조지 기숙학교의 교사들은 최고였다. 그들에게서 기초 영작문법을 배웠다.

당신은 부유층 집안 출신이었나?

그렇다. 할아버지가 J. P. 모건의 개인 변호사였다. 어떤 면에서 나는 부모님에 대해서보다 할아버지에 대해 더 잘 알았다. 부모님은 사이가 그다지 좋지 않아 곧잘 다투고는 했는데, 이를 보다 못한 할머니가 나를 할아버지에게 맡겼기 때문이다.

기숙학교를 졸업하고 1932년 윌리엄스 대학에 입학해 고전학classics을 전공했다.[1] 대학 생활은 어땠나?

　　　　윌리엄스 대학에 진학한 것은 전적으로 내 선택이었다. 라틴어를 4년간 필수과목으로 지정한 몇 안 되는 대학 중 하나라는 점이 컸다. 고등학교 때 좋아했던 과목인 라틴어를 더 깊이 배우고 싶었다. 윌리엄스 대학에는 훌륭한 라틴어 선생님들이 있었다. 라틴어 외에 자연과학 과목들도 수강했는데 썩 잘하지는 못했다. 고전학과에는 역사 과목도 매년 한 강좌씩 개설되었다. [영국 잉글랜드 남부 쥐 버크셔Berkshire 역사를 몇 권의 전집으로 낸 적이 있던 한 교수님의 근대사 강의는 훌륭했다. 그 교수님은 몇 년 뒤 내가 『사회적 기원』에서 간디를 거론한 부분을 읽고서 자신의 총서를 위해 간디에 관한 짧은 책을 써달라고 했다. 하지만 당시 간디를 다룬다는 게 지겹기도 했고 마침 다른 일도 있어서 그분의 요청을 거절할 수밖에 없었다. 돌이켜 보면 난 윌리엄스 대학에서 수준 있는 교육을 받았을 뿐 아니라 인생을 배웠고, 누군가와 사랑에 빠졌고, 결혼까지 했다.

1 윌리엄스 대학 재학시 무어의 지도 교수나 수강 과목 등에 대해서는 Jackall(2001) 참조.

라틴어를 배우면서 설렘을 느끼는 사람은 흔치 않다. 라틴어를 그처럼 좋아한 이유가 뭔가?

부분적으로는 기질이나 취향 면에서 내게 다소 삐딱한 구석이 있어서다. 라틴어가 승부욕을 불러일으킬 만큼 어려웠다는 점도 매력적이었다. 게다가 [윌리엄스] 대학에 소장된 작품들은 매우 흥미로웠다. 고등학교에서는 접해 보지 못했던 [로마의 서정시인] 카툴루스Catullus의 작품을 대학에 와서 보니 심금이 울렸다. 아름답고 서정적인 것들로 가득한 시詩였다. 고대 그리스어도 수강했는데 라틴어보다 더 마음에 들었다.

전부 몇 개 언어를 배웠나?

대학 시절 라틴어·그리스어·프랑스어·독일어를 배웠고, 졸업하고 나서는 러시아어를 시작해 1년 만에 어느 정도 구사할 수 있게 되었다. 러시아어는 흥미롭긴 하지만 배우기가 까다로운 언어다. 어휘가 길어서 악전고투의 연속이었다. 난 언어를 사랑한다. 그런데 학생들은 언어를 공부하고 익히는 데 충분한 시간을 들이지 않는 것 같다. 언어는 전혀 다른 사고방식은 물론, 의미를 만드는 각기 다른 방법에도 눈뜨게 한다. 따라서 언어를 배우는 것은 자신을 위해서도 좋고 직업적으로도 도움이 된다. 언어를 배울수록 좀 더 나은 사회과학자이자 좀 더 나은 인간이 될 수 있다.

어떻게 윌리엄스 대학에서 고전학을 전공하다가 박사는 예일대 사회학과로 가게 되었나?

대학을 마치고 1년간 쉬었다. 이때 주로 러시아어를 배웠다. 예일대 사회학과에서 함께 연구하고 싶었던 앨버트 갤러웨이 켈러Albert Galloway

Keller 교수에게, 1년 정도 쉬었으면 한다는 말을 했었다. 그래도 한 해를 완전히 낭비하고 싶지는 않았다. 그래서 켈러 교수에게 내가 뭘 해야 할지에 관해 조언을 부탁했다. 그러자 그는 대뜸 러시아어를 배우라고 했다. 고분고분한 면도 있었기에 그대로 마음잡고 러시아어를 배우기 시작했다. 다음 해 대학원에 들어가서 보니, 요 부잣집 녀석이 버틸 수 있을지를 두고 수군대는 사람들이 있었다. 결론만 말하자면 '보란 듯이' 해냈다고 할 수 있다. 학위논문 쓸 때만 빼면 잘해 냈다.

예일대를 선택한 이유는? 다른 학교를 고려해 보지는 않았나?

1930년대 중반 당시 사회학은 대개가 구호 대상자 명부welfare relief rolls에 대한 연구였다. 시카고 대학의 로버트 파크와 어니스트 버제스의 작업이 그 전형이다.[2] 나는 그런 종류의 작업에 익숙하지도 않았고 참여하고 싶다는 생각도 없었다. 예일대 사회학과는 달랐다. 윌리엄 섬너[3]가 타계했고 그의 수제자인 켈러마저 은퇴를 앞두고 있었음에도 60퍼센트는 여전히 섬너의 영향력 아래 있었다. 켈러의 강의 하나를 수강했는데, 그가 섬너와 공저한 『사회과학』The Science of Society(Sumner and Keller 1927)에 대한 강의로 대부분이 인류학적인 내용들이었다. 그뿐 아니라 예일대 사회학과에는 40대 정도 된 젊

---

[2] • 로버트 파크Robert Park(1864~1944)와 어니스트 버제스Ernest Burgess(1886~1966)
사회학 내에서 시카고학파의 주역들로, 1920, 30년대 실증적 도시 사회학 연구를 했다.

[3] • 윌리엄 섬너William Sumner(1840~1910)
미국의 사회학자. 1875년 처음으로 사회학 강좌를 개설했다. 집단이 공유하고 있으며 사회질서를 유지하는 힘이 되는 '습속folkways이라는 개념을 제창했다. 그는 가장 유명한 저서인 『습속론』(1907)에서 관습과 도덕은 굶주림·성·허영·두려움 등의 자극에 대한 본능적인 반응에서 비롯된다고 주장하면서, 대중의 관습은 비합리적이고 개혁을 방해하는 것이라고 강조했다.

은 일급 교수들과 뛰어난 학자들이 있었다. 내게 인류학을 가르쳐 준 조지 피터 머독도 그중 하나였는데, 나중에 그는 인류학의 연구 기법 면에서 두각을 나타냈다.[4] 역사학을 전공한 제임스 레이번James G. Leyburn 역시 사회학과 소속이었다. 남부 출신인 레이번은 남부를 연구했다. 내가 예일대에서 받은 교육은 훌륭했다. 당시만 해도 사회학과는 예일 대학과 시카고 대학에만 있었는데, 시카고 대학에 갔다면 그런 좋은 교육을 받지는 못했을 것이다.

왜 사회학을 선택했나?

사회학은 매우 폭넓은 주제를 다루는 학문이며, 과학적이라는 주장이 있었기 때문이었다. 그런데 이 과학적이라는 주장을 건방지게 대한 적이 있다. 켈러와 섬너가 함께 쓴 방대한 네 권짜리 책『사회과학』의 각 권 치수와 무게를 쟀던 기억이 있다. 각 일반화별로 무게가 얼마인지 계산해서는 우리끼리 재미 삼아 타이핑해서 교수들에게 돌렸다. 레이번은 재미있어 하면서, 그것도 '재능'이라고 말해 주었다. 켈러가 내가 한 짓이란 걸 눈치챘는지는 모르겠다. 아마 알았을 것이다.

---

4 • 조지 피터 머독George Peter Murdock(1897~1985)
미국의 인류학자. 비교민족학, 아프리카 및 오세아니아 주민들에 대한 민족지, 사회 이론을 연구했다. 1937년 예일 대학 인간관계연구소의 연구 과제인 비교 문화 조사 계획을 창안한 인물로 가장 잘 알려져 있다. 이 계획은 방대한 분량의 인류학 자료들을 정보은행에 체계적으로 정리해 한 사회의 문화적 특성을 손쉽게 찾아볼 수 있도록 한 것이다.

일반화를 끌어내는 데 몇 파운드가 필요했는지는 기억나나?

일반화 하나에 거의 책 한 권이 필요했는데 그게 5파운드쯤 되었다.

대학원에서 읽은 책 가운데 의미 있는 영향을 주었던 책은 뭐였나?

확실히 『사회과학』과 『습속론』*Folkways*(Sumner 1959)이다. 『습속론』
에는 무척 기발한 언급도 일부 있었지만, 내가 읽어 본 책 중에서 최악이었다.
섬너는 그저 되는대로 휘갈겼다. 나는 사회사도 많이 읽었다. 특히 『고대 도
시』*The Ancient City*(Fustel de Coulanges 1882)라는 오래된 프랑스 책이 기억에 남
는데, 그 책은 정말 아름답게 조합되어 있었다. 각각의 사실이 적소에 배치되
어 하나의 전체 그림을 구성하고 있는 매력적인 책이었다. 물론 그 큰 그림은
틀린 것일 수도 있다. 역사라는 게 늘 그렇듯 다음 역사가가 그게 틀렸다는
걸 밝혀내지 않나.

학위논문을 쓰는 과정이 순조롭지 않았다고 했다. 무슨 문제가 있었나?

당시 나는 『사회과학』에 실린 내용을 대부분 이해했다. 그 책은 기
본적으로 인류학적인 주제를 다루었는데, 난 인류학은 충분히 공부했다고 생
각했다. 그래서 관련 자료 수집이 웬만큼 가능한 경우라면 무엇이든 가리지
않고 각국의 계급 체계를 비교하는 논문을 작성해 갔다. 솔로몬제도의 티코
피아Tikopia족을 다룬 장도 있었고 에스키모족을 다룬 장도 있었다. 중국을 다
룬 절도 구상하고 있었다. 심지어 계급 체계에 관한 범세계적 산점도scatter plot
를 만들려고 했다.[5] 하지만 이를 한데 엮을 방법이 없었다. 완전 실패작이나

다름없었다. 나중에야 깨달은 바이지만, 당시에 난 『사회적 기원』을 쓰려고 했으나 그 방법까지는 몰랐던 것이다. 논문을 제출한 뒤 심사 교수들의 논평이 있었다. 나중에 교수들이 내 박사 논문에 대해 이야기해 주었다. 머독은 내가 논문 전체를 다시 썼으면 했는데, 다행히도 그의 바람은 실현되지 않았다. 다시 손을 본다 해도 논문의 질을 크게 높일 만한 능력이 그때는 없었다. 켈러는 "얘가 써낸 분량 좀 봐. 일반화도 도출했고 일부 내용은 구성이 잡혀 있긴 하네"라고 말했다. 결국 논문은 통과되었지만, 정말 불안한 출발이었다.

---

5 무어의 박사 학위논문 제목은 "사회 계층화 : 문화사회학적 연구"Social Stratification : A Study in Cultural Sociology이다.

박사 학위를 마치고

법무부와 전략사무국에서

1941년에 박사 학위를 취득했는데 어떤 계획을 세웠나?

학계에 자리를 잡고 싶었는데 그만 전쟁이 일어나고 말았다. 원래 시력이 나빴고 다른 여러 사유까지 겹쳐 [입대가 불가능한] 4F 등급을 받고 법무부에 배속되었다. 결과적으로는 법무부에서 만난 사람들이나 일이나 다 흥미로웠다. 미국 공산당을 비롯한 여러 좌우파 단체에 대해 장편의 보고서를 썼던 일이 생각난다.[6] 평생지기가 된 사회학자 모리스 재노위츠Morris Janowitz를 만난 것도 그곳에서였다.

법무부에 있을 때 해럴드 라스웰 밑에서 일한 것으로 알고 있다.

아주 한참 밑에 있었다. 전쟁 당시 징집 불가 등급에 해당하는 학자들의 일자리를 배정한 사람이 라스웰과 역사학자인 윌리엄 레너드 랭어William Leonard Langer였다. 라스웰은 주로 과학을 강조하는 사회과학자들을 맡

---

[6] 무어는 이 연구를 토대로 1945년에 논문 한 편을 발표했다(Moore 1945).

아, 이들을 여러 부서에 배치했다. 법무부도 그중 하나였다. 랭어는 주로 역사학 분야를 전공한 젊은 대학원생들을 맡았다. 그들 중에는 군복을 입고 활동한 이들도 있었다. 우리 부서의 책임자는 꽤 젊었는데, 온통 담뱃재투성이인 파란색 해군복을 입고 있는 꼴이 참으로 가관이었다. 일자리를 배정받는 방식은 단순했다. 라스웰이 대상자를 대충 평가한 다음 "법무부!"라고 말하면 그냥 그렇게 결정되었다. 라스웰은 랭어를 비롯한 외교사가들에 대해 빈정대는 소리를 늘어놓더니 나를 법무부로 보냈다.

내가 법무부 업무를 그만둔 것은 어느 유명 철학자에 대한 논평 글을 작성해 달라는 요청을 받고 난 뒤였는데, 아마 존 듀이John Dewey였던 것 같다. 한동안 개인적인 연구에 매진하며 잠시 쉬다가 결국 [CIA의 전신인] 전략사무국에 배치되었다. OSS에서 내가 속해 있던 부서는 첩보 영화에 나올 법한 비밀과 음모가 득실거리는 곳과는 거리가 멀었다. 그 비스름하지도 않았다. 『뉴욕 타임스』 기사보다 더 위험스러울 것도 없는 정보를 모았을 뿐, 기본적으론 연구 활동이 주된 업무였다.[7] 난 점령 당국을 위해 오스트리아의 전반적인 사회구조와 정치에 관한 장문의 에세이를 썼다. 독일 공산주의의 역사에 대한 글을 썼던 기억도 난다.

OSS에 있을 때 독일에서 망명한 저명한 학자들을 만났고 그중에는 헤르베르트 마르쿠제, 오토 키르히하이머, 프란츠 노이만 등이 있었다. 그들과 함께 일하는 것은 어땠나?

매우 좋았다. 지적이지만 냉소적이지는 않았던, 깨어 있는 사람들이었다. 그들을 만나 훌륭한 배움의 기회를 얻었다. 마르크스주의를 분석적

---

[7] OSS에서 진행된 연구 양상에 대해서는 Katz(1989) 참조.

으로 나눠서 글쓰기에 활용하는 방법을 배웠다. 우리는 아주 비좁은 사무실에서 지냈는데 (공식적으로는 내 상관이었던) 마르쿠제의 자리가 바로 내 뒤에 있었다. 한번은 내가 오스트리아의 사회구조에 관해 쓴 글을 그가 본 적이 있다. 그는 몸을 내 쪽으로 기울이면서, 독일식 억양이 강하게 배어 있는 영어로 "마르크스주의자 냄새가 나는군"이라고 말했다. 그전에 난 『공산당 선언』이나 그런 부류의 책을 읽으며 마르크스주의를 접한 적이 있었다. 하지만 마르크스주의를 어떻게 활용해야 하는지, 또 거기에서 유의미한 것을 끄집어내려면 어떻게 해야 하는지를 모르고 있었다. 『사회적 기원』을 읽어 본 사람이라면, 내용 가운데 일정 부분이 마르크스주의와 관련된다는 사실을 알게 될 것이다. 여러모로 그 책은 OSS 시절의 경험에서 나온 산물이었다.

이 독일 출신 망명 지식인들이 OSS에서 일하고 있다는 사실을 두고 약간의 소동이 있었다. 그들이 미국식 세계관을 갖고 있지 않다는 혐의였다. 그건 사실이었다. 하지만 나는 이를 심각하게 생각하지 않았다. 우리가 다루던 문건 가운데 기밀을 요하는 것이 사실상 전무했기 때문이다. 게다가, 다른 사람들과 마찬가지로 이들 역시 선입견을 갖고 있기는 하겠지만, 그들은 매우 흥미롭고 사려 깊은 사람들이었다. 언젠가 마르쿠제가 파업을 한 적이 있다. "이런 말을 하는 사람들을 위해서는 글을 쓰지 않겠다"라고 했다. 그러고는 실제로 그렇게 했다. 다소 게으른 면이 있던 마르쿠제에게 그만둘 구실이 생긴 셈이었다.

OSS에서의 일이 마치 대학원에 다시 다닌 이야기처럼 들린다.

정말 그렇다. 오스트리아 사회구조에 대한 논문을 쓰는 게 일이니, 대학원에 다시 다니는 것과 뭐가 달랐겠나?

전쟁 중이던 1942년에 학술지 『소시오메트리』*Sociometry*를 통해 "사회 계층화와 사회 통제 사이의 관계"The Relation between Social Stratification and Social Control(Moore 1942)라는 제목으로 첫 학술 논문을 발표했다.

　　박사 논문의 일부를 보완하고자 했다. 이 논문에서는 스승인 머독을 흉내 내 양적 분석을 해보았다. 지금 생각하면 웃긴 일이다.

제2차 세계대전이 끝나고 시카고 대학에서 처음으로 학계에 자리를 잡게 되었다. 여러 학문이 통합된 사회과학부 소속이었는데 그곳에서의 생활은 어땠나?

　　　　매우 만족스러웠다. 학계로 돌아가니 정말 좋았다. 학생들도 더할 나위 없이 훌륭했는데, 상당수가 군 전역자들이었다. 내가 맡은 강의 또한 마음에 들었다. 중요한 문제를 다루는 강의들이었고, 그에 관한 좋은 문헌들도 많았다. [1945년] 내가 시카고에 갔을 때, 때마침 허친스[8] [총장] 체제가 서서히 막을 내리고 있었다는 점도 다행스러웠다. 허친스를 만난 적이 있는데, 그때 꽤나 흥미로운 사실을 알게 되었다. 교수 휴게실 입구에 아무나 앉을 수 있는 탁자가 하나 놓여 있었다. 거기 앉아 있는데, 체격이 호리호리한 사람이 다가와 앉더니만 "나는 허친스라 하오"라며 인사를 건넸다. 나도 "무어라고 합니다"라고 대답했다. 그러고는 탁자 주위에 앉아 있는 이들을 하나하나 가리키며 "저놈은 개자식이고, 저놈은 진짜 개자식이오"라고 말하기 시작하는 게 아닌가. 난 그가 단단히 화가 나서 교수들에게 화풀이를 하고 싶어 하는 거라고 생각했다. 몇몇 구닥다리 보수주의자들은 허친스를 아주 혐오했는데, 그중 하

---

[8] 시카고 대학 총장(1929~45년 재임)이었던 로버트 메이너드 허친스Robert Maynard Hutchins를 가리킨다. 게이브리얼 알몬드는 허친스 체제에서 "시카고 대학의 실증적 사회과학 분야는 크게 위축되었다. 사회과학 분야에 대한 허친스의 인식 태도는 인문학적이고 연역적이며 심지어 고답적인 시각에 바탕을 둔 것이었다"라고 평했다(Almond 1990, 297).

나가 그 테이블에 있었다. 주로 남부 역사에 관한 글을 쓰던 사람이었는데, 내가 보기에는 여느 사람 못지않게 예의 바른 사람이었다. 그런데 (이름은 기억나지 않지만) 한 친-허친스파 인류학자가 흑인을 고용하려는 어떤 이를 변호하는 발언을 하자, 그 고루한 남부 보수주의 인사가 이렇게 말하는 소리를 우연히 듣게 되었다. "여기서 환영받지 못한다는 걸 자기만 모르고 있군." 그곳의 분위기가 그랬다. 하지만 난 개의치 않았다. 연구와 강의만으로도 충분히 바빴기 때문에 그런 다툼에 휘말리고 싶지 않았다. 나는 일종의 무정부주의자였다. 모든 규정을 하찮게 여겼고 오직 내 일만 해나가면 그만이라고 생각했다.

시카고에서 친하게 지냈던 동료들은 누구였나?

며칠 전[사흘 전인 2002년 5월 10일] 세상을 떠난 데이비드 리스먼David Riesman과 가장 가까웠다. 우리는 '사회과학 2' 과목을 함께 가르쳤고 테니스도 자주 쳤다. 행동이 빠르고 직관력이 있는 사람이었다. 하지만 그의 저작은 신중하게 도출된 일반화를 보여 주지 못했다는 점에서 그리 탄탄하지는 않았다. 그의 책 『고독한 군중』The Lonely Crowds(Riesman 1953)을 두고, 당시 큰 인기를 누린 독일 망명자 에리히 프롬의 영향을 크게 받았다고들 했는데, 둘 다 읽어 본 적은 없지만 리스먼의 책이 내가 생각했던 것보다는 괜찮지 않았을까 싶다. 『뉴욕 타임스』의 부고 기사에선 좋게 평가되고 있는 것 같았다(New York Times 2002). 그를 좋아했지만 불화도 한 번 있었다. 쿠바 미사일 위기 당시, 쿠바의 언론 자유를 지지한다는 식의 꽤나 사소한 문제를 놓고 그가 공개 서명한 적이 있다. 당시 우리 대부분은 세계대전이 발발할지도 모른다고 생각했기에 난 리스먼을 맹렬히 비판했다. [이런 급박한 상황에서] 그토록 사소한 문제나 제기한다는 것은 잘못된 일이고, 그런 당신과는 앞으로 만나고 싶지 않다고 했다. 그 뒤 꽤 오랫동안 서로 말도 하지 않고 지냈다. 그러다가 이곳 하버드 대학의 어느 위원회에 같이 참여하게 되면서부터 다시 원만하게 지냈다. 그는 내가 억지를 부릴 때도 항상 내 편을 들어 주었다. 하지만 난 그럴 필요가 없었다. 그가 억지를 부린 적은 한 번도 없었으니 말이다.

1947년에 시카고 대학을 떠나 하버드 대학으로 가서 파슨스가 학과장이었던 사회관계학부[9]에 합류했다. 그때는 어떤 일들이 있었나?

다른 이들과 마찬가지로 사적으로는 파슨스와 사이가 좋았지만, 그의 생각만큼은 받아들일 수 없었다. 말도 안 되는 것들을 가지고 괜히 있어 보이는 척하는 거였다. 아마 파슨스를 공개적으로 신랄하게 비판한 사람은 내가 처음이었던 것 같다. 그 일이 있고 나서 이렇다 저렇다 아주 말이 많았다. 난 그를 비판하는 유인물을 돌렸고, [정치학에서의] "신스콜라철학"The New Scholasticism을 다룬 내 글은, 항간의 말에 따르자면, 평지풍파를 일으켰다(Moore 1953).

결국 사회관계학부에서 사임했다. 종신 재직권이 거부되었나?

그만두기 전에 이미 종신 재직권을 받은 상태였다. 일반적인 방법

9* 하버드 대학 사회관계학부Social Relations Department
정식 명칭은 '학제 간 사회과학 연구를 위한 사회관계학부'로 총 세 개의 학과 — 인류학과·심리학과·사회학과 — 가 속해 있었으며, 1946년에 개설되어 1972년까지 유지되었다. 주로 비교 문화 연구나 학제 간 연구를 지원했다. 로버트 벨라Robert Neely Bellah, 해럴드 가핑클Harold Garfinkel, 클리퍼드 거츠Clifford James Geertz, 찰스 틸리 등이 이 프로그램을 졸업했다.

으로 받은 것이다. 컬럼비아 대학에서 종신 재직권을 제안해 올 것이라는 말이 있었다. 그건 성사되지 않았지만, 하버드 대학에서 종신 재직권을 받았기에 개의치 않았다.

왜 사회관계학부를 그만두었나?

학문적 분위기가 맘에 들지 않았다. 사회관계학부를 통해 대학원생을 한 명도 받지 못하고 있었는데, 직접 찾아가 요구해야만 학생들을 받을수 있음을 깨달았다. 학과에 특별히 남고 싶은 마음도 없었다. 좋아했던 사람이 한두 명 있긴 했어도 그것만으로는 충분치 않았다. 가장 가까운 친구였던 조지 호먼스George Homans는 남았다. 그는 나만큼 비판적인 성향을 가진 사람이 아니었다.[10] 집단에 관한 호먼스의 저서(Homans 1950)는 사회과학 분야에서 길이 남을 몇 안 되는 저작 가운데 하나라고 생각한다. 그는 몇 가지 일반화를 제시했고, 그걸 효과적으로 입증했다. 사회관계학부는 아니었지만 [1964~74년 경제학과 교수로 있던] 앨버트 허시먼Albert Hirschman과도 한동안 친하게 지냈다. 그는 내가 하버드에서 좋아했던 사람 가운데 하나다.

사회관계학부를 그만두고 난 뒤의 상황에 대해서는 걱정하지 않았나?

걱정되지는 않았다. 난 좀 싫증이 나 있었다. 혹시 종신 재직권이 없었다면 좀 걱정되었을지도 모른다. 한순간에 사람을 완전히 바보로 만들

---

[10] 하버드 사회관계학부에 대한 호먼스의 입장에 대해서는 Homans(1984 ch.18) 참조.

수도 있는 걸 보면, 종신 재직권이란 게 대단하긴 하다.

사회관계학부에서 나온 뒤 당신에게 하버드 대학은 어떤 의미였나?[11]

　　개인적으로는 밥벌이 하는 직장이었다. 하버드는 세상에서 가장 멋진 도서관이 있는 곳이기도 하다. 나는 아직도 하버드 도서관을 이용하면서 감탄하고 있다. 내가 하버드 대학에 계속 머물렀던 것도 학생들보다는 도서관 때문이었다. 내게는 도서관이 제일 중요했다.

보스턴 지역에 모여 있던 학자들과는 어땠나? 마르쿠제나 로버트 폴 울프Robert Paul Wolff 같은 이들이 있지 않았나?

　　글쎄, 이제는 다 지난 이야기들이다.

그래도 분명히 당신에게 중요했던 사람들 아닌가?

　　중요했지만 결정적이라고까지는 할 수 없다. 도서관이 있는 한, 개의치 않았다. 마르쿠제와는 오래 알고 지냈고 가장 가깝기도 했다. 하지만 그는 하버드 대학이 아니라 브랜다이스 대학에 있었다. 우리는 주로 민주주의

---

11 • 무어는 사회관계학부에서 나온 뒤 1951년, 하버드 대학 러시아연구소에 들어가 이후 1979년까지 선임연구원으로 활동했다.

의 전망이나 그와 비슷한 가벼운 주제를 놓고 논쟁하곤 했다. 어쩌면 마르쿠제보다는 내가 더 민주주의의 전망에 대해 낙관적이었는지도 모른다. 그의 일반적이지만 깨어 있는 시각은 내게 중요한 영향을 미쳤다(냉소적이라는 말은 그에게 어울리지 않는다). 내가 뭔가 희망적인 말을 할 때면, 날 '배리'라고 부르며 내 주장에서 틀린 부분을 지적해 주곤 했다. 설득력 있는 주장이 어떤 것인지를 그에게서 배웠다.

정규 학과를 사임하고, 가르치는 일을 그만두겠다고 결심하고 나서 얻은 혜택과 치러야 할 대가는 무엇이었나?

다른 사람들이 혜택이라고 생각했던 것이 내겐 오히려 치러야 할 대가였다. 회의에 나갈 필요도 없고, 동의하지는 않지만 그렇다고 논쟁을 벌이고 싶지도 않은 소리를 굳이 듣지 않아도 된 반면, 정서적 지지를 받기 어려워졌다는 점은 아쉬웠다.

글을 출간하면, 어떻게 반응을 접하나?

서평이다. 내 책은 출간할 때마다 항상 서평이 뒤따랐다. 불쾌한 서평부터 훌륭한 서평에 이르기까지 항상 모든 관심을 받았다. 최근에 낸 『역사에서의 도덕적 순수성과 박해』(이하 『도덕적 순수성』)*Moral Purity and Persecution in History*(2000)만은 예외다. 상당히 호전적인 성향을 지닌 어떤 가톨릭 신자가 쓴 서평을 보았는데 책의 내용을 좋아하지 않는 사람임에 틀림없었다. 책의 신뢰성을 떨어뜨릴 심산으로, 내가 제시한 사례의 허점을 노린 논평도 두어 개 본 적 있다.[12] 그 틈을 메우자면 당연히 읽히지도 않을 잡다한 것들을 추가

해야 할 텐데, 그러면 일신론에 관해 그 책에서 제시한 날카로운 논지는 묻혀 버릴 것이다. 난 평소 늘 그렇듯 귀납적 방식을 통해 논지에 접근해 갔다. 글에서 제대로 조직된 사실만이 스스로 의미를 드러낸다고 생각하며 집필했다. 『도덕적 순수성』이 의미 있는 책이 될 것이라고 자부한다. 그 책은 범위를 훨씬 좁히고 논점을 더욱 날카롭게 한, 『사회적 기원』의 새로운 판본이라고 할 수 있다.

12 그런 서평으로는 Malia(2000)와 McManners(2000)를, 우호적인 서평으로는 Bernhard(2002) 참조.

소비에트 정치 전문가로 출발했고, 맨 처음 출간한 저서 두 권도 이 문제를 다뤘다(Moore 1950; 1954).

여전히 난 『소비에트 정치』(Moore 1950)가 상당히 좋은 책이라고 생각한다. 그 책에서 난 늘 반복해서 제기되는, 그러면서도 무척이나 흥미로운 질문을 던졌다. '혁명[세력]이 권력을 잡으면 어떤 일이 일어나는가'라는 것이었다. 이에 대해 매우 상세히 설명했다. 여전히 강의 교재로 사용되는 책이기도 하다.

산업화는 계층화와 불평등을 수반한다는 핵심 주장에서 볼 수 있듯이 『소비에트 정치』에 구조기능주의의 색채가 엿보인다.

옳게 보았다.

구조기능주의 시각을 갖게 된 것은, 하버드 대학에서 파슨스로부터 영향을 받아서인가?

아니다. 섬너의 영향을 받았다.

두 번째 저서인 『소련에서의 테러와 진보』에서 한 가지 흥미로운 것은 소련 정치가 어떻게 전개될지를 예측했다는 점이다.

내가 제시했던 대안적 시나리오들이 그만큼 적절했는지는 잘 모르 겠다. 소련의 붕괴는 누구에게나 그랬겠지만 내게도 충격적이었다. 물론 그 때는 소련 문제에 관심을 기울이며 적극적으로 지켜보던 시기는 아니었지만 말이다. 전후 소련을 연구하고 있던 우리 모두에게 소련을 이해하고, 또 소련 이 어떻게 될지를 예측하는 일은 일종의 과제였다. 나처럼 그 문제[소련의 붕 괴]를 진지하게 고려한 사람들이 있는가 하면, 하버드 동료인 알렉산더 거셴 크론Alexander Gerschenkron처럼 말도 안 된다고 치부한 사람들도 있었다.

거셴크론이 당신에게 큰 영향을 끼쳤나?

그는 독일에서의 빵과 민주주의에 관한 책을 쓰면서, '철과 호밀' 산업[의 관계]에 초점을 두었다(Gerschenkron 1966).[13] 난 그 책을 읽기 전부터 이미 그 부분에 대해 많은 것을 알고 있었다. 거셴크론이 그 두 가지를 연관 지어 생각했던 최초의 인물은 아니다. 독일의 역사 문헌에서 산업자본가와 융커 농장주[지주]의 '철과 호밀' 연합은 자주 언급되는 이야기다. 하지만 거셴 크론이 둘 사이의 관계를 아주 멋지게 설명했다고 생각한다. 거셴크론의 논 문들, 특히 경제성장에 관한 글은 무척 기발하다(Gerschenkron 1962, 1968).

13 이 책의 초판은 1943년에 출간되었다.

한 가지 가정을 해보자. 『사회적 기원』이 출판되기 10년 전인 1956년으로 돌아가 생각해 보면, 그 책을 쓸 가능성이 가장 높은 학자가 당신이 될 거라고는 생각하지 못했을 것 같다. 1956년만 해도 당신이 출간했던 책을 보면 폭넓은 비교 연구 학자라기보다는 지역연구 전문가에 가까웠다. 두 권의 소비에트 사례 연구서를 성공리에 펴낸 상태였다. 그런 상황에서 당신은 러시아에 관한 책을 계속 펴내지 않고 진로를 바꿨다. 러시아에 대한 세 번째 저작을 쓰지 않은 이유는 무엇인가? 소비에트 정치 연구에서, 『사회적 기원』처럼 광범한 비교 연구 프로젝트로 선회한 이유는 무엇인가?

러시아 연구자가 된다는 게 달갑지 않았다. 러시아 연구자가 되려는 일부 사람들의 행태를 보고 나니 더욱 그랬다. 편협하고 우쭐거릴 줄만 아는 이들이 많았다. 그들을 변변치 않다고 여겼거니와 좋아하지도 않았다. 개별 국가 연구자들 중에는 두고 볼 수 없을 만큼 고약한 사람들이 많다. 난 러시아에 관한 책을 집필하면서도 평생 러시아 연구자로 살겠다고 생각해 본 적이 전혀 없었다. 지역 연구자가 되고자 했다면, 프랑스·독일·영국, 아니면 차라리 미국이 더 흥미로웠을 것이다. 러시아가 중요하지 않았다는 말이 아니다. 러시아에 대해 하고 싶은 말은 이미 모두 한 상태였다. 보통 내가 좋아서 연구를 시작했어도 싫증이 나면 다른 것을 하고 싶어진다. 똑같은 내용의 글을 계속해서 쓰는 사람들을 난 정말 이해할 수 없다.

러시아에 관한 연구를 넘어서야겠다고 깨달은 시점은 언제였나?

다른 데 관심이 갔다. 『사회적 기원』에서 드러난 문제인, 전체주의와 자유주의, 급진적 혁명의 뿌리가 무엇인지 궁금해졌다.

『사회적 기원』에 대해 이야기해 보자. 어떻게 해서 8개국이나 아우르는 방대한 규모의 야심작을 집필하게 되었나? 시작했을 때부터 그런 식의 결과물을 의도했나?

　　　사실『사회적 기원』의 집필을 시작할 때 세운 계획은 훨씬 거창했다. 지나치게 거창한 계획이었다. 농업 사회의 계급 구조 형태를 보이는 국가는 물론이고 산업사회의 구조를 지닌 국가, 심지어 그 외의 형태를 취하는 국가도 몇 개국 더 다루려고 했었다. 난 학생들에게 (그리고 나 자신에게도) 항상 이렇게 말한다. 마치 아코디언처럼 진행 상황에 따라 규모를 키우거나 줄일 수 있게끔 연구 계획을 세워야 한다고 말이다. 그래야만 연구를 잘 수행할 수 있다.『사회적 기원』만 하더라도 당초 계획대로 진행했다면 엄청난 무리가 따라 결국 실패했을 것이다.

　어마어마한 도전을 시작할 만한 야심이 어디서 생겼냐고 물었지만, 원래부터 난 그래 왔다. 심지어 학위논문에서도 (비판자들이 단점이라고 지적한) 원대한 사고방식과 호기심이 드러난다. 일부는 윌리엄스 대학 학부 시절, 훌륭한 선생들과 그들이 다룬 흥미로운 주제로부터 얻은 것이다. 이후 소련에 관한 첫 저서를 쓰면서 어떤 일을 어떻게 해야 하는지를 익혔다. 하지만 대부분은 스스로 터득해 갔다.

『사회적 기원』을 집필할 당시 주변의 학문적 환경은 어땠나? 당신이 교감을 나눈 이들은 누구였나?『사회적 기원』서문에서는 산업화가 20세기 전체주의 체제를 낳았다는 주장들이 불편하다고 쓰기도 했다.

　　　『사회적 기원』의 집필을 끝낼 무렵엔 그런 주장들이 훨씬 더 불편해졌다. 나라면 산업화는 도래할 것이고, 그것이 민주주의를 파괴할 것이라는 단순한 마르크스주의적 사고의 일부만 받아들였을 것이다.

한나 아렌트의 책도 전체주의의 기원이 산업화에 있다는 주장으로 읽힐 수 있다(Arendt 1951). 『사회적 기원』을 집필하면서 혹시 아렌트의 저서를 염두에 두고 반박하려는 의도가 있었나?

아렌트가 내게 무척 호의적이긴 했지만, 난 그녀를 좋아하지 않았다. 그녀가 전체주의에 관해 쓴 책도 아주 형편없다고 느꼈다. 그녀는 독일만을 모델로 삼을 뿐, [전체주의 모델로] 러시아나 중국에 대해서는 전혀 거론하지 않는다.[14] 그 책의 첫 문단을 기억하는데, 말도 안 된다는 인상을 받았다. 그녀는 진지하게 고려할 만한 가치가 없다. 난 레닌이나 레닌주의, 그리고 스탈린주의를 더 진지하게 다루었다. 내겐 그런 것들이 대항 모델counter-model이었고, 이는 지금도 마찬가지다. 사람들은 레닌을 마르크스주의자들의 조지 워싱턴쯤으로 생각하겠지만, 자세히 들여다보면 그는 역겨운 독재자일 뿐이다.

전체주의의 기원에 관한 마르쿠제의 주장(Marcuse 1968)은 어떤가?[15] 그에게서 영향을 받았나?

그의 주장을 잊어버렸다. 다시 살펴봐야겠다. 그의 최고 저서인, 프로이트에 관한 책(Marcuse 1955)[『에로스와 문명』]을 읽고 이렇게 말했던 기억은 난다. 당신은 죽음 충동death instinct 개념을 덜 고통스러운 것으로 만들 심

14* 이와 같은 무어의 지적은, 예컨대 아렌트의 다음과 같은 진술을 염두에 둔 것으로 보인다. "요점은 공산주의 중국은 러시아와 다르다거나 스탈린의 러시아는 히틀러의 독일과 다르다는 데 있지 않다. …… 이런 종류의 차이점들을 계속 열거할 수는 있다. 그것들은 매우 중요하고 해당 국가의 민족사의 일부이기는 하지만, 통치의 형태와 직접적인 관계는 없다."[『전체주의의 기원』 1권(이진우·박미애 옮김, 한길사, 2006), 63쪽].

15 마르쿠제(Marcuse 1968, 19)는 전체주의를 독점자본주의 단계에 상응하는 것으로 본다.

산으로 헤겔을 이용했고 이를 통해 마르크스를 구해 내고자 했다고 말이다. 그러자 마르쿠제도 박장대소하면서 동의했다.

당신의 글을 보면 헤겔의 영향을 받았다는 것이 확연히 드러난다. 예컨대 『사회적 기원』은 모순적인 역사적 명령들 사이의 변증법적 상호작용을 분석하고 있다.

헤겔의 아이디어도 몇 가지는 쓸 만하다. 말도 안 되는 말을 그렇게 많이 늘어놓으면서 지적인 내용 없이 쓰기도 어려울 거다. 마르쿠제와 친해지면서 헤겔 책을 여러 권 구입해 공부했다. 내가 도달한 결론은, 헤겔에게서 말이 되는 내용은 뭐든 훨씬 단순하면서도 경험적으로 표현될 수 있다는 것이었다. 변증법적 수사를 늘어놓는다고 더 가치 있어지는 것은 아니다.

『사회적 기원』에서 농업 사회의 계급 관계를 지배적 설명 변수로 설정한 이유는 무엇인가?

농업 사회에 주력하기로 마음을 정한 것은, 앞서 얘기했듯이 산업 사회 구조를 갖춘 국가까지 다루기에는 힘이 부쳤기 때문이다. 부분적으로는 개인적 이유가 있었던 셈이다. 농업 사회의 역사를 비교 분석한 연구는 극소수 전문가들 말고는 얼마 없었다는 점도 이유였다. 물론 일부는 훌륭한 연구도 있었지만, 그들이 쓴 농업 사회 역사는 매우 특수한 것이었다. 대개 그들은 특정 지역 내의 A 분야와 B 분야의 차이 — 물론 이것도 매우 중요한 문제일 수 있겠지만 — 를 설명하려고 했던 듯하다. 그 점에서 R. H. 토니R. H. Tawney는 다른 유형의 인물이었다. 그의 스펙트럼은 더 광범위했다. 학자라면 누구나 나름의 분석틀을 지니는데, 토니가 가진 틀은 다소 희석되긴 했지만 마르크스주의적인 것이었다. 그가 쓴 『16세기의 농업 문제』The Agrarian Problem in the 16th

Century(Tawney 1967)를 빈번하게 활용했다.[16] 농업의 상업화가 미친 영향에 관한 내 주장은, 틀림없이 예전부터 읽어 온 토니의 저서로부터 영향 받은 것이다. 영국 젠트리의 등장과 쇠퇴에 관한 논증(Tawney 1954)을 읽었던 기억도 난다. 『사회적 기원』을 쓰면서 그런 자료들을 읽고 판단을 내려야 했다.

『사회적 기원』을 저술하는 동안, 서로 다른 유형의 정치체제[17]의 기원을 폭넓게 다룬 비교 역사적 연구물이 몇 권 출판되었다. 립셋의 『정치적 인간』(Lipset 1960a)을 비롯해 라인하르트 벤딕스의 『국가 건설과 시민권』*Nation-Building and Citizenship*(Bendix 1964), 칼 드 슈바이니츠Karl de Schweinitz의 『산업화와 민주주의』*Industrialization and Democracy*(Schweinitz 1964), 헌팅턴의 『정치발전론』(1968) 등을 들 수 있다. 이런 책들이 집필되고 있다는 사실을 알고 있었나?

　　　　물론이다. 반드시 다른 사람과 차별화된 작품을 펴내야 한다는 부담을 떨쳐 버리고 싶었다. 그래서 '난 지금 아주 중요한 문제를 다루고 있다. 문제를 해결하고자 최선을 다하리라. 설령 립셋과 완전히 똑같은 결과가 나온다 한들 그게 무슨 상관이랴'라고 되뇌곤 했다. 적어도 생각은 그랬다. 속내는 달랐겠지만.

---

16 이 책의 초판은 1912년에 출판되었다.

17 • 정치체제|political regime
비교정치학에서 가장 일반적으로 사용되는 매크리디스의 정의에 따르면, "통치자와 피치자 간의 관계를 공식화하는 규칙, 절차 그리고 협약의 집합체를 의미한다"(R. C. 매크리디스 지음, 김강녕 옮김, 『현대정치체제론』, 인간사랑, 1990, 17쪽).

그 속내란 뭐였나?

질투심. 다른 누군가가 나보다 더 잘해 낼지 모른다는 질투심 말이다.

『사회적 기원』에 도입한 비교 역사 분석법은 어디에서 나왔나?

딱히 꼬집어 말하기는 좀 어렵다. 『사회적 기원』을 반쯤 써내려 가다가 '산업화에 이르는 길이 단 한 가지가 아니고 세 가지 아닌가?'라고 스스로에게 질문한 시점이 있었다. 그 질문에 자극받아 비교 역사 분석 방식으로 접근하게 되었고, 그때부터 이런저런 틀 속에서 이 방식을 줄곧 이용하고 있다.

세 가지 경로 가운데 무엇을 제일 먼저 다루었나?

대략 발생 순서대로 기술하다 보니 민주적 경로를 맨 먼저 다루게 되었다. 여기에는 프랑스혁명뿐만 아니라 영국 명예혁명까지 포함시켰다. 명예혁명은 기존의 유명 저작들도 다루지 못한 부분이다.

『사회적 기원』을 집필하기 시작할 때 다른 제목을 붙이지 않았었나? 맨 처음 붙였던 제목은 무엇이었나?

다른 제목이 있었는지는 기억나지 않는다. 아마 처음부터 '사회적 기원'이라는 제목을 붙이지는 않았을 것이다. 중간쯤 써내려 갔을 무렵, 산업 사회로 이행하는 방식이 한 가지가 아니라 세 가지나 된다는 것을 깨닫고 상당량의 원고를 다시 썼으니 말이다.

『사회적 기원』을 집필하는 데 얼마나 걸렸나?

　　『사회적 기원』과 『부정의』(Moore 1978) 두 권이 대작인데, 각각 10년 정도 걸렸다.

『사회적 기원』을 집필할 때 대부분 배에서 썼다는 게 사실인가?

　　그렇다. 아내와 배에서 살았다. 전쟁이 한창이던 시절 워싱턴에 살 때는 폐화물선에서 지내다가 나중에는 자그마한 여객용 보트를 구입해 몇 년 동안 여름을 거기서 났다. 보트에 실린 책이 3백 권에 이를 때도 있었다! 난 필요한 책을 모두 읽으려고 노력했고, 특히 하버드 대학 도서관에서 빌려온 책은 빠뜨리지 않고 읽었다. 그렇게 봄과 가을에 책을 읽었기 때문에 여름에는 배에 들어가서 글을 쓸 수가 있었다. 배에서 글을 쓰면 기분이 상쾌해진다. 물론 배 안에서 글만 쓰고 있지는 않았다. 날씨가 좋은 날이면 이삼일씩 항해를 즐기기도 했고, 글을 쓰다가 몸이 뻐근해지면 자리에서 일어나 바깥 풍경을 감상하기도 했다. 나중에 동력선을 한 척 구입했는데 한결 편리했다. 작은 돛단배를 한 척 사서 뱃놀이를 즐기기도 했다. 선원들에겐 끔찍하게 들리겠지만, 우리는 그 동력선에서 13년을 보냈다. 공간이 꽤 넓은 편이어서 글을 쓰기에는 아주 좋았다.

하버드 대학 출판부에서 『사회적 기원』의 출판을 거절했다는 것도 사실인가?

그렇다. 출판부에 아주 부정적인 심사평을 써 보낸 작자가 누군지는 아직도 모른다. 다들 내가 그가 누군지 알고 있을 거라고들 하지만 정말 모른다. 그렇게 궁금하지도 않다. 나는 이미 충분히 평가 받았으니까. 하지만 장담컨대, 그는 지금도 자신이 옳다고 확신하고 있을 것이다. 그의 심사평 한 구절이 기억난다. "이 책은 추천 도서 목록에 자주 오르내리긴 하겠지만 그럼에도 여전히 나쁜 책이다." 그런 태도라면 책이 어떤 명성을 얻는다 해도 그는 눈 하나 깜짝 안 할 것이다.

『사회적 기원』이 큰 성공을 거두겠다고 처음으로 짐작한 것은 언제였나?

찬사를 늘어놓은 플럼의 서평(Plumb 1966)이 『뉴욕 타임스』에 실린 것을 보고 다행이라는 정도로 생각하고 있었는데, 많은 이들이 그 서평에 대해 얘기하는 것을 듣고서 그런 조짐을 느꼈다.

그 이후로도 35년 동안이나 꾸준히 팔리고 있는데 그것까지도 예감했나?

전혀 아니다. 어떤 책이든 그렇게 오랫동안 꾸준히 팔릴 거라고는 생각하지 않았다.

『사회적 기원』이 크게 성공을 거둔 이유는 무엇이라고 생각하나? 왜 여전히 팔리고 있을까?

글쎄, 그 책을 교재로 활용해 가르치는 사람들로부터 연구 범위 면에서 그만 한 책은 아직 없다는 얘기를 듣긴 한다.

『사회적 기원』의 속편을 펴낼 사람이 나타나기를 바라나?

물론이다. 좀 더 나은 것이 낡은 것을 대체하리라고 가정하는 것이 모든 학문의 기본 윤리다. 진일보된 연구가 나올 여지는 분명히 있다.

가장 애착이 가는 저서가 『사회적 기원』인가?

가장 중요한 책이라고 생각한다. 최고의 책을 꼽는다 해도 아마 그 책을 고를 것 같다. 어떤 면에서는 『도덕적 순수성』이 주장을 훨씬 압축적으로 담고 있긴 하다. [『도덕적 순수성』이 192쪽짜리] 짧은 책이라고 해서 가치가 떨어지는 것은 아니겠지만, 그럼에도 『사회적 기원』이 내 작품 중 가장 성공한 책인 것만은 분명하다.

『사회적 기원』에 대한 비판에 공개적으로 답변하는 일이 많지 않았다. 그런데 로스먼(Rothman 1970a)만큼은 예외였다.

그의 입장이나 조만간 그가 자신의 책(Rothman 1970b)을 출간하려 한다는 사실을 감안하니, 그가 사람들을 기만할지도 모른다는 생각이 들었다. 그래서 그를 잽싸게 처리해 버렸다(Moore 1970). 대체로 난 비판자들에 대해 답하길 피하는 편이지만, 그렇다고 전혀 안 하는 것은 아니다.

비교 역사 분석 방식의 연구 활동을 활성화하는 데 『사회적 기원』이 남긴 유산이 있다면 무엇일까?

솔직히 그 부분에 대해서는 함구하고 싶다. 내가 아닌 다른 누군가가 따져 봐야 할 일이다. 난 내 일을 했고, 사람들은 그것을 원하는 대로 자유롭게 해석할 수 있는 것이다.

『사회적 기원』 이후에 펴낸 작품들을 보면 도덕적 측면에 점점 더 관심을 보이는 것 같다. 『인간의 불행을 야기하는 원인에 대한 성찰』*Reflection on the Cause of Human Misery*(Moore 1972), 『부정의』(Moore 1978), 『프라이버시』(Moore 1984), 『경제성장의 도덕적 측면』*Moral Aspect of Economic Growth*(Moore 1998) 등이 그런 작품들이다. 특히 『부정의』는 당신이 대작으로 꼽고 있는 두 저작 중 하나이기도 하다. 그런 주제를 고르게 된 이유는 무엇인가?

부정의는 고통을 낳는 중요한 근원일 수 있다. 일부 사람들은 사회 부정의로 인해 몹시 고통을 겪고 있다. 물론, 정의 역시 고통의 커다란 근원이 될 수 있고, 확실치는 않지만 어쩌면 부정의보다 더 큰 고통의 근원일지도 모른다. 다만, 매우 불공정한 사회가 사람들에게 큰 상처를 준다는 것은 분명하다. 그런 사회는 우리 주변에 늘 있었지만 근래 들어 더욱 늘어나고 있다. 네오이슬람주의적 세계관은 자살 공격뿐만 아니라, 더욱더 큰 고통을 야기하게 될 것이다. 『부정의』는 좋은 책이긴 하지만 『사회적 기원』처럼 깔끔하게 정돈되어 있지는 않고, 여기저기 거친 구석이 많다. 하지만 애초 자료의 성격

탓에 『사회적 기원』에서 볼 수 있는 깔끔한 유형을 만들 수 없었던 것이니, 설령 그런 단점이 있다고 해도 내 탓은 아님을 분명히 해두고 싶다. 『부정의』는 한때 상당한 호평을 받았지만 이내 관심 밖으로 밀려났다.

왜 관심 밖으로 밀려났나?

부적절한 질문이다. "왜 어떤 책들은 오랫동안 기억되느냐? 왜 관심 밖으로 밀려나지 않느냐?" 같은 식으로 물어야 옳은 질문이다. 사라진다는 것은, 굳이 설명할 필요도 없는, 지극히 정상적인 운명이다.

『프라이버시』는 가장 즐겁게 집필한 책이라고 서문에 밝혔다(Moore 1984, xii). 어떤 이유에서인가?

내가 혼자 있는 걸 좋아하기도 하고, 어느 정도는 내가 그런 프라이버시를 옹호하는 글을 쓰고 있다고 느꼈기 때문이다. 아울러 『사회적 기원』이나 『부정의』처럼 방대한 작품을 쓰려고 애쓰지 않는 것이 즐거운 일이라는 사실도 깨달았다. 책의 분량이 늘어나지 않게 하려고 연구를 제한한 결과, 프라이버시와 관련된 최근 논쟁은 다루지 않았다. 그런데 책의 마지막 장이 문제를 일으켰다. 최근에 존스홉킨스 대학 출판부에서 누군가가 그 책을 재출간하자고 건의했는데 편집장이 거절했다. 내용이 시대에 뒤떨어져 있다는 것이 이유였는데, 특히 모든 통계와 미국에 대한 마지막 장이 그렇다는 것이었다. 그 문제를 해결할 방법을 난 잘 알고 있었다. 통계 수치는 지금은 맞지 않지만, 전 세계에서 발생하는 문제를 미국 중심의 경제학으로는 제대로 설명할 수 없다는 이론적 명제는 여전히 유효하다고 말하면 되는 것이었다. 하지만 그 문제에 계속 신경을 쓰지는 못했다. 존스홉킨스 대학 출판사 측으로부터 문의가 왔을 때는 이미 『도덕적 순수성』을 집필하던 중이었고, 다른 할 일도 많았기 때문이다.

과학과 규범적 문제

스스로를 과학자라고 생각하는가?

그렇다. 사회과학자라고 생각한다. 내가 하는 일을 모르는 누군가에게 나를 설명해 줘야 한다면, 사회과학자라고 답하겠다. 임업 기술자forestry engineer인 아버지에게서 생물학과 자연과학 분야의 소질도 물려받았다.

당신에게 과학이란 어떤 의미인가? "과학의 본질은 희망에 근거한 믿음을 거부하는 것일 뿐이다"(Moore 1965, 55)라고 말했던 적도 있다.

지금도 그 입장을 고수하고 있다.

당신의 저서는 대체로 도덕적으로 간과할 수 없는 광범위한 문제들을 다루는 데 중점을 두고 있다. 그런 문제를 규범적 차원이 아닌 과학적인 측면에서 다룰 수 있는가?

당연하다. 반드시 도덕적인 입장을 취해야만 도덕을 말할 수 있는 것은 아니다. 도덕과 다양한 행동 양식의 연관성, 그 결과, 그와 같은 연관성의 부재 등등 여러 가지를 이야기할 수 있다. 도둑질이 어떤 결과를 가져오는 가? 도둑질을 금기시하지 않는 사회에서 아이를 키우면 어떤 결과가 빚어질까? 내가 말하고자 하는 것이 바로 이런 것들이다. 설교하려는 것이 아니다.

그렇지만 분명히 규범적 관심사에 이끌려 연구를 해온 것 아닌가.

그런 저서도 일부 있다. 『프라이버시』가 그렇다. 프라이버시를 옹호하는 것은 분명히 규범적 영역이라고 볼 수 있다. 하지만 대부분의 경우 내 저작이 좀 더 나은 세상을 만들려 한다는 의미에서의 규범적 관심을 따르는 것은 아니다. 난 단지 문제에 대한 더 좋은 해답을 찾기 위해 노력하고 있을 뿐이다. 나는 항상 마르크스주의에서부터 기독교에 이르기까지 공상적 사회 개량가(박애주의자)do-gooders들에 대해 아주 회의적이었다. 지적으로 엉성한 사회개량주의do-goodism를 보면 짜증이 난다.

어떤 때는 정치 문제에 적극적으로 개입하기도 했다. 일례로 1961년 쿠바 피그스 만 침공 사건 때 케네디에게 보내는 공개서한에 서명했고, 뉴 프론티어가 일종의 사기라고 주장한 글을 쓴 적도 있다.[18]

이제 그런 일은 하지 않는다. 당시에는 특히나 학생들을 위해 앞에 나서야 한다는 일종의 강박을 느꼈지만, 내가 그런 일에 잘 맞지 않는다는 사

---

[18] Schlesinger(1965, 285-285) 참조. 뉴 프론티어는 J. F. 케네디 대통령이 자신의 정책 의제를 언급하기 위해 이용했던 구호였다.

실을 금방 깨달았다. 그래서 앞에 나서지 않아야겠다고 마음먹었다.

사회과학, 특히 정치학에 대한 비판 중 하나는 인간적으로 중요한 문제들, 말하자면 부정의와 같은 문제와 더는 씨름하지 않는다는 것이다.

항상 있는 불평이다. 그런 불평을 늘어놓기보다는 뭔가를 하는 것이 중요하다. 가령 행복 또는 불행의 특정 형태에 대한 글을 쓰는 것처럼 말이다. 둘러앉아 커피나 마시면서 불평해 봐야 시간과 정력만 낭비할 뿐이다. 일종의 책임 회피라고도 할 수 있다. 그런 일이 너무 많다. 그럴 시간에 책상 앞에 앉아 연구를 해라.

사회 이론

정치 이론이나 사회 이론은 비교 역사 연구에서 어떤 가치를 갖는가? 사회 이론 공부가 당신의 연구 작업에 많은 도움이 되나?

적절히 활용한다면, 사회 이론은 사실들 간의 관계를 찾는 법을 보여 준다. 빌프레도 파레토(Pareto 1963)와 모스카(Mosca 1939)는 섬너 못지않게 내게 큰 영향을 준 사람들이다. 파레토는 제2차 세계대전이 끝나 갈 무렵 미국에서 대단한 선풍을 일으켰다가 완전히 자취를 감췄다. 파슨스가 그 자리를 대신했기 때문이다. 파레토 이론은 흥미로웠지만 너무 장황했다. 그의 책 가운데 읽을 만한 가치가 있는 것은 파생체[19]에 대해 쓴 [총 네 권으로 구성된 책의] 3권뿐이다. 그 책은 매우 재미있다. 하버드 대학의 정치 이론가인 주디스 슈클라Judith Shklar와 함께 파레토에 대해 이야기를 나눈 적이 있었는데, 그때 우리는 파레토가 주장하는 내용 모두 프랑스 신문이나 고전에 이미 나와 있다는 데 의견을 같이했다. 모스카는 파레토에 비하면 좀 더 많은 것을 알고 있었고 더 균형 잡힌 주장을 폈다. 『사회적 기원』에는 모스카의 흔적이 아주 많다. 그는 내 책 전체를 관통하고 있는데, 내 책은 사회개량doing good에 대해 다소 양면적 태도를 취하고 있다.

막스 베버에게서도 많은 영향을 받았나?

물론이다. 베버를 아주 존경한다. 지나치게 비판적인 사람이라면 베버를 배격할지도 모른다. 『프로테스탄트 윤리와 자본주의 정신』(Weber 1958c)은, [책에서 제기된 명제가] 경험적 타당성을 따지고 든다면 심사에 통과하지 못할 것이다. 종교를 다룬 방대한 시리즈물(Weber 1951, 1958a, 1967)은 아주 뛰어나지는 않을지라도 그의 작품 중에선 으뜸이다. 파슨스가 좋다고 꼽았지만, 난 베버의 이론적 요소들은 별 가치가 없다고 생각해서 치워 버렸다. 베버가 남긴 것은 실증적인 사회학 연구다. 『프로테스탄트 윤리와 자본주의 정신』에서 남는 게 뭐겠는가? 그럼에도 어째서인지 난 여전히 그를 존경하고, 그에게 감탄한다. 참 흥미로운 사람이다. 그의 아내가 쓴 전기(Weber 1975)도 아주 재미있다.[20]

19 * 파생체derivations
비논리적인 신념 체계를 그럴 듯하게 합리화하는 정신적 요소.
20 무어가 베버에 대해 어떻게 생각하는지는 Moore(1958) 참조.

역사

당신의 연구에서 역사적 분석은 어떤 역할을 했나? 역사를 읽고 연구하면서 어떤 즐거움을
발견했나?

　　　　역사는 현재의 근심을 잊게 하고 낯선 세계로 데려간다. 가끔은 그
냥 이유 없이 재미있기도 하다. 분명 어떤 책을 선택하는지에 따라 다르다.
역사서는 대개 인간의 행동 양식, 특히 인간의 악행을 설명하려고 한다. 제대
로만 기술한다면 역사서만큼 설득력 있는 것도 없다. 예전이라고 해서 다르
진 않았겠지만, 요즘 사람들은 역사서를 많이 읽지 않는 경향이 있다. 숙제로
내줘야만 읽는다. 즐거움을 얻고 자유롭게 지식을 얻기 위해 역사서를 읽는
사람은 지극히 드물다. 많은 사람들이 유능한 사회과학자가 될 수 있는 기회
는 물론, 한 명의 인간으로서 누릴 수 있는 것들마저 놓치고 있는 셈이다. 우
리 집은 [역사]책으로 가득 차있다.

특별히 감탄하거나 즐겨 읽는 역사서는 어떤 것들인가?

　　　　E. P. 톰슨의 『영국 노동계급의 형성』(1964)은 흥미진진한 책이다.
아날 학파Annales School의 책들은 교과서처럼 지루한 것도 있지만, 마르크 블로
크Marc Bloch의 작품은 인정할 만하다. 흥미진진한 칼라스 사건을 다룬 책도 한
권 있다.[21] 칼라스 사건은 볼테르가 남긴 훌륭한 업적이었다. 그는 용감한 투

쟁을 통해 사람들의 관심을 이끌어 냈다. 한참 뒤에 같은 사건을 다룬 또 다른 책을 읽었는데 — 근대사의 이면을 살피는 일종의 폭로 문학이었다 — 그 책에 따르면 볼테르는 전혀 영웅적 인물이 아니었다(Bien 1960). 그 밖에도 거짓말에 대한 책(Zagorin 1990)도 좋아하고, 마술과 주술의 역사에 관한 책도 즐겨 읽는다.

나는 역사를 지긋지긋한 일들의 반복이라고 보는 관점에는 별 관심이 없는데, 루이스 번스타인 네이미어Lewis Bernstein Namier가 쓴 『미국독립혁명 시대의 브리튼』England in the Age of the American Revolution(1930)이 바로 그런 책이다. 지독히 보수적인 네이미어는 그 책에서 이전의 급진적 해석들과는 완전히 단절하고 있다. 『타임스 문예 부록』The Times Literary Supplement에선 아직도 그에 대해 논쟁 중이다. 누구의 해석이 옳은가를 가리기 위해 논쟁할 수는 있다고 보지만, 그런 논쟁을 벌여 보았자 결론이 나오지는 않는다. 해석의 원천이 되는 사료로 돌아가는 것만이 답을 얻는 길이다.

마술이나 주술에 관한 책도 즐겨 읽는다고 했는데, 어떤 점에서 그런 책에 흥미를 느끼나?

자기기만 때문이다. 자기기만은 환경에 적응(순응)하는 하나의 행위 양식이기도 하다. 요즘은 마술이 그리 매력적으로 보이지는 않지만, 그럼에도 여전히 우리는 마술에 쉽게 빠져든다. 이슬람권에서는 많은 이들이 나

아들이 구교(가톨릭)로 개종하려 했기 때문에 칼라스가 홧김에 자기 아들을 죽여 버리고 말았다는 헛소문이 돌면서, 가족 전체가 체포되어 모진 고문을 당했는데, 사건을 맡은 재판관들은 아무런 증거가 나오지 않았음에도 칼라스에게 (사지를 수레바퀴에 매달아 찢는) 거열형을 집행하면서 자백을 강요했다. 결국 혐의를 부인한 칼라스는 죽었고 가족에게는 추방령이 내려졌다. 이 소식을 듣고 분개한 볼테르는 『관용론』(1763)을 통해 이 사건 처리의 부당성을 조목조목 반박함으로써 결국 3년 만인 1765년에 칼라스의 혐의에 대해 무죄 선고가 내려졌다.

이와 관계없이 마술을 좋아한다. 기독교는 5백 년쯤 전에 마술을 극복했다고 한다. 이는 좀 더 나아진 것이라 할 수 있지만, 기껏해야 19세기 잠시 동안만 그랬을 뿐이다. 내 지론은, 인간 사회에서 견딜 만한 순간은 아주 잠시뿐이라는 것이다. 에드워드 시대 영국처럼 말이다.[22] 최소한 그때는 완전한 언론의 자유를 만끽했으며, 민주적이고 품격을 갖춘 정부가 있었다.

당시 사람들이 더 행복하게 살았다고 할 만한 근거가 있나?

　　　아주 많다. 하지만 많은 증거들이 단지 회고록이라는 점에서 신중할 필요가 있다. 그럼에도 회고록은 어떤 사람들의 어떤 측면에 대해 말해 주는 부분이 분명 있다. 에드워드 시대에도 수많은 사람들이 경제적으로 고통을 받은 것은 사실이다. 하지만 그것은 어느 시대에나 있는 일이다. 물론 지리적 혜택을 누린 작은 나라들이나 소규모 사회집단들 가운데는 그런 고통을 모면했던 곳도 있다. 스위스가 대표적인 사례일 텐데, 여기에 일부 스칸디나비아반도 국가들도 포함된다. 로버트 달 등은 노르웨이나 스웨덴에서 미래를 읽을 수 있다고 보지만, 나는 그런 생각에 동의하지 않는다. 그것이야말로 자기기만일 뿐이다. 난 스웨덴이나 덴마크보다는 차라리 워싱턴 D.C.가 좀 더 현실적인 미래의 길잡이 노릇을 할 것이라고 생각한다.

22 * 제1차 세계대전 이전의 (대략 1896년에서 1914년에 이르는) 19세기 말에서 20세기 초반기를 일컬어 '좋았던 옛 시절' 즉, '벨 에포크'라 부르는데, 이 시기가 영국에서는 에드워드 7세의 치세기와 겹친다.

역사적 사실을 근거로 이용하는 데 매우 엄격하다는 점이 당신의 작품 전체에서 두드러져 보인다.

그런 태도야말로 나를 과학자로 만드는 부분 가운데 하나이다.

역사적 사실을 근거로 이용할 때 엄격한 태도를 취하는 것은 왜 중요한가?

글쎄, 진실은 왜 중요할까? 기숙학교 시절부터 늘 나를 쫓아다니던 문제이다.

수준 높은 역사 분석을 위해 반드시 갖춰야 할 기법은 무엇인가?

언어다. 그게 핵심이다. 그렇지 않으면언어 능력이 갖추어지지 않으면 난관에 부닥칠 수밖에 없다. 중국어나 일본어를 모르면서 동양 역사에 관해 뭔가를 쓸 수는 없을 것이다. 『사회적 기원』은 언어를 모른 채 동양에 관해 기술한 마지막 책이 될 것이다. 이제는 그렇게 할 수 없다. 아이러니에 대한 안목도 도움이 된다. 역사를 너무 장엄하게만 바라보지 않도록 해주기 때문이다. 하지만 그게 다는 아니다. 의도하지 않은 결과에 대한 안목도 매우 뛰어난 재능이며, 지적 교만에 대한 또 하나의 좋은 해독제다. 지적 측면이 아닌 영역에서의 교만은 그다지 문제가 되지 않는다. 누군가 저녁 식사 자리에서 교만을 부린다 한들 뭐 그리 대수겠는가? 하지만 그 사람이 초기 기독교에 관한 연구 논문에서 지적 교만을 부린다면 심각한 문제다. 그 논문은, 저녁 식사 자리에 함께한 이들보다 훨씬 많은 사람에게 영향을 미치기 때문이다.

엄청난 양의 정보를 차질 없이 처리하는 능력과 같은 종합적 기법은 어떻게 터득할 수 있나?

어느 정도 연습이 필요하다는 것 말고, 별다른 방도가 있을까?

현지 조사

사회과학 분석에서 현지 조사는 어떤 역할을 한다고 생각하나?

나 자신도 많이 해보지는 못했지만, 현지 조사를 대단히 중시하는 편이다. 현지 조사가 충실했는지 아닌지는 금방 드러난다. 현지 조사가 허술한 연구는 내용부터 일관성이 부족하고 편향되며, 해당 지역에 대한 맹목적인 호감을 숨기지 못하게 마련이다. 어떤 종류의 책에서든 맹목적인 호감은 좋지 않다. 예일 대학에서 박사 학위를 취득하기 위해 몇 차례 현지 조사를 다닌 적이 있다. 약간 특이한 유형의 사람들과 만나면서 일종의 비공식적인 현지 조사를 하기도 했다. 예컨대 조선소에서 일하는 사람들과 어울리는 법을 배우기도 했고, 훌륭한 목수나 정비공의 삶과, 그들이 가진 불만에 대해서도 들었다. 그들의 기술을 보고는 그들을 좋아하고 또 존경하게 되었다. 그들도 내가 자신들을 존경하고 있다는 사실을 알았기 때문에, 내게 자신들의 이야기를 털어놓았다. 이런 것도 현지 조사라고 부를 수 있을 것이다. 산을 오를 때 산악 안내인들과도 비슷한 경험을 했다. 희한하게 나와 함께했던 안내자들 중에 뛰어난 사람일수록 나중에 사고로 더 많이 죽었다. 기량이 더 나았던 만큼 과감했기에 사고가 따라다닌 것이었다.

때로 노숙자들에게 말을 걸어 어쩌다 그렇게 살게 되었는지 묻곤 한다. 대개 그들 주변을 어슬렁대다 끝나 버리기 일쑤이지만 말이다. 한 여인이 적

선해 달라고 쓴 커다란 푯말을 들고 매사추세츠 주 이비인후과 병원 입구에 서있었다. 보트를 대는 선착장 근처였다. 신호등 바로 옆에 자리를 잡은 그 여인은 신호 대기 중인 차들을 상대로 구걸을 하고 있었다. 난 그 여인에게 다가가 그렇게 해서 대체 얼마나 버느냐고 물었다. 그녀는 곧바로 "하루 60달러"라고 말해 주었다. 그녀는 매우 담담하게 사무적인 자세로 그 널빤지 한 장을 들고 있었다. 이 또한 현지 조사라 할 수 있을 것이다.

현지 조사와 폭넓은 비교 연구 작업 사이에는 분명한 긴장이 존재한다. 당신이 했던 것처럼, 폭넓은 비교 연구를 하면서 현지 조사에도 탁월한 능력을 발휘한 사례가 있나?

　　　그런 사례를 찾기란 쉽지 않다고 본다. 굳이 꼽는다면 폴란드 출신 인류학자인 말리노프스키가 가장 근접한 인물이 아닌가 싶다. 그의 일기(Malinowski 1967)를 보면 내용이 지나치게 자질구레해서 그가 과연 인류 문화를 다룬 대단한 작품을 쓸 수 있는 사람인가 미심쩍어 할 것이다. 하지만 그는 분명 훌륭한 이론가다. 그는 『사회과학 백과사전』Encyclopedia of the Social Science에서 문화에 관한 평론도 썼다(Malinowski 1931). 내가 예일 대학에 재학 중이던 시절 그와 약간 알고 지내는 사이였는데, 그는 누가 봐도 금방 알아챌 수 있을 만큼 지적 호기심이 대단했다. 하지만 현지 조사에서 정작 도움이 되었던 것은 그의 지적 호기심이 아니라 그가 지닌 신사적인 면모였다. 생소한 문화를 접했을 때 신사처럼 행동할 줄만 알아도 무언가를 찾아낼 수 있게 된다.
　　막스 베버 또한 젊었을 때 어느 정도 현지 조사를 한 바 있다. 읽어 보지는 않았지만, 미국 방문 당시 상당한 현지 조사를 했다.[23] 그는 시카고의 고가 철

---

[23] 농업 및 산업 노동자 조사를 포함한, 베버의 경험적 연구에 대해서는 Lazarsfeld and Oberschall(1965) 참조.

도식 전차 시스템, 특히 안전 규정 문제에 관심이 깊었다. 베버는 사고 예방보다 사고 처리에 드는 비용이 더 적게 들기 때문에 안전 규정이 미비했을 거라고 생각하면서, 이런 자신의 주장을 설명하려고 노력했다.

공동 연구

당신의 연구 활동에서 공동 연구는 어떤 역할을 했나?

내가 『사회적 기원』에 대한 작업을 시작하고 마르쿠제도 『일차원적 인간』One-Dimensional Man(Marcuse 1964)의 집필에 들어갔을 때, 잠시나마 우리가 공동으로 작업하고 집필해 함께 책을 내는 문제에 대해 생각한 적이 있다. 하지만 둘 다 그 작업이 잘될 거라고 볼 만큼 어리석지는 않았다. 그러는 사이 어쩌다 풀브라이트 재단의 후원으로 1년간 유럽에서 연구할 기회를 얻게 되었는데, 마르쿠제에게 그 기회를 넘겨주었다. 그는 파리로 가서 약 1년간 『일차원적 인간』에 대한 연구 활동을 진행했다. 그리고 나서 미국으로 돌아온 그는 파리에서 반미적인 내용의 책을 쓰기가 몹시 힘들었다고 토로했다. 프랑스 사람들이 워낙 형편없고 일도 대충대충 처리하는 모습을 보고 나니, 미국의 기술 문명이 매우 좋아 보일 지경이었다고 했다.

『일차원적 인간』에 대해서는 어떻게 생각하나?

일부 내용은 완벽하다고 할 만큼 탁월했지만 아주 빈약한 부분도 있었고, 사실 나를 화나게 만든 부분도 있었다. 특히 낡은 마르크스주의적 사회주의의 냄새를 풍기는 대목이 그랬다. 마르쿠제가 속했던 부류[프랑크푸르트학파] 전체가 시작은 만곡증彎曲症에 걸린 마르크스주의자였다. 난 마르쿠제한테 그런 대목들을 빼버리라고 했다.

『사회적 기원』에 대해서 마르쿠제는 어떻게 생각했나?

좋아했다. 하지만 내 기억에는 『부정의』를 더 좋아했던 것 같다. [『사회적 기원』에 대핸 반응은 좀 코믹했다. 꽤 두꺼운 책이었는데, 마르쿠제는 처음엔 물구나무 자세로 읽으려 했다면서 몇 가지 코믹한 자세를 시연해 보았다.

어떤 자세가 가장 좋았나?

마음에 드는 자세는 하나도 없었던 것 같다.

아내와 함께 작업을 했다고 들었다.

아, 그랬다. 난 『사회적 기원』에서 인클로저에 관한 절[1장 3절]을 너덧 번이나 고쳤지만 의미가 쉽게 전달되지 않았다. 할 수 없이 아내에게 "당신이 좀 써보구려"라고 했다. 아내의 손을 거치니 의미가 분명해졌다. 그래서 인클로저에 관한 절에는 아내가 쓴 글이 세 쪽 들어 있다. 아내 덕분에, 철저한 사실 조사가 빛을 볼 수 있었던 셈이다.
아내의 역할은 단순한 기술적 편집 작업에 그치지 않았다. 한심할 정도로 잘못된 진술이나, 실수 등을 바로잡아 주었다. 아내는 내가 읽었던 것을 모두 읽었기 때문에 내가 쓴 글의 내용도 편집할 수 있었다. 게다가 프랑스어·독일어·러시아어도 할 줄 알았다. 아내와의 공동 작업에는 큰 어려움도 있었다. 3~4년 전에 쓴, 이제는 기억하지도 못하는 글을 찾아내 내게 건네며 대뜸 "이게 무슨 뜻이죠?"라고 물을 때는 내가 깊이 몰두하던 일을 일단 제쳐 두고 그 일에 매달릴 수밖에 없었다. 그런 상황이 닥치면 우리 두 사람 모두 몹시 힘들었다. 우리 일은 보통 부부나 연인들이 화기애애한 분위기 속에서 하는 공동 작업과는 아주 거리가 멀었다. 작업 과정에서 쌓이는 스트레스를 해소할 수단이 있었다는 것은 다행이었다. 스키도 잘 타고, 보트 운전에도 능숙하고, 요리도 아주 잘하는 데다 성격도 원만한 아내 덕분에 어려운 순간들을 이겨 낼 수 있었다.

연구비

연구비를 지원받거나 혹은 직접 마련해야 할 필요가 있었나?

급여와 연금으로도 충분하다. 가문에서 물려받은 저축도 있지만, 급여만으로도 정말 충분하다. 그저 도서관에 갔다 집에 올 차비만 있으면 충분하다.

[멀리 떨어진] 기록 보관소로 출장을 가거나 할 때 돈이 필요하지는 않나?

그러고 싶기는 하지만 그럴 필요가 없다. 다행히도 세계에서 가장 많은 자료를 소장한 [하버드 대학] 도서관 가까이에 살고 있어서 필요할 때면 마음대로 자료를 열람할 수 있으니 말이다.

놓쳐 버린 기회들

원했지만 미처 하지 못한 프로젝트가 있나? 기회를 놓친 경우는?

　　『사회적 기원』과 유사한 연구 계획을 마음에 둔 적이 있었다. 몇 가지 서로 다른 종류의 경제적 대전환과 성장에서 나타나는 도덕적 측면을 살펴보고 싶었다.[24] 당시 은퇴를 앞둔 상황을 고려했을 때 너무 야심 찬 계획이라고 판단했다. 하다가 중간쯤에서 포기했다면 스스로도 기껍지 않았을 테니 올바른 결정이었다. 악전고투 끝에 패하는 것보다는 아예 시도하지 않는 것이 낫다.

---

[24] 무어가 포기한 장기 연구는 『경제성장의 도덕적 측면』*Moral Aspects of Economic Growth, and Other Essays*에 수록된 "경제성장의 도덕적 측면: 영국에서 사업상 도덕률과 관련한 역사적 기록들"Moral Aspects of Economic Growth : Historical Notes on Business Morality in England을 출발점으로 삼고자 한 것으로 보인다(Moore 1998).

학자로 살아가는 데 강의는 어떤 역할을 하나?[25]

　　난 강의를 아주 좋아한다. 강의는 연구 활동에 끊임없는 자극이 된다. 젊은이들은 큰 질문을 많이 던지기 때문에 연구가 편협해지지 않도록 해준다. 순진한 생각을 가진 학생들과 부대끼다 보면 과대망상에서도 벗어나게 된다. 의견을 나누거나 논쟁을 벌이는 데서 오는 즐거움 또한 강의를 통해 느낄 수 있다. 의견 교환이나 논쟁에 학생들을 적극적으로 참여시킬 수만 있다면 수강생이 비록 두세 명에 불과하더라도 충분하다. 강의는 (같은 내용의 강의를 두세 차례 반복할지라도) 사람을 다룬다는 면에서 언제나 섬세한 활동이다. 난 그런 사실을 학생들에게 숨기지 않았다.

　초창기에 했던 강의를 난 지금도 일생 최고의 강의라고 생각한다. 학생 20명 정도가 참석한 강의였는데, 모스카를 다룬 날이었다. 난 강의실에서 아무 말도 하지 않았다. 한 학생이 질문하면 다른 학생이 대답하는 식으로 모스카에 대한 토의가 체계적으로 진행되고 있었다. 그야말로 내가 의도한 방식 그대로였다. 45분 내내 아무 말도 할 필요가 없었다. 기억에 남을 만큼 정말 흔치 않은 강의였다.

　어느 해엔가는 강의에 사람이 너무 몰려 힘들었던 적이 있었다. 그래서

25 대학원생이 본 무어의 강의에 대해서는 이 책 3권의 〈인터뷰 15〉 스카치폴과의 인터뷰 참조.

변화를 주고자 기존 강의를 모두 취소하고 새로운 강의를 시작했다. 그랬더니 내 바람대로 학생들이 외면했다. 1백 명씩 수강 신청을 하던 기존 강의와는 달리 달랑 세 명만 등록했다. 강의하기에 가장 좋았던 해 중 하나였다. 음악가가 되기 위한 훈련을 받던 남학생이 있었는데, 그 학생은 고대 신들의 성^性을 곧잘 헷갈리곤 했다. 고전을 전공하는 매력적이고 지적인 여자 대학원생도 있었다. 무척 열성적인 젊은이들의 모임이었다.

몇 년 전에 나는 하버드 대학 신입생을 대상으로 하는, 10여 명 규모의 강의를 자진해 맡았다. 그들이 어떤 생각을 하는지 궁금해 질문을 던지도록 놔뒀다. 잠시 동안 가르치지 않고 있었다. 모든 학생들이 '자신이 느끼는 것'과 '자신이 원하는 것'에 대해 얘기하고 있었다. 그래서 내가 말했다. "자, 그만하고, 이제 내 말을 듣게. 자네들은 여기에 세상을 바꾸러 온 것도 아니고, 혁명을 하러 온 것도 아니네. 뭔가를 배우러 온 거지. 이제 밖으로 나가서 세상을 배우게나." 학생들이 건물을 나서면서 서로 얘기를 나누고 행복한 표정을 짓는 것을 보니 내 말에 고무된 듯했다. 그 모습을 보면서 나도 놀랐다. 그들에게 필요했던 것은 자신을 꽉 붙들어 줄 수 있는 사람이라는 사실을 그때서야 깨달은 것이다. 이 또한 잊을 수 없는 강의 경험이었다.

최고의 교수가 갖는 특징은 무엇인가?

명료함과 질서다. 주위에서 보면 호인이긴 하지만, 끔찍하게 못 가르친다는 평을 듣는 사람도 있다. 하버드 대학의 벤저민 슈워츠_{Benjamin Schwartz}가 그런 사람 중 하나였다. 그는 정말이지 선 하나 똑바로 긋지 못하는 사람이었다.

최고의 학생들이 지녀야 할 덕목은 무엇인가?

명료함과 근면이다. 학생들이 공부해야 할 양은 제법 많다. 그것을 견뎌 내지 못하고 과제물을 제출하지 못한다면 모든 게 엉망이 될 것이다.

오늘날 가장 유명한 사회과학자로 불리는 찰스 틸리와 테다 스카치폴 같은 학생들을 가르쳤다는 데서 자부심을 느끼나?

틸리는 아주 좋은 친구다. 난 그의 첫 번째 책(Tilly 1964)을 좋아한다. 그게 가장 읽을 만하다. 좀 더 일반적인 작업들은 그다지 성공적이지 않았던 것 같다. 내용은 기억나지 않고, 그저 인상만 남아 있을 뿐이다.

난 테다를 좋아한다. 내 그늘에서 벗어나자 훨씬 좋아졌다 ― 그전에는 지나치게 제2의 배링턴 무어가 되려고 노력했다. 『국가와 사회혁명』(Skocpol 1979)은 그리 좋은 책이라고 생각하지 않는다. 그 책의 좋은 점은 『사회적 기원』에는 빠져 있는, 국제적인 여건의 중요성을 담고 있다는 것뿐이다. 그로 인해 그 책이 어느 정도 평가받을 수 있었지만, 빠진 부분도 있고 잘못된 부분도 있다. 국가 자율성에 대한 논변에 문제는 없지만 케케묵은 이야기다. 미군에 관한 연구(Skocpol 1992)가 훨씬 더 좋았다. 거기서는 정말 아주 잘했다.

1960년대 초 하버드 대학에 사회과학 통합 전공 과정Social Studies을 설립하는 일에 관여했고, 여기서 배출한 많은 학생들이 이후 선도적인 사회과학자들이 되었다. 어떻게 이 일을 시작하게 되었나?

문리대 학장이었던 맥조지 번디McGeorge Bundy가 우리 여섯 명을 불러들였다. 스탠리 호프먼Stanley Hoffman과 울프도 함께였다. 거셴크론은 이 일에 적극적이지는 않았지만, 외부 논평자 역할을 했다. 번디는 우리를 모아 놓고서 "이제 이런 종류의 사회과학을 할 필요가 있습니다. 누가 맡아서 하면 좋을까요?"라고 말했다. 난 몇 년 전 시카고 대학에서 가르쳤던 내용을 소개했는데, 이는 작년[2001년]까지 사회과학 통합 전공 과정의 필수과목이었던 '사회 연구 10'[26]의 토대가 되었다. 4학년 학생은 빠짐없이 전체 학급생들 앞에서 자신이 어떤 논문을 쓸지, 즉 최소한 다룰 문제는 무엇이며, 어떻게 연구할 것인지에 대해 발표를 하도록 했다. 난 학생들의 발표에 대부분 빠지지 않고 참석했는데, 그러다 보니 내가 모든 것에 대해 전문가가 되어 가고 있다는 생각이 들기 시작하면서 조금씩 지쳐 갔다. 그래서 그 일을 그만두었는데, 그때 마침 학교 당국은 내게 바라지도 않던 교수직을 주려던 참이었다. 어쨌든 사회과학 통합 전공 과정을 가르친 일은 좋았다.

　나중에 사회과학 통합 전공 과정을 이끌게 된 주디스 비치냑Judith Vichniac의 박사과정을 지도했다. 내가 정년퇴직하는 바람에 끝까지 봐주지는 못했다. 요즘과 달리 당시에는 교수가 아닐 경우 일정 연령이 되면 곧바로 퇴직해야 했다. 교수직을 거절하지만 않았다면 3~4년은 더 지도할 수 있었을 것이다. 하지만 머리도 제대로 가누지 못할 때까지 강단에 서고 싶지는 않았기에 개의치는 않았다. 퇴직하고 자유로운 생활을 하고 싶었고, 그렇게 했다.

26 * 사회 연구 10 Social Studies 10
스미스·마르크스·밀·베버·토크빌·뒤르켐·프로이트와 1990년대부터 포함된 푸코·하버마스·보부아르를 다뤘다.

이제 막 학문 세계에 발을 디딘 젊은 학자나 학생들에게 조언을 남긴다면? 그들이 갈고 닦아야 할 것은 무엇이며 어떤 문제의식을 가져야 한다고 생각하나?

먼저 그가 무엇을 할 수 있는지를 물어야 한다. 그리고 어느 정도 열정과 기량을 갖추었는지를 물어야 한다. 그걸 모른 채 조언한다고 해봐야 결국 나만의 지혜를 떠드는 것에 불과하다. 1년간 줄곧 내 수업을 듣고 있는 학생에게 충고하는 일이라면 전혀 어려울 것이 없다. 호되게 야단도 칠 수 있다. 하지만 전혀 모르는 사람에게 충고한다는 것은 그다지 현명한 처사가 아니다. 그런 사람을 정직하게 대하는 것도 어려운 일이다. "제가 잘 가르칠 수 있을까요?"라든가 "교수가 되면 돈은 많이 법니까?"와 같은 구체적인 질문이라면 몰라도, 좀 더 일반적인 문제에 대해서는 대답하기가 조심스럽다. 유일하게 내가 줄 수 있는 일반적인 충고는 논문을 제시간에 끝내라는 것이다. 이것이 내가 학생들을 가르치면서 맞닥뜨린 가장 성가신 문제였다. 하버드 대학은 대학원생들에게 학점 보류 점수[27]를 허용하고 있다. 단언하지만 내 과목에서 학점 보류란 없다. 통과 아니면 낙제 둘 중 하나만 있을 뿐이다.

후학들에게 당신처럼 교수직을 맡지 않고 연구 활동에만 종사하는 길을 가라고 추천할 의향이 있나?

나는 대체로 스스럼없이 행동하는 편이지만, 남들에게 어떤 식으로 살라고 말하는 것만은 꺼린다. 남에게 설교하는 것은 물론, 남들이 내게 이래라 저래라 하는 것도 좋아하지 않는다.

---

27 • 학점 보류incomplete 점수
교육과정에 필요한 학업을 완수하지 못해 낙제 대상인 학생에게 다시 학점을 취득할 것을 전제로 잠정 부여하는 학점.

요즘은 어떤 작업을 하고 있나?

할아버지와 그가 알고 지냈던 사람들, 내가 볼 수 있었던 그의 모습을 담은 전기적 에세이를 쓰고 있다. 제목은 『할아버지』*Grandfather*라고 지었고 할아버지의 이름 루이스 캐스 레디야드*Lewis Cass Ledyard*를 부제로 할 생각이다. 그분은 사실 내 의붓할아버지였다. 어렸을 때 가족들이 '의붓'이라는 단어를 쓰는 것을 들었지만, 무슨 뜻인지는 몰랐다. 그는 내게 그저 할아버지였다. 내가 열아홉 살 때 돌아가셨는데, 그 당시 할아버지는 내게 그 누구보다 가까운 분이었다.

『할아버지』는 단지 개인적인 프로젝트인가, 아니면 더 큰 목적을 염두에 둔 작업인가?

할아버지는 사람은 좋았지만 제국주의의 충복이라 불릴 만한 분으로, 요즘 시각으로 보면 비난의 대상이 될 법한 사람이었다. [변호사였던] 할아버지가 처음 수임한 사건은 아메리칸 타바코 사*American Tobacco Company* 사건이었다. 반독점법*antitrust legislation* 때문에 여러 개의 소규모 회사로 분리된 것을, 소송을 통해 다시 계열사 형태로 통합한 사건이었다. 대단히 성공적인 작품이었지만, 오늘날이라면 그다지 호평 받을 일은 아니다.

1942년에 발표된 첫 논문을 필두로 지금 집필 중인 책에 이르기까지 60년 넘게 꾸준히 연구 결과를 내놓고 있다. 비결이 무엇인가?

좋은 질문이다. 글 쓰는 습관이 몸에 배어 있는데 이제 와서 이를 중단한다면 인생을 흐지부지 마무리하는 꼴이 되고 만다. 이를[인생을] 제대로 마무리하는 유일한 길은 (적어도 내게는) 무언가를 쓰는 것이다. 그래서 계속 쓴다. 이제는 글을 쓸 수 없을 만큼 많은 부분 — 시력이나 소화 기능 — 이 나빠졌지만, 남은 생애가 그다지 많지 않다는 생각으로 내 자신을 달래고 있다. 다시 질문에 대답하자면, 한번 얻은 습관은 그렇게 쉽사리 버리지 못한다는 것이다.

습관 이상으로 당신을 이끄는 것은 없나?

습관이 가장 큰 부분을 차지한다. 지적 호기심이나 문제를 해결하는 데서 오는 지적 희열도 어느 정도 작용한 것은 사실이다. 민주주의의 기원은 무엇인가? 그간의 표준적 설명은 대부분 희망적인 사고에 불과했던 것은 아닐까? 최근에는 중세와 중세 말의 도시들이 민주주의에 기여했는지를 알아보는 연구를 했다(Moore 2001). 확실히 그 도시들은 [민주주의 발전에] 기여하지 못했고, 나는 왜 그랬는지를 밝혔다. 퇴직 후 소일거리로는 꽤 괜찮았다.

누군가를 넘어서고자 하는 바람이 있었거나, 그런 것이 동기로 작용한 적은 없나?

누군가를 넘어서고자 하는 바람? 난 그렇게 야심 찬 사람이 아니다. 파슨스를 넘어서고 싶다는 마음은 더더군다나 없다! 그런 바람은 일을 그르칠 뿐이다.

규범적 이론, 경험적 연구, 그리고 민주주의

Robert
Dahl

로버트 달은 민주주의의 기원과 특성 그리고 그 결과를 중심으로 한 지난 60여 년간에 걸친 연구를 통해 민주주의 이론, 미국 정치학 그리고 비교정치학 연구에 커다란 공헌을 했다. 그는 20세기 하반기를 대표하는 민주주의 이론가 가운데 한 명으로 널리 인정받고 있다.

초기에 달은 미국 정치와 민주주의 이론에 관심을 두었다. 첫 번째 저서인 『의회와 대외정책』*Congress and Foreign Policy*(1950)에서는 미국의 대외 정책 결정에 영향을 미치는 국내 정치 요인을 분석했다. 그의 첫 번째 민주주의 이론서인 『민주주의 이론 서설』*A Preface to Democratic Theory*(1956)에서는 루소로부터 영감을 받은 직접 민주주의관을 비판하며, 다원주의적 민주주의론을 주창했다. 여기서 그는 자유민주주의 사회의 권력은 다수의 이익집단과 정당 그리고 시민들에게 분산되어 있으며, 따라서 어느 한 집단이 정치 영역을 통제하지 못한다고 주장했다(Isaac 2002). 달은 뒤이은 연구에서 C. W. 밀즈C. Wright Mills를 비롯한 '엘리트주의 이론가들'이 자유민주주의 체제를 소수의 파워 엘리트가 지배하는 것으로 보던 관점에 방법론적으로 그리고 경험적으로 도전함으로써 자신의 민주주의 이론을 발전시켰다. 그는 권력 개념에 관한 일련의 논문을 통해 엘리트주의 이론가들의 연구가 통상적인 사회과학 방법론의 기준을 충족시키지 못한다고 비판했다. 그리고 『누가 통치하는가?』*Who Governs?*(1961a)에서는 코네티컷 주 뉴헤이번New Haven 시를 분석하며 엘리트주의 이론을 경험적으로 비판했다. 그는 뉴헤이번의 정치는 본래 다원적이며 시정부는 소수의 경제 엘리트에 의해 운영되지 않는다는 점을 보여 주었다.

달은 1950년대 후반과 1960년대에 정치학의 행태주의 혁명의 선두에서 중요한 역할을 했다. 이 운동은 헴펠과 같은 실증주의 철학자들로부터 영향을 받은 것으로 정치학에 엄밀한 방법론과 과학적 표준들을 적극적으로 도입하는 것이 목적이었다. 행태주의 혁명으로 정치학자들은 많은 연구에 정량적 분석법과 설문 조사 방법을 도입했다.

비교정치학 연구 초기에 달은 [정치적] 반대가 민주주의체제와 비민주주의체제에서 어떤 역할을 하며 체제에 어떤 영향을 미치는가에 초점을 맞추었다. 달의 [정치적] 반대 연구는 영향력 있는 두 권의 편저, 『서구 민주주의국가들에서의 정치적 반대』*Political Oppositions in Western Democracies*(1966a)와 『체제와 반대』*Regimes and Oppositions*(1973)로 결실을 맺는다. 달이 쓴 비교정치학 책 가운데 가장 중요한 것은 현대 민주주의국가들 사이의 국가 간 교차 분석 연구의 이정표라 할 수 있는 『폴리아키』*Polyarchy*(1971)로, 민주주의를 어떻게 개념화할 것인가에 대한 폭넓은 합의를 이끌어 내는 데 기여했다. 달은 민주주의를 그 어떤 경험적 사례로도 도달할 수 없는 하나의 이념형으로 생각했기 때문에 경험적으로 연구 가능한 실제 사례들을 설명하기 위해 **폴리아키**라는 용어를 사용했다. 폴리아키 개념은 ① 민주주의의 실질적 결과가 아니라 절차적 측면에 초점을 맞추었다는 점, ② 민주주의를 경쟁과 참여라는 두 가지 핵심 차원에서 정의했다는 점에서 차별화되었다. 비록 폴리아키라는 용어가 민주주의라는 대중적 용어를 대체하지는 못했지만 민주주의를 다루는 많은 비교정치학 문헌들에서 필수적으로 인용되고 있다.

1980년대에 달은 민주주의 이론과 관련해 폭 넓게 읽히는 세 권의 책, 『다원 민주주의의 딜레마』*Dilemmas of Pluralist Democracy*(1982), 『경제민주주의에 관하여』*A Preface to Economic Democracy*(1985), 『민주주의와 그 비판자들』*Democracy and Its Critics*(1989)을 내놓는다. 이 책들은 과거와 현재에 걸쳐 찾아볼 수 있는 민주주의 이념들과 실제 제도들 간의 간극을 다루고 있다. 또한 시장 자본주의market capitalism가 초래한 경제적 불평등 같은 민주주의의 지속적인 도전을 탐구하기도 했다. 최근 저작인 『미국 헌법과 민주주의』*How Democratic is the American Constitutions*(2001c)는 2000년 미국 대통령 선거에서 선거인단 투표와 대중의 실제 투표 결과가 서로 불일치하는 와중에 출간되어 대중적 토론의 대상이 되었다.

1915년, 아이오와 주 인우드에서 태어난 그는 1936년에 워싱턴 대학을 졸업하고, 1940년에 예일에서 정치학 박사 학위를 받았다. 1946년부터 1986년까지 예일 대학에서 가르쳤고, 1986년에 명예교수가 되었다. 1966년부터 1967년까지 미국정치학회 회장을 역임했고, 1960년에는 미국예술과학아카데미 회원, 1972년에는 국립과학아카데미 회원으로 선출되었다.

2002년 3월 4일,
코네티컷 주 뉴헤이븐에서,
스나이더가 인터뷰했다.

지적 성장기

당신은 1920년대에 미국의 작은 마을에서 성장해[1] 1936년 예일대 정치학과 대학원에 입학했다. 정부에서 일하고자 대학원에 진학한 것으로 알고 있다.

대학원생 때 공직에 대한 욕심이 있었던 것은 확실하다. 학부 시절에도 있었던 것 같다. 예일 대학에서 1년간 정치학 박사과정 공부를 한 후 워싱턴 D.C.에 일을 하러 갔다. 그때가 1937년이었는데, 뉴딜이 한창이던 시절이었다. 워싱턴에 있는 전미노동관계위원회National Labor Relations Board, NLRB의 경제조사부Division of Economic Research에서 인턴으로 일했는데, 그때 겪은 일들이 내 인생에 큰 영향을 미쳤다.

우선, 훗날 결혼할 사람을 만났다. 웰즐리 대학Wellesley College 학생이었는데 그녀 역시 전미노동관계위원회 인턴이었다. 또한 유대인들과 처음으로 가까이 지내게 되었다. 내가 자란 알래스카의 조그마한 마을에는 유대인 가구가 명목상 한 가구밖에 없었다. 워싱턴 대학을 다니면서 유대인들을 몇 명 만나긴 했지만, 전미노동관계위원회에서 인턴을 하기 전까지는 유대인들을 잘 알지 못했다. 그런데 경제조사부 직원들 대부분이 유대인이었다. 개인적으로는 행운이었다. 그들은 뉴욕 브루클린이나 브롱크스 출신이었고, 대부분 폴란드나 러

---

1 달은 아이오와 주에 있는 인구 1천 명도 안 되는 마을에서 태어났다. 그는 열 살 때 가족과 함께 알래스카로 이사해서 인구가 약 5백 명 정도인 스캐그웨이Skagway라는 마을에서 성장했다. 달의 유년 시절 경험에 대해서는 Dahl(2005) 참조. 또한 Dahl(1997a, 1997b)도 참조.

시아에서 이주해 온 부모를 둔 이민 2세대였다. 그리고 어떤 이념이든 모두 급진적이었다. 트로츠키주의자도 있었고, 노먼 토머스[2]를 추종하는 사회주의자들, 사회민주주의자들도 있었다. 그리고 아마 스탈린주의자도 한둘 있었을 것이다. 신선한 경험이었고 내 인생에 큰 영향을 미쳤다. 유대인 동료들은 나이가 나보다 그리 많지 않았지만, 그들이 보여 준 판단력은 감탄할 만했다. 나는 워싱턴에서 지냈던 마지막 해에 사회당에 가입하기도 했는데 이들의 영향이 컸다. 이후 대학원 학업을 계속하고자 예일 대학에 돌아왔을 때 박사 학위논문 주제를 사회주의 프로그램과 민주정치로 선택하게 되었다(Dahl 1940a).

1930년대 예일대 정치학과의 대학원 과정은 어땠나?

우리 과는 규모가 매우 작았고, 특별히 두각을 나타내던 과도 아니었다. 내가 가장 많이 배웠던 스승은 당시 미국정치학회 회장이었던 프랜시스 코커Francis Coker로, 과에서는 가장 유명한 사람이었다. 코커는 『최신 정치사상』Recent Political Thought(1934)이라는 책을 썼다. 이 책은 공상적 사회주의로부터 길드사회주의와 마르크스주의에 이르는 사회주의의 발전 과정을 담고 있었다. 하비 맨스필드Harvey Mansfield라는 교수도 있었다. 현재 하버드 대학에 있는 하비 맨스필드[2세를 말하는 것이 아니다. 하버드 대학 하비 맨스필드는 그의 아들이다. 하비는 딱딱한 사람이었지만 나는 그를 매우 좋아했다. 미국 정치와 행정학을 가르쳤는데 많은 것을 배웠다.

코커와 맨스필드 외에도 세실 드라이버Cecil Driver라는 런던정경대London School

---

2 • 노먼 토머스Norman Thomas(1884~1968)
미국의 사회주의자, 정치가. '미국의 양심'으로 불렸다. 1924년 사회당의 공천으로 뉴욕 주지사 선거에 출마했으며, 1928년부터는 여러 차례 대통령 선거에 입후보하기도 했다. 반전주의자로도 유명하다.

of Economics에서 박사 학위를 받은 영국인이 있었다. 책을 많이 출간하지도 않았고 [예일 대학이 있는] 뉴헤이번 밖에서는 거의 알려지지도 않았지만 훌륭한 학자였다. 그가 쓴 책은 19세기 영국의 급진파 토리당원[리처드 오슬러Richard Oastler]에 관한 것이었다(Driver 1946). 드라이버는 비교정부학을 가르쳤다. 당시에는 예일 대학뿐만 아니라 여러 대학에서 허먼 파이너의 책(Finer 1932)을 비교정부학 수업의 주 교재로 사용했었다. 내 기억이 맞다면, 그 책은 미국과 영국, 프랑스를 주로 다루고 있었고, 파시즘과 소비에트 연방도 조금 다루었을 것이다. 그 시절 비교정부학은 역사적이고 기술적descriptive이며 제도적인 내용을 주로 다루는 매우 협소한 분야였다. 가치 있는 정보들은 많았다. 그러나 오늘날 기준으로 보았을 때 당시 비교정부학 연구는 거의 이론적이지 못한 상태였다. 상법을 비롯해 헌법과 노동법 수업도 들었다. 이 수업들은 정치학과에서는 들을 수 없는 것들이었는데 다행히 로스쿨 수업을 들어 보충할 수 있었다.

1930년대 비교정부학에서 제도를 상당히 비중 있게 다루었다고 했는데, 이때 제도를 분석한다는 것은 무슨 의미인가?

영국 불문헌법이나, 프랑스 제3공화국 헌법, 미국 헌법과 같은 헌법을 주로 다뤘다는 의미이다. 사법부, 행정부와 마찬가지로 정당도 굉장히 중요하게 여겼다. 연방주의의 중요성은 그다지 강조되지 않았던 것으로 기억한다. 전반적으로 이 분야는 매우 유럽 중심적이었다. 예를 들어 일본이나 중국에 관한 연구는 없었다.

사람들도 이런 편협함을 인식하고 있었나? '이거 너무 편협하군, 눈을 씻고 봐도 일본과 중국은 없네'라는 식의 반응들은 없었나?

　　　그랬던 것 같지는 않다. 소련을 연구하고 싶어 했던 사람들은 있었던 것 같다. 그러나 제2차 세계대전이 발발하기 전까지 우리의 시각은 정말 매우 제한적이었다. 세상에서 일어나고 있는 큰일이라곤 뉴딜뿐이었다. 비유럽 국가들을 이해하려면 해당 국가의 언어를 구사할 수 있어야 하는데 그런 사람이 거의 없었다. 심지어 러시아어도 마찬가지였다. 지척에 있는 경험의 보고였던 라틴아메리카도 전혀 다뤄지지 않았다. 캐나다도 연구하지 않았던 것 같다. 정말 편협했다.

대학원 시절 어떤 책과 저자가 가장 큰 영향을 미쳤나?

　　　정치학 고전들을 꼽을 수 있을 것 같다. 돌이켜 보면 내 사고에 가장 큰 영향을 미친 이들은 내가 동의하지 않는 생각을 가진 사람들로, 내가 평생 씨름할 만한 도전 과제를 던져 준 거장들이었다. 예를 들어 플라톤도 그렇다. 내 책들을 보면 알 수 있겠지만, 『국가』(Plato 1946)는 내게 엄청난 영향을 미쳤는데, 이는 선한 삶에 대한 플라톤의 견해에 동의해서가 아니라 그의 생각에 도전하고 그것을 부정했기 때문이다. 나는 대학원에서 플라톤을 읽었고 초기에는 『국가』를 교재로 쓰기도 했다. 플라톤과 마찬가지로 대학원 시절에 처음 접했고 내게 큰 영향을 미쳤던 또 다른 인물은 루소였다. 특히 사회계약에 관한 책이 그랬다. 내겐 루소도 플라톤과 같은 적수였다. 왜냐하면 루소는 친밀한 소규모 집단을 기초로 하는 그리스의 민주주의 개념에 도전했기 때문이다. 루소는 이런 질문을 던졌다. 어떻게 하면 큰 규모에서 민주주의를 실행할 수 있을까? 어떻게 하면 민주주의를 확장하면서도 데모스demos가 소규모일 때나 가능한 높은 대표성을 유지할 수 있을까? 평생 나를 매료시킨 문제는 이런 것들이었다.

마르크스 역시 대학원 시절 많이 공부했다. 지금은 좀 덜하지만 1930년대와 1940년대, 심지어 1950년대와 1960년대까지 당시의 정치적·이데올로기적 문화에서 마르크스는 도전해 볼 만한 강력한 상대였다. 대학원 공부를 마치고 학위논문을 쓰는 동안에도 나는 이론가로서 마르크스가 불만스러웠다. 노동가치론부터 계급 이론에 이르기까지 그의 이론 가운데 어떤 것도 만족스러운 것이 없었다. 이 점 때문에 나는 동시대 사람들과는 다소 다른 관점을 갖게 되었다. 비록 마르크스에게 빚을 지기는 했지만, 마르크스주의자였던 적은 없었다. 마르크스는 놀라운 학자였다. 마르크스가 『자본』*Capital*(Marx 1930)에서 보여 주었던 논리와 추론은 매우 강력했다.

슘페터도 내가 일찍이 동의할 수 없었던 주요 사상가들 중 하나다. 민주적 절차를 엘리트 간의 경쟁으로 축소시켜 버린 점은 특히 동의할 수 없었다. 그의 책 『자본주의, 사회주의, 민주주의』*Capitalism, Socialism, and Democracy*(Schumpeter 1942)가 출간되고 나서 1950년이 되어서야 슘페터를 알게 되었는데, 린드블롬과 나는 함께 진행하던 대학원 세미나에서 몇 년간 그 책을 교재로 사용하면서 『정치, 경제 그리고 복지』*Politics, Economics and Welfare*(Dahl and Lindblom 1953)를 같이 쓰게 되었다. 엘리트 이론은 내 이론 형성에 매우 중요한 역할을 했다. 엘리트 간 경쟁이 권력을 길들이는 바람직한 결과를 낳을 수 있다는 슘페터의 통찰을 높게 평가한다. 하지만 그것만으로는 불완전하다고 느꼈다. 슘페터는 엘리트들이 기대고 있는 대중popular 참여의 제도적 조건과 요소들을 제대로 살피지 못했다. 물론 슘페터와 정당하게 대결하려면, 그때로 돌아가 그의 글을 다시 읽어 보면서 내 주장이 옳은지 검토해 볼 필요가 있다.

모스카와 파레토도 중요한 엘리트 이론가들이다. 이들로부터도 영향을 받았나?

　　그렇다. 나는 파레토를 읽었고 영향을 받았다. 모스카는 대학원생 시절에 읽었는지 이후에 읽었는지 확실치 않다. 모스카와 파레토는 통치 엘리트 이론에 대한 고전적 정식화를 제시했다. 이런 것들은 사회학적 전통의 엘리트 연구에서 나온 강력한 주장들이었다. 초기에 내게 더 중요한 영향을 미친 사람은 다원주의적 법학자legal pluralist였던 레옹 뒤기Léon Duguit였다. 워싱턴 대학에서 내가 매우 존경했던 한 교수가 학부 법학 수업에서 뒤기의 저서를 교재로 채택했다. 그리고 코커는 자신의 책, 『최신 정치사상』의 한 장章을 할애해 다원주의적 법학자들을 소개하고 있었다. 뒤기는 주권이 국가 내에서 분할된다는 것에 주목함으로써 법 주권이라는 표준적인 통념에 도전했다.[3] 뒤기는 주권에는 단일하고 통일된 원천이 없다고 주장했다. 초창기에 내게 영향을 준 또 다른 사람으로 해럴드 래스키[4]가 있다. 래스키는 그의 부인과 함께 프랑스어로 된 뒤기의 책을 영어로 번역했다(Duguit 1919). 래스키는 다원주의적 법학 관련 저술들을 많이 남겼다. 래스키가 마르크스주의자가 되기 전의 일이었다. 나는 래스키를 몇 번 만난 일이 있었는데 그를 알고 있었다고 말하지는 않았다. 래스키는 나이는 어리지만 코커의 친구로 예일 대학을 가끔씩 방문했다. 그 시절에는 래스키가 대단한 인물이었지만 오늘날에는 그를

---

[3] * 다원주의적 주권론
레옹 뒤기, 해럴드 J. 래스키 등이 발전시킨 다원주의적 주권론에 따르면, 주권은 어떤 특정한 곳(국가, 의회, 법 등)에 머무는 것이 아니라 하나의 집단(또는 집단 연합)에서 다른 집단으로 끊임없이 이동하는 것이다. 나아가 다원주의 주권 이론은 국가란 사회적 연대를 구성하고 있는 다양한 요소 중 하나에 불과하며, 따라서 국가가 사회의 다른 구성 요소들에 비해 어떤 특별한 권위를 소유하는 것도 아니라고 주장했다.

[4] * 해럴드 래스키Harold Laski(1893~1950)
영국의 정치학자. 초기에는 다원주의적 국가론자로 활동하다, 1930년대에 '영국 민주주의의 위기'를 해명하는 과정에서 마르크스주의로 전향했다.

아는 대학원생이 없을 것이다. 그가 대단한 유산을 남긴 것 같지는 않다.

초기에 이런 다원주의적 법학자들의 저서를 접하면서 어떤 영향을 받았나?

지나치게 단순한 일원론적 시각과는 반대로, 정치 현실을 좀 더 복합적으로 바라보는 다원주의적 법학자들의 관점에 은연중에 매력을 느꼈다. 분명히 짚고 넘어가고 싶은 것이 하나 있다. 내가 다원주의 이론을 발전시켰다고 하는 사람들이 있는데, 다원주의 이론을 발전시킨 것은 내가 아니다. 나는 조직적 다원주의organizational pluralism가 일정 부분 역할을 하는 민주주의 이론을 주장하고는 있지만 다원주의 이론을 발전시키려고 시도하지는 않았다.

지적 성장기에 베버와 토크빌이 많은 영향을 미쳤나?

베버와 토크빌은 대학원을 졸업하고 나서야 읽었다. 다들 그랬듯 나 역시 당연히 베버의 책에서 많은 영향을 받았다. 그러나 베버의 이론을 크게 이용한 적은 없었던 것으로 기억한다. 베버의 이념형에 대한 생각은 부지불식간에 내게도 상당한 영향을 미쳤다. 후에 이상적 체계로서의 민주주의와 그 이념에 근접한 불완전한 체계로서 폴리아키를 구분하는 것에서도 베버의 영향이 나타난다(Dahl 1971, 9).

토크빌은 내 지적 삶에서 아주 흥미로운 역할을 했다. 토크빌을 읽으며 나는 그와 멋지지만, 조금은 적대적인 대화를 나눴다. 토크빌의 책을 접하지 못하다 교수가 되고 나서야 『미국의 민주주의』(Tocqueville 1969) 1, 2권을 모두 읽었다. 그가 쓴 구체제에 관한 책『구체제와 프랑스혁명』]은 읽지 않았다 (Tocqueville 1955). 내 말은, 읽기는 읽었는데 『미국의 민주주의』처럼 주의를 기울여 읽지 않았다는 것이다. 그러나『미국의 민주주의』, 그중에서도 특히 1권은 내 사상에 매우 중대한 영향을 미쳤다. 다른 사람들과 마찬가지로,『미국의 민주주의』1권은 두 가지 측면에서 관심을 끌었는데, 첫 번째는 토크빌이 미국인들 사이에 확산되어 있던 평등을 강조했고 평등은 신성한 근원을 가지고 있어서 언제까지나 승승장구할 것이라고 생각했다는 점이다. 둘째는 그가 결사체적 삶associational life의 중요성에 초점을 맞추었다는 점이다. 매우 최근에 나는 토크빌과 생각을 달리하게 되었다.『미국의 민주주의』2권에서 토크빌은 더욱 비관적으로 변했는데, 여기서 그는 민주주의가 기본권을 침해하는 저급한 전제專制로 변질될 가능성이 높다고 말한 것으로 해석할 수 있다. 나는 그런 토크빌의 예상이 틀렸다고 생각한다. 민주주의국가들의 역사를 살펴보면, 권리가 확장되고 있지 토크빌이 비관적으로 예상한 것처럼 축소되고 있지는 않다. 이런 점들을 생각하면 할수록, 나는 민주주의가 권리와 기회, 의무, 그리고 더 근본적으로는 [사회경제적] 자원에 대해 개방적인 체계라는 점을 더욱 확실히 믿게 되었다. 왜냐하면, 이와 같은 권리들을 누릴 수 있는 자원을 갖고 있지 못하다면, 이런 권리들은 무의미하기 때문이다. 일반적으로 민주주의국가에서는 이런 권리들이 그 범위에 있어서나 깊이에 있어서나 더욱 확장된다. 50년 이상 민주주의가 지속되었던 나라들의 역사를 보면 민주주의가 개방적인 체계라는 점을 알게 된다. 지금까지 일어난 일들을 보면 미래에 대한 토크빌의 비관적인 관점은 들어맞지 않는다.[5]

---

5 • 이와 관련해서는『경제민주주의에 관하여』참조.

대학원에 다니는 20대 학생이 플라톤, 루소, 마르크스와 같은 거장들을 자신의 지적인 대결 상대로 생각했다는 것은 예사로운 일이 아니다.

가상의 대화라는 표현이 맞을 듯하다. 가장 생산적인 대화는 테니스 경기에서처럼 적대적으로 승점을 내려고 하는 것이 아니다. 플라톤적이거나 헤겔적인 의미의 변증법이라고 본다. 내가 여기에서 시작하면, 내 상대는 저쪽에 있다. 내가 조금 움직이면 상대도 다른 자리로 움직인다. 그렇게 대화하는 것이 쉬운 일은 아니다. 하지만 그런 대화를 한번 하고 나면 굉장하다고 느끼게 될 것이다. 물론 고전은 어떤 의미에서는 정적이다. 고전은 변하려 하지 않는다. 하지만 변증법적으로 움직여 가면서 고전과 대화했다고 생각하고 싶다.

대학원생이었을 때, 정말 그런 생각을 했나?

글쎄, 그렇지는 않았을 것 같다. 아마도 테니스 치듯이 적대하는 관계였다고 하는 게 더 맞지 않을까 싶다.

사회주의 프로그램과 민주주의 정치의 양립 가능성에 관해 박사 학위논문을 썼다. 논문을 쓰면서 배운 점은 무엇인가?

박사 학위논문을 쓰면서, 마르크스의 이론적 기초들이 잘못되었다는 결론을 확실히 내리게 되었다. 그리고 두 개의 또 다른 결론도 내렸는데, 이는 아직까지도 내게 유효하다. 유럽의 사회민주주의자들은 일반적으로 국유화가 우리가 가야 할 길이라고 생각하지만, 나는 아니라고 본다. 아울러 현대 경제에는 시장 체계가 필요하다고 결론을 내기 시작했다. 그러면서 나는 시장 사회주의에 관심을 갖게 되었다. 시장 사회주의라고 하면, 사람들은 어떤 형태로든 집단 소유가 필요할 것이라고 생각한다. 하지만 미국의 우체국처럼 한 산업을 단순히 국유화하는 것만으로는 불충분하다. 시장이 있어야 한다. 경쟁도 있어야 한다. 내가 발표한 첫 논문이 1940년 『계획 시대』*Plan Age*라는 한 학술지에 실렸는데, 시장의 필요성을 주장하는 내용이었다(Dahl 1940b). 그 논문은 내 학위논문에서 나온 것이었는데 단어 하나도 바꾸지 않았던 것 같다. 그 때문인지는 모르겠지만, 내 논문이 실렸던 권호를 끝으로 그 학술지는 폐간되었다! 이후 7년간 출간한 글이 없었다.

박사 논문을 끝낸 후에 워싱턴으로 돌아가서 일을 했기 때문인가?

처음에 말했듯이, 대학원 시절 가진 포부는 공직에 진출하는 것이었다. 1940년 워싱턴에 가서 3년을 보냈다. 처음에는 농무부 장관실에서 일했다. 그런 다음 전쟁에 필요한 경제 동원 업무를 하는 몇몇 정부 부처를 옮겨 다녔다. 나는 그 삶에 전혀 만족할 수 없었고 차츰 내가 관료로서 기여할 만한 능력이 있는지 회의가 들었다. 그냥 나와 잘 맞지 않는 것 같았다. 그러다가 얼결에 보니 철 할당량을 권고하는 민간보급처Office of Civilian Supply의 한 부서에서 일을 하고 있었다. 전시경제에서 중앙 계획 체계를 매우 성공적으로 구축한 곳이었다. 하지만 그곳에서 일하는 동안 내 마음은 공직과 더욱 멀어졌다. 기저귀 고정핀을 만드는 데 들어가는 철의 양을 할당하는 업무 같은 걸 했다. 당시만 해도, 기저귀를 채우려면 고정핀이 필요했다.

나는 내가 관료들과 씨름하는 일보다는 연구 업무에, 그것도 그리 흥미롭지도 중요하지도 않은 연구에 몰두하고 있다는 걸 깨달았다. 지난 10년간 기저귀 고정핀을 만드는 데 사용된 철의 양을 계산하는 것과 같은 일말이다. 나는 그냥 이 일이 내가 원하던 일이 아니라는 느낌이 들었다. 정부 관료들의 우두머리가 될 만한 재주도 야심도 없었다. 워싱턴에서 성공한다는 것은 권력을 가진다는 뜻인데, 나는 딱히 그럴 마음이 없었다.

왜 그럴 마음이 없었나?

모르겠다. 그저 성격 문제다. 정말 마땅한 답이 떠오르지 않는다. 권력에 대해 그렇게 많은 글을 썼지만 권력욕을 강하게 느껴 본 적은 없다. 아마 그랬기 때문에 권력에 관해 쓸 수 있었는지도 모르겠다.

그래서 관료 생활을 접고 군대에 들어갔나?

여러 가지 이유가 있었지만 바보 같은 결정이었다. 게다가 결혼도 했고 애도 하나 있었으니 무책임하기까지 한 결정이었다. 징병 위원회에 편지를 써서 "날 데려가시오"라고 했다. 그러자 정말 그렇게 되었다. 제44보병사단에서 전역했다. 내가 박사 학위를 가지고 있었기 때문인지 제71보병 정보 정찰 부대에 배치되었다. 사단 전체에서 박사 학위 소지자는 나뿐이었고, 대학 졸업자조차도 얼마 없었던 것 같다. 1944년 9월, 우리는 유럽에 도착했고 11월 말에 전투에 돌입했다. 우리는 주로 야간에 아군 전선과 적군 전선 사이를 정찰하러 나갔는데, 무사할 수 있었던 것에 대해 하늘에 감사드린다.

매우 위험했을 것 같다.

매우 위험했다. 하지만 훈련이 잘된 동료들이 있고, 자신도 훈련이 잘되어 있다면 소총 중대에 비해 덜 위험하다. 우리는 실제로 훈련이 잘되어 있었다. 정찰대에 있으면서 좋은 점 가운데 하나는 맡은 임무가 정보를 가지고 복귀하는 것이라는 점이다. 죽으면 쓸모가 없어진다. 그래서 머리 위로 총알이 날아다니고 적군이 우리를 조준 사격하기 시작하면 빠져나올 때가 된 것이다. 거기에 머물 필요가 없었다. 매우 위험했고 죽을 가능성도 높았던 것 같다. 그렇지만, 나보다 훨씬 더 위험한 상황에 있는 사람들도 있었다.

1944년 11월, 전투 3일째에 접어들자 나는 운명론자가 되어 버렸다. 하지만 스스로 바보 같은 짓은 하지 않겠노라고, 신중해지기로 다짐했다. 내가 어찌 할 수 없는, 그저 운에 맡길 수밖에 없는 일들이 있다는 것도 알게·되었지만 그런 상황에서도 신중해지려고 했다. 그래서 나는 신중한 운명론자가 되었다. 그러자 내 미래만큼은 뚜렷하게 그려 볼 수 있었다. 1944년 11월과 1945년 5월 사이, 프랑스 아니면 독일 어디쯤에서였다. 내가 가장 하고 싶은 일은 읽고 쓰면서 내 생각을 이야기하는 것임을 분명히 깨닫게 되었다. 그제야 정신을 차리게 되었고, 만약 살아서 돌아간다면 학자가 되어야겠다고 결심했다.

제2차 세계대전이 끝나고 1946년, 예일 대학에 전임 강사로 돌아왔다. 1950년대의 당신은 당시 정치학에서 일어났던 행태주의 혁명과 관련이 깊다. 행태주의 운동에 어떻게 몸담게 되었나?

　　　　나는 1950년대에 사회과학연구협의회의 신규 위원회였던 정치행태위원회에서 일했다. V. O. 키가 그 위원회에 있었고 데이비드 트루먼도 있었다. 여론조사와 투표 연구에서 중요한 발전이 컬럼비아 대학이나 미시간 대학 등에서 막 나타나기 시작하던 참이었다. 나는 이 연구들에서 사용되는 방법론에 대해 아는 것이 거의 없었다. 통계학과 방법론 전반에 대해 좀 더 알 필요가 있다는 생각을 하게 되었다. 내가 1930년대에 대학원생으로 예일 대학에 처음 왔을 때만 해도 통계학이나 방법론 과정이 없었다. 로버트 레인과 같이 통계 연구나 경험적·과학적 연구를 하는 사람들을 채용하면 나뿐만 아니라 학과에도 큰 도움이 될 것이라는 생각이 들었다. 이 시기 동안 나는 헴펠[6]의 책도 관심 깊게 읽었는데 경험적 검증의 중요성에 관한 그의 실증주의적 생각에 크게 영향을 받았다. 당시에 나는 헴펠과 셀 수 없이 많은 토론을 했다.

---

6 * 칼 헴펠Carl Hempel(1905~97)
독일 출신의 미국 철학자. 베를린 논리실증주의 학파의 일원이었다. 독일에서 나치의 권력이 커짐에 따라 미국으로 이주해 1948년부터 예일 대학에서 가르쳤으며, 1955년 이후에는 프린스턴 대학에 있었다. 이론과학의 성격을 탐구하는 한편 사회학 개념들을 정밀하게 다듬었다.

우리는 이웃이자 친구였고 차를 함께 타고 출근하기도 했기 때문이다.

실증주의의 어떤 점에 끌렸나?

　　　지금이야 상당 부분 당연하게 받아들여지고 있지만, 경험적인 세계에 대해 이야기하려면 가설을 세우고 검증할 수 있어야 한다는 관념이 당시 정치학계에서는 일반적이지 않았다. 가설 검증과 관련해 정치학에서는 실험을 통한 연구가 제한적으로밖에는 적용될 수 없으며 앞으로도 그럴 것이라는 점을 나는 초기부터 인식하고 있었다. 이는 정치학에서는 통계적 기법이 가설 검증에 적합한 방법이라는 것을 의미한다. 1950년대 후반 무렵, 다양한 분야에서 새로운 데이터들이 공개되고 있었는데 내가 대학원생일 때는 상상도 할 수 없던 것이었다. 미국 정치학계는 설문 조사와 같은 방법을 통해 상당한 양의 새로운 데이터를 쏟아 내고 있었다. 나는 학과가 방법론 측면에서 그런 흐름을 빨리 따라잡지 못하면, 곧 뒤처질 것이라고 생각했다.

그렇다면 예일대 정치학과가 그 속도를 못 따라가고 있다고 생각했는가?

　　　분명히 뒤처지고 있었다. 학과 내 경쟁 관계가 발전을 막았다. 세실 드라이버와 윌무어 켄들Willmoore Kendal 사이에 경쟁의식이 있었는데, 드라이버는 강한 개성의 소유자이자 많은 학생들을 매료시켰던 영향력 있는 교수였고, 켄들은 정치 이론가였다. 켄들은 명석한 친구였지만 자신의 지적 잠재력과 개인적 잠재력을 엉뚱한 데 썼다. 어느 한쪽을 선택해야만 했던 대학원생들에게 드라이버와 켄들 사이의 경쟁은 고역이었다. 이 둘의 경쟁은 학과장이었던 V. O. 키도 곤란하게 만들었다. 켄들이 사임해야 해결될 수 있는 난감한 상황이었다. 제임스 페슬러James Fesler가 학과장으로 왔고 그가 해결사 역할을 했다.[7] 드라이버도 결국 퇴직했고 학과는 이전과 다르게 매우 화목해졌다. 페슬러는 정치학과가 미국 정치학계의 주류에서 벗어나 있으며 학과를 주류로 되돌릴 수 있는 방안 가운데 하나가 학과명을 Department of Political Science로 바꾸는 것이라고 생각했다. 제임스 페슬러는 친한 친구이기도 하고 그가 이곳에서 이룬 업적들은 존경하지만 학과 이름을 바꾼 것은 늘 유감이었다. 나는 하버드 대학의 Government Department처럼 학과명에 Government를 넣는 것이 좋다고 생각했다. 아니면 프린스턴 대학의 Politics Department 정도를 생각했다. [이름을 바꾼 것은] 일종의 고상한 체하는 짓이었다고 생각한다.

당신은 1950년대 중반 팰러앨토에 위치한 행태과학고등연구소에서 중요한 한 해를 보냈다. 거기서 게임이론과 사회적 선택이론을 접하지 않았나. 실제로 본인이 미국 정치학자들 가운데 집합적 선호의 불안정성에 대한 '애로의 정리'[8]를 사용한 최초의 인물일 수도 있다고 언급한 적이 있다(Arrow 1951; Dahl 1997b, 77).[9] 게다가 『민주주의 이론 서설』(Dahl 1956)에서는 수학적 기호를 사용하기도 했다. 이 점에서 당신은 일찍이 수학적 모델을 이용할 줄 알았던 것으로 보인다. 행태과학고등연구소에서 보낸 시절에 관해 이야기해 줄 수 있는가?

---

7 키는 켄들과 드라이버 사이의 불화로 인해 예일 대학을 떠나 하버드 대학으로 자리를 옮겼고, 노스캐롤라이나 대학에 있던 페슬러가 와서 키의 자리를 이었다. 2003년 12월 31일 넬슨 폴스비Nelson Polsby와의 대화.

8 * 애로의 정리Arrow's Theorem
애로의 불가능성 정리를 말한다. 사회 구성원 각자의 선호가 주어져 있을 때 이를 종합해 사회 전체의 선호로 집계할 수 있는 바람직한 방법은 존재하지 않는다는 이야기다. 달은 『민주주의 이론 서설』에서 애로의 정리를 이용해, 인민민주주의가 근거하고 있는 다수결 원칙 적용의 기술적 문제점에 대해 논한다. 이에 대해서는, 『민주주의 이론 서설』(김용호 옮김, 법문사, 1990), 56-57쪽, 특히 각주 9번 참조.

9 Dahl(1956, 42-43) 참조. 달은 "[애로가] 개발한 놀랄 만큼 훌륭한 주장은 불행하게도 지금까지 정치학자들로부터 완전히 무시되어 왔다"고 썼다.

그렇다. 1955~56년 당시 연구소는 계량 경제학자와 게임이론가들로 넘쳐 났다. R. 덩컨 루스R. Duncan Luce와 하워드 라이파Howard Raiffa 둘 다 연구소에 있었다.[10] 둘은 매우 흥미롭고 호감이 가는 사람들이었다. 나는 그들의 세미나에 참석하면서 내가 얼마나 아는 게 없는지를 깨달았다. 그리고 그해 케네스 애로라는 놀라운 사람을 만나 친한 친구가 되었다. 친구이자 이웃이며 예일 대학의 공동 연구자이기도 한 찰스 린드블롬한테 애로에 대한 이야기를 들은 적은 있었다. 린드블롬은 그전에 수학과 사회과학에 관한 세미나에서 애로의 연구에 대해 배운 적이 있었다.

게임이론과 수학적 모델링이라는 새로운 도구에서 뭔가 흥미롭고 매력적인 점을 감지했나?

그렇다. 수학적인 모델링을 통해 복잡한 정치 현실을 효과적으로 통찰할 수 있을 것 같았다. 매우 일반적인 내용이기는 하지만, 케네스 애로의 그 작은 책(Arrow 1951)을 읽고 나면, 투표 양상과 그 대안을 가끔은 전혀 다른 방식으로 바라보게 된다. 연구소에서 예일 대학으로 돌아왔을 때는, 수학적인 준비가 부족하다고 느껴서 실제로 학부 수학 수업을 듣기도 했다. 수학을 조금 더 잘 활용하게 되었을 때는 가까운 친구인 경제학자 제임스 토빈James Tobin의 대학원 통계학 수업도 수강했다. 나는 방법론들을 잘 다루기 시작했다. 하지만 나는 통계학에서 결코 최고가 될 수 없음을 이내 깨달았다.

---

10 루스와 라이파는 초창기 게임이론 책 한 권을 썼다(Luce and Raiffa 1957).

왜 최고가 될 수 없다고 생각했나? 기량이 부족해서인가?

그렇기도 하고, 내가 다루던 문제들의 성격 때문이기도 하다. 또한 나보다 행태주의적 방법론에 능숙한 공동 연구자들에게 도움을 받으면 된다고 생각했다. 『누가 통치하는가?』(Dahl 1961a)에서의 설문 조사는 그런 공동 연구의 산물이다.

하지만 당시 게임이론의 기여에 대해서는 다소 회의적이라고 썼다(Dahl 1997b, 72).

나는 게임이론에 대해 회의적이었다. 왜냐하면 합리적 행위자에 대한 가정이 협소하고, 상당히 많은 사례에서, 이런 표현을 쓰는 게 맞을지 모르겠지만, 내가 현실이라고 생각하는 것을 복합적으로 설명하지 못하기 때문이다. 현실을 합리적 행위자의 기준에 맞추고 합리적 행위자들이 특별한 상황에서 어떻게 행동하는지를 보는 것은 분석의 범위를 무의미한 수준으로까지 좁히는 것처럼 보인다. 몇 년 후 예일 대학의 동료인 도널드 그린Donald P. Green과 이언 샤피로Ian Shapiro는 『합리적 선택이론의 병리학』*Pathologies of Rational Choice Theory*(Green and Sapiro 1994)이라는 책을 썼는데, 그들은 이 책에서 이런 점을 중요하게 다뤘다. 나 역시 합리적 선택이론만의 역할이 있다고는 생각하지만, 정치학에서 합리적 선택을 지나치게 강조하는 것은 문제가 있다고 생각한다. 물론 합리적 행위자의 가정이 적절한 해답으로 이어질 수 있는 상황이 있을 것이라는 생각도 든다. 그렇지만 굳이 그런 상황이 무엇이냐고 몰아세우지는 않았으면 좋겠다. 내가 설명할 수 있다고도 생각하지 않는다. 그래서 나는 합리적 선택이론이 무시되거나 폐기되는 것을 바라지는 않지만, 학계가 합리적 선택이론으로 도배되는 것도 보고 싶지 않다. 나는 합리적 선택이론이, 몇몇 학과에서 득세할 수는 있겠지만, 이 분야를 장악할 것이라고 생각하지 않는다. 그렇게 되면 정치학의 다른 면으로까지 문제가 커질 수도 있을 것이다.

최근 정치학에서 합리적 선택이론을 주장하는 사람들을 보면 1950년대 행태주의 혁명이 떠오르지 않나?

비슷한 측면이 있다. 알다시피 나는 사회과학연구협의회 산하 정치행태위원회에서 일했다. 그리고 나는 이 위원회에서 좋은 연구를 많이 했다고 생각한다. 그 위원회에는 다양한 사람들이 있었고 우리는 여러 뛰어난 학자들과 뛰어난 연구들을 재정적으로 지원했다. 그러나 행태주의 연구만으로는 해결되지 않는 질문들이 많다는 결론을 내리게 되었다. 특히 역사적인 문제들이 그러했다(Dahl 1961b). 합리적 선택이론 역시 역사적인 발전 문제에 제대로 된 답을 제시하지 못한다.

행태주의 혁명이 정치학에 지속적으로 기여하고 있는 점은 무엇인가?

행태주의는 연구자들에게 정량적 분석과 양질의 경험적 데이터 그리고 가설 검증이 중요하며 바람직하다는 통념을 확립함으로써 학계를 방법론적으로 개혁하는 데 공헌했다. 이런 통념은 행태주의 학자들에게는 기본이었으며, 오늘날에는 정치학의 표준이 되었다. 오늘날 이런 통념을 부정하는 사람은 거의 없다. 그런 점에서 이제 우리는 모두 행태주의자이다. 예를 들어 정치사상사에 관심이 있는 사람이라도 행태주의를 반대하고 나서지 않을 것이며, "우리 학과에 그런 사람은 발붙일 수 없다"고 말하지 않을 것이다. 행태주의 혁명은 설문 조사 연구에도 지속적인 기여를 했다. 장기간 지속될 실질적인 기여도 했다. 그렇게 해서 우리는 과거보다 더 많은 것을 알게 되었다.

이 문제에 관해서는 내가 편견이 있을 수도 있는데, 나는 합리적 선택이론보다 행태주의 혁명이 방법론적으로나 실질적으로 지속적인 기여를 더 많이 하고 있다고 생각한다. 우리의 모형을 합리적 행동에 근거한 모형으로만 한정해야 한다는 생각은 합리적 선택이론의 잠재력을 제한하는 것이다. 전반적으로 합리적 선택이론의 기본 가정은 행태주의의 기본 가정보다 훨씬 더 스스로에게 엄격한 것처럼 보인다.

비교정치학 연구

당신은 첫 책으로 미국의 대외 정책에 관한 책(Dahl1950)을 써서 미국 정치 연구자로 학자의
길을 시작했다. 그리고 1950년대 중반에는 『민주주의 이론 서설』(Dahl 1956)을 쓰며 정치
이론 쪽으로 옮겨 갔다. 당신은 한동안 그러니까 1960년대 초까지 비교정치학 연구를 하지
않았다. 어떤 계기로 비교정치학을 시작하게 되었나?

　　　　1950년대 후반 나는 내 비교 연구 지식이 부족하다는 점을 깨닫기
시작했다. 당시만 해도, 제2차 세계대전에 참전해 프랑스, 독일 그리고 오스
트리아에 잠시 있었던 것을 제외하면 미국 밖으로 나가 본 적이 없었다. 미국
에만 있는 것은 외국을 알기에 썩 좋은 방법은 아니었던 것 같다. 나는 미국
에만 초점을 맞추고 있었고 비교 연구 지식이 부족하기에 미국과는 다른 체
계를 더 배울 필요가 있다는 생각을 하기 시작했다. 캐나다에 간 것을 제외하
면 제2차 세계대전 이후로 외국 경험은 1959년 로마에서 열린 국제정치학회
에 참석한 것이 처음이었다. 로마에 처음 가본 사람들이 거의 그렇듯 나는 로
마에 매료되었다. 몇 년 후 안식년을 맞아 미국 정부에 대한 책(Dahl 1967)을
쓰기 시작했다. 그때 나는 내가 미국에 대해 책을 쓴다면 외국으로 가서 외부
인의 시각으로 책을 써야겠다고 결심했다. 그 결정에는 토크빌의 영향이 결
정적이었는데, 그는 프랑스 출신으로 미국에 대해 글을 썼다. 그래서 1962년

아내와 어린 애들 둘을 데리고 로마로 갔고 거기서 1년을 보냈다.

로마에 머물던 그해에 두 가지 비교 연구 프로젝트가 동시에 진행되기 시작했다. 하나는 [정치적] 반대에 관한 프로젝트였다. 정치 체계에서 반대의 역할이라는 주제는 규명될 필요가 있다고 생각했다. 정당에 관한 연구가 없었던 것은 아니지만 반대의 역할에 대한 연구는 전무한 것처럼 보였다. 두 번째 프로젝트는 네덜란드, 노르웨이, 스웨덴 그리고 오스트리아 등과 같이 소규모 유럽 국가의 민주주의들을 비교하는 프로젝트였다. 한스 달더르Hans Daalder가 내게 이런 이야기를 했던 것으로 기억한다. "유럽에 있는 작은 국가들의 민주주의가 제대로 연구된 적이 없습니다. 심지어 해당 국가들 내에서도 자신들의 정치 체계에 대한 연구가 없지요." 로칸은 이 주제에 관한 실무위원회에 당연히 참석했다. 그리고 벨기에에 대해 잘 알고 있던 오랜 친구, 밸 로윈Val Lorwin을 영입했다. 로윈은 프랑스에 살았던 적이 있어서 프랑스를 잘 알았으며 벨기에에도 관심을 가지고 있었다. 이렇게 해서 우리는 유럽 작은 국가들의 민주주의를 연구하는 프로젝트에 착수했다.

로마에서 안식년을 보내는 동안 시작했던 두 개의 비교 연구 프로젝트 가운데 하나는 성공했고 하나는 실패했다. [정치적] 반대 프로젝트는 1966년의 [정치적] 반대에 관한 중요한 저서로, 그리고 1973년에 같은 주제를 다룬 후속 저작으로 결실을 맺었다(Dahl 1966a, 1973). 한편 구체적인 출판물이 있어야 한다는 점에서 보자면 작은 국가들의 민주주의에 대한 프로젝트는 사실상 성공하지 못했다.[11]

　　　　프로젝트 결과가 책으로 나오지는 못했지만, 사실 작은 국가의 민

---

11 아일랜드에 대한 첩의 책(Chubb 1970)은 작은 민주주의 프로젝트에서 직접 파생된 유일한 국가 연구였다.

주주의에 대한 프로젝트 역시 매우 성공적이었다. 우리는 각국의 학자들을 영입했는데 각자 한 장씩 맡아 한 권의 책으로 엮을 생각이었다. 당시 우리는 이탈리아의 벨라조Belagio에 있는 빌라 세르벨로니[12]에서 자주 모였다. 그때 로칸의 주도로 12개국에 대해 각각 한 장씩이 아니라 책 한 권씩을 쓰는 것으로 일이 커졌다. 비록 책을 내지는 못했지만 책을 쓰기 위해 영입했던 사람들은 [노르웨이에서 활동한] 로칸처럼 각자 자기 나라 정치학 연구 분야에서 활동했다. 내가 할 말은 아니지만 그 나라들에서 정치학 연구가 촉진된 것은 작은 국가 민주주의 프로젝트의 중요한 파급효과이다. 오늘날에는 유럽의 작은 민주주의국가들의 정치 체계를 다루는 저술들이 풍부하다. 오늘날 연구의 동력은 부분적으로는 작은 국가 민주주의 프로젝트에 참여했던 그룹들에서 나온 것이다. 그래서 나는 그 프로젝트가 실패했다고 보지 않는다. 우리가 책을 내지 못했다는 점만 빼면 말이다.

책을 왜 내지 못했나?

프로젝트를 논문집 형식으로 내려다 책을 한 권씩 내는 것으로 계획을 바꾸면서 참여자들에게 너무 큰 부담을 주었다고 생각한다. 로칸을 비롯해 많은 이들이 유럽정치연구컨소시엄의 유럽데이터정보국European Data Information Service 설립에 관여하고 있었다. 그리고 모두 각자 자기 나라에 대해 쓰고 있었지만 우리가 제시했던 형식에 맞추지를 않았다. 에드워드 터프트Edward Tufte 와 공저한 책 『규모와 민주주의』Size and Democracy(Dahl and Tufte 1973)가 어떤

---

12 • 빌라 세르벨로니Villa Serbelloni

록펠러재단이 이탈리아 벨라조에 학술 세미나 및 연수 등이 가능하도록 지은 시설로 정식 명칭은 '벨라조 센터'The Bellagio Center이다.

점에서 보면 작은 국가 민주주의 프로젝트에서 나온 것으로 볼 수 있다. 그 책은 작은 국가들의 민주주의에 대해 고민한 결과이다.

반대로 정치적 반대[13]에 관한 또 다른 비교 연구 프로젝트의 경우 실제로 계획했던 책을 냈다는 점에서 성공적이었다. 그 이유는 무엇인가?

나는 처음부터 매우 주의 깊게 이론적 틀을 만들었다. 그런 다음에 그 프로젝트에 참여한 사람들과 만나 의견을 나누면서 그 틀을 수정했다. 책의 기본이 되는 틀이 없었다면, 다양한 국가들에서 나타나는 정치적 반대를 다뤘기 때문에 서로 연관성이 떨어지는 개별 논문들로 흩어져 버리기 쉬웠을 것이다. 훌륭한 인재들을 참여시키는 것도 중요했다.

훌륭한 인재들을 어떻게 찾는가?

평판을 본다. 내가 모든 사람을 알 수도 없고 그들이 쓴 책을 모두 읽어 볼 수도 없다. 어떻게 알았는지는 모르겠는데 로칸은 모든 유럽 대학들과 학자들을 알고 있어서 엄청난 도움이 되었다. 마찬가지로 한스 달더도 이에 관해서는 너무 많은 것을 알고 있었다.

---

13 • 정치적 반대political opposition
『서구 민주주의국가들에서의 정치적 반대』(1966)에서 달은 1960년대 서구 민주주의 10개국의 정치적 반대 현상에 대한 분석을 통해, ① 조직의 결속력, ② 경쟁성의 정도, ③ 반대의 수단, ④ 특수성, ⑤ 목표, ⑥ 전략 등에 따라 정치적 반대가 다양한 유형으로 나타남을 보여 주었다. 특히 그는 정당 형태에서의 반대(즉, 야당)뿐만 아니라, 비정당 형태의 반대에 대해서도 검토하며, 이 양자 사이에서 나타나는 커다란 차이에 대해서도 서술하고 있다.

폴리아키

비교정치학에서 가장 영향력 있는 당신의 저서는 『폴리아키』(Dahl 1971)이다. 폴리아키는 내구력을 가진 개념이다. 경쟁과 참여라는 두 가지 차원으로 이루어진 폴리아키 개념은 30년이 지난 지금도 유효하다. 어떻게 이 개념을 만들게 되었나?

우선 폴리아키라는 용어에 대해 먼저 이야기해 보겠다. 린드블롬과 나는 경쟁과 참여라는 두 가지 차원을 따로 설명하지는 않았지만 『정치, 경제 그리고 복지』(Dahl and Lindblom 1953)를 함께 쓰며 폴리아키라는 용어를 사용했다. 민주주의라는 용어는 사용하고 싶지 않았다. 왜냐하면 민주주의 이념과 민주주의 현실을 구분하기 힘들기 때문이다. 그래서 우리는 예일 대학 고전학과에 있는 에드먼드 실크Edmund Silk라는 친구와 이야기해 보았는데, 실크가 폴리아키라는 용어를 제안했다. 요하네스 알투시우스[14]가 17세기 초에 이 용어를 사용한 적이 있다는 것을 알게 된 것은 1년 후의 일이었다(Althusius 1964, 200).

민주적인 정치체제를 분석하기 위해 여러 가지 속성을 선택할 수도 있었을 텐데, 경쟁과 참여라는 두 가지 차원을 선택한 이유는 무엇인가(Dahl 1971, 4-6)?

그 두 가지 차원이 민주주의 체제의 기본이 되는 것으로 보였다. 경쟁과 참여의 긴장을 통해 민주주의 체계들의 이론적 측면과 경험적 측면을 모두 살펴볼 수 있을 것 같았다.

---

[14] * 요하네스 알투시우스Johannes Althusius(1557~1638)
네덜란드의 칼뱅파 정치 이론가로 현대 연방주의의 정신적 아버지이며 인민주권의 옹호자였다.

하지만 민주적 체계에는 다른 본질적인 것들도 있다. 당신이 『폴리아키』를 쓰고 있을 때쯤, 로칸은 네 가지 차원을 가지고 자신의 체계를 발전시켰다. 두 가지 차원은 당신의 차원과 마찬가지로 경쟁과 참여인데, 여기에 대표성과 입법부에 대한 행정부의 책임성 차원을 추가했다(Rokkan et al. 1970). 당신은 왜 두 가지 차원만을 고수했나?

과감히 단순화된 이론적 구조가 효과적일 것이라고 생각했다. 특히 역사적 관계와 유형을 찾아내고 발견하는 데 효과적일 것 같았다. 직관에 따른 것이었다. 단순화된 구조가 좋은 질문과 연구로 이어지지 못했다면, 그 구조를 폐기하고 다시 처음으로 돌아가 더 많은 차원들을 고민했을 것이다. 전반적으로 나는 좀 더 복잡한 로칸의 정식들이 썩 마음에 들지 않았다.

결국 당신은 로칸의 정식을 가져온 것이 아니라 당신이 선택한 정식을 사용한 것이다.

두 가지 차원 사이에는 단순하고 파악하기 쉬운 긴장이 있어서 그런 정식을 선택했던 것 같다.

당신이 『폴리아키』를 쓰고 있던 1960년대 후반에는 비교정치학 분야에서 중요한 저서가 많이 출간되었다. 예를 들어 헌팅턴의 『정치발전론』이 1968년에 출판되었다. 당신에게 영향을 미쳤는가?

나는 헌팅턴의 책을 읽었고, 그를 존경하게 되었다. 하지만 나는 그의 생각과는 결코 가까워지지 못했다. 특히 헌팅턴이 자신의 초기 저작에서 보여 준 정치 체계와 정치 변동에 관한 견해들은 내 생각과는 다르다고 느꼈다. 그는 군사정권에 나보다 호의적이었다. 그의 책에는 항상 배울 게 있었다. 하지만 우리는 세계와 민주주의를 다소 다른 방식으로 바라보고 있었다.

이 시기에 나온 또 다른 주요 저서로 배링턴 무어의 『독재와 민주주의의 사회적 기원』 (1966)이 있다.

분명히 그 책을 알고 있었지만 그 책 자체가 가지고 있는 가치에 비해 그 책이 내게 미친 영향은 크지 않았던 것 같다.

왜 영향을 받지 못했나? 헌팅턴의 책보다 무어의 책이 규범적으로 당신의 흥미를 더 끌었을 것 같은데.

물론 흥미를 끌었다. 하지만 무어의 책을 읽으며 생각하고 고민하는 시간은 많지 않았다. 무어의 영향은 좀 더 간접적이었던 것 같다.

알몬드와 버바가 쓴 『시민 문화』(1963)도 1960년대에 나온 중요한 비교정치 저작들 가운데 하나다. 그 책에서는 영향을 받았나?

알몬드와 버바의 책은 실질적으로 내게 큰 영향을 미쳤을 뿐만 아니라 내가 방법론을 학습하는 데도 많은 도움이 되었다. 그 책을 꼼꼼하게 읽었던 것으로 기억한다. 알몬드와 버바 덕분에 비교 연구에서 설문 조사가 가진 잠재력을 깨달았다. 그들은 이 분야의 선구자였다.

『폴리아키』가 그렇게 크게 성공할 것이라고 예상했나? 30년이 지나도 사람들이 여전히『폴리아키』를 읽고 있는데.

　　　　사람들이 내 글을 어떻게 받아들일지 제대로 된 판단을 내려 본 적이 없다. 책이란 게 사실 자식과 같아서 모든 책이 다 각기 다른 이유로 사랑스럽다. 나는『폴리아키』가 30년 후에도 읽힐 것이라고는 예상하지 못했다. 그랬으면 하고 바라긴 했지만.

『폴리아키』 이후의 민주주의 이론

『폴리아키』출판 이후 당신은 널리 읽히는 책을 여러 권 썼다.『다원 민주주의의 딜레마』(1982),『경제민주주의에 관하여』(1985),『민주주의와 그 비판자들』(1989) 그리고『민주주의』On Democracy(1998)를 썼는데 이 책들은 민주주의에 대한 학문적 사고에 큰 영향을 미쳤다. 이 책들을 이어 주는 지적 연결 고리는 무엇이고 이 책들에서 발전시키고자 했던 핵심 아이디어는 무엇인가? 그리고 이 주제를 연구하고 고민하면서 그 결과로 얻은 민주주의에 대한 핵심적인 결론은 무엇인가?

　　　　민주주의 이론에 대해 생각하면 할수록 더욱더 많은 것을 깨닫게 된다. 첫째로 민주주의 이론을 만들고 실천한 지 2천 년이 넘었지만 우리는 아직도 민주주의를 현대적인 관점에서 충분히 설명하지 못하고 있다는 생각이다. 둘째, 현대적 관점에서 연구를 체계화하기 위해서는 많은 것들이 필요한데 이것들은 이미 서로 따로 떨어져 흩어져 버렸다.

　　　　그렇다고 해서 "자, 내가 민주주의에 대한 일관된 이론 체계를 만들어 보겠다"라고 명확하게 생각해 본 적은 없었던 것 같다.『민주주의 이론 서설』조차 서설일 뿐인데, 그것도 매우 불완전한 서설이다. 대신 나는 내가 중요하고 적절하다고 생각하는 질문들을 통해 자극을 받았는데 그 질문들은 대개는 민주주의의 이론과 실천에 관한 질문들로 바뀌었다. 내 책 대부분은 한 가지 질문이나 한 가지 문제로 시작해 대개 민주주의의 몇 가지 측면을 다룬다.

여러 해 동안 나는 학부 수업을 하고, "민주주의와 그 비판자들"이라고 불리는 대학원 세미나도 했다.『민주주의와 그 비판자들』을 포함해, 내가 쓴 책들 가운데 일부는 그런 수업들에서 나온 것이다.

조금씩 관점을 발전시켜 나가면서 가장 중요했던 것은, 민주주의의 기원과 역사가 양립 가능하도록 민주주의를 개념화해야 한다는 것이었다. 이상과 실제를 구분하고, 민주적 이상과 실제 제도 ― 특히 대규모 민주주의나 폴리아키 ― 모두의 과거와 현재, 그리고 미래의 진화된 모습을 포괄할 수 있는, 이상과 현실 사이에는 어마어마한 차이가 있다는 것을 인식할 수 있는, 그러면서도 지속적인 도전을 제기하고 미래의 가능성에 대해 중요한 관점을 제공해 줄 수 있는 그런 방식으로 민주주의를 개념화하고 싶었다. 하지만 이 모든 문제를 간략하게나마 언급하려고 노력했던 책은『민주주의와 그 비판자들』뿐이었다. 그리고 훨씬 더 간결하게 다루었던 책은『민주주의』일 것이다.

민주주의에 대한 내 생각에서 중요한 측면은, 그리고 점점 더 뚜렷해지는 측면은, 민주주의를 정당화하는 어떤 근본적인 도덕적 원칙 ― 그 밖의 다른 대안은 없다 ― 에 대한 강조이다. 그것은 바로 정치적 평등의 원칙이다. 이것을 정당화하는 기본 원칙은 두 가지이다. 하나는 개인 각자의 이해나 이익이 정부의 정책 결정에서 평등하게 고려되어야만 한다는 도덕적 판단moral judgement[의 원칙]이다. 다른 하나는 정부의 정책 결정 과정에서, 지극히 예외적인 몇 가지 경우를 제외하면, 성인 가운데 그 어떤 개인이나 집단도 자신들의 이익이 무엇인지를 판단하고 따라서 그런 판단으로부터 영향을 받는 다른 사람들의 판단을 자신들의 판단으로 대체할 수 있는 좀 더 우월한 자격을 갖는 사람은 없다는 사려 깊은 판단prudential judgement[의 원칙]이다. 다른 사람들의 이해가 무엇인지를 더 잘 판단할 수 있는 우월한 지식을 가진 사람들이 있으며, 또한 그런 이익을 보호하는 데 헌신한다고 믿을 만한 사람들이 있다는 주장은, 역사적 경험을 돌이켜 볼 때 완전히 잘못된 것이다. 그런 주장이 얼마나 공허한지는, 한때 노동계급과 무산 계급, 여성과 유색인종에게 완전한 정치적 권리가 부여되지 않은 적이 있다는 사실을 상기하는 것만으로도 충분하다.

잃어버린 기회들

하려 했는데 하지 못했던 프로젝트가 있는가?

살아오면서 하고 싶었던 일은 많았다. 민주주의와 규모의 문제를 좀 더 연구해 보고 싶었다. 나는 규모의 문제에 처음부터 빠져 있었고 지금도 그러하다. 에드워드 터프트와 함께 썼던 책, 『규모와 민주주의』에서 규모의 문제를 제기했다. 그러나 좀 더 시간을 내서 끝까지 파고들지 못했던 게 후회스럽다. 아마 앞으로도 못할 것 같다. 20년만 젊었어도 규모의 문제를 파고들었을 것이다. 내 직관에 따르면, 인간관계, 특히 정치 생활의 영역에서는, 그 관계에 중요한 변화를 일으키는 임계점이 있다. 2명에서 3명 사이, 10명에서 50명 사이, 1백 명에서 1천 명 사이처럼 말이다. 그 지점이 어딘지는 정확히 모르지만, 우리는 모두 그 지점이 매우 결정적이라는 것을 알고 있다. 어떤 연구 방법이 적당할지 확신할 수는 없지만 어떤 더 나은 방식, 아마도 실험과 같은 방법으로 탐구해 볼 필요가 있는 문제다.

어제 나는 정치학자 제임스 피시킨James Fishkin이 준비한 '숙의적 여론조사'deliberative polling 모임에 참석했다. 숙의적 여론조사가 전제하고 있는 아이디어는, 인구 통계학적으로 대표성을 가지면서 통계적 추론이 가능할 만큼 큰 샘플을 얻는 것이다. 150명에서 250명까지 상대적으로 규모가 큰 집단을 모은 다음 무작위로 그들을 다시 작은 집단으로 나눈다. 예를 들어 열다섯 명의 작은 집단으로 나누는 것이다. 그리고 작은 집단마다 사회자를 둔다. 사회자의 중재를 받으며 한 문제에 대해 토론한다. 어제 같은 경우에는 우리 지역의 작은 뉴헤이번 공항을 어떻게 하면 습지를 훼손하지 않으면서 확장할 수 있을지에 관해 토론했다. 아울러 공항 확장으로 발생하는 새로운 세금 수입을 관련 지역 관할구들이 어떻게 나눠 가질지도 논의했다. 나는 참관인으로 앉아 있었는데, 이들이 서로 토론하는 모습은 매우 고무적이었다. 사람들은 토론을 하면서 급격히는 아니지만 자신들의 의견을 수정했고 모두 학습하고 있었다. 이런 방식은 열다섯 명의 집단과 같이 작은 규모에서 가능하다. 인터넷을 통해서나 수많은 사람들이 모인 회의에서는 불가능한 방법이다. 나는 미국인들의 삶에 제도화되어 있는 모든 크고 작은 숙의 제도들을 통합한 무언가를 찾고 싶다고 여러 해에 걸쳐 말해 왔다.

그리고 민주주의를 정의하는 문제에 대한 논문을 한 편 더 썼어야 했는데 못썼다. 내가 이념형으로서의 민주주의를 사용하는 것은 두 가지 의미에서다. 첫 번째 방식은 일정한 가정들을 통해 민주주의가 무엇인지를 추상적으로 정의하는 것이다. 이렇게 민주주의를 사용하는 방법은 갈릴레이가 낙하하는 물체의 속도를 구하기 위해 진공 상태를 이용한 것과 유사하다. 갈릴레이는 실제로 진공상태를 만들 수 없었어도 진공상태를 가정했고, 그럼으로써 진공상태에서의 낙하 속도를 구했다. 두 번째 방식은, 종종 앞의 방식과 뒤섞이기도 하지만, 우리가 열망하는 어떤 것으로서의 민주주의를 의미한다. 원칙적으로, 사람들은 민주주의를 첫 번째 의미로 사용할 수도 있고, 아니면 이를 부정하고 민주주의를 바람직한 상태를 의미하는 것으로 사용할 수도 있다.

민주주의의 미래

민주주의를 50년 넘게 연구해 왔다. 오늘날 민주주의를 공부하는 학생들이 연구해야 하는 주요 문제와 경향은 무엇인가?

　　큰 질문이다. 여러 가지 심각한 문제들이 표면화되어 걱정이다. 그 중 한 가지는 박사 학위논문을 준비할 때부터 지금까지 학자로 살아가면서 계속 관심을 가져 왔던 문제인데, 민주주의와 시장 자본주의의 관계에 대한 것이다. 애석하게도 근래에 나는 시장 자본주의를 대신할 만한 실현 가능한 대안을 당분간은 찾기 어려울 것이라는 결론에 도달했다. 19세기 내내 그리고 내가 살아온 20세기 대부분에는 시장 자본주의에 대한 구조적 대안이 존재한다는 것을 믿는 것이 가능했다. 하지만 불행히도 더는 그렇지 못하다. 반면에 민주주의에 대해서는 [파시즘이나 권위주의 같은] 구조적인 대안이 존재하는데, 이는 민주주의가 살아남아 확장되길 바라는 우리 같은 이들에게는 불행한 일이다. 시장 자본주의와 민주주의 사이에는 강한 긴장 관계가 있다. 시장 자본주의는 회피할 수 없는 — 사회주의 시장경제라는 것이 존재할 수 있다 해도 거기서도 마찬가지일 — 근본적인 특징을 갖는데, 그것은 자원의 불평등한 분배를 초래한다는 점이다. 단순히 재산뿐만 아니라 지위, 명성, 의사소통, 정보에 대한 접근 등에 있어서도 마찬가지다. 이런 불평등은 모두 정치적 불평등으로 전환되어 정치적 평등의 근간을 흔들 수 있다. 민주주의 전통이 약한 국가들은 물론이고 미국과 같은 국가에 이르기까지 모든 국가에서 정치적 평등에 대한 시장 자본주의의 위협은 그 어느 때보다 심각한 수준이다. 그 긴장 관계는 조정되어야 하겠지만 지나치게 단순화된 다음과 같은 현재의 이념들로는 해결할 길이 없다고 생각한다. 즉, 시장이란 너무나 대단한 것이어서 언제나 시장에 모든 것을 내맡겨야 한다거나 반대로 시장에 의해서 발생한 불평등을 규제를 통해 지속적으로 관리할 수 있다는 생각들이 그것이다. 나는 이와 같은 매우 오래된 문제를 우리가 해결해 왔다고 확신하지 못하겠다. 그보다 난, 한 번 발생한 경제적 불평등은 줄일 수가 없다는 일종의 톱니 효과[15]가 나타날까 걱정이다(Dahl 1993, 2001a).

오늘날 민주주의국가들이 직면하고 있는 문제들 중에는 비교적 새로운 것들도 있다. 하나는 약간 무의미한 단어인 세계화 및 그 결과와 관련된 것이다. 세계화 과정에서 국민국가의 민주주의적 내용이 사라져 버릴 것이라는 극단적인 관점도 있다. 나는 그렇게까지 될 것이라고는 생각하지 않는다. 세계화의 영향에 대처하기 위한 수단으로서 어떤 측면에서는 국민국가가 필요할 것이라고 생각한다. 참고로 국민국가가 아닌 경우도 있기 때문에 나는 나라country라는 단어를 더 선호한다. 아무튼, 국제기구가 점점 더 많은 결정을 내리게 될 텐데, 나는 국제기구에서 민주주의가 가능할 것이라는 생각에는 회의적이다. 민주주의라면 마땅히 갖춰야 한다고 대부분이 생각하는 많은 전제 조건들을 국제기구는 갖추고 있지 못하다. 유럽연합은 민주적 국제기구가 될 가능성이 그나마 높지만, 마찬가지인 것 같다. 최근에 미시간 대학의 웹사이트에서 국제기구의 숫자를 세어 보니 대략 90개였다. 그리고 많은 국제기구가 매우 중요하다. 나는 세 가지 가설 또는 공리를 생각해 보았다. ① 국제기구는 매우 중요하다. ② 국제기구는 자신의 영향력과 중요성을 증가시킬 것이다. ③ 국제기구는 민주적이지 않을 것이다(Dahl 1999, 2001b). 이 세 가지 가설이 모두 옳다는 것이 증명되면, 우리는 피할 수 없는 문제를 떠안게 된다. 책임성 있고 수용 가능한 국제적 결정을 내릴 수 있는 체계를 고안해 내는 일이 시급하다. 하지만 그 체계는 우리가 민주주의라고 생각하는 것이 아닐 수 있다. 쉽지 않은 도전 과제인데, 당신 세대가 그 문제에 대한 해답을 찾

---

15 • 톱니 효과 rachet effect
경제학에서 사용하는 용어로, 톱니바퀴가 한 쪽으로만 움직이는 것처럼 경기가 후퇴해도 쉽게 소비가 감소하지 않는 현상을 말한다.

아야만 한다. 내게는 아직 확실한 답이 없다.

하지만 당신 세대는 국제통화기금IMF, 국제연합UN, 세계은행World Bank과 같은 국제기구와 이미 50년 넘게 함께 살아 왔다.

그렇다. 국제통화기금이나 세계은행과 같은 국제기구를 염두에 두고 하는 말이다. 이들 국제기구는 국가들에게 결정을 부과하는데, 이런 결정이 해당 국가 국민들의 이익에 언제나 부합하는 것은 아니다. 그럼에도 불구하고 이런 국제기구들은 반드시 필요하다. 그 같은 기구들은 또 생겨날 수밖에 없다.

오늘날 민주주의국가들이 당면한 세 번째 문제는 이주 문제다. 10여 년 전 서울에서 이주 문제에 관심을 촉구하는 강연을 한 적이 있다. 이주 문제는 전 유럽 국가에서 심각해질 것이며, 여러 가지 이유로 미국식 동화assimilation 모델은 유럽에서 효과가 없을 것이라는 게 내 주장이었다. 그 강연은 한국에서 영어 논문으로 발행되었다(Dahl 1997c). 그 논문을 읽은 사람도 없고 아무도 관심이 없었던 것 같다. 그런데 그 사이에 내가 이야기한 일들이 실제로 일어났다. 여러 유럽 국가들, 특히 스칸디나비아 국가들처럼 동질적인 국가에서는 이주나 문화 다양성 때문에 발생하는 문제들에 제대로 대응하기가 쉽지 않았다. 놀랍게도 독일이 지금까지 가장 인도적인 방식으로 이주 문제를 처리하고 있다. 지난 15년에서 20년 사이에 — 대량 학살이라는 낡은 단어를 사용하고 싶지는 않지만 — 세상을 다르게 보고 다르게 행동한다는 이유 하나로 사람들을 살상한 심각한 사례가 너무 많았다. 이주와 문화 다양성이라는 문제는 쉽사리 해결되지 않을 난제가 될 것이다.

현대 민주주의가 당면한 네 번째 문제는 테러리즘으로 촉발된 것이다. 우리는 이미 9·11테러 이후 미국에서 시민적 자유civil liberties가 후퇴하는 것을 목격한 바 있다. 아직까지는 심각한 수준이 아니라 해도 심각한 테러가 또다시 발생하면 시민적 자유가 훨씬 더 약화될 것이다. 시민적 자유의 침해는 그런 제한에 대한 시민의 동의 없이도 발생할 수 있다. 정치적으로 탄력이 붙으면 그것만으로도 그런 과정은 더욱 가속화되기 때문이다. 대외 정책에 관한 내 첫 번째 책(Dahl 1950)에서도 언급했듯이, 미국의 경우 위기 발생시 대외정책과 군사정책 결정 과정에서 권력이 행정부로 이동하고 시민적 자유를 침해하는 경향이 있다. 이런 행정부로의 권력 이동은 어떻게 해볼 도리가 없는 것인지도 모르겠다.

나는 지금도 여전히 신중한 운명론자이긴 하지만 천성적으로 낙관주의자다. 그래서 이런 문제들이 해결 불가능하다고 말하지는 않겠다. 하지만 바로 이런 것들이 정치학자를 비롯한 이들이 붙잡고 씨름해야 할 도전 과제이며 진짜 중요한 문제다. 그 결과가 너무 엄청날 것이기 때문이다.

과학으로서의 정치학 연구

당신은 스스로를 과학자라고 생각하나?

부분적으로는 그렇다. 정치학이 가지고 있는 규범적이고 윤리적인 측면은 경험적이며 과학적인 측면과 잘 통합될 수 있다고 생각하기 때문이다. 불행히도 오늘날 여러 정치학자들은 규범적 정치 이론과 경험에 기초한 사회과학을 연계하는 것을 불편해 하는데, 그러면 양쪽 다 손해다.

왜 그런가?

연구를 통해 답하고자 하는 질문이 인간적 가치의 관점에서 정의되지 못하고, 또 연구의 결론을 통해 무엇이 달라질 수 있을지의 관점에서 정의되지 못한다면, 그것은 중요한 연구 문제가 될 수 없기 때문이다. 정치사상사를 비롯한 규범적 정치 이론은 탐구할 만한 적절하고도 중요한 연구 문제를 발견하는 데 매우 유용하다. 어떤 질문이 중요한지를 규정하는 것은, 도덕적이고 규범적인 것이지 과학적인 것이 아니다. 규범적 이론과 경험적 연구가 너무 딱 잘라 나뉘어 있는데, 난 그 결과가 걱정스럽다. 그렇다고 해서 모두가 규범적 이론과 경험적 연구를 연계해야 한다고 생각하지는 않는다. 연구자는 두 영역 중 어느 쪽에서 글을 쓰고 있는지 분명히 하는 것이 중요하다. 경험적 연구였는데 사람들이 규범적 연구로 받아들여서 황당하면서도 실망스러웠던 적이 있다. 예를 들어『누가 통치하는가?』는 분명히 경험적 연구였다. 그리고 책의 어떤 내용도 리처드 리Richard Lee 뉴헤이번 시장의 '정책'을 지지하는 것으로 해석되어서는 안 된다는 각주까지 달았었다. 그의 정책을 지지하려고 책을 쓴 건 절대 아니다(Dahl 1961a, 115). 하지만 많은 사람들은 그 책을 리처드 리 시장의 정책을 규범적으로 정당화하는 책으로 잘못 이해했다.

왜 그렇게 많은 독자들이『누가 통치하는가?』를 리처드 리 시장의 정책을 지지하는 규범적인 주장으로 보았는가?

좋은 질문이다. 이유를 모두 알 수야 없지만, 한 가지 이유는, 다원주의적 해석을 통해 내가 지배적인 시각까지는 아니었지만 영향력 있는 한 시각에 도전했기 때문이다. 그 시각이 맞는다면 뉴헤이번은 소수의 경제 엘리트들에 의해 운영되고 있어야 했다. 당시에는 이처럼 지방과 중앙 정치를 마르크스주의적 또는 유사 마르크스주의적으로 해석하는 경우가 많았다. 그 입장에 도전하려고『누가 통치하는가?』를 쓴 것은 아니다. 오히려 나는, 소규모 경제인 집단과 같은 어떤 한 집단이 뉴헤이번을 실제로 좌지우지하고 있다면 결론도 그렇게 나올 수 있도록, 반대로 그렇지 않다면 그렇지 않은 결론이 나올 수 있도록 열려 있는 방법론을 만들고자 노력했다. 내 연구 결과는 후자였다. 내가 리 시장의 여러 시도들에 대해 상당히 공감하고 있었던 것은 사실이고, 아마 도가 좀 지나쳤을지도 모른다. 하지만 리 시장이 재임 기간 동안 추진했던 일들 모두가 뉴헤이번에 좋은 일이었다고 확신한 적도 없고, 모두 나쁜 일이라고 확신한 적도 없다. 나는 모든 상황에서 중립적인 자세를 취하고자 노력하고 있었다.

『누가 통치하는가?』의 사례는 규범적인 이론과 가치중립적인, 그러니까 당신의 표현에 따르면 중립적이고 경험적인 연구 사이에 근본적으로 존재하는 긴장 관계를 보여 주고 있다.

긴장은 있다. 하지만 그 긴장은 생산적인 긴장이다. 마키아벨리 같은 사람을 생각해 보라. 그는 예리한 눈을 가지고 있었고 그의 책은 경험적 진술들로 가득 차 있었다. 그러나 마키아벨리가 제시하고 있는 데이터는 매우 불충분했다. 융통성 없는 경험주의자들은 그 점을 들어 마키아벨리의 책을 좋아하지 않는다. 도덕적 명제의 경우에는 그 명제들을 어떻게 검증하느냐가 문제다. 가장 극단적인 입장에 서 있는 논리실증주의자들은 도덕적 명제들을 부정하는데, 나 역시 실증주의자인 친구 헴펠로부터 강한 영향을 받았지만, 도덕적 명제가 무의미하다는 생각은 한 번도 해본 적이 없다. 도덕적 명제는 경험적으로 검증 가능한 명제와는 다른 방식으로 길을 제시하는 것일 뿐 무의미하지 않다.

윌리엄 라이커 같은 학자는 정치학은 통일된 패러다임을 갖추고 있지 못하기 때문에 진짜 과학이 될 수 없다고 주장한다(Riker 1990). 정치학에 패러다임이 있어야 하는가?

먼저 정치학이 하나의 패러다임을 갖는 것이 가능한지를 물어야 한다. 패러다임이 있을 수 있다면야 좋겠지만, 불가능할 것 같다. 정치는 인간이 간여하는 활동 가운데 가장 복잡한 활동이다. 정치가 복잡한 이유 가운데 하나는 정치 생활과 정치 행태가 정적이지도 않고 고정되어 있지도 않기 때문이다. 역사적으로 보면 정치는 인간 개개인의 원자적 수준에 따라 달라지기도 하고 국가나 제도적 체계와 같은 더 큰 수준에 따라 달라지기도 한다. 정치학의 분석 단위들은 시간과 함께 변한다. 물리학과는 다르다. 물리학에서 이야기하는 원자나 양자의 운동 양태는 백만 년 전이나 지금이나 같다. 그러나 정치 생활과 정치 행태는 그렇지 않다.

정치 생활이 시간을 초월해 보편적이지는 않다 해도 규칙성은 분명히 있지 않은가?

규칙성은 있다. 그리고 그 점에서 정치학에 과학이 개입한다. 반복되는 관찰 가능한 요소를 탐구해야 하며 동시에 변화와 우연성을 놓쳐서는 안 된다. 정치 생활에서 반복되는 현상을 관찰하다 보면 경향이 보인다. 그리고 그렇게 함으로써 얻는 것이 많다. 하지만 물리학과 달리 정치학의 분석 단위는 시간에 따라 변한다는 것을 항상 유념할 필요가 있다.

얼마 전에 나는 간단한 게임을 하나 상상해 보았다. 정치에서 존재 가능한 여러 가지 관계들을 생각해 보자. 양자 관계나 삼자 관계 혹은 다자 관계도 좋다. 그러고는 그런 관계들 사이에 가능한 서로 다른 조합이 몇 개나 될지 생각해 보자. 금세 인간의 신경 체계나 뇌처럼 연결고리가 50억 개에 이르는 복잡성을 얻게 될 것이다. 어마어마하게 복잡하겠지만 뇌와 마찬가지로 정치에서도 배워서 확인할 수 있는 규칙성이 있다. 그래서 정치학에서도 규칙성을 찾는 연구를 하지만, 정치학은 정치의 복잡성 때문에 물리적 세계를 매우 간단한 체계로 정리하는 물리학과 같은 자연과학이 되기는 어렵다.

『폴리아키』(Dahl 1971)에서 민주주의 체계를 두 가지 차원으로 정리한 것을 보면 단순화가 당신의 특기 같은데, 그럼에도 정치의 복잡성을 깊이 존중하는 것이 인상적이다.

단순화 없이는 복잡한 현실을 다룰 수 없다. 현실을 단순화한 일종의 지도가 필요하다. 모든 현실이 담긴 지도를 만들고자 한다면, 실패하고 말 것이다. 세상을 살아가기 위해서는 단순화가 필요하다. 우리는 무의식적으로 단순화한다. 문제는, 어떻게 하면 실보다 득이 많은 단순화를 할 수 있는가이다.

연구 문제

복잡한 현실을 어떻게 연구할 것인가라는 문제로 넘어가 보자. 당신은 규범적 정치 이론에 기초를 두고 연구 문제를 설정하는 것이 중요하다고 했다. 하지만 그러면서도 경험적 조사에 초점을 맞추는 방식으로 연구 문제를 제기하는 것으로 보인다. 실제로 당신은 책의 제목에서부터 질문을 던지고 질문으로 글을 시작하는 스타일이다.

　　　　　나는 논문이나 책에서 다루려는 문제를 항상 질문 형태로 정식화하려고 노력한다. 내 책 대부분은 첫 번째 단락에서 질문을 던지고 시작한다. 예를 들어 『누가 통치하는가?』는 경제적으로 불평등한 상황에서 민주주의가 어떻게 가능한가라는 질문으로 시작된다. 최근에 쓴 『미국 헌법과 민주주의』는 '우리는 왜 미국 헌법을 따라야만 하는가'라는 질문으로 시작된다. 이 방식을 쓰면 이후 내용에 집중할 수 있어서 좋은데 다른 사람들은 왜 그렇게 하지 않는지 모르겠다.

질문은 한 문장이어야 하는가?

　　　　　그렇게 할 수 있다면야 좋겠지만, 꼭 그럴 필요는 없다. 대개는 한 가지 질문을 던지면 그 질문이 다른 질문들로 이어진다. 최초의 질문이 더 많은 질문들로 이어질 수도 있지만 대개는 최초의 질문이 연구의 틀이 된다. 질문으로 시작하면 방법론을 선택하기도 좋다. 방법론부터 선택하고 시작하는 것과는 반대다. 질문을 먼저 던지고, 그 질문에 답하다 보면 어떤 방법론이 적당할지 결정할 수 있다.

질문은 어디에서 나오는가?

　　　질문은 정규교육, 위대한 사상가들과의 만남, 개인적 경험, 시대적 경험과 같은 것들이 모여서 만들어진다. 시대가 당신에게 질문을 던져 주기도 한다. 당신이 질문을 군이 만들려 하지 않아도 질문들이 당신 앞에 나타날 것이다. 예를 들어 『민주주의와 그 비판자들』(Dahl 1989)은 민주주의와 그것의 지속 가능성에 관해 질문하고 있는데, 그런 질문 속에는 민주주의와 그에 대한 대안들에 대해 우리 세대가 가졌던 관심이 반영되어 있다. 우리는 이론적인 대안이든 실제 대안이든 대안 체계들의 위협과 유혹에 직면했을 때 민주주의가 살아남을 수 있을지 걱정했다.

민주주의를 비판한 사람들, 예를 들어 플라톤에 대해 관심을 갖게 된 것도 민주주의가 바람직하지 않던 플라톤의 주장에 단지 철학적으로 반대해서만은 아니라는 말인가? 오히려 당신이 살아온 경험 때문에 민주주의에 대한 현실 세계의 위협에 초점을 맞추게 된 것인가?

　　　분명히 그렇다. 그리고 경험들은 연결되어 있다. 주변 세계를 경험하고 민주주의의 가능성과 위험성을 경험하다 보면 당신도 철학자들에게 관심이 생길 것이다.

당신은 어떻게 '주변 세계를 경험'하는가? 신문을 보나? 여행을 하나? 아니면 예일 대학을 방문하는 사람들과 대화를 나누는 식인가?

　　　모두 다 한다. 작은 마을에서 성장하면서 사람들을 만났던 경험, 군대에서 사람들을 만났던 경험과 같은 개인적인 경험들이 중요했다. 신문이나 다른 매체를 통해 간접적으로 세상을 접하는 것도 주변 사람들과 대화를 나누는 것만큼이나 중요하다. 내가 학생이었던 시절에 비하면 오늘날에는 해외여행을 통해 세상을 접하는 것이 흔한 일이 되었다.

해외여행을 많이 했는가?

　　　많이 했다. 하지만 옛날에는 많이 못했었다. 캐나다를 방문한 것을 제외하면 1944년 참전해서 해외로 나갈 때까지 미국 밖으로 나가 본 적이 없었다. 우리 때는 보통 그랬다. 군대 시절 프랑스어와 독일어 독해 실력이 크게 늘었다. 둘 다 매우 유창한 것은 아니지만 프랑스어 독해 실력만큼은 괜찮다. 소설을 읽을 수 있을 정도는 된다. 내가 가장 잘하는 언어는 이탈리아어인데 말하기와 읽기 모두 능숙하다. 나중에 칠레 여행을 준비하며 스페인어를 공부했고 스페인어 역시 프랑스어처럼 잘 읽는다.

우리가 살고 있는 시대가 연구 문제를 던져 준다는 당신의 지적을 들으니 여러 가지 이야기가 생각난다. "파란만장한 시대를 살아라"May you live in interesting times라는 중국 악담이 생각난다. 그렇다면 '파란만장한 시대'를 사는 것은 사회과학자에게 불행이 아니라 축복인가? 당신의 경우 제2차 세계대전에 참전해 겪었던 가슴 아픈 일들이 평생 민주주의를 연구할 수 있는 열정의 바탕이 되었다. 대공황, 뉴딜, 제2차 세계대전의 경험은 당신에게 어떤 영향을 주었는가?

누구에게나 그런 경험은 뭔가에 생각을 집중하게 만든다. 나 같은 사람들은 1930, 40년대에 민주주의가 종말을 고할지도 모른다는 실제 위협에 시달렸고, 이는 우리 세대에 민주주의의 중요성을 각인시켰다. 민주주의를 대체한 체제들이 훨씬 더 나쁘다는 것을 깨달은 것이다. 그런 경험들 때문에 우리가 민주주의의 결점을 보지 못했다고 생각하지는 않는다. 왜냐하면 민주주의를 유지하는 것뿐만 아니라 민주주의의 결점과 민주주의를 위험에 빠뜨리는 것들을 없애는 일도 우리가 해야 할 일이라고 생각했기 때문이다. 제2차 세계대전과 그전에 겪었던 일들은 우리 모두에게 매우 큰 영향을 미쳤다.

뉴딜의 경우, 변화가 가능하다는 내 확신에 영향을 미쳤다. 그리고 대공황 시대를 살았기 때문에 우리 세대한테는 우리 자식들이나 손자 손녀 세대들 같은 소비지상주의적 마인드가 없다. 우리 다음 세대들은 멋진 장난감도 한두 달이 지나면 더 이상 쓸모가 없다고 생각한다. 반면에 빗자루로 만든 장난감을 가지고 놀며 자랐다면 사물의 근본적인 측면을 볼 줄 알게 된다.

어릴 적 커다란 경험들은 기억 속에 자리 잡고, 어린 시절 형성된 감정과 생각은 세상을 관찰하고 판단하는 시각 형성에 매우 중요한 영향을 미친다. 그러고 보니 몇 년 전에 『더 뉴요커』에서 보았던 만화 한 편이 생각난다. 만화에는 두 인물이 등장하는데, 뿔이 달린 모자를 쓴 바이킹들이다. 실제로 그런 모자는 쓰지 않았다고들 하지만. 어쨌든 그 둘이 나무 아래 서서는 한 놈이 다른 한 놈에게 이렇게 말한다. "세상이 정말로 지옥으로 변해 가는 걸까? 아니면 그냥 우리가 늙어서 그런 걸까?" 그 만화는 세상의 변화를 '좋았던 시절'에서 멀어지는 것으로만 생각하는 것의 위험성을 지적하고 있다. 사실 '좋았던 시절'은 너무너무 많은 측면에서 나빴던 시절이었다. 뉴딜 이후에 일어났던 많은 변화들 때문에 세상은 실제로 더 좋아졌다.

당신 세대가 겪은 풍부한 삶의 경험은, 상흔을 남기기도 했지만, 여러 학자들에게 많은 영향을 미쳤다. 그렇다면 '좋은 시절'에 성장한 젊은 학자들의 경우 이런 풍부한 경험을 쌓을 수 있는 대안적 방법은 무엇인가?

어려운 질문이다. 우리 세대의 경험을 대신할 대체물이 잘 떠오르지 않는다. 그러나 우리 세대는 못했지만 당신 세대는 할 수 있는 몇 가지를 생각해 볼 수 있다. 첫째로 여행을 많이 하는 것이다. 도전해 볼 만한 다른 세계를 만날 수 있다. 인도나 아프리카와 같은 이국에서 두 달을 지내 보는 것도 좋다. 어디라도 상관없다. 차이를 접하고 다양성에 대한 열린 마음을 함양할 수 있다. 우리 세대는 훨씬 편협했다. 둘째로, 다른 학교 학생들도 마찬가지겠지만 예일 대학 학부생들을 보면 많은 젊은이들이 지역사회 활동을 하고 있다. 확신컨대 지역사회에서 무언가를 하며 7, 8개월을 보내고 나면 달라진 자신의 모습을 발견할 수 있을 것이다. 인생이 달라지는 체험인 것이다. 마지막으로 나는 문학이 매우 중요하다고 생각한다. 왜냐하면 문학은 그게 아니라면 경험할 수 없는 세계를 경험하게 해주기 때문이다. 『전쟁과 평화』나 『까라마조프가의 형제들』 모두 좋다. 문학은 차이에 대한 감수성을 키우는 데 도움이 된다.

현지 조사

현지 조사는 오늘날 젊은 학자들이 경험을 쌓는 또 다른 방법으로 보인다. 당신의 연구에서 현지 조사는 어떤 역할을 했는가?

나는 첫 번째 책 『의회와 대외정책』(Dahl 1950)을 쓰면서 1년 동안 워싱턴을 정기적으로 오가며 의사당에서 인터뷰를 했다. 정치학에는 — 어느 정도 시카고학파에서 출발한 — 뿌리 깊은 전통이 하나 있는데 그것은 밖으로 나가서 사람들과 이야기하는 것이다. 의회에 대한 글을 쓰려면 의회를 알아야 하며, 그러려면 사람들과 대화를 해봐야 했다. 나는 인터뷰를 많이 했는데 인터뷰를 하면서 많은 것을 배웠다. 실제로 딘 애치슨[16]이 내게 워싱턴에서 자서전 집필을 위한 조사를 해달라고 제안한 적도 있다. 하지만 난 그 제안을 거절했다. 이미 군대에 있으면서 가족들과 오랜 시간 떨어져 지내 왔고 이제 가족들과 떨어져 있어야만 할 수 있는 일은 더 이상 하고 싶지 않았기 때문이다. 나는 그 결정에 대해 후회해 본 적이 없다.

『누가 통치하는가?』를 쓰면서도 이곳 뉴헤이번을 광범위하게 현지 조사했다. 현지 조사를 하며 넬슨 폴스비와 레이먼드 월핑거Raymond Wolfinger 같은 대학원생들의 도움을 많이 받았다. 두 학생은 우리 프로젝트를 기반으로 학위논문을 썼다. 다른 여러 대학원생들도 연구에 참여했다. 우리는 대학원 수업을 듣는 학생들과 함께 방법론 예비시험을 브랜퍼드Branford 지역에서 보기도 했다. 나는 전부는 아니지만 기업과 정치 영역의 주요 행위자들을 대상으로 했던 모든 주요 인터뷰에 참여했다.

이후 1960년대 중반에는 칠레의 산티아고에서 2개월 동안 머물렀다. 그당시는 에두아르도 프레이[17]가 대통령이었다. 나는 칠레인들을 만나면서 그들에게 푹 빠져 버렸는데, 특히 그들의 공적 삶의 질이 높은 것에 감탄했다. 이후에 칠레가 극도로 분열되어 민주주의 체제가 붕괴하는 것을 보고는 충격

---

16 • 딘 애치슨Dean Acheson(1893~1971)
미국 국무장관(1949~53). 네 명의 대통령 아래서 고문을 지냈다. 냉전 시대 미국의 외교정책을 입안한 주요 인물 가운데 하나로, 소련을 비롯한 공산국가들에 맞서 서방세계를 동맹 관계로 묶는 데 기여했다.

17 • 에두아르도 프레이Eduardo Frei(1911~82)
기독교민주당(기민당) 출신으로서는 처음으로 1964~70년 대통령을 역임했다.

을 받았다. 되돌아보면 분열의 씨앗이 보였지만, 당시로서는 전혀 예측하지 못한 일이었다. 칠레에 대한 내 지식이 얼마나 얕았는지를 알 수 있다. 나는 칠레라는 나라와 그 나라 사람들에게 애착을 가져 군부독재 시절에도 기독민주당의 초청을 받아 두세 번 칠레를 방문했다. 회의에는 사회과학자들도 여럿 있었다. 넘어서는 안 되는 선이 있다지만 그 안에서는 실제로 꽤 자유롭게 토론이 이루어지는 것을 볼 수 있었다. 그들이 그 선을 넘는 모험을 감행했다면 위험에 처했을 것이다.

동료들

현역에 있는 최고의 학자들과 수년간 가깝게 교류해 왔다. 당신의 비교 연구에 가장 큰 영향을 미친 동료는 누구인가?

단연코, 로칸이다. 그는 놀라운 사람이었다. 유럽 학자로서도 탁월했고 역사 지식을 엄청나게 갖춘 대단히 박학다식한 사람이었을 뿐만 아니라 데이터와 그것을 다루는 방법론에 대한 감각까지 뛰어난 그야말로 놀라운 학자였다. 1962년에서 1963년 사이 로마에서 안식년을 보내는 동안 로칸과 사르토리를 만났는데, 둘 다 교환교수로 여기 예일 대학에 왔다. 로칸과 사르토리는 노르웨이인과 이탈리아인이 이렇게 다를 수 있구나 라는 생각이 들 정도로 달랐다. 그들, 특히 로칸 부부와 함께 산책하며 저녁 식사를 하던 기억이 난다. 나도 로칸이 베르겐Bergen에 있을 때 노르웨이로 여러 차례 여행을 갔고 그의 집에 머무르기도 했다. 우리는 매우 많은 대화를 나눴다.

1960년 중반 로칸은 정치사회학자 립셋과 그 유명한 저서를 공동 집필했다(Lipset and Rokkan 1967a). 립셋과도 친하게 지냈나?

1955년에서 1956년 사이 캘리포니아에서 립셋을 만났다. 그때 우리는 행태과학고등연구소에서 함께 일하고 있었다. 그는 후안 린츠라는 젊은 연구 조교를 데리고 있었는데, 나도 후안을 만나긴 했지만 후안을 잘 몰랐다. 립셋과 허버트 맥클로스키Herbert McClosky 부부와 함께 아서 밀러Arthur Miller의 연극 〈도가니〉The Crucible 초연을 보러 샌프란시스코에 갔던 기억이 난다. 립셋은 〈도가니〉에서 정치적 해석이 가능한 부분에 대해 신랄하게 떠들었다. 좌파들은 그 연극을 매카시 의원의 마녀 사냥 같은 것들을 풍자한다고 해석하고 있었다. 립셋과는 그 후에도 계속 연락을 하며 지냈기 때문에 나는 그를 가깝게 생각했다.

국제관계학자에 더 가깝다고 할 수 있는 칼 도이치도 1960년대 예일대 동료였다. 그와도 많이 친했나?

도이치는 내가 학과장일 때 예일 대학에 왔다.[18] 당시 신임 교수였던 로버트 레인을 포함한 여러 사람들과 상의해서 행태주의 방법론과 접근법을 사용하는 학자들을 더 채용하려던 차였다. 칼은 사회적으로나 지적으로 매우 좋은 친구가 되었다. 지식이 풍부했을 뿐만 아니라 정말 창의적이었고 활력이 넘쳤다. 당신도 칼과 점심을 먹어 봤으면 알 것이다. 칼은 점심 먹는 동안에만도 스무 가지의 흥미로운 아이디어를 단숨에 쏟아 냈다. 그중 열아홉 개가 틀린 것이라 해도 그 모두가 독창적이고 통찰력 있는 것들이었다. 그는 영향력 있는 선생이기도 했는데, 이런 그의 생각들을 긴가민가하면서도 분별할 수 없는 학생들에게는 너무 영향력이 컸다.

도이치와 그의 학생들은 교차 국가적 데이터를 수집했다. 그 덕분에 나는 민

---

18 달은 1957년부터 1962년까지 예일 대학 정치학과 학과장이었다.

주주의에 관한 교차 국가적인 양적 연구가 불가능한 일이 아니라는 생각을 갖게 되었다(Russett et al. 1964). 물론 나는 칼과 그의 제자, 브루스 러셋Bruce Russett이 자신들의 저작에서 했던 정도로까지 양적 데이터를 사용하지는 않았다.

라스웰도 이 시기에 예일 대학에 있었다. 그의 영향을 받았는가?

라스웰은 내게 중요한 영향을 미쳤다. 라스웰과 도이치가 친해서 나까지 셋이 함께 점심을 먹곤 했다. 라스웰은 도이치와 다른 점이 많았지만 칼과 마찬가지로 흥미로운 아이디어가 많았다. 라스웰은 정신분석학적 접근과 언어의 정밀함에 골몰하고 있었다. 라스웰은 이야기를 매우 정확하게 하고 단어를 매우 신중하게 고르는 것처럼 보였다. 많은 사람들은 그가 쓰는 단어가 매우 위압적이고 어떤 때는 이해하기 힘들다고 생각했다. 하지만 한번 익숙해지고 나면 그 단어도 명확하게 들리는 것 같다. 내가 권력 연구를 막 시작하던 1950년대에 라스웰의 저작은 내게 매우 중요한 의미가 있다. 왜냐하면 라스웰은 에이브러햄 캐플런Abraham Kaplan과 함께 권력이 무엇인지 분석하고 이해하려 하고 있었기 때문이다(Lasswell and Kaplan 1950). 그들은 나처럼 권력 연구를 하는 사람들에게 큰 영향을 미쳤지만 그들이 성공했다고 생각하지는 않는다. 오늘날 해럴드 라스웰이 누군지 아는 사람은 많지 않으리라고 생각한다. 『권력과 사회』Power and Society가 더 이상 읽히지 않는다는 사실은 부끄러운 일이다. 이해하기 쉬운 책은 아니지만 배울 게 많아서 읽어 볼 만하다. 기본 용어들에 대해 정확해질 필요가 있다는 점을 느끼게 될 것이다.

알몬드는 1940년대 후반과 1960년대 초반에 예일 대학에 있었다. 그와 친하게 지냈는가?

알몬드가 처음 예일 대학에 왔던 1940년대부터 잘 알고 있었다. 매우 좋은 친구였다. 알몬드가 예일 대학을 떠나 프린스턴에 갔다가 스탠퍼드로 옮기고 나서도 오랫동안 좋은 친구로 지냈다.

예일 대학은 이런 동료들이 있어서 참 좋은 곳이었던 것 같다. 하지만 이 책에서 인터뷰한 다른 학자들은 대부분 자리를 몇 번씩 옮겼다. 대학원에 입학한 이후 예일 대학에만 줄곧 있었던 것에 대해 후회는 없는가?

여러 가지 점에서 예일 대학이 최적의 장소라는 생각에는 변함이 없지만 후회한 적도 몇 번 있다. 다른 곳에서 다른 사람들도 만나 보았으면 좋지 않았을까 하는 생각도 해본다. 하지만 군대에 가서 3년간 이곳저곳을 돌아다니다 보니 한곳에 머물고 싶어졌다. 예일 대학에는 친구들이 있었고 우리는 예일 대학에 있어서 행복했다. 학교를 옮길까 심각하게 고민한 적이 딱 한 번 있는데, 어떤 면에서는 재밌는 일이었다. 1960년대 초반에 학과장이 되어 시간을 많이 잡아먹는 학내 여러 위원회 일을 하게 되었다. 워싱턴에서 일하다 보니 정부 관료가 적성에 맞지 않다는 사실을 깨닫게 된 것과 마찬가지인데, 나는 대학 관료가 되고 싶지 않았다. 내 남은 시간을 과중한 행정 업무에 시달리지 않고 지내고 싶었다. 내가 대학으로 돌아와 하고 싶었던 일들을 하면서 말이다. 그래서 1년간 로마로 떠났고 내가 다른 대학을 생각하고 있다는 사실을 주변에 알렸다.

유명한 몇몇 대학에서 매우 좋은 제안을 해왔다. 예일대 동료가 이 사실을 알고는, 로마에 있는 내게 전화를 해왔다. 당시 예일대 교무처장이자 차기 예일대 총장이 될 킹맨 브루스터Kingman Brewster였다. 우리는 친한 사이였고 나는 그를 매우 존경하고 있었다. 브루스터는 내게, "여보게, 행정 업무를 더 이상 하고 싶지 않다는 당신 마음은 알겠지만, 학과에서는 당신이 돌아오길 기다리고 있소"라고 말했다. 그리고 자신이 총장으로 있는 한 더 이상 과도한 행정 업무를 맡기지 않겠다는 각서를 내 인사 파일에 넣어 뒀다고 말했다. 그래서 예일 대학에 돌아왔다. 하지만 그 후에 브루스터는 전화로 "여보게, 나도 이미 각서를 썼다는 것을 알지만, 이러 이런 위원회를 맡아 줄 수는 없겠소?"라고 말하곤 했다. 승낙할 때도 있고, 거절할 때도 있었다. 학교 구성원으로서 의무감을 느껴서가 아니라 그 일이 중요하고 내가 반드시 해야 하는 일이라고 생각했기 때문이었다. 브루스터와 나는 내 인사 파일에 있는 그 각서 이야기를 하며 웃곤 했다.

여러 면을 살펴볼 때 여기 예일 대학에 남아서 행복하다. 하지만 스탠퍼드나 버클리가 있는 태평양 연안에 갔으면 하는 마음도 있었다. 그 대학들은 내게 정말 좋은 곳이었을 것이다. 하지만 가지 않은 것을 두고 크게 후회하지는 않는다.

공동 연구

찰스 린드블롬과 함께 『정치, 경제 그리고 복지』를 쓴 것을 시작으로 당신은 많은 공동 연구 프로젝트에 참여했다(Dahl and Lindblom 1953).

그 책을 쓰던 시절 린드블롬과 나는 두 집 건너 이웃에 살고 있었다. 린드블롬 부부는 최근까지 거기서 살다가 뉴멕시코로 이사 갔다. 우리는 누가 어느 장을 쓸지 합의하고는 각자 맡은 장의 초고를 썼다. 그리고 우리 집이나 린드블롬의 집에서 각자가 쓴 초고를 가지고 대화를 나눴다. 그 책은 한 사람이 쓴 것처럼 보일 것이다. 각 장의 주제를 보고 추측하지만 않는다면 누가 어느 장을 썼는지 알 수 없을 것이다.

이후에 나는 폴 라자스펠드Paul Lazarsfeld와 함께 기업에 관한 사회과학적 연구를 다룬 책을 한 권 썼다(Dahl, Haire, and Lazarsfeld 1959). 그 책은 사회과학 연구협의회의 펜들턴 헤링이 위탁해서 썼던 것 같다. 라자스펠드는 1955년에서 1956년 사이 팰러앨토의 행태과학고등연구소에서 함께 일하면서 알게 된 사이다. 그는 박학다식하고 깊이도 있는 유럽 학자로 방법론적으로 나보다 훨씬 뛰어났다. 특히 수학을 매우 잘했는데 젊은 시절에 수학 공부를 했던 것 같다.

그리고 제자 중에는 에드워드 터프트와 공동 연구를 했다. 에드워드는 1967년에 팰러앨토의 고등연구소에 왔다. 나도 그곳에 있었는데, 그때가 두 번째 방문이었다. 유럽의 작은 국가 민주주의 프로젝트에 참여했던 한스 달더르, 스테인 로칸 그리고 여러 동료들이 그해에 고등연구소에 있었다. 에드워드는 내 연구조교로 왔고 그해부터 규모와 민주주의에 관한 연구를 시작했다. 에드워드는 통계학과 방법론을 나보다 훨씬 더 잘 알고 있었다. 그리고 그 프로젝트가 끝날 무렵 그는 더 이상 연구 조교가 아니라 공동 저자가 되었다(Dahl and Tufte 1973). 내가 책의 대부분을 쓰긴 했지만 그가 여러 장에서 중요한 역할을 했음을 확인할 수 있다. 에드워드는 이후 데이터 자료의 시각적 표현에 대한 연구를 하며 매우 독창적인 삶을 살고 있는데, 여기에는 그의 미학적 취향이 잘 반영되어 있다. 심지어 그는 조각도 시작했다.

학생들

학생들을 가르치고 학생들과 교류하는 일은 당신 삶에 어떤 영향을 미쳤나?[19]

　　학생들을 가르치는 일은 매우 보람차며 내 삶에서 중요한 부분이다. 나는 학부 수업을 좋아한다. 학부생들, 특히 신입생들은 최신 이론에 익숙하지 않아서 순진하면서도 매우 중요한 질문들을 던진다. 대학원생들의 경우 많은 학생들이 얼마 지나지 않아 친구가 되고 동료가 되었다. 넬슨 폴스비, 레이먼드 월핑거, 프레드 그린스타인Fred Greenstein이 그랬다. 대학원 과정이 끝나고 나서는 이들과 공동 연구를 하지 못했지만 우리는 계속해서 아이디어를 교환했다. 기예르모 오도넬과 같은 학생들과 라틴아메리카 이야기를 하다 보면 식견을 넓힐 수 있었다. 아이디어가 잘못된 것은 아닌지, 내가 잘못 해석한 것은 아닌지 걱정이 되기도 했지만, 기예르모 같은 학생들은 다른 식으로는 도무지 얻을 수 없을 아이디어들을 주었다. 교수가 학생들의 식견에 열린 마음을 가진다면 대학원 학생들은 더욱더 좋은 질문을 가지고 교수를 찾아올 것이다. 내가 쓴 여러 책들은 대학원 세미나에서 발전한 것들이다. 이미 소개한 대로『민주주의와 그 비판자들』은 여러 해에 걸친 세미나를 통해 쓰게 되었다. 그리고『누가 통치하는가?』의 경우 대학원생들이 연구를 돕고 세미나에 참여하는 등 큰 역할을 했다.『폴리아키』를 쓰는 동안에는 한국 학생, 아르헨티나 학생 그리고 브라질 학생 등 다양한 성장 배경을 지닌 외국인 학생들과 이야기했다. 그렇게 해서 여러 국가들에 대한 식견을 넓힐 수 있었다. 피상적일 때도 있었지만 지평을 넓히는 데 도움이 되었다.

---

[19] 학생의 눈으로 바라본 로버트 달에 대한 이야기는 이 책 2권의 오도넬과 스콧의 인터뷰(〈인터뷰 7〉과 〈인터뷰 9〉) 참조.

최고의 학생들이 가져야 할 덕목은 무엇인가?

물론 총명해야 한다. 하지만 지성은 많은 훌륭한 학생들이 이미 갖고 있기 때문에 그것만으로는 최고의 학생이 될 수 없다. 호기심이 중요하다. 그리고 주도적이어야 한다. 힘이 빠져 있어서는 안 된다. 또한 최고의 학생이 되기 위해서는 정치학 연구를 머리로만 해서는 안 되며 몸으로도 해야 한다. 느낌, 감성으로 해야 한다.

열정 아닌가!

그렇다. 바로 열정이다. 열정이야 말로 최고의 학생들이 가지고 있는 덕목이다. 마지막으로 내가 가르치는 학생들의 경우에는 현실 세계 그리고 거기 몸담고 있는 사람들과 관계를 갖는 것도 중요하다. 정치학 연구는 도서관에서만 할 수 있는 것도 아니고 수학으로 할 수 있는 것도 아니다. 바깥 세상을 본능적인 수준으로 이해할 수 있어야 한다.

지난 50년 동안 비교정치학이 이룬 주요 업적으로 꼽을 만한 것은 무엇이라고 생각하나?

　　　　지난 50년 동안 비교정치학 분야의 지식은 질적으로나 양적으로 크게 발전했다. 이는 매우 긍정적이고 인상적인 변화다. 비교정치학의 변화 폭이 다른 정치학 분야에서 일어난 변화의 폭보다 큰지는 잘 모르겠지만 아마도 그럴 것이다. 비교정치학은 앞서 말한 허먼 파이너의 책처럼 협소한 토대에서부터 시작했기 때문이다(Finer 1932).

　전 세계적 단위의 좋은 데이터들이 나오고 방법론과 분석 기법이 발전한 덕분에 비교정치학 연구는 유럽 사례에서 벗어나 영역을 넓히고 발전할 수 있었다. 이로써 비교정치학이 다루는 분야에도 긍정적인 방향으로 근본적인 변화가 있었다. 우리는 여러 정당과 헌법에 대해 알게 되었으며 체제의 붕괴와 이행과 같은 다양한 것도 알게 되었다. 50년 전만 해도 이런 것들에 대해서 우리는 아는 것이 거의 없었다. 선거제도에는 어떤 것들이 있고 어떻게 작동하며 그 결과는 무엇인지에 대한 지식도 매우 많이 늘어났다. 이렇게 된 것도 겨우 최근 몇 년 사이의 일이다. 중요한 문제들에 관한 지식이 늘어난다는 것은 즐거운 일이고 긍정적인 일이다. 이제는 모르는 것도 거의 없고 결론도 나왔다고 부풀려 말하고 싶지는 않다. 그런 일은 절대 없을 것이다. 하지만 우리가 훨씬 더 많이 알게 된 것은 분명한 사실이다. 비교정치 연구와 비교민주주의 연구는 특히나 정치학에서 가장 전도유망한 분야일 수 있다.

　지난 50년 동안 일어난 놀라운 변화 가운데 하나는 정치학 연구가 전 세계적으로 이루어지고 있다는 점이다. 이것은 과장이 아니다. 내가 처음 발을 들여놓았을 때는 미국, 영국, 프랑스에만 정치학과가 있었다. 게다가 프랑스에서는 겨우 시작 단계였다. 정치학과는 이탈리아나 일본 같은 나라에도 없었다. 오늘날에는 모든 나라에서 정치학을 연구하고 있다. 억압적인 정치체제를 가진 중국에서조차 좋은 정치학 연구가 이뤄지고 있다.

이제 문제는 정보의 과잉, 특히 질적 정보의 과잉이다. 이론적 틀이 있어야 이 정보들을 다룰 수 있다. 왜냐하면 하나의 이론적 틀로 묶을 수 없는 정보들은 사실의 나열이나 무작위적인 지식일 뿐이기 때문이다.

비교정치학 분야에서 실망스러운 점은 무엇인가?

민주주의를 어떻게 개념화하고 측정할지를 놓고 아직도 씨름하고 있다는 사실은 충격적인 일이다. 민주주의가 무엇을 의미하는가를 두고 아직도 논쟁하고 있다. 내가 생각하는 민주주의는 이것인데 상대가 생각하는 민주주의는 또 다른 것이다. 우울한 일이다.

민주주의를 만족스럽게 정의하는 것이 왜 이렇게 어려울까?

여러 이유가 있겠지만 그중 하나는 역사적 변화를 존중하는 민주주의에 대한 정의가 있어야 하는데 그것이 쉽지 않기 때문이다. 다들 그리스 도시국가를 비민주적인 정치체제로 만드는 민주주의 정의를 원치 않는다. 하지만 이를 수용할 수 있어야 한다. 동시에 민주주의라는 개념을 만족스럽게 정의하려면 그 개념의 역사를 존중하고 그 의미가 진화해 왔다는 사실에 적응할 수 있어야 한다. 나아가 정의定義를 통해 민주주의가 측정 가능하도록 정식화되어야 한다. 측정 가능하려면 민주주의를 평가할 수 있어야 하고 평가에 기초해 순위를 매길 수 있어야 한다. 예를 들어 페루의 언론이 얼마나 자유로운지 평가할 필요가 있다. 온도계의 눈금을 읽는 것과는 다르겠지만, 충분히 많은 사람들이 평가에 동의할 수 있다면 신뢰할 만한 평가가 가능할 것이다. 이 모든 조건들은 좀처럼 만족시키기 힘든 까다로운 것들이다.

이 분야에서 실망스러운 점은 또 없는가?

라스웰과 캐플런의 연구(Lasswell and Kaplan 1950), 제임스 마치의 연구(March 1955, 1956, 1957) 그리고 초기 연구(Dahl 1957, 1968) 이후 권력과 권력의 개념화에 관한 연구를 더 이상 찾아 볼 수 없다는 것은 매우 실망스러운 일이다. 권력은 그만큼 핵심적인 개념이다. 제임스 마치와 나는 권력이라는 단어가 관찰과 비교가 가능한 개념이 되기를, 그래서 이와 관련된 지식이 축적될 수 있도록 발전하길 바랐다. 아울러 라스웰과 내가 노력했던 것처럼 권력 연구를 위한 변별적이면서도 엄밀한 언어들이 좀 더 발전하길 기대했었다(Dahl 1957; 1963, 39-54). 하지만 이런 기대는 지나치게 낙관적이었던 것 같다. 오늘날, 그러니까 50년이 지났지만 권력이라는 단어와 개념은 우리가 연구를 시작하던 그때와 다르지 않게 쓰이고 있다. 권력 그리고 권위 또는 합법적 권력을 구분하는 기본적 분류 그러니까 막스 베버의 분류마저 기억하지 못하는 듯하다. 내 생각에 우리는 권력 연구에서 발전이 없을 뿐만 아니라 실제로는 퇴행하고 있다.

오늘날 권력을 연구하는 사람은 극소수다. 나는 이 점을 어떻게 설명해야 할지 모르겠다. 방법론적으로 적절하고 합리적이라고 할 만한 방식으로 권력을 연구하려면 갖춰야 할 조건들이 많은데, 그것들이 권력을 정의하고 측정할 수 있는 우리의 능력을 압도하고 있기 때문인 듯하다. 아마도 문제는 권력을 측정할 만한 좋은 방법이 없고, 그래서 권력을 연구하려는 사람들도 방법론적 조건을 충족시키기가 너무 힘들다는 점을 알고 있다는 데 있는 것 같다.

오늘날 일부 정치학과에서는 정치 이론이 대학원 필수 과정일 필요가 없다는 주장을 하고
있다. 사실 정치 이론 분과를 없애자는 이야기도 있다. 어떻게 생각하는가?

어떤 사람들은 내 생각이 복고적이라고 말하겠지만, 대학원의 정
치학 전공 과정에서 정치 이론을 빼는 것은 엄청난 잘못이라고 본다. 정치 이
론과 정치철학 책을 읽는 것은 중요하다. 우리 주위에서 언제나 지속적으로
제기되고 있는 여러 가지 문제들에 접근할 수 있는, 내가 아는 유일한 방법이
바로 그것이다. 정치 이론은 대안적 정치체제들의 특성에 관한 근본적인 질
문을 제기한다. 왜 그 체제들은 가치가 있는가? 왜 우리는 그 체제들을 원하
는가? 왜 우리는 그런 체제들을 위해 희생하는가? 정치 이론은 권위authority와
좋은 사회에 대한 지속적인 질문도 제기한다. 왜 우리는 법에 복종해야만 하
는가? 왜 우리는 한 헌정 체계를 다른 헌정 체계보다 선호하는가? 이런 질문
들은 오랜 시간 동안 우리 주변에서 항상 제기되어 온 그런 류의 문제들이다.

정치 이론 책을 읽으면 지평이 넓어지고 질문의 폭도 넓어지는데 정치 이
론을 대신해 줄 수 있는 것이 있는지 모르겠다. 나는 현대 정치학의 편협함이
걱정이다. 연구를 진행하고 결과를 발표하는 과정에서 정치학자들이 전문화
되는 경향이 있다. 그런데 지나치게 전문화되다 보면 더 이상 중요하지 않은
질문들만 하게 될 위험이 크다고 생각한다. 그렇게 전문화된 질문들의 답은
아무리 구해 봐도 인류에 도움 될 게 없다. 반대쪽에서는 피상적인 것이 문제
다. 너무 폭넓은 질문이라서 아무리 답을 해도 별 의미가 없는 질문들을 하는

것이다. 하지만 그것은 감수할 필요가 있는 위험이다.

앞서 행태주의 혁명을 이야기하면서 지난 20년 사이에 정치학의 주요 흐름으로 자리 잡은 합리적 선택이론에 대해 간단히 언급했다. 정치학에서 합리적 선택이론의 미래는 어떤 것 같나?

합리적 선택이론은 이미 전성기에 도달한 것 같다. 초기에는 합리적 선택이론의 한계를 제대로 이해하지도 못하던 사람들이 이 이론을 받아들였지만 시간이 흐르자 합리적 선택이론의 한계는 분명해지고 있다. 일부 연구 주제의 경우 합리적 선택이론으로 잘 설명할 수 있지만 정말 중요한 연구 주제들은 합리적 선택이론으로 설명할 수 없다. 그래서 그린과 샤피로(Green and Sharpio 1994)의 책처럼 합리적 선택에 대한 비판의 목소리가 생긴다. 나는 합리적 선택이론의 문제점은 사라지지 않을 것이라고 생각한다. 게다가 나는 하버드 대학의 정치학과처럼 학과 전체가 합리적 선택이론만 다루는 것으로 보이는 학과들에서도 그런 전제적 경향에 대한 반발이 일어나고 있다는 것을 감지하고 있다. 나는 이런 반대 경향이 수그러들지 않고 더욱 힘을 얻을 것이라고 예상해 본다. 하지만 그렇다고 해서 합리적 선택이론을 학계에서 내몰려고 한다면 앞서 말했듯이 그것은 큰 실수다. 그렇게 되라고 생각하지는 않는다.

합리적 선택이론이 이미 전성기에 도달했다면, 학계는 어디로 가고 있다고 생각하는가?

10년 뒤에는 완전히 틀린 이야기일 수도 있지만, 다양한 것들이 공존하는 학계가 될 가능성이 가장 크다고 본다. 단 하나의 모델만 존재하는 일은 없을 것 같다. 내 착각일 가능성도 크다. 하지만 딱 한 가지 모델만으로 정치학을 설명하기는 힘들 것이다. 예를 들어, 유전학이나 뇌 연구로 모든 것을 설명할 수 있을 것 같다고 생각할 수도 있지만, 환원주의로는 멀리 나아가지 못한다.

왜 그런가?

　　복잡성의 문제 때문이다. 최근에 나는 유전학 연구의 환원주의를 비판하는 논문을 써서 프레드 그린스타인 기념 논문집에 실었다. 제목은 "인간성과 정치학에 대한 반성 : 유전자에서 정치제도까지"(Dahl 2006)이다. 유전자에서 인간의 권리를 도출할 수는 없다고 주장하고 싶었다. 여러 이유 중 하나만 이야기해 보자면, 제도가 중요한데 유전자로는 제도를 설명할 수 없기 때문이다. 유전자는 경향성과 가능성의 측면에서 무언가를 이야기해 줄 수는 있다. 하지만 제도를 설명하지는 못한다.

그렇다면 학계가 다원주의적이 될 것이라고 예상하는 것인가?

　　그렇다. 편견일 수도 있겠지만 그저 나는 정치의 중요한 특성인 복잡성을 완전히 다룰 수 있는 것은 없다고 생각한다.

흔히들 오늘날 정치학은 현실 세계와 동떨어져 상아탑에만 갇혀 있다고 비판한다. 반대로 당신의 연구는 규범적으로 현실 세계에 영향을 미치고자 기획된 경험적 조사의 좋은 사례가 되는 듯하다. 실제로도 현실 세계에 영향을 미치고 싶어 했는가?

　　그렇다. 내 저술의 가치는 인류의 복지에 얼마나 영향을 미치는가에 달려 있다고 생각한다. 그 목표는 린드블롬과 함께 썼던 첫 번째 책『정치,

경제 그리고 복지』의 제목에서도 알 수 있다(Dahl and Lindblom 1953). 그 당시 만 해도 복지는 사람들이 잘사는 것을 의미했지 오늘날처럼 '복지 수당'을 뜻 하는 것이 아니었다. 내가 항상 책을 명확하게 쓰려 하고 내 연구에 좀 더 많은 사람들이 접근할 수 있도록 애썼던 것도 모두 사람들과 이들이 생각하는 방식 에 영향을 미치고 싶었기 때문이다. 나는 내 책이 번역되어 다른 나라 사람들 도 읽을 수 있다는 게 기쁘다. 『민주주의』(Dahl 1998)의 경우 28개 언어로 번 역된 것으로 알고 있다.

현실 세계에 영향을 미쳐 보고 싶었다면, 외국 정부나 민주적인 반대 집단에 헌법 제정과 같은 문제와 관련해 자문 역할도 해본 적이 있나?

그렇지는 않다.

그런 문제라면 당신에게 조언을 구하는 것이 맞을 듯한데, 아닌가?

가끔씩 부탁을 받는다. 그리고 몇몇 위원회에 참여한 적도 있다. 하지만 실제 내 답은 '아니오'이다.

왜 아닌가?

위싱턴에서의 경험 덕분에 일찍이 시간을 그렇게 보내고 싶지 않 다고 생각하게 되었기 때문인 것 같다. 그 일은 나보다 더 유능한 사람들에게 맡겨 두고 싶다.

정치학이 학문으로서 활기가 넘치려면 새로운 사람들이 많이 들어와야 한다. 그러기 위해
서는 젊은 학자들에게 정치에 대한 연구가 재밌고 신난다는 생각을 심어 줄 수 있어야 할
듯하다. '재미'가 학문에서도 중요하다고 생각하는가?

그렇다. 매우 중요한 지적이다. 타당성을 검증해 본 적은 없지만
경험적 주장을 하나 해보겠다. 자신의 연구를 즐기지 않는다면 연구가 잘되
지 않을 것이다. 그림 그리기든 글쓰기든 연구든 마찬가지라고 생각한다. 연
구의 매 순간순간 항상 즐거워야 한다는 뜻은 아니다. 힘든 일도 있을 것이
다. 하지만 그 이상의 무언가가 있다. 한 작품이 나와서 세상에 적용되는 과
정을 지켜보다 보면 즐겁기도 하고 지적 만족감도 분명히 있다. 그런 만족감
이 없다면 그 일을 왜 하는지 모르겠다. 『미국정치학회보』에 실린 논문들을
보다 보면 '이 사람은 이 연구를 하면서 정말 신이 났을까?'라는 생각이 가끔
씩 든다.

비교정치학을 막 시작하려는 오늘의 젊은 학자들에게 조언을 한마디 해준다면?

대학에서 크게 벗어나서야 안 되겠지만 실제 바깥세상을 경험해
보라고 권하고 싶다. 대학도 '진짜' 세계이기 때문에 '진짜'라는 말은 쓰지 않
겠다. 하지만 유치원부터 박사과정까지 학교 안에만 갇혀 있지 않고 학교 바

깥의 세계를 알려면 학교 밖의 사람들을 만나고 교류할 필요가 있다고 생각한다. 요즘 대학원생들을 보면, 내가 대학을 졸업할 때보다 더 많은 교양을 쌓고 고등학교를 졸업하는데도 불구하고, 학계와는 관계없는 보통 사람들과 함께한 인간적 경험의 깊이가 부족하다는 느낌이 든다. 내가 민주주의를 깊이 신뢰하게 된 이유 가운데 하나는 어린 시절에 보통 사람들과 교류할 기회가 있었고 이들도 기회가 주어지면 꽤 잘할 수 있다는 사실을 발견할 수 있었기 때문이다.[20] 보통 사람들을 만나게 되면 나는 항상 힘이 난다. 그래서 대학원생들에게 학교 바깥의 세계를 만나 보라고 권하고 싶다. 그렇게 할 수 있는 방법은 많이 있다.

또 달리 충고할 것이 있다면 무엇인가?

이것을 충고라고 할 수 있을지 모르겠다. 사람 마음대로 되는 것이 아니기 때문이다. 뭐냐 하면, 호기심을 절대 잃어서는 안 된다는 것이다. 당신이 말한 열정이라는 단어도 괜찮다. 호기심은 정말 중요하다. 호기심이 있다면 계속 전진할 수 있다.

[20] Dahl(2005) 참조.

권위주의 체제론과
민주주의 공고화론

후안 린츠는 권위주의 정치체제와 민주화에 대한 영향력 있는 연구로 널리 인정받고 있는, 20세기 하반기의 걸출한 정치사회학자이다.

비민주주의 체제에 대한 그의 초기 연구는, 제2차 세계대전 이후 정치체제에 대한 비교 연구를 주도했던, 전체주의와 민주주의의 이분법에 의문을 제기했다. 프랑코 시기의 스페인에 대한 면밀한 지식을 바탕으로 쓴 유명한 논문 "권위주의 체제 : 스페인"An Authoritarian Regime : Spain(1964)에서 그는 권위주의 체제 개념을 정식화함으로써, 전체주의도 민주주의도 아닌 세계 여러 나라들에 대한 설명력을 높여 준 중간 범주를 제시했다. "전체주의 체제와 권위주의 체제"Totalitarian and Authoritarian Regimes(1975)에서는 분석 범위를 확장해 사실상 세계 모든 나라를 포괄할 수 있는 본격적인 정치체제 유형론을 발전시켰다. 그의 유형론은 현대 사회과학에서, 다양한 정치체제를 파악할 수 있는 가장 포괄적인 작업으로 자리매김했다고 볼 수 있다. 호창 체하비Houchang Chehabi와 공동으로 편집한『술탄주의 체제』Sultanisitc Regimes(Chehabi and Linz 1998b)에서는 개인 독재 정권의 기원과 동학, 그리고 그것의 붕괴를 중심으로 비민주주의 체제에 대한 자신의 개념적 연구를 확장시켰다.

린츠가 두 번째로 집중한 연구 분야는 체제 변화였다. 스테판과 공동 편집한 [총 네 권으로 이루어진] 연작『민주주의 체제의 붕괴』The Breakdown of Democratic Regimes(Linz and Stepan 1978) 1권에서 그는 민주주의 체제에서 반대파뿐 아니라 집권파가 민주주의의 전복에 어떤 식으로 결정적인 역할을 했는지에 초점을 맞췄다. 린츠는 체제 붕괴를 설명하면서 우연적이고 가변적인 요소를 강조했는데, 이는 민주주의 체제가 붕괴된 원인을 반대파에 초점을 맞춰 접근하는 방법뿐 아니라 경제적 원인을 강조하는 마르크스주의 이론에 대해서도 도전한 것이었다. 이후 그는 대통령제 민주주의에 대한 연구를 통해, 대통령제 민주주의가 의회제 민주주의에 비해 더 쉽게 붕괴되는 경향이 있다고 주장했다. 대통령제에 관한 린츠의 논문(Linz 1985b)은 비교정치학 분야에서 대통령제 체제의 취약성에 관한 논쟁을 야기했고, 아르투로 발렌수엘라와 공동 편집한『대통령제 민주주의의 실패』*The Failure of Presidential Democracy*(Linz and Valenzuela 1994, 전2권)으로 출간되었다. 또한 래리 다이아몬드, 시모어 마틴 립셋과 공동 편집한『개발도 상국에서의 민주주의』*Democracy in Developing Countries*(Diamond, Linz and Lipset 1988-89)와, 스테판 과의 공동 연구물인 라틴아메리카, 남부 유럽, 탈공산권 유럽 등 13개국에 대한 지역 간 비교 연구『민주주의 이행과 공고화의 문제』*Problems of Democratic Transition and Consolidation*(Linz and Stepan 1996)를 통해 민주화 연구에도 기여했다.『민주주의 이행과 공고화의 문제』는 그 이전 연구의 초점이었던 라틴아메리카와 남부 유럽에 기초를 둔 체계적인 분석틀 안에서 탈공산권 유럽 국가들의 사례를 통합하는 데 기여했다. 이 책은 이론적으로 두 가지 측면에서 중대한 공 헌을 했다. 첫째, 민주화에 대한 기존 연구에, 민족주의 분쟁에서 비롯된 '국가성'에 대한 관심 을 새롭게 불러일으켰다. 둘째, 비민주적 구체제 유형이 그 이후 이어지는 민주화 경로에 영향 을 주는 방식을 흥미롭게 보여 주었다. 린츠는 현재 스테판과 함께 연방 제도와 민주주의, 다 민족주의에 관한 연구를 진행하고 있는데 이를 통해 '국가성' 문제를 더 깊게 파고들고 있다. 린츠의 연구가 다루는 범위는 최종적으로 사회와 정치의 교차점에 걸쳐 있는 광범위한 문제 에까지 이른다. 여기에는 스페인의 기업 엘리트와 지역 엘리트들, 바스크 지역의 민족주의 분 쟁, 스페인 사회사, 파시즘 운동의 사회학까지 포함된다.

1926년 독일 본에서 태어난 린츠는 1947년 마드리드 대학을 졸업했고, 1959년 컬럼비아 대학 에서 사회학 박사 학위를 받았다. 컬럼비아 대학(1961~68)과 예일 대학(1968~99)에서 강의했고, 1999년에는 예일 대학 명예교수가 되었다. 국제사회학회 정치사회학위원회Committee on Political Sociology와 국제정치학회 회장을 지냈으며(1971~79), 세계여론조사기관협회World Association for Public Opinion Research, WAPOR 회장도 역임했다(1974~76). 1976년에는 미국예술과학아카데미 회 원이 되었다.

2002년 4월 25~26일,
코네티컷 주 햄던에서,
스나이더가 인터뷰했다.

스페인이라는 배경이 지적 성장에 어떤 영향을 주었나?

      사회학을 공부하러 컬럼비아 대학에 온 게 1950년인데, 그 이전의 몇 년간이 결정적이었다. 내 관심사가 형성된 것도 그때이고 학문적인 훈련도 그때 받았다. 나는 1926년 독일 본에서 독일계 아버지와 스페인계 어머니 사이에서 태어났다. 당시 인플레이션으로 인해 아버지의 사업은 파산 상태였다. 그 덕에 어린 시절을 바이에른 삼림지대Bavarian Forest에서 보냈다. 독일이 대공황에 시달리던 1932년, 스페인에 공화국이 성립되었고, 어머니는 마드리드의 역사연구센터Center for Historical Research와 국립도서관에서 일자리를 구했다. 아버지는 독일에 남았는데 만취한 운전자가 모는 차에 치여 세상을 떠났다. 나는 내전이 발발한 1936년까지 마드리드에 있는 독일인 학교에 다녔다.

      내가 처음으로 사회문제에 관심을 갖기 시작해 결국 정치에 관심을 기울이게 된 것은 어린 시절의 경험 때문이었다. 그 시기에 나는 직접적으로든 어머니가 하는 말을 통해서든 간에, 제1차 세계대전 이후부터 프랑코 체제까지 전간기에 유럽에서 나타난 복잡한 역사를 경험했다. 러시아혁명이나 발트 해 및 북유럽의 문화도 내게 익숙했는데, 이는 알렉산데르 케스퀼라Aleksander Keskula와의 관계 덕분이었다. 케스퀼라는 에스토니아의 혁명적 민족주의자로, 핀란드 역으로 가는 레닌의 여정에 동참했고 에스토니아 독립에 관여하다가 스위스로 망명한 인물이었다. 그는 어릴 적 내 숙제를 돌봐 주었다. 하지만 그때 이야기를 하자면 한도 끝도 없다. 게다가 1936년 10월에 내전이 마드리드 교외까지 파급되자 어머니와 함께 독일로 피난한 이야기나, 나치 독일 치하에서의 기억들, 1937년 2월 스페인으로 돌아온 이야기, 1936~39년의 내전, 어머니가 팔랑헤당[1]의 복지 기구에서 일했을 때 프랑코 치하의 살라망카 Salamanca 시에서 만난 가난한 이들과 박해받는 이들의 이야기 등등을 다 하자면 지면이 모자랄 것이다. 독일인이 될 수도 있었던 내가 그러지 않고 스페인 국적을 갖게 된 것 역시 이야기하자면 길다. 스페인 민주주의의 붕괴나 프랑코 체제하의 제한된 다원주의, 나치즘, 파시즘, 민족주의 등 내 저작에서 다뤄진 많은 주제들에 대한 나의 이해verstehen[2]는 내가 채 열 살도 되기 전에 겪었던 경험으로부터 형성된 것이다. 여기에서 그런 이야기를 하지는 않겠다(Linz 1997a, 101-114; Linz 1997b, 141-152).

1943년 중등 교육(바치예라토bachillerato)을 마친 뒤 마드리드 대학의 로스쿨과 새로 설립된 정치·경제학부에 들어갔다. 5년 동안 민법, 상법, 형법, 국제법, 공법과 사법, 정치법, 비교헌법학을 공부했다. 정치학 과정에서는 정치경제부터 행정, 지방자치, 노동관계, 사회보장법, 국제관계, 교회와 정부의 관계, 근대사, 정치 이론의 역사까지 공부했다. 선생님들은 뛰어난 몇몇을 제외하면 대체로 평범했다. 그래도 1948년과 1947년 두 과정에서 리센시아도[석사 학위[3]를 받으며 졸업할 때쯤엔 광범위한 법률적·사회과학적 배경을 갖출 수 있었고, 그 덕택에 — 치열한 시험을 통과한 후 — 고위 공무원이 될 수 있었다. 그때 배운 것들은 이후 학자의 길을 가면서도 항상 유용했다.

---

1 * 팔랑헤당Falange Española
스페인의 민족주의 정치단체로, 1937년에 통합 결성된 뒤 프랑코의 권력 기반이 되었다.

2 막스 베버는 행위자의 관점에서 인간 행위의 맥락과 의미를 이해하려는 사회과학적 시도를 언급하기 위해 독일어로 verstehen[이해]이라는 용어를 사용했다.

3 * 리센시아도licenciado
스페인의 대학에서 기초 과정 3년을 거친 뒤 전문 과정 2년을 수료한 학생에게 주는 석사 학위.

프랑코 집권 당시 법을 공부하던 우리는 스페인의 사회와 정치 문제를 가지고 토론하는 소규모 비합법 그룹을 조직했다. 그때 프랑코 헌법의 테두리 안에서 프랑코를 쫓아낼 수 있는 방법이 무엇인지를 토의하면서 프랑코 정권의 입법부가 만든 헌법 조항을 분석하기도 했다. 나중에 스페인에서 1970년대 민주화 이전에 실제로 그와 똑같은 작업을 한 이들이 있었다. 프랑코 체제의 헌법적 틀 안에서 민주주의로의 이행을 가능케 하는 방법을 연구했던 것이다. 그리고 그들 중 일부가 실제로 민주화를 이뤄 냈다.

사회학에는 어떻게 관심을 갖게 되었나?

사회 이론의 고전을 매우 어려서부터 접했다. 하비에르 콘데Javier Conde 교수는 1930년대 독일에서 교육을 받으며 독일의 정치학과 사회학 전통을 받아들였다. 내가 사회문제나 노동관계, 사회보장 법률 제정 등에 관심이 있다고 말하자, 콘데 교수는 이렇게 답했다. "하나같이 단조롭고 지적으로도 흥미를 끌지 못하는 주제들이군. 이걸 읽어 보게." 그러면서 칼 만하임의 『이데올로기와 유토피아』Ideology and Utopia(Mannheim 1936)를 권했다. 또 한스 프라이어Hans Freyer와 막스 베버의 책들도 건네주었다. 난 콘데 교수의 조교로 있으면서 그를 도와 사회학 이론 수업에 사용할 독본을 만들었다. 그때 오귀스트 콩트, 빌프레도 파레토, 베버를 비롯해 당시 스페인어로 번역 출간되어 있던 『사회학』Soziologie(1908)[4]의 저자 지멜Georg Simmel의 책은 모두 읽었다. 그 모든 고전을 가르쳐야 했기 때문에 연구하지 않을 수 없었다. 그때했던 강의 중에는 페르디난트 퇴니에스Ferdinand Julius Tönnies의 공동사회(게마인

---

4 이 작품의 일부가 1950년 영어로 번역되어 출간되었다(Simmel 1908).

샤프트Gemeinschaft)와 이익사회(게젤샤프트Gesellschaft)의 구분에 대한 것이 있었고, 계급과 신분에 관한 베버의 구분, 또 마르크스와 베버의 계급 개념 비교에 대한 것 등이 있었다. 나중에 컬럼비아 대학에 갔을 때 뛰어난 나치 연구자였던 폴란드 사회학자 테오도르 아벨Theodore Abel이 가르친 '사회학 이론의 역사' 과목을 들었다. 추천 도서 목록을 받고 강의를 두세 번 듣고 나니, 그가 가르치는 내용이 내가 이미 아는 것임을 깨달았다. 그러니까 내가 사회학 이론의 고전들에 흥미를 느끼는 것은 독일·스페인의 지적 문화에서 비롯되었다고 할 수 있다. 고전에 관심을 가져야 하는 법이다.

콘데 교수가 1948년 정치학연구소Instituto de Estudios Políticos 소장으로 임명되었을 때 나도 그곳에서 함께 일했다. 세미나에 참여하면서 연구소에서 발행하던 잡지 편집 위원회 일도 했고, 각종 출판물에 대한 출간 결정 및 입법 준비 단계의 보고서 작성 등에 참여했다. 나는 정치 이론의 역사를 다룬 귄터 홀슈타인Günther Holstein 책을 번역하는 작업에도 참여했는데 이는 홀슈타인의 독일어판 『철학 핸드북』Handbuch der Philosophie(Holstein 1950)에 실렸다. 나는 강의 조교로서 베버와 퇴니에스, 프라이어 같은 사회학자들뿐 아니라 헤르만 헬러[5], 한스 켈젠[6] 등의 독일 정치학자들까지 읽고 가르쳤다. 1950년 시앙스포Sciences Po[7]의 한 그룹이 프랑스 남부에서 개최한 세미나에 전 유럽의 정치학도들이 모였는데, 그때 난 켈젠의 『민주주의의 본질과 가치』Vom Wesen und Wert der Demokratie(Kelsen 1929)라는 책과 『윤리학』Ethics에 실린 한 논문을 바탕으로, 민주주의에 대한 주제 발표를 한 적이 있었다. 켈젠과 헬러, 그리고 1949년과

---

[5] • 헤르만 헬러Hermann Heller(1891~1933)
'사회적 법치국가'sozialer Rechtsstaat라는 개념으로 널리 알려진 독일 법학자이자 정치학자.

[6] • 한스 켈젠Hans Kelsen(1881~1973)
순수법학reine Rechtslehre으로 알려진 실증주의적 이론을 주창한 오스트리아계 미국인 법철학자이자 법률가.

[7] 프랑스 국립정치학재단Fondation Nationale des Sciences Politiques, FNSP을 가리킨다.

1950년 프랑스에서의 경험은 내 지적 발전에 중추적인 역할을 했다.

스페인에서는 프랑스 '선거 지리학'electoral geography에 대한 논문, 루돌프 헤벌레Rudolf Heberle가 슐레스비히홀슈타인 지역의 나치당 투표에 관해 쓴 논문(Heberle 1945)을 비평한 글, 그리고 선거사회학 분야에서 출판된 책 목록을 정리한 글을 썼는데, 그 덕분에 폴 라자스펠드, 시모어 마틴 립셋, 앨런 바턴Allen Barton과 함께 투표의 심리학을 다룬 책(Lipset et al. 1954)의 한 장을 맡아 공동 저자가 될 수 있었다.[8]

1950년에는 컬럼비아 대학원에서 사회학을 전공하기 시작했다. 미국에는 어떤 이유로 왔나?

정치학연구소에 있으면서 대규모의 학술지 교류 행사를 조직한 적이 있었는데 그때 미국 사회과학 책들을 사들였다. 리처드 센터스Richard Centers의 『사회 계급의 심리학』Psychology of Social Classes(1949) 같은 연구 논문들을 보며 경험적 연구에 대한 호기심이 생겼고, 연구 방법론을 공부해야겠다는 자극도 받았다. 콘데 교수는 스페인 외무부의 장학금을 받을 수 있게 해주었고, 국제 사회학회에서 활발히 활동한 독일 사회학자 르네 쾨니히René König는 스페인을 방문하던 중에 내게 시카고 대학, 컬럼비아 대학, 하버드 대학 가운데 한 곳을 가라고 권했다. 물론 나는 처음에 한스 슈파이어Hans Speier와 함께 민군 관계에 대해 연구하고자 뉴스쿨 대학New School for Social Research에 가려고 했다. 하지만 워싱턴 주재 스페인 대사관에서 반대해, 앞서 말한 세 군데 대학에 지원하게 되었고 컬럼비아에서 나를 '비학위 과정'[9] 학생으로 받아 주었다.

8 립셋은 농담조로 이 글을 '법률 회사'의 글이라 언급한다(Lipset 1995, 7).

9 • 비학위 과정non-matriculated
학위 과정에 등록하지는 않되, 타 기관에서 박사과정을 마쳤거나 연구를 위해 대학원에서 초빙한 사람을 대상으로

1950년 학생 신분으로 미국에 건너간 나는, 앞선 세대들처럼 망명자나 이민자로 온 것이 아니었다. 그래서 내 경험은 1930년대에 청소년기를 보낸 그들의 경험과는 달랐다. 스페인 내전이 시작되었을 때 나는 겨우 아홉 살이었다. 내가 미국식으로 사회과학 훈련을 받았을지라도 그 기초에는 스페인의 대학교육과 독일의 문화적 배경, 유럽의 사회·정치적 경험이 깔려 있다. 그런 배경을 고려하지 않고서는 내 지적 작업들을 이해할 수 없다고 생각한다. 여러 국가와 다양한 학과에서 경험을 쌓은 나 같은 사람은 우리 세대에서도 드물다.

당신이 대학원생이었던 1950년대 컬럼비아 대학의 사회학과는 사회과학 분야에서 가장 흥미로운 학과 중 하나였다.[10] 그런 환경에서 공부하는 것은 어떤 경험이었나?

가장 결정적이었던 것은 컬럼비아에는 여러 명의 비범한 인물을 포함해 매우 이질적인 교수들이 있었다는 점이다. 로버트 머튼은 이론과 개념의 마술사였다. 내가 마술사라는 단어를 사용한 것은 그냥 한 말이 아니다.[11] 그는 추상화의 사다리를 오르내리는 방법을 보여 줌으로써 개념을 어떻게 다뤄야 하는지 가르쳐 주었다. 방법론에 관한 에밀 뒤르켕Émile Durkheim의 고전 『자살』Suicide(Durkheim 1951)에 어느 정도 의존하기는 했지만 머튼은 하나의 개념을 지표들Indicators로, 지표들을 개념들로 변형하는 방법도 보여 주었

한 과정.

10 Coleman(1990a) 참조.

11 머튼은 청소년기에 실제로 마술사로 활동한 적이 있었고 심지어 성까지 '멀린'Merlin으로 바꾸기도 했다. 머튼 자신은 그 일에 대해 이렇게 설명한다. "랍비 자무엘 바이스Samuel Weiss의 아들인 에리히 바이스Ehrich Weiss가 유명 프랑스 마술사 로베르 우댕Robert Houdin을 따라 자기 이름을 해리 후디니Harry Houdini로 바꿨던 것처럼, 열네 살 마이어 슈콜닉Meyer R. Schkolnick[머튼의 원래 이름]은 우댕보다 훨씬 유명한, 아서왕 전설에 나오는 마법사의 이름을 따 재빨리 로버트 K. 멀린이 되었다. 그러고는 멀린은 곧 머튼이 되었다." Merton(1996b, 347) 참조.

다. 그것은 머튼이 함께 가르쳤던 구조기능주의 논리만큼이나 매우 독특한 학습이었다.

　방법론의 훌륭한 혁신가였던 라자스펠드 역시 또 다른 매력을 가진 인물이었다. 훌륭한 교수는 아니었지만 매우 좋은 연구자였고 함께 일하면 강한 자극을 주는 사람이었다. 난 라자스펠드와 립셋, 바턴과 함께 『사회심리학 핸드북』*Handbook of Social Psychology*(Lipset et al. 1954) 프로젝트에 참여했다. 라자스펠드는 항상 우리에게 자극이 되었고 우리를 격려해 주었다. 머튼이 그 특유의 완벽주의로 사람들의 기를 죽였다면, 라자스펠드는 "좋아, 해보자. 준비해 봐"라고 말하는 실용주의적 사람이었다. 라자스펠드와 머튼은 일반적인 방법론들과 이론을 다루는, 매우 고무적인 합동 세미나를 꾸렸다 — 기본적으로 학생들 앞에서 두 사람이 대화하는 형식으로 진행되었다. 라자스펠드는 방법론자methodologist였음에도, 광범위한 사람들과 대화할 수 있는 폭넓은 지적 배경을 갖고 있었다. 그는 위대한 문학 고전들을 읽었고 역사와 그리스어, 라틴어도 배운 바 있어 훌륭한 인문학적 소양을 갖춘 사람이었다. 아마도 오스트리아에서 김나지움 시절에 그런 교육을 받았던 것 같다. 컬럼비아 대학 철학과에서 어니스트 네이글[12]과 함께 강좌를 진행한 것은 그의 식견이 얼마나 넓은지를 보여 준다. 나도 그 수업을 청강했다. 라자스펠드는 노련한 심리학자이기도 했는데 그의 사상은 동기부여에 관한 문제를 비롯해 행위 이론에 기반하고 있었다. 그는 이를 다룬 멋진 논문을 발표한 적이 있다. 가장 기초적이고 가장 복잡하지 않은 행동을 연구하기로 한 그의 결정에서도, 이런 심리학적 토대가 잘 드러난다. 젊은 사회민주주의자였던 그라면 정당에 대한 투표 행위에 분명 관심이 갔을 테고 연구하려고 했을 법도 한데, 비누를 사는

---

12 • 어니스트 네이글Ernest Nagel(1901~85)
체코계 미국인으로 논리실증주의 운동을 주도한 과학철학자.

것처럼 가장 기초적이고 단순한 한 가지 행위를 연구하기로 한 것이다. 라자스펠드는 그와 같은 단순한 결정 행위를 인간 행태의 분자적 수준molecular level 으로 파악했다. 그는 그것이 쉽게 연구 가능한 대상이라는 점을 잘 알고 있었다. 그래서 시장 조사를 인간 행태의 근본적 차원을 연구하는 방법의 하나로 생각했던 것이다. 라자스펠드에 반대하는 학생들은, 이런 논리는 그가 기업과 일하는 것을 합리화하기 위해 내세운 명분에 불과하다고 여겼다. 하지만 난 전혀 그렇게 생각지 않는다. 오히려 제대로 내린 결정이었다고 본다.

요 전날 로버트 달이 주관한 저녁 식사에 갔다가 예일 대학의 정치학 역사와 그 자신에 대한 얘기를 듣고 무척 놀랐다. 1950년대 예일 대학에서 가르친 정치학에는 방법론이나 조사 기법, 통계학이 전혀 없었다는 것이다. 달은 나보다 적어도 10년 뒤에야 그런 기법을 알았다고 했다. 컬럼비아 대학에는 라자스펠드가 있어서 방법론적 교육의 선두에 있었던 것이 주된 이유였다. 컬럼비아 대학원생들은 필수적으로 통계학 수업을 두 학기 들었다. 나도 그다지 잘하지는 못했지만 어쨌든 낙제는 하지 않았다. 난 라자스펠드에게서 설문 조사 연구를 하는 방법을 배웠다.

컬럼비아 대학에서 내게 영향을 준 인물로는 킹슬리 데이비스[13]도 있다. 데이비스는 머튼처럼 구조기능주의를 추구했지만 개발도상국 및 인구학, 가족 등에 기반을 둔 연구를 했다. 그는 개발을 주제로 한 매우 흥미로운 수업을 진행했는데 해당 과정에서는 개발도상국의 도시화 및 문맹, 사회구조들에 대해 다뤘다. 마지막으로 로버트 린드[14]와 립셋의 팀이 있었다. 린드는 '미국 진보파'American Progressive의 관점을 지녔던 사람으로 어느 정도는 마르크스주

13* 킹슬리 데이비스Kingsley Davis(1908~97)
미국의 사회학자. 인구 폭발과 인구의 제로성장이라는 개념을 만들어 냈다.

14* 로버트 린드Robert S. Lynd(1892~1970)
미국의 사회학자. 역시 사회학자인 부인 헬린 린드와 공저한 『미들타운』 Middle Town으로 잘 알려져 있다.

의자라 할 수 있었으며 사회정의 문제와 '무엇을 위한 지식인가'와 같은 만하임의 질문들에 주로 관심을 가졌다. 그때 립셋은 캐나다에서 농업 사회주의 연구를 마쳤고, 노동조합 민주주의에 관한 프로젝트를 진행하고 있었다 (Lipset 1950; Lipset, Trow, and Coleman 1956). 이처럼 교수진 개개인 — 립셋과 린드의 경우는 한 팀으로 봐야 할 것이다 — 이 서로 매우 달랐다. 그런데 이런 이질성의 혜택을 누리지 못한 학생이 많았다. 왜냐하면 학생들이 일부 측면만을 취했기 때문이다. 어떤 학생들은 "난 라자스펠드가 기업을 위한 연구를 하고 있기 때문에 싫다"라고 말하면서 린드와 립셋 쪽으로만 기울어져 있었다. 다른 이들은 데이비스가 권위주의적이며 사실상 파시스트라고 생각해 싫어했다. 학생들은 자신들이 누릴 수 있는 혜택을 온전히 받지 못한 셈이다. 난 다행히 그 교수들 모두의 강의를 듣고 가르침을 받기로 결정했다. 정말 운이 좋았다.

다른 학생들과는 달리 그런 다양한 교수진에 개방적인 태도를 지녔던 이유는 무엇인가?

스페인에서 대학을 나왔기 때문이 아닐까 싶다. 거기서는 모든 교과과정이 필수 과정이었으므로 강의를 전부 들어야 했다. 또한 스페인에서 법학 학위를 따고 이미 연구 조교를 하다 왔기 때문에 다른 학생들에 비해 좀 어른스러웠다. 마지막으로 다양한 것들에 대해 최대한 많이 배우고 싶었던 내게 교수진이 이질적으로 구성된 것은 전혀 문제가 되지 않았다. 그리고 그 교수들은 각자 내게 보여 줄 무언가를 가지고 있었다. 말하자면 나는 '내가 이 사람들에게서 가져갈 수 있는 게 뭔지 한번 보자'라는 식이었다. 그 결과 그들 모두에게서 각기 다른 것을 배울 수 있었다.

대학원 공부 막바지인 1956~57년에 캘리포니아 팰러앨토의 고등연구소Center for Advanced Study에서 립셋의 연구 조교로 1년 동안 있었다. 립셋이 대학원에서 당신의 중요한 멘토 역할을 했나?

그렇다. 난 한 프로젝트의 연구 조교로 1년 반 넘게 립셋과 함께 연구했다. 정치적 다양성의 사회적 기초에 관한 대규모 프로젝트였는데 립셋과 책을 함께 썼지만 출판되지는 못했다(Linz and Lipset 1956). 그 책은 립셋의 저서 『정치적 인간』(Lipset 1960a)을 전개시키는 과정에서 매우 중요한 역할을 했다. 립셋은 내 박사 논문도 지도했다.[15] 원래 논문은 이탈리아와 독일에서 새롭게 등장한 민주주의를 살펴보기 위해, 표본 자료를 사용해서 양국의 유권자들을 사회학적으로 연구하려는 것이었다. 결국에는 1953년 아데나워Konrad Adenauer가 당선된 선거에 대한 여론조사 데이터 분석에만 국한하기로 했고, 데이터는 독일 알렌스바흐 연구소Institut für Demoskopie Allensbach의 엘리자베스 노엘레-노이만Elisabeth Noelle-Neumann이 '2차 분석'을 할 수 있도록 제공해 준 것을 이용했다(Linz 1959).[16] 이때부터 노엘레-노이만과는 평생 친하게 지냈고, 나중에 내가 유럽 가치관 연구 프로젝트[17]에 참여하는 계기가 되기도 했다.

내 논문에는 립셋과 함께 작업했던 정치 행태에 관한 연구는 물론, 나중에 스페인 사례를 연구할 때 사용할 수 있도록 조사 연구 방법론을 섭렵하고 싶은 내 바람, 그리고 민주정치를 더 잘 이해하고 싶은 욕망이 스며 있다. 독일인과 독일 사회에 대한 내 지식 역시 많은 도움이 되었다.

---

[15] 립셋이 대학원생 린츠에 대해 어떻게 회고하고 있는지는 Lipset(1995) 참조.

[16] 린츠의 논문은 책으로 출판되지 않았지만 Linz(1967)에서 일부 볼 수 있다. Noelle-Neumann(1995)도 참조.

[17] • 유럽 가치관 연구European Values Study
유럽인의 삶·가족·일·종교·정치·사회 등에 대한 광범위하고 장기적인 조사로, 1981년부터 시작해 9년 주기로 실시된다.

1950년대 후반 캘리포니아에 머무는 동안 버클리 대학에서 라인하르트 벤딕스의 연구 조교로도 활동했다.

벤딕스는 19세기 독일 기업가 정신의 역사에 대한 프로젝트를 진행하고 있었다. 그는 특히 독일제국의 기업 엘리트들이 관료 및 정치인들과 어떻게 상호 작용을 했는지에 관심이 있었다. 내가 맡은 일은 지멘스Werner von Siemens나 라테나우Walther Rathenau 같은 독일제국의 선도적인 기업가들의 수많은 전기·자서전·서신 등을 읽는 것이었다. 아주 단순한 작업이었다. 난 그저 벤딕스에게 그 책들이나 문서들에 어떤 내용이 있는지 말해 주었으며, 관련된 쪽을 표시하고 마이크로필름으로 찍었다. 그런데 이런 경험을 통해 나는 기업가 정신에 대해 흥미를 갖게 되었다. 또 그 경험 덕에 몇 년 뒤 베를린에서 재밌는 일도 생겼다. 독일 사회학자 클라우스 오페Claus Offe가 자신이 발린 하우스Ballin House에 살고 있다고 말했을 때 내가 이렇게 말해 주었다. "오, 발린Albert Ballin이라 …… 대형 선박 회사를 설립했고 카이저Kaiser[독일 황제 빌헬름 2세Wilhelm II의 별칭]와 친구였던 분 말이군요." 발린에 대해 아는 사람이 하나도 없었는데 이런 말을 하니 오페는 매우 놀라워했다.

라자스펠드와 립셋, 벤딕스의 연구 조교로 있으면서 그들과 밀접하게 작업한 경험이 당신의 지적 발달에 주요한 영향을 미친 것 같다.

막대한 영향을 받았다. 지금은 연구 조교로 선배 학자와 공동 연구를 하는 것으로 학계에 발을 내딛는 학생들이 적다. 당시 우리가 받을 수 있는 돈은 얼마 되지 않았지만, 매우 대단한 사람이 연구하고 있는 주제를 함께 연구한다는 건 지극히 귀중한 경험이었다. 그런 관계 덕에 평생 우정의 기초가 되는 인간적이고 친밀한 관계를 쉽게 맺을 수 있었다. 립셋과의 관계가 그랬다. 오늘날과는 상당히 다르다. 지금은 대학 당국 차원에서 학생들이 과정을 빨리 마치도록 하기 때문이기도 하고, 학생들이 재정 지원을 받는 상황도 우리 때보다 나아져서 학비를 보충하기 위해 다른 일을 하거나 여름에도 연구해야 할 필요가 없기 때문이기도 하다. 나처럼 1950년대에 미국으로 건너왔던 스페인 학생들은, 사실 1960년대와 1970년대 초까지도 그랬는데, 크리스마스가 되어도 경제적 여유가 없어서 집에 가지 못했다. 지금은 다들 간다. 요즘 학생들은 경제적으로 매우 자립적이다. 이는 더 자율적인 상황을 만들어 낸다. 이런 자율을 제대로 이용하기만 한다면 당연히 좋겠지만, 내 생각엔 멘토 없이 자기 혼자서만 연구하는 것은 그다지 좋은 생각이 아닌 것 같다. 그 학생이 연구하는 프로젝트에 특별한 관심을 기울일 교수가 없을 테니 말이다. 그 주제에 대해 직접적으로 관심이 있는 누군가와 함께 연구한다면 분명 조언도 더 많이 듣게 되고 연구 집단과의 융화도 도모할 수 있을 것이다.

전반적으로 보면 1950년대 컬럼비아 대학은 사회학을 공부하기에 더없이 풍요롭고 고무적인 장소였던 것 같다.

창의성을 발휘할 수 있도록 북돋아 주는 환경이었다. 왜 하필 그때, 그곳에서 창의성이 만개했는지 설명하기는 어려운 노릇이다. [1940년대] 뉴욕의 추상표현주의 예술가들을 한번 보라. 그들은 서로를 잘 알고 의견을 교환했다. 그들 역시 결국에는 혼자 작업하는 예술가들이었지만, 그들을 뒷받침해 주는 어떤 환경 속에서, 자신들만의 창의성을 발휘한 것이다. 마찬가지로 사회과학 분야에서도 역사적으로 매우 생산적인 작업이 이루어졌던 일정한 환경과 학교들이 있다. 내 자신이 그 일부가 된 것은 행운이다.

1958년 컬럼비아 대학에서 논문 심사를 받았는데, 그곳에서 강의를 시작한 건 1961년이다.

어떻게 된 일인가?

논문 심사를 마친 뒤 스페인으로 갔다. 알몬드가 이끄는 사회과학 연구협의회 산하 비교정치위원회에서 받은 연구 보조금으로 이익집단 정치에 대한 연구를 하기 위해서였다. 프랑스를 거쳐서 갔는데 당시 프랑스는 한창 제4공화국에서 제5공화국으로 이행하는 시기였고, 나는 이를 가까이서 지켜보았다. 스페인에서는 안정적으로 있을 만한 곳을 찾지 못했고, 프랑코 체제에 대해 연구할 만한 최적의 장소는 아니라고 생각했기 때문에 스페인에서의 연구가 끝난 1961년 컬럼비아 대학의 조교수 제의를 기꺼이 받아들였다.

구조기능주의

컬럼비아 대학에서 받은 교육의 이론적인 면을 생각해 보면 구조기능주의가 크게 강조된 교육이었다. 특히 머튼과 데이비스의 강의가 그랬다. 오늘날은 사회과학의 지형도에서 구조기능주의가 대부분 사라졌다. 이런 전개 과정에 대해 어떻게 생각하나?

어떤 의미에서는 우리 모두가 구조기능주의자이다. 우리는 항상 정치 구조와 사회구조를 분석하고 있다. 대통령직에 대해 얘기하든, 정당이나 노조에 대해 얘기하든 그 모두가 구조들이다. 엘리트를 고용하고, 정부를 보조하고, 쟁점을 표명하는 일 등 정당이 하는 일을 연구할 때, 우리는 정당이 수행하는 기능에 대해 분석하는 것이다. 또 우리가 '사회운동이 해내는 일들 가운데 일부를 정당은 해낼 수 없다'라고 주장할 때도, 정당의 기능과 사회운동의 기능을 비교한다고 할 수 있다. 기능이나 구조라는 말을 실제로 쓰지 않더라도 항상 그 문제를 다루고 있는 것이다. 머튼은 마르크스의 모든 분석이, 그러니까 적어도 청년 마르크스 저작이 아닌 마르크스의 정통 저작의 경우에는 모두가 일종의 구조기능주의 분석임을 보인 바 있다(Merton 1968, 93-95, 160-161, 516ff.). 구조기능주의는 우리가 하는 일에 포함되는 경우가 너무 많기에, 그저 기억하지 못하고 있을 뿐이다.

구조기능주의에는 부정적인 면도 있나?

오용될 우려가 있다. 특히 모든 것이 기능을 가지고 있다고 가정하는 경우에 그렇다. 1930년대에 인류학자들은 이미 기능주의가 그렇게 오용될 가능성이 있다는 걸 알고 있었다. 그래서 인간의 특정 행동들을 '잔여'[문화 잔여]survivals라고 구분하기 시작했다. 즉, 지속되고 있긴 하지만 아무런 기능도 하고 있지 않는 것들 말이다. 고전적인 예로 페인트칠을 새로 해서 아무도 앉지 못하게 경비를 붙여 놓은 군대 벤치 이야기를 들 수 있다. 페인트칠이 다 말랐는데도 사령관이 새로 와서는 그 벤치에 보초를 계속 붙여서 매일 병사 한 명이 그 의자를 지키게 했다. 이것은 기능이라고는 전혀 없는 행위다. 물론 이 사회에는 가시적인 기능이 없어도 '잠재적인 기능'이 있기 때문에 유지되는 것들이 일부 존재한다고 주장할 수도 있다. 이런 논리대로라면 벤치 하나에도 경비를 붙이는 행위를 군부대의 일상에서 기강과 질서를 유지하려는 하나의 방편으로 볼 수도 있을 것이다. 하지만 모든 것에 대해 기능을 찾아내고자 한다면 기능이라는 개념을 불합리한 수준으로까지 밀어붙이는 일이 되기 쉽다. 접근법이나 개념이라는 것 자체가 어리석은 방식으로 사용될 수도 있는데 하물며 연구자 자신이 어리석다면 어떻게 되겠나?

우리 모두 잠재적으로는 구조기능주의의 세례를 받았다고는 하지만, 이론적 학파로서의 구조기능주의가 당신이 대학원생이던 시절에 비해 오늘날 그 명성과 영향력을 상실한 것은 사실이다. 구조기능주의의 쇠퇴를 어떻게 설명할 수 있겠나?

이런 쇠퇴에는 파슨스에 대한 비판과 그를 향한 적의가 큰 역할을 했다. 그에 대한 비판 가운데는 그의 글이 너무 불명료하며 글 솜씨마저 형편없어서 읽을 수가 없다는, 정말 바보 같은 내용도 있었다. 나는 전혀 그렇지 않다고 생각한다. 파슨스의 『사회 체계』 *The Social System*(Parsons 1951)는 사회과학의 모든 분야를 통합적으로 조직하려는 야심 찬 시도가 이루어진 중요한 작품이고, 어느 정도는 성공적이었다. 하지만 궁극적으로 이런 체계화의 노력은 그다지 결실을 맺지 못했다. 그럼에도 특수성 대 보편성, 귀속성 대 성취성, 확산성 대 한정성 등 파슨스의 유형 변수[18]는 매우 유용했다. 스페인에서 내가 수행했던 일부 조사 연구에서 그 변수들을 설문 조사 질문으로 조작화해 유용하게 사용했다. 유형 변수는 법과 관습, 공동사회Gemeinschaft와 이익사회Gesellschaft, 소유권과 계약 등의 구분과 같이 전통적으로 사회사상이 오랫동안 다루어 온 문제들에 대해서는 매우 적합하다. 파슨스의 유형 변수들은 오랜 지성사, 예를 들어 로마법에 근거한 역사를 가지고 있다. 대부분의 사람들은 파슨스의 몇몇 아이디어의 이면에 얼마나 많은 것이 있는지를 깨닫지 못했다.

파슨스는 유형 변수들을 연속체continuums가 아닌 절대적인 이분법의 측면에서 정의하는 실수를 저질렀다. 예를 들어 '귀속성'과 '성취성'의 관계를 필연

---

18 * 유형 변수pattern variable
파슨스가 사회관계의 형태를 분류할 목적으로 제안한 5개의 변수로, 가치 지향성의 선택적 유형을 말한다. 각 유형 변수는 상호 배타적인 대립 요소로 구성되어 있어, 개인이 사회적 상황에서 어떤 행위를 하려면 양자택일을 해야 한다. 5개의 유형 변수는 정의성情誼性-정의 중립성affectivity-affective neutrality, 집합 지향성-개인 지향성collectivity orientation-self orientation, 확산성-한정성diffuseness-specificity, 귀속성-성취성ascription-achievement, 특수성-보편성particularism-universalism이다.

적이거나 근본적인 상충 관계로 볼 필요는 없다. 일종의 '귀속적인 성취'도 존재할 수 있는 것이다. 재무 감독관이 되거나 프랑스 국립행정학교에 입학하게 된 사람을 예로 들어 보자. 그 사람은 이런 것들을 성취한 것이지만 일단 그가 그 직책이나 학위를 얻은 뒤에 이런 성취는 귀속적인 것이 되고 확산적인 것이 된다. 왜냐하면 그가 명함에 재무 감독관이라는 직함을 새기는 순간, 사람들은 그가 하는 일이 무엇이든 간에 그를 존경할 것이기 때문이다. 이 같은 방식으로 변수를 혼성 결합함으로써 파슨스보다 훨씬 많은 유형 변수를 만들어 낼 수 있다.

파슨스의 A-G-I-L 모델[19]은 립셋과 로칸에게 지대한 영향을 끼쳤다. 내가 립셋에게 제출한 논문들에서 파슨스의 이론들을 사용한 적이 있었기 때문에 그는 그 이론들에 다소 흥미를 가지게 되었다. 비록 그다지 좋아하지는 않았지만 말이다. 립셋과 로칸이 『정당 체계와 유권자 정렬』*Party Systems and Voter Alignments*(Lipset and Rokkan 1967b)에서 서로 다른 사회 균열로부터 별개의 정당 체계들이 어떻게 출현했는지에 대해 설명한 것도 부분적으로는 파슨스의 도식에서 발전된 것이었다. 파슨스의 도식에 '끼워 넣었다'는 것이 더 나은 설명일 것이다. 난 립셋과 로칸이 그 책을 쓸 당시에 두 사람 모두와 가까이 지냈지만 그 문제를 어떤 식으로 해석해야 하는지는 잘 모르겠다. 어쨌든 오늘날 파슨스의 『사회 체계』에서 얻을 것이 많은데, 이제 그 책을 읽는 사람이 별로 없다는 것은 매우 애석한 일이다. 여러 관점에서 매우 자극을 주는 책이기 때문이다. 예컨대 미국·독일·라틴아메리카 사회에 파슨스의 유형 변수를 적용시켜 보는 것도 (지나친 단순화에도 불구하고) 매우 흥미로울 것이다.

그렇다면 왜 파슨스가 거부되었나? 우선 사회는 균형을 갖춘 연동 체계

---

[19] A-G-I-L 모델은 사회 체계의 기능들을 분류하기 위해 파슨스가 말한 네 가지 도식, 즉 적응adaptation 기능, 목표 달성goal attainment 기능, 통합integration 기능, 체제 유지latency 기능을 말한다.

interlocking system라는 (어떤 면에서는 파레토에게서 비롯되었다고 할 수 있는) 파슨스의 개념이 사회의 변혁과 변화를 설명할 수 없을 것이라고 추정되면서 비판을 받았다. 하지만 이는 파슨스에 대한 오해라고 생각한다. 왜냐하면 체계라는 것은 붕괴되거나 무너질 수 있기 때문이다. 파레토와 마찬가지로 파슨스 또한 사회 체계가 상대적으로 안정적일 수 있는 조건들에 주로 관심을 가졌다는 것은 사실이며, 그가 사회의 변화만큼이나 체계 내의 점진적 변화를 강조했다는 것 또한 사실이다. 이런 접근법에서는 혁명 이론이 생겨날 여지가 그다지 크지 않다. 1960년대에 랄프 다렌도르프[20]를 위시한 학자들은 합의보다 갈등이 더 중요하다고 주장하기 시작했지만, 파슨스에게는 갈등과 관련한 이론이 없다. 물론 파슨스에게도 갈등을 다룬 몇몇 글들이 있다. 파시즘의 출현에 대한 글이 그 예가 될 것이다. 하지만 그다지 훌륭한 글들이 아니다.

파슨스가 거부되었던 다른 이유로는 1970년대 사회과학 분야의 반反보수 '혁명'을 들 수 있다. 파슨스는 보수주의의 상징이 되었고 그가 주장했던 모든 것들이 폐기되었다. 정작 파슨스 자신은 정치적으로 보수적이라고 볼 만한 면이 거의 없었던 자유 민주주의자였다는 점을 생각하면 참 얄궂은 일이다.

---

20 • 랄프 다렌도르프Ralf Gustav Dahrendorf(1929~2009)
마르크스의 계급 이론과 미국 사회학의 구조기능주의 분석을 비판적으로 받아들여 투쟁의 일반 이론을 구축한 독일 사회학자.

권위주의 체제

1963년 핀란드 탐페레Tampere에서 열린 국제사회학회의 비교정치사회학위원회 회의에 당신이 제출한 논문 "권위주의 체제 : 스페인"은 정치체제에 대한 많은 후발 연구의 기초가 되었다.[21] 또한 그 분야의 선구적인 작품임이 입증되었다. 어떤 동기에서 그 작품을 쓰게 되었나? 당신이 기여한 것은 무엇인가?

　　　　비민주주의 체제에 관심이 있었다. 스페인 사람인 내가 직접 그런 체제에서 자랐던 것도 부분적인 이유이다. 권위주의 체제에 관한 그 논문을 썼을 당시에, 프리드리히와 브레진스키(Friedrich and Brzezinski 1956; Brzezinski 1962도 참조), 한나 아렌트(Arendt 1951), 지그문트 노이만(Neumann 1942), 프란츠 노이만(Neumann 1957) 등 비민주주의 체제에 대한 문헌들은 민주주의와 전체주의의 구분이라는 제한적인 구분 방식으로 인해 혼란을 겪고 있었다. 한편으로 그 문헌들은 사실상 나치 독일과 소련만을 비민주주의 체제로 언급하고 있을 뿐이었다. 전체주의의 범주에 들어맞지 않는 비민주주의 체제는 행정적 비효율성이나 경제적 저발전 또는 외세의 압력 등으로 인해 아직 전

---

[21] 이 논문은 Linz(1964)로 출간되었다. 이에 대해 더욱 상세히 설명한 글로는 Linz(1970, 1973a)가 있다. Linz(1975)도 참조. 새로운 서론을 포함해 Linz(2000)로도 재출간되었다.

체주의 단계에 도달하지 못했다는 것이 이들의 관점이었다. 반면에 아시아·아프리카 지역의 신생 독립국들 사이에 민주주의가 확대될 것이라는 희망을 품었던 연구자들은, 그 희망이 점점 좌절되어 가자, 일당 체제나 군부독재가 근대화 과정의 한 단계에 지나지 않는다는 생각에 의지하게 되었다. 이들은 이런 정권들의 과도기적 성격을 나타내기 위해 후견 민주주의[22]라는 용어를 사용했다. 내가 보기에, 스페인은 [민주주의와 전체주의를 양극으로 하는] 이런 연속체 속에 있지 않았다. 프랑코가 처음부터 자신이 세우려는 체제를 전체주의 체제로 착안했던 것이 아니라는 것은 매우 명백하다. 설령 그의 일부 수사修辭가 그랬을지는 모르지만 전체주의 모델은 그의 정치관에 맞지 않았다. 애초부터 스페인의 정치·사회적 현실은 서로 다른 유형의 체제를 낳았던 것이다. 또한 통치자들에게는 스페인을 민주주의로 이행하도록 준비시키려는 의도가 전혀 없었다는 것이 내게는 매우 분명해 보였다.

대체로 나는 세계 대부분의 정치 현실을 전체주의와 민주주의의 양극단의 개념으로 분석하는 것은 이치에 맞지 않는다고 생각한다. 세계에는 전체주의나 민주주의, 그 어느 쪽으로도 향하지 않는 체제들이 많이 있었다. 통치자들 또한 이 두 모델 중 어느 것도 지향하려 하지 않았다. 비록 선언이나 헌법, 법률, 제도를 통해 흉내는 냈을지 몰라도 말이다. 그래서 나는 내가 잘 아는 스페인의 경우를 토대로 나 자신의 권위주의 체제 개념을 정식화해, 전체주의와 민주주의의 극단적인 이분법에 문제를 제기했다. 레몽 아롱(Aron 1968)과 루이스 코저[23] 같은 이들도 비슷한 방향으로 움직이고 있었다. 하지만 내가 기여한 것은 하나의 권위주의 체제 개념을 체계적으로 명료화했다는 것이며,

---

22 • 후견 민주주의tutelary democracy
선출된 정부가 스스로 작동하지 못하고 수호자 내지 후견자에 의해 보호되고 있다는 의미이다.

23 • 루이스 코저Lewis Coser(1913~2003)
처음으로 구조기능주의와 갈등 이론을 연계한 미국 사회학자.

어느 정도 성공을 거두었다.[24]

권위주의 체제에 대한 당신의 논문에서 주된 약점은 무엇인가?

　　　　리더십 차원을 강조하지 못했다. 스페인의 권위주의 체제에 대한 내 연구는 프랑코 없는 권위주의 체제처럼 읽히고 있다. 개인의 리더십 차원을 경시한 것은, 어느 정도는 카리스마적 리더십을 강조한 이전의 연구들을 비판한 것이었다. 전체주의에 대한 일부 문헌들이 히틀러나 스탈린의 카리스마적 요소를 지나치게 강조하는 함정에 빠졌다고 느꼈기 때문에 나는 비슷한 실수를 피하고 싶었다. 게다가 내가 그 논문을 쓸 당시만 해도 프랑코는 정체불명의 인물이라 그리 쓸 게 많지 않았다. 프랑코의 전기들, 심지어 그를 이상화한 전기들조차 매우 형편없는 수준이라 프랑코라는 인물을 제대로 파악하기 어려웠다. 프랑코 체제와 가까이 있던 이들은 프랑코 얘기를 자유롭게 할 수 없었고, 반대편에 있던 사람들은 프랑코에 대해 아는 게 없거나 단순화되고 부정적인 관점만을 지니고 있었다 ― 프랑코가 독재자라는 것 말고는 그다지 말할 수 있는 게 없었던 것이다. 프랑코가 어떤 방식으로 결정을 내리고 어떻게 위기에 대처했는지는 나중에 그 체제가 무너진 이후에야 알려졌다. 일정 시간이 지나고 나서야 접근할 수 있는 정보들이 있는 것이다. 논문을 쓸 당시만 해도 우리는 프랑코에 대해 잘 알지 못했고, 그래서 권위주의 체제의 중심에 프랑코를 놓지 못했던 것이다. 프랑코의 역할을 덜 중요하게 다룰 수밖에 없었다.

---

[24] 권위주의 체제를 정식화한 방법과 그 이후의 사용 방식 및 수용 형태에 대해 린츠가 어떻게 회고하고 있는지를 보려면 Linz(1997b) 참조.

권위주의 체제를 특징짓는 '멘탈리티'와 전체주의 체제를 특징짓는 '이데올로기'의 구분은 당신의 비민주주의 체제 연구에서 핵심 구성 요소다. 그러나 그 구분은 조작적으로 다루기 어렵다는 사실이 밝혀졌다.

그렇게 된 이유 중 하나는 이데올로기와 멘탈리티가 모두 정신적 산물이기 때문이다 — 두 가지 모두가 사고방식이다. 하지만 이데올로기적 정식화는 성문화되는 반면, 멘탈리티는 그처럼 지적인 방식으로 성문화되지 않는다. 멘탈리티는 이데올로기가 하는 것과 같은 역할을 하지 않는 것이다. 이데올로기의 존재는 상대적으로 쉽게 목격된다. 구소련 시대에 모스크바에 가서 소련 공산당의 역사책 한 권을 구하려 한다고 해보자. 어디에서나 찾아낼 수 있을 것이다. 심지어 학교에서도 찾을 수 있다. 나치 독일에서는 결혼한 이들에게 시의회에서 히틀러의 『나의 투쟁』*Mein Kampf*을 한 권씩 선물로 주었다. 하지만 프랑코 체제하의 스페인에서는 서점에 가서 프랑코의 저서를 찾는다 해도 대부분 구할 수 없었을 것이다. 서점에서는 책을 출판한 에디토라 나시오날Editora Nacional(국립 출판사)로 가보라고 할 것이다. 중고 서점에서 몇 권 발견할지도 모른다. 일부 프랑코 관련 단체에서 무료로 나눠 준 것을 사람들이 재빨리 중고 시장에 내다 팔았기 때문이다. 설령 프랑코의 책을 읽은 사람이 있다 해도, 매우 극소수다. 물론 프랑코 체제 같은 권위주의 체제에는 이데올로기적 정식화가 전혀 없었다고 이야기하려는 것은 아니다. 하지만 그 체제는 이데올로기에 의거해 작동하는 것이 아니라 권력을 쥔 사람들의 멘탈리티에 따라 작동한다는 것이다. 내가 이런 작은 일화들로 이데올로기와 멘탈리티를 구분하려 했지만 그러나 두 차이를 조작 가능한 방법으로 구분하는 것은 어려운 일이고 특히 귀납적으로 다루기가 어렵다.

민주주의 체제의 붕괴

앨프리드 스테판과 함께 민주주의 체제의 붕괴에 관한 책을 편집해 1978년에 냈는데 그 책을 내기 위한 프로젝트를 처음 구상하기 시작한 것은 언제인가?[25] 그 책의 기고자들은 어떻게 모았나?

　　나 같은 유럽인에게 1920~30년대 민주주의 붕괴의 경험은 멀리할 수 없는 문제였다. 지적인 면에서는 독일의 훌륭한 역사가 칼 디트리히 브라허가 바이마르공화국에 관해 쓴 책(Bracher 1952)[26]이 그 프로젝트에 가장 중요한 자극이 되었다. 컬럼비아 대학에서 그 주제로 수업을 진행하면서 초기 구성이 잡혔다. 1970년 불가리아 바르나Varna에서 열리는 국제사회학회 회의를 준비할 기회가 있었는데 그때 논문을 제출한 여러 학자들 — 학생들이나 동료들 — 이 결국 그 책의 유럽 및 라틴아메리카 사례에 대해 기고했다. 많은 사례를 다룬 그들의 논문과 내 개인적인 독서가 사고를 풍부하게 해주었는데, 특히 이탈리아를 다룬 렌초 데 펠리체[27]의 논문이 도움이 되었다.

민주주의 붕괴에 관한 이 프로젝트를 추진하게 된 것은 어떤 이론적인 관심 때문이었나? 스페인을 권위주의 체제로 개념화한 작업에서와 마찬가지로 어떤 특정 관점이나 학자에 대해 반론을 피고자 하는 생각이 있었나? 가령 독재와 민주주의의 사회적 기원에 관한 배링

---

25 이 프로젝트에 대한 스테판의 시각에 대해서는 이 책 2권 〈인터뷰 10〉 참조.

26 * 『바이마르 공화국의 해체 : 민주주의에서 권력 붕괴 문제에 관한 연구』를 말한다. 브라허Karl Dietrich Bracher(1922~)는 바이마르 공화국 당시의 권력 구조에 대한 섬세한 분석으로 유명한 독일 정치학자다.

27 * 렌초 데 펠리체Renzo De Felice(1929~96)
이탈리아 역사학자. 파시즘 시기 연구로 유명하다.

턴 무어의 글(Moore 1966)이 준거점이 된다든지 하는 것은 없었나?

어떤 특정 이론이나 접근법에 대한 반론을 펴려는 게 아니었고 무슨 일이, 어떻게, 왜 일어났는지를 이해하고자 노력했다. 수많은 역사적 연구들은 물론 고전도 다시 읽기 시작했다. 예를 들어 균형 회복re-equilibration 개념은 파레토에게서 가져왔다(Linz 1978). 내 분석은 무어의 민주주의 기원 연구와는 무관하다. 무어의 책이 나오기 전에 이미 분석이 이루어졌고 다루는 문제도 무어와 다르다. 무어의 파시즘 분석, 특히 독일 파시즘 분석은 정말로 만족스럽지 못하며 오해를 낳는다고 생각한다.

『민주주의 체제의 붕괴』(Linz 1978)에서 특히 분명하게 나타났던 점인데, 당신의 지적 스타일은 인간 행위자에 집중하는 것, 특히 지도자와 엘리트들의 행위에 초점을 맞춘다는 것이다. 연구의 초점을 거기에 맞춘 이유는 무엇인가?

모든 사회는 궁극적으로 개인 행위에 토대를 둔다. 지도자나 엘리트들의 행위에만 의존하는 것은 아니다. 군대가 무엇인가? 군대는 곧 장군과 대령, 중령, 대위, 하사관, 그리고 궁극적으로 병사들로 이루어진다. 이 개인들이 상호 작용하며 다양한 이유들로 복종한다. 그 모든 행위자들, 즉 10만 혹은 5만 명의 사람들이 모인 집단이 군대를 구성한다. 장군 한 명만으로는 군대가 안 된다. 병사가 없는 군대는 상상할 수 없다. 궁극적으로 개인들이 있는 것이다.

『민주주의 체제의 붕괴』에 대한 주된 비판 가운데 하나는, 지나치게 주의주의적이라는 것이다. 행위자들이 받은 구조적 압박은 간과한 채 행위자들과 그들의 선택에만 너무 집중하고 있다는 비판인데, 이런 비판에는 어떻게 답하겠나?

중요한 건 민주주의 체제의 붕괴와 관련된 일부 행위자들이 다른 선택을 했다면 다른 결과가 나왔을 것이라는 점이다. 선택이 가져오는 파급력은 노르웨이와 네덜란드의 사례에서 특히 명백하다. 두 나라는 구조적 상황도 비슷하고 실업률도 비슷했는데 결과는 달랐다. 지도자가 다른 선택을 했기 때문이다. 난 세상일이 미리 결정되어 있다고 생각하는 사람이 아니다. 궁극적으로 사람들은 선택하며 그 선택이 좋든 나쁘든 간에 결과가 따라온다.

분명히 위기 상황에서는 선택의 폭이 점점 좁아지고 중요한 행위자의 수는 점점 줄어든다. 대니얼 벨Daniel Bell은 '소문자 c들'small c's이라는 개념으로 이런 협소화 현상을 포착했다. 즉, 결탁conspiracies, 공모complots, 회원 조직clubs, 위원회committees, 간담회confabulations다. 벨은 이 개념을 컬럼비아 대학에서 우리가 개최했던 세미나에서 창안했다. 히틀러가 권력을 잡기 전 30일간에 대해 쓴 헨리 애시비 터너Henry Ashby Turner의 책(Turner 1996) 같은 것을 보면 중요 행위자의 수가 어떻게 줄어드는지 잘 나타나 있다. 힌덴부르크[28]가 내리는 결정에 영향력을 행사하던 이들은 ― 힌덴부르크에게 누가 접촉했고 영향을 끼쳤는지에 관해서는 거의 한 시간 단위로 기록이 남아 있다 ― 믿을 수 없을 만큼 작은 규모였다. 게다가 이들은 더 큰 사회 세력들의 대리자로서가 아니라, 별 것도 아닌 매우 추악한 의도에서 행동하고 있었다. 물론 그들이 활동한 맥락에는 나치 운동과 경제 위기가 있었고 또 민주적 정당들이 적극적 역할을 포기했다는 문제도 있었다. 그들은 인기 없는 결정을 내리길 회피하면서 그런 문제들은 내각이 다뤄 주기를 바랐다. 그렇다고 하더라도 결국 중요했던 것은

---

28 • 파울 폰 힌덴부르크Paul von Hindenburg(1847~1934)
바이마르공화국 제2대 대통령으로, 히틀러를 총리로 임명했다.

믿을 수 없을 만큼 소규모의 사람들만이 영향력을 행사했다는 점이다.

민주주의의 붕괴를 설명하기 위해 지도자들의 선택에 집중한 것이 왜 그토록 많은 반대와 비판을 가져왔을까?

　　　　우선 대공황의 모든 것을 경제적 요인만으로 설명하는 마르크스주의의 관점과 맞지 않았다는 점이다. 또한 반민주 세력만이 아니라 정책 결정을 내린 민주주의 체제의 집권 세력들 역시 민주주의 체제의 붕괴에 일말의 책임이 있음을 넌지시 강조했기 때문이다. 내 주장은, 민주주의가 전복된 것이 반대자들의 행위의 결과이기도 하지만 체제를 유지하고 민주주의를 계속 작동시키고자 노력한 이들의 행위에 따른 결과이기도 하다는 것이었다. 역사에는 '선한' 사람이 있고 '악한' 사람이 있다는 이분법적 역사관을 가지고 있다면, 즉 민주주의자들은 선인이고 민주주의를 전복하고자 하는 반민주주의자들은 악인이라고 해석한다면, 민주주의 체제에서 집권 세력은 민주주의 붕괴와 아무런 관계가 없다고 생각할 것이다. 그런 관점에서라면 체제를 공격한 이들에게만 민주주의 붕괴의 책임이 있는 것이다. 나는 그런 관점은 너무 단순하다고 생각한다.

『민주주의 체제의 붕괴』에서는 정당성 개념이 중심적 역할을 한다. 그런데 현대 정치학에서는 그 개념을 선호하지 않는다. 정당성 개념은 멘탈리티나 이데올로기 개념과 마찬가지로 실증 분석에서 다루기 어려워 보인다는 것도 부분적인 원인이다. 이런 비판에는 어떻게 답하겠나?

　　　　재밌는 점은 지난 2000년 미국 대선 과정에서 불거진 플로리다 논쟁에서, 모두가 부시 당선의 정당성을 들먹였다는 것이다.[29] 이제는 이 단어가 일반적으로 쓰이는 시대가 되었고, 사람들이 이 단어를 사용할 때는 자신이 무엇에 대해 이야기하고 있는지 알게 되었다는 것이다. 베버는 정당성을 매우 복잡하게 다룬 바 있다(Weber 1978).[30] 내가 정당성을 정의하는 방식은 상대적으로 쉽다. 즉, 사람들이 현존하는 정치체제가 자신의 국가에서 실행될 수 있는 최선의 체제라고 믿으며 그보다 더 바람직한 대안적인 체제는 존재하지 않는다고 생각하는 것이다. 그런데 이것은 최소한의 정의이다. 정당성은 사람들이 자신의 사적 이익과 관계없이 통치자가 내리는 결정을 따를 준비가 되어 있다는 것까지 포함한다. 미시시피 주 옥스퍼드의 방위군은 연방 정부의 지휘 아래 들어가자 케네디 대통령의 명령을 따랐다.[31] 방위군 자신들도 누구 못지않게 인종차별주의자였음에도 말이다. 총사령관(미국 대통령)은 자신들에게 법원의 결정을 따르도록 강요할 권위가 있다고 생각한 것이다. 어떤 때에 사람들이 자신의 사적 이익과 다르더라도 그런 권위에 복종하는가를 이해하는 것이 특히 중요하다. 이 점은 모든 군대 조직에 필수적이다. 죽는다는 것은 자신에게 이익이 되는 행동이 아니므로 자신이 자기 목숨을 희생하는 행동의 수혜자가 될 수는 없기 때문이다. 사적 이익 외의 또 다른 동기들이 필요한 것이다.

---

29 * 플로리다 논쟁
앨 고어Al Gore와 조지 W. 부시George W. Bush가 각축을 벌인 2000년 미국 대선에서, 당시 두 후보의 당선 여부를 결정할 수 있는 플로리다 주의 선거 결과를 둘러싸고 일어났던 재검표 논란을 말한다.

30 * 베버는 지배를 정당화하는 내적 근거로서 전통적 지배, 카리스마적 지배, 합법적 지배를 구분했다.

31 1962년 가을, 미시시피 주 옥스퍼드의 미시시피 대학에서 폭동이 일어나자 케네디는 치안을 회복하기 위해 미시시피 주 방위군이 연방 정부의 지휘를 받도록 조치했다. 당시 시위자들은 흑인인 제임스 메러디스James Meredith의 입학에 분노해 폭동을 일으켰다.

『민주주의 체제의 붕괴』에서 세 쪽가량의 짧은 부록을 통해 내각제 민주주의에 비해 대통령제 민주주의가 특히 붕괴하기 쉽다고 주장했다(Linz 1978, 71-74). 1980년대에 이 주제를 연구하기 시작해서 결국은 대통령제와 관련해 광범위하게 인용되는 논문을 출간했고, 이 주제에 관한 편저도 냈다(Linz 1990a, 1994; Linz and Valenzuela 1994). 대통령제에 관한 통찰은 어떻게 발전시켰나?

내가 그동안 쓴 책에는 그다음으로 논의되어야 할 큰 주제에 관해 언급하거나 최소한 각주라도 달아 놓은 것이 많다. 대통령제에 대해 언급해 놓은 부록도 마찬가지다. 그 부분은 거의 책을 인쇄하기 직전에 쓴 것이어서 각주를 하나도 달지 못했다. 사실 그 부분은 뉴헤이븐에 있는 스테판의 집 지하실에서 쓴 것으로, 당시 나는 그 책의 교정쇄를 보며 내용을 고치고 있었다. 그때는 예일 대학에서 휴가를 얻은 상태였고 뉴헤이븐에서 열린 학술회의 참석차 스테판의 집에 머물던 중이었다.

하지만 당신은 대통령제가 붕괴에 취약하다는 것을 어느 정도 미리 생각했던 것이 틀림없다.

난 오도넬이 1950년대 아르헨티나 민주주의의 붕괴를 설명하기 위해 사용했던 "불가능한 게임"과 같은 종류의 설명 모델을 반박하고자 했다(O'Donnell 1973, 1978a).[32] 전후 이탈리아는 아르헨티나와 달리 내각제였고 '게임'은 불가능하지 않았다. 이탈리아에는 아르헨티나의 페론주의자들과 유사한 강력한 반체제 세력인 공산당이 있었는데도 민주주의가 무너지지 않았

---

32 • 불가능한 게임
오도넬은 1956~66년의 기간 동안 아르헨티나에서 민주적인 선거 정치가 '불가능한 상황'을 묘사하며, 이를 아르헨티나 선거 정치에 대한 게임이론적 분석을 통해 보여 주고자 했다.

다. 그래서 나는 이런 질문을 제기했다. "대통령제는 라틴아메리카 민주주의의 정치적 불안정과 어떤 관련이 있지 않을까?"

대통령제에 대한 이후의 연구에서 핵심적인 생각은 무엇인가?

내가 하고자 했던 것은 단지 대통령제의 두 가지 요소로부터 비롯된, 민주주의의 안정성에 관한 문제였다. 그 두 요소는 첫째, 임기 보장과 제로섬의 승자독식제, 둘째, 의회와 대통령의 '이중 정당성'dual legitimacy이다. 기본적으로는 매우 단순한 아이디어였지만 그것이 함축하고 있던 의미로 인해 토론의 여지가 생겨났다.

대통령제에 대한 저서는 실제로 내각제와 대통령제의 장단점에 대한 논쟁을 불러일으켰다.[33] 이 논쟁에 대해서는 어떻게 평가하는가?

대통령제가 다른 체제보다 더 잘 작동하는 사례들이 있다고 주장하면서 대통령제를 옹호하고자 하는 이들도 있다. 분명 일부 대통령제는 작동하고 있고 아마도 중간선거나 부통령제, 그 밖에 다른 제도를 폐지하면 대통령제를 더욱 개선할 수도 있을 것이다. 모두 흥미로운 주장이지만 그렇다고 해서 기본적으로 내가 한 가정들에 도전이 된다고는 생각지 않는다. 전반적으로 난 이 주제에 관해 더 말할 게 별로 없다. 말할 게 있다면, 대통령제의

---

[33] 이런 예로 Horowitz(1990), Lipset(1990), Shugart and Carey(1992), Mainwaring and Shugart(1997) 참조. 또 호로위츠와 립셋에 대한 린츠의 응답을 보려면 Linz(1999b) 참조.

위기에 대해 상세한 논문을 썼을 것이다. 하지만 나는 라틴아메리카나 동유럽 및 러시아의 정치를 상세히 연구하는 데는 그다지 관심이 없다. 이는 다른 사람들의 몫이다. 나는 일단 하나의 연구가 끝나면 다른 연구로 옮겨 간다.

정치제도에 초점을 맞췄다는 것도, 당신이 수행한 연구의 또 다른 특징이다. 이 점은 정치체제에 대한 연구에서도 보이지만 대통령제에 대한 연구에서 가장 명확해 보인다. 제도에 대한 이런 관심은 어디서 비롯되었나? 컬럼비아 대학에서 당신을 가르친 교수 중에 정치제도를 많이 연구한 이들은 한 명도 없었는데 말이다.

글쎄, 베버는 종파, 교회, 정당, 권위의 유형 등을 논하면서 늘 제도를 다뤘다. 그것들 모두 제도인 것이다. 게다가 스페인에서 배운 법학은 제도에 대한 감각과 헌법을 통독하고 비평하는 방법에 대한 감각을 익히게 해 주었다. 프란츠 노이만, 오토 키르히하이머, 헨리 에어만, 칼 프리드리히 등 내 멘토들과, 그들과 같은 세대의 영향력 있는 유럽 학자들 중에는 법률가 교육을 받은 이들이 많다. 그들 가운데 일부가 미국으로 건너와 정치학자가 — 물론, 이는 그들이 정치가가 될 수도 없고 노동문제를 다루는 변호사가 될 수도 없었기 때문이다 — 되었다. 그들이 진행하는 수업에서 학생들은 프랑스 상원과 하원 간의 분쟁이라든지 그 분쟁이 제5공화국 헌법에 의해 어떻게 해결되었는지 등의 주제에 관해 논문을 쓰곤 했다. 컬럼비아 대학에서 로스쿨이 아닌 정치학부에 있었던 키르히하이머는 학생들에게 헌법 사례연구를 하도록 했다. 지금은 법 제도 분석과 같은 과목이 없다. 그것이 현재 미국 정치학의 큰 약점이라고 본다.

내가 제도에 관심을 가졌던 것은 역사적 사례 분석에서 비롯된 것이기도 하다. 제도는 중요하다. 그 부분적인 이유는 현대사회에서의 권위는 베버의 관점으로 보면 합법적legal-rational이기 때문이다.[34] 사람들은 규칙에 의한 결정은 구속력이 있다고 믿는다. 오늘날의 예를 들면, 미국의 대중과 많은 정치인들은 대부분 2000년 대선에 관한 연방대법원의 결정이 완전히 당파적이며 기술적으로 부정확하다고 느꼈지만 아무도 대법원에 도전하려 하지 않았다. 다섯 명의 판사들은 자신의 결정을 내렸고, 그것으로 끝이었다. 다른 원리에 따른 제도들이 작동하는 국가였다면, 예를 들어 라틴아메리카 국가였다면, 국민들은 '어이없는 일이다'라고 말했을지 모르고, 아무개 장군은 대법원을 해산시켰을지 모르며, [선거인단 확보에서는 부시가 앞섰지만 유권자의 투표수를 기준으로 했을 때는] 다수 득표를 한 고어가 대통령이 되었을 수도 있다.

그래서 제도가 중요하다. 그런 사실을 굳이 증명하려고 하는 게 이해되지 않는다. 정치에서 제도가 중요하다는 사실을 알고자 한다면, 그저 날마다 신문을 읽으면 된다. 그걸 알기 위해 어떤 연구 같은 걸 할 필요는 없는 것이다.

파시즘

당신의 연구는 파시즘에도 초점을 맞추고 있다(Linz 1976, 1980, 2003a). 이 문제에 관심을 갖게 된 배경이 무엇이며 이 연구 분야에서 자신이 기여한 것이 무엇이라고 생각하나?

내전 기간에 살라망카에서 유년 시절을 보냈던 경험, 그리고 그 당시 프랑코 지지 연합에 속한 여러 가지 정치적 흐름들 가운데서 팔랑헤당에 소속감을 느낀 것, 독일 정치에 대한 지식, 민주주의 붕괴에 대한 연구 경험 등은 불가피하게 나로 하여금 파시즘에 관심을 갖게 했다. 행태과학고등연구

---

34 * 베버는 합리적으로 제정된 법과 규칙의 권위에 근거한 지배를 '합법적 지배'라고 보며 정당화했다.

소에서 훌륭한 독일 역사가인 브라허를 알게 되었는데, 그는 피셔 출판사에 파시즘 비교를 주제로 한 작은 책을 쓰는 일에 나를 추천했다. 결국에 그 일은 에른스트 놀테Ernst Nolte가 맡게 되었지만 말이다. 하지만 이 일을 계기로 컬럼비아 대학에서 파시즘에 대한 수업을 맡게 되었다. 나중에 월터 래큐어Walter Laqueur가 편집한 『파시즘 독본』Fascism : A Reader's Guide에 실린 긴 논문(Linz 1976)을 썼고 파시즘에 관한 수많은 연구 모임에 참여했다. 이탈리아에서 출판된 책 한 권(Linz 2003b)까지 포함하면 적어도 다섯 권의 책에서 그 주제를 다루었다. 또 오늘날 파시스트 운동에 대한 비교 연구 분야의 권위자로 인정받는 역사가 스탠리 페인Stanley Payne의 팔랑헤당 관련 논문 작업을 도와주기도 했다.

모든 파시스트 운동과 그 지도자들에 대한 비교 연구를 통해, 당시 지배적인 위치를 차지하고 있던 마르크스주의적 역사 해석으로부터 벗어나, 파시즘에 대한 유형론적인 정의를 정식화하는 데 많은 기여를 했다고 생각한다.

민주화, 민족주의, 연방제

1980년대 이래 당신의 연구는 민주화·민족주의·연방제라는 세 가지 주제에 기반을 두고 있다. 1996년 스테판과 함께 펴낸 『민주주의 이행과 공고화의 문제』부터 이야기해 보자.[35] 이 책의 주요 공헌으로 어떤 것을 꼽을 수 있나?

우리는 몇 가지 중요한 공헌을 했다. 민주화 이전에 어떤 유형의

---

[35] 이 프로젝트에 관한 스테판의 견해는 이 책 2권의 〈인터뷰 10〉 참조.

비민주주의 체제였는지에 따라 사람들이 무엇을 어떻게 할 수 있는지도 달라지기 때문에 민주주의로 이행하는 경로도 달라진다는 생각을 발전시켰다. 또한 우리는 정치사회와 시민사회, 경제사회, 관료제, 법의 지배 면에서 성공적인 민주주의 이행의 조건들을 분석했고, 신생 민주주의의 공고화를 다룰 수 있는 다양한 차원의 분석들을 제시했다. 다민족 사회의 '국가성'[36] 문제를 분석한 것도 또 하나의 중요한 공헌이라고 생각한다. 이런 분석 모두가 많은 사람들에게 받아들여져 널리 확산되었다.

앞서 민주주의 이행을 다룬 수많은 연구들은 어째서 이전부터 존재해 온 비민주주의적 구체제가 민주화 과정을 제약할 수 있다는 그 중요한 문제를 간과했던 것일까?

그 질문은, 민주주의란 '인민'의 의지와 행동의 결과여야만 하고 그렇기 때문에 이전 체제에 좋은 점이 있을 리가 없다는 규범적인 편견의 문제를 다시 제기하게 한다. 하지만 실제로는 예전의 비민주주의 체제의 일부였던 사람들이 여러 가지 이유로 민주주의 이행을 가능하게 하고 좋은 결과가 나오도록 기여하는 게 사실이다. 그들 중 일부, 예를 들어 스페인의 아돌포 수아레스Adolfo Suárez나 타이완의 리덩후이李登輝 등은 심지어 민주화 과정에서 지도자가 되었다. '좋은 사람'이 민주주의를 성취하지 못하고 '나쁜 사람'이 긍정적인

---

36 * 국가성stateness
린츠와 스테판은 국가성을 국가, 민족, 민주화 등 세 가지 변인 간의 상호작용으로 설명한 바 있다. 민주주의 체제가 성립하려면 주권국가와 시민의 존재가 선행되어야 하기 때문에 민주화가 성공하기 위해서는 국가 건설(주권국가)과 국민 형성(시민권 확립)이 성공적으로 이루어져야 한다는 것이다. 즉, 국가 건설은 배타적으로 구획된 영토적 경계 안에서 하나의 정치 공동체를 구성하는 것이다. 그런데 정치 공동체 내에 살고 있는 사람들(대중)은 민족, 종교, 언어, 문화, 역사 등 다양한 이질적 속성을 지니고 있더라도 시민권을 보장받고 국가에 대해 일체감을 지녀야 한다. 이것이 국가성을 제대로 갖춘 민주주의국가의 요건이라는 것이다. 린츠와 스테판은 이와 같은 국가성 개념을 통해 전 세계 국가들을 대상으로 민주주의 이행과 공고화의 사례를 검증한 바 있다.

역할을 했다는 말이 되는데 이 점이 몇몇 사람들에게 실망감을 안겨 주었다.

민족주의와 다민족 사회에서 안정적인 민주주의를 성취하는 문제에 관해 얘기해 보자. 이 주제에 관심을 갖게 된 계기는 무엇이며 이 분야 연구에 어떤 기여를 했나?

나는 스페인 사람으로서 스페인 주변부의 민족주의 문제에 늘 관심을 기울였다. 어떻게 카탈루냐와 바스크 민족주의에 관심이 없을 수 있겠는가? 1970년대에 로칸이 개최한 학술회의에 발표하기 위해 민족주의에 관한 첫 논문을 썼고(Linz 1973b), 이후에는 바스크 문제에 관한 책을 한 권 썼으며(Linz 1986), 지금은 연방제 국가들의 다민족주의에 관해 스테판과 함께 책을 쓰고 있다(Stepan, Linz, and Yadav 출간 예정; Linz and Stepan 출간 예정). 민족주의와 관련해서는, 행태과학고등연구소에서 조슈아 피시먼Joshua Fishman과 언어 정책에 대해 나눴던 대화나 칼 도이치와의 대화에서 자극을 받기 시작했다.

민족주의와 관련해서 당신이 내놓은 아이디어들 가운데 가장 괜찮은 것은 무엇인가?

사람 일이란 예기치 않은 게 많다. 특별한 관심이 없는 분야의 논문을 쓰다가 기대하지도 않았던 어떤 독창적인 것을 발견할 때가 있다. 에드워드 티리어키언Edward A. Tiryakian이 편집한 책에 실었던 글이 바로 그런 경우인데, 거기서 난 민족 개념이 원초적primordial 개념에서 영토적territorial 개념으로 전환되는 문제를 다뤘다(Linz 1985a). 그 글은 특정 민족의 구성원들이 민족 공동체의 경계를 어떻게 정의하는가에 관한 설문 조사에 들어 있던 한 질문을 토대로 발전된 매우 복잡한 논문이었다. 조사 표본은 스페인의 각기 다른 지역, 즉 카탈루냐와 [스페인령] 바스크 지방, 갈리시아Galicia에서 추출했고, 프랑스령 바스크 지방에서도 추출했다. 우리는 그 질문을 통해 무엇을 얻을 수 있을지 몰랐고 난 그게 유용한 질문인지조차 확신이 서지 않았다. 그런데 결국은 공유된 문화적·언어적 동질성에 기초한 민족주의 운동이 비非토착 주민들을 새 민족으로 통합하는 문제를 어떻게 다루는지에 대한 매우 예기치 못한 통찰을 얻을 수 있었다. 결과는 놀라웠다. 바스크 분리 독립을 주장하는 자유조국바스크Euskadi Ta Askatasuna, ETA를 지지하는 사람들 가운데 가장 급진적인 이들이 실제로는 '비非원초적인'non-primordial 민족 개념을 견지하고 있었기 때문이다. 그들은 그 지역 내에 거주하고 일하면서 바스크 민족에 소속감을 갖는 사람이라면 누구나 토착민이 아니더라도 바스크 민족의 일원으로 받아들여야 한다고 생각하고 있었다. 얼핏 모순인 것처럼 보이지만, 그 논리를 들어 보면 그렇지 않다. 즉, 해당 지역에 거주하는 모든 사람을 바스크 민족으로 생각할 경우 그들을 신생 민족국가 내지 그들이 희망했던 새 국가hoped-new state로 통합하는 것이 더 쉬워질 수 있기 때문이다. 민족 개념에 대한 이런 비원초적인 이해는 일견 매우 관용적이고 융화적인 듯이 보이지만, 편협함을 매우 교묘하게 은폐하는 방식이라고도 볼 수 있다. 왜냐하면 그 지역에 사는 모든 사람에게 새 민족의 소속이 될 것을 강요하는 하나의 근거를 제공하기 때문이다. 그런 식으로 그 논문은 내게는 매우 큰 성과였으며 민족주의 이론을 발전시키는 데 흥미로운 작업이었다. 하지만 그 논문에 큰 관심을 보인 이는 없었다.

왜 없었나?

우선 그 논문이 수록된 책이 많이 읽히지 않았기 때문인 것 같다. 또 모든 민족주의자들은 그 유형에 관계없이 세상을 '우리와 그들'이라는 측면에서 바라보길 원했다. 즉, 그들은 민족 정체성의 복잡성을 이해하지 못한다. 사람들은 이중의 정체성을 지닐 수 있고, 또한 민족도 원초적인 특성에만 기초해 구성되는 게 아닌데, 이를 이해하지 못하는 것이다. 내 논문은 너무 복잡해서 민족주의를 공부하는 많은 학생들도 어려워했다.

민족주의에 대한 의견 중 스스로 특히 자랑스러워하는 다른 의견이 있다면 무엇인가?

　　　　민족국가mation-state와 국가민족state-nation을 구분하고자 현재도 계속 중인 내 연구가 매우 유익할 것이라 생각한다. 국가민족에서는 시민들이 자신과 국가를 동일시하고 국가의 제도에 충성하지만 서로 다른 민족적 정체성을 유지한다. 스위스의 경우가 국가민족의 전형적인 예다. [언어권 사이의 갈등이 첨예하지만 그것이 국가의 붕괴로 이어지지는 않는] 벨기에도 마찬가지다. 내가 벨기에에 갈 때마다 사람들은 벨기에 방문은 이번이 마지막일 것이라고 말한다. 다음에 방문할 때는 벨기에란 나라가 없으리라는 것이다. 하지만 세월이 지나도 벨기에는 여전히 존재한다. 여기서 이런 질문이 나온다. '벨기에는 무엇인가?' 더 깊이 분석해야 하는 흥미로운 데이터가 있는데 그 데이터를 보면 벨기에의 [네덜란드어 방언을 쓰며 주로 북부 및 서부에 거주하는] 플라망족과 [프랑스어 방언을 쓰며 주로 남부 및 동부에 거주하는] 왈론족은 각각 민족 정체성이 매우 강하지만 벨기에 국민으로서의 정체성 역시 상당히 강하다는 것을 알 수 있다. 서로 다른 민족 정체성을 유지하면서도 벨기에 국민이라는 공통의 정체성도 공유하고 있는 것이다. 내가 여러 논문을 통해 천천히 발전시켜 온 국가민족이라는 개념이, 아마 연방제에 관한 책의 주요 테마가 될 것 같다(Linz and Stepan, 출간 예정).

지금 하고 있는 연방제 관련 프로젝트를 하게 된 동기는 무엇인가? 왜 그 주제를 가지고 두 꺼운 책을 쓰려 했나?

연방제에 대한 흥미는 스페인 주변부 지역의 민족주의에 대한 관심, 그리고 더 크게는 민주화를 경험한 다민족국가들이 직면한 '국가성' 문제에 대한 관심에서 비롯되었다. 또한 오늘날 중요한 연구 문제는 다른 유형의 민주주의국가들을 비교하는 것이고, 이는 연방제에 대한 내 관심과 일치하는 것이기도 하다. 즉, 민주주의는 항상 같은 것이 아니며 연방제 민주주의와 단방제 민주주의의 구분은 민주주의국가들의 차이를 이해할 수 있는 흥미로운 방법 가운데 하나다. 게다가 연방제에 관한 기존 연구들이 매우 실망스러운 점도 한몫했다. 연방제 관련 책은 민주주의를 그다지 다루지 않는다. 민족주의 관련 책들은 연방제나 민주주의를 다루지 않는다. 민족주의·민주주의·연방제라는 세 주제를 한데 묶는 도전에 끌리는 것은 그래서다.

연방제에 관한 책은 얼마나 진행되었는가?

사실, 매우 느리게 진행되고 있다. 스테판도 나도 다른 일을 너무 많이 하고 있기 때문이다. 하지만 이론적인 부분은 대부분 마쳤고 주제들도 매우 명확하다. 각 나라에 대해 마무리할 것들이 여전히 남아 있다. 스페인이나 독일은 내가 아주 잘 알고 있다. 스테판은 브라질에 대해 잘 알고 있고, 최근에는 러시아와 인도를 여러 번 다녀왔고 캐나다도 갔다 왔다. 각국 사례에 대한 부분을 쓰다 보면 이론을 수정하거나 다시 생각하도록 자극받고 그 반대의 경우도 그렇다. 그래서 시간이 좀 걸린다.

연방제 관련 책 말고도 현재 진행하고 있는 다른 프로젝트가 있나?

정당에 대한 논문을 막 끝마쳤는데, 왜 사람들이 정당을 그토록 싫어하고 불신하는지도 다루었다(Linz 2002). 그 논문에는 스페인의 국가 조사에 내가 알고 싶은 질문 몇 가지를 넣어 얻게 된 설문 조사 자료가 포함되어 있다. 그 조사에서 어떤 사람들은 '정당은 불필요한 분열을 만들어 낸다'라고 말했고 어떤 사람들은 '정당들은 다 똑같다'라고 말했다. 신기한 것은 두 가지를 모두 말한 응답자가 상당수였다는 점이다. 더 깊이 파고들 수 있는 자료들이 있었다면 그들이 이처럼 외견상 모순된 답변을 하게 된 이유에 대해 더 탐색해 보았을 것이다. 하지만 그런 데이터는 없었고 사람들이 정당을 어떻게 인식하고 있는지에 대한 연구 프로젝트를 하고 있는 것도 아니다. 다른 누군가가 해주길 정말 바란다.

과학으로서의 사회과학

자신을 과학자로 여기는가?

　　'자연'과학자를 의미하는 것이라면 분명 그렇지 않다. 과학을 생물학자나 물리학자, 화학자들의 방식으로 정의한다면, 이는 원소 간에는 불변의 관계가 있다고 가정하는 것과 마찬가지다. 즉, 어떤 원소가 발견되면 그 원리는 5세기 전에도 유효했고 미래에도 똑같이 유효할 것이라고 가정하는 셈이다. 자연과학자들은 이런 관계가 공간에 관계없이 유효하다고 가정하기도 한다. 즉, 원자의 구조는 모든 나라에서 동일하며 모스크바나 뉴헤이븐의 실험실에서 발견된 것은 모든 곳에서 유효하다는 것이다.

　　사회현상은 다르다. 시간과 공간에 묶여 있기 때문이다. 지금 우리가 연구하는 정치나 경제 체계의 유형들은 한두 세기 정도 존재할 수도 있을 것이다. 하지만 그것으로 끝이다. 민족주의 운동이나 민족국가가 중요한 현상이 된 것은 겨우 18세기 이후일 뿐이다. 왜냐하면 우리가 민족국가로 부르는 실체는 프랑스혁명 이전, 심지어 19세기 이전에는 전 세계 98퍼센트 지역에서 존재하지 않기 때문이다. 마찬가지로 현대자본주의 역시 19세기 이전에는 존재하지 않았다. 또한 경제 현상은 끊임없이 변화한다. 난 1960년대에 스페인 기업을 연구했다. 그중 많은 기업이, 아마도 60퍼센트가량이 지금은 존재하지 않는다. 아예 사라졌거나 다른 회사에 흡수되었다. 그렇지 않은 기업들은 다국적기업이 되었다. 스페인의 빌바오-비스카야 은행Banco de Bilbao-Vizcaya은 멕시코의 한 은행과 합병해 현재 멕시코 최대 은행이 되었다. 이제는 1960년대의 그 은행이 아니며 기업과의 관계 역시 완전히 달라졌다. 가장 미시적인 수준에서도 인간의 상호 작용 유형은 시간과 공간에 묶여 있다. 오늘날의 미국 가정에서 남편과 아내의 관계나 부모 자식 간의 관계는 1백 년 전과 비교했을 때 매우 다르다. 인도의 힌두교 청년이라면 중매결혼을 당연하게 여길 테지만, 다른 대부분의 지역에서는 그렇지 않을 것이다. 그러니까 사회과학자들이 연구하는 모든 것이 시간과 공간에 어느 정도 구속되어 있다. 그런 의미에서 사회과학자들이 하는 일은 역사적인 것이다. 스웨덴의 민주주의 운영 방식에서 발견한 것이 인도의 민주주의 운영 방식을 이해하는 데 중요할 수도 있지만, 인도의 민주주의와 스웨덴의 민주주의가 똑같다고 말하는 사람은 아무도 없을 것이다. 민주주의라는 점에서는 동일하지만 그 이상도 이하도 아니다.

일부 연구자들은 어느 사회나 갖고 있는 기본적인 구성 요소를 찾고 싶어 하며, 그것은 정당한 욕구이다. 호먼스의 『인간 집단』The Human Group(Homans 1950)이 그런 시도를 한 책이다. 뒤르켕 역시 『신앙생활의 기본 형태들』Elementary Forms of Religious Life(Durkheim 1995)에서 비슷한 시도를 했었는데, 내가 뒤르켕주의자가 아닌 것은 부분적으로 이런 이유에서다. 지멜도 어느 정도 비슷한 시도를 했다. 이 점이 지멜의 연구가 가족이나 친분에 따른 파벌 등 소규모 집단 연구에는 괜찮을지 몰라도, 정치사회학에는 그다지 적절하지 않은 이유다. 이런 연구들은 심리학과의 경계에서 인간 상호 작용의 가장 기본적인 요소들을 찾아내고자 한다. 물론 뒤르켕은 사회학이 심리학이 아닌 이유에 대해, 재밌으면서도 복잡한 논의를 펴기도 했다. 사회적 상호 작용을 구성하는 좀 더 단순한 요소들을 찾아가다 보면 시대를 초월해 서로 다른 사회들을 가로지르는 '보편적인' 요소들이 일부 존재한다는 사실을 발견할 수도 있다. 예를 들어 삼자 관계 문제, 즉 세 사람이 권력과 결정권을 공유할 때 발생하는 분쟁들과 불안정성의 문제가, 역사에서 존재했던 여러 다양한 형태의 삼두정치가 정치적으로 항상 불안정했던 이유를 이해하는 데 도움을 줄 수 있다. 가령 고대 로마의 옥타비아누스·안토니우스·레피두스의 권력 분점이 실패한 이유를 이해하는 데 도움이 될 수 있다. 나아가 삼두정치에 관한 기초 이론을 세울 수도 있다. 하지만 이런 통찰을 정치 연합 이론으로 확장하려고 하는 순간, 모든 것이 순식간에 훨씬 더 복잡해진다. 연합 안에서 누군가는 반체제적인데 다른 누군가가 체제 유지를 주장한다면 연합의 구성은 훨씬 복잡해진다. 다극화된 정당 체계에서의 연합 성립은 온건한 정당 체계에서의 연합 성립과 같지 않으며, 나치가 포함된 연합과 민주적 정당들 간의 연합은 거리가 있다. 즉, 연합의 구성을 이해하기 위해서는 연합의 실제 내용, 즉 연합 파트너들의 입장과 파트너들 사이의 이데올로기적 거리 등을 먼저 살펴봐야 하는 것이다. 또 어느 정당이 반체제anti-system 정당이고, 어느 정당이 준체제semi-loyal 정당인지, 그리고 반체제 정당과 연합하는 것은 합법적인지 아닌지에 대해서도 고려해 봐야 한다. 이런 복잡한 측면 때문에 우리의 논의가 역사적으로 제약 받는 것이다.

또 사례가 한정되어 있다는 점에서 일반화 능력에는 한계가 있다. 연방제 국가를 예로 들어 보자(Stepan, Linz, and Yadav 출간 예정; Linz and Stepan 출간 예정). 우리가 내린 정의에 따르면 민주주의 연방제 국가의 수는, 나이지리아와 남아프리카공화국의 포함 여부에 따라, 12~14개가 될 수 있다. 무엇보다도 사례의 수가 너무 적다. 그런데 스페인은 사실상 연방제 국가가 아니라고 말하는 사람들이 있을 것이다. 독일 역시 연방제 국가가 아니며 연방 국가인 척 '위장'하고 있는 단방 국가라고 말하는 이들도 있을 것이다. 물론 나는 그런 생각은 터무니없다고 생각한다. 독일이 미국이나 스위스와는 확연히 다르긴 하지만 말이다. 게다가 12개국 각각이 특유의 역사를 갖고 있고 발전 단계가 다르기 때문에 전체 모집단을 모두 아우르는 일반화는 어렵다. 더욱이 우리가 연방제를 선택하는 동기에 따라 '자발적' 연방제와 '체제 유지적' 연방제[37]로 구분한 것처럼 12개국을 몇몇 특징에 주목해 구분하게 된다면 그 12

개국의 사례들은 서너 묶음으로 나눌 수밖에 없다. 누구든 한 가지 사례만을 따로 떼어 연구하고 싶은 사람은 없을 것이다. 그러나 완전한 분석, 의미 있는 분석, 통찰력 있는 분석은 결국 하나의 사례에서나 실현 가능하다. 일반화를 원하는 사람이라면 결코 만족할 수 없는 일이다.

다루고자 하는 주제의 특성 때문에 일반화에 한계가 발생하는 또 다른 예로는 민주주의 이행에 대한 연구를 들 수 있다. 바스크 지방과 카탈루냐와 같은 주변부 지역의 민족주의에서 제기되는 문제들을 무시하고서는 스페인의 이행 과정을 절대 이해할 수 없다. 하지만 그런 종류의 문제들은 포르투갈이나 그리스, 라틴아메리카 등지의 이행 과정에서는 전혀 문제가 되지 않는다. 사실 동유럽의 민주화 이행이 시작된 1989년 이전까지는 이행 과정에서 민족주의 분쟁이 중요한 역할을 한 사례는 스페인이 유일했다. 다른 사례들 또한 무시해서는 안 될 특성을 가지고 있다. 예를 들어 70년간 전체주의적 지배에 의해 사회가 만들어진 소련의 사례와 비견할 만한 것은 없다. 이것이 의미하는 바는 각 사례에서의 이행은 다른 사례들과는 근본적으로 다른 사회적 맥락에서 발생한다는 사실이다.

37 • 스테판은 연방제의 종류를 다음과 같이 세 가지로 구분한다.

자발적 연방제coming together federalism란, 아래로부터의 협상과 합의에 의한 것으로, 상대적으로 자율적인 지방 행정 단위들이 자발적인 협상을 통해 좀 더 큰 정치적 단위를 구성하기 위해 연방 국가를 구성하는 경우를 말한다. 미국, 스위스, 오스트레일리아 등이 이에 해당한다.

체제 유지적 연방제holding together federalism는 다민족·다문화 사회에서 민주주의 체제를 유지하고, 국가의 기능을 효과적으로 보존하기 위해 기존의 단방제적 국가 체제하의 중앙정부가 분권적 제도 개혁을 단행함으로써 형성되는 연방제이다. 이는 심각한 정치 불안을 야기하거나 심지어 국가의 존립 자체를 위태롭게 할 수 있는 지역 간의 잠재적 갈등 요소를 해소하고 국가의 통일성과 안정을 확보하기 위해, 소수민족이나 언어 집단이 거주하는 각 지역에게 국가의 권한과 기능을 분배하는 방식으로 중앙정부의 주도로 형성되는 연방제이다. 1948년의 인도, 69년의 벨기에, 75년의 스페인 등이 이에 해당한다.

강제적 연방제putting together federalism는, 비민주적인 중앙정부가 기존의 영토하에 존재하는 지역 단위들이나 기존의 독립된 정치조직을 군사적인 정복이나 강제력을 통해 자의적으로 구성하는 형태의 연방제다(Alfred Stepan, "Federalism and Democracy : Beyond the U.S. Model," *Journal of Democracy*, 10-4(1999), pp. 19-34. 장덕준, "러시아 연방제의 성격 고찰", 『국제정치논총』 제43집 4호, 2003, 330-331에서 재인용).

사례에 따라 새로운 변수를 더 추가해야 하는 경우가 있고 기존의 변수들을 무시해야 하는 경우가 있다. 어쩔 수 없는 일이고 세상이 원래 그런 것이니, 그에 대해 우리가 할 수 있는 일은 없다. 여러 가지 사례들을 아우르는 다양한 변수에 주목하지 않으면 결국에는 그리 흥미롭지 않은 진부한 결과들만 얻게 될 것이다. 기껏 네다섯 개 정도의 사례들에 유효한 일반화가 있을 뿐, 우리가 연구하고 있는 현상을 다룰 수 있는, 모든 시간과 공간에서 유효한 일반화는 존재하지 않는다.

정치나 사회를 일반화하기가 어렵다면, 우리는 과연 무엇을 기대할 수 있나?

뭔가를 '알게 되는 것'이다. 어떤 현상이 어떻게 발생해서 어떻게 작동하며 사람들의 삶에 어떤 결과를 가져오고 그 현상이 또한 어떻게 변화하고 있는지에 대해 좀 더 알게 되는 것, 우리가 기대할 수 있는 것은 그 정도다. 사실 정치나 사회현상에 대해 우리가 알고 있는 것은 비참할 만큼 적고 앞으로도 아주 많이 알게 되는 일은 결코 없을 것이다. 이것은 이 분야에서 연구하는 사람들의 수가 너무 제한적이라는 것에도 일부 원인이 있다. 많은 나라들 가운데 어떤 주제는 연구하는 사람이 전혀 없거나 극소수만 존재하기도 한다. 그래서 그런 주제들이 충분히 다뤄지지 못하고 있다. 시카고 대학에서 좋은 물리학 성과가 나오면 그 연구는 자카르타 대학에서 물리학을 하려는 이에게도 유효하다. 하지만 미국의 대통령제에 대해 많이 알더라도 그 지식은 인도네시아의 대통령제가 어떻게 운영되는지를 이해하는 데 그다지 큰 도움이 되지 못한다. 인도네시아의 맥락을 공부해야 하고 인도네시아에 대해 연구해 봐야 한다. 그러므로 정치나 사회에 대한 지식의 축적은 관련 연구자의 수가 지나치게 적다는 점에서 부분적으로는 제약을 받을 수 있다. 또한 역학疫學 연구처럼 몇 년마다 똑같은 연구를 반복해야 뭔가 의미 있는 결과를 얻을 수 있는데, 재원이 한정된 상황에서 그렇게 하기는 어렵다.

연구를 반복하고 복제하는 일이 필요한가?

언제나 필요하다. 모든 종류의 연구는 반복되어야 한다. 비록 그 연구 결과가 '별것 아닌 것'이 되더라도 말이다. 요즘은 기초적인 방법론 훈련을 받은 똑똑하고 실력 있는 정치학자라면 누구나 질문지를 작성해 총선에서 누가 누구에게 투표했는지에 관해 연구하는 방법을 알고 있다. 모든 선거는 그 이전의 선거와 매번 다르기 때문에 선거 연구를 반복해서 하는 것이 매우 중요하다. 시계열 자료를 구축하는 것은 필수적인 작업이다. 그러나 우리는 대부분의 나라들에 대한 그런 자료를 갖고 있지 못하다. 자연과학에서는 무언가가 바뀌면 실험을 다시 하는 것이 기본적인 연구 방식이다. 그에 반해 우리 사회과학자들은 (아마 인문학의 속성에서 기인하는 것일 텐데) 독창성과 창조력에 중점을 둔다. 연구가 매번 독창적이어야 한다는 생각이야말로 우리 연구의 비과학적인 차원이다.

그렇다면 사회과학에서는 독창성이 중요하다는 생각을 버려야 하나?

아니다. 상당히 중요하다고 생각한다. 하지만 우리가 이해하고 연구하고자 하는 이 세상은 너무 복잡하고 늘 변화하기 때문에 무엇을 연구하든 좋은 일이고, 동시에 무엇을 연구하든 [그 성과는] 불충분할 것이다. 이는 해변에서 조개껍질로 바닷물을 모래 구멍에 퍼담으려는 천사와 성 아우구스티누스St. Augustine의 이야기와 비슷하다.[38] 어떤 면에서는 [보잘것없는 도구로 무한한 세계를 담아내려는] 터무니없는 짓이다. 단지 우리가 하고 싶어 하고 해야 한다고 해서 그런 일을 할 수는 없다. 달리 방법이 없다. 우선, 사회과학이 쓸 수 있는 총 재원은 턱없이 부족하다. 우리가 쓰는 비용과 자연과학의 교육이나 실험에 들어가는 자금의 양을 비교해 보라. 물리학자 친구가 있어서 알게 된 건데, 스탠퍼드 대학에서 선형 가속기 조작 방법을 배우는 학생이라면 누구나 연습 시간 5분 동안에 도시 전체가 하루에 쓰는 양에 맞먹는 전기를 써 버릴 수도 있다! 하지만 전 세계를 단위로 한 조사는 말할 것도 없고 국내 표본 조사 중에 그 정도의 돈을 가지고 진행하는 조사가 얼마나 되는가? 라티노바로미터Latinobarometer[라틴아메리카 18개국에서 실시되는 여론조사]는 해마다 실시되기는 하지만 질문지의 절반이 특정 주제 한두 가지에 집중되어 있기 때문에 조사의 풍부성과 대표성에 문제가 있다. 게다가 겨우 아메리카 대륙의 민주주의만을 추적 관찰할 뿐이다. 사회가 우리에게 제공하는 재원과 우리가 이해하고 알고자 하는 것 사이에는 괴리가 있는 것이다.

사회과학이 자연과학보다 쉬운 동시에 어려운 이유는 지성을 가진 사람이라면 누구든지 따로 연구하거나 특별한 훈련을 받지 않고도 우리가 다루고자 하는 주제에 관해 얼마간의 지식을 얻을 수 있기 때문이다. 우리 모두는 사회의 구성원이기 때문에 모두가 어떤 일이 어떻게 작동하는가에 대해 알고 있다. 그 결과 사람들은 우리가 쓴 책들을 보고 "음, 내가 다 아는 것들이네." 또는 "나는 그렇지 않다고 알고 있는데 당신들은 왜 그렇다고 말하지?"라고 한다. 사회과학자들은 사회 내 행위자들이 이미 알고 있는 지식에 항상 이의를 제기한다. 그런데 우리의 일을 결정하는 사람들이 바로 이들이다. 바로 그런

---

38 * 삼위일체론을 쓰고 있던 성 아우구스티누스는 바닷가를 거닐다가 조개껍질로 모래 구멍에 바닷물을 퍼나르고 있는 천사를 만난다. 무얼 하느냐고 묻는 아우구스티누스에게 천사는 지중해의 바닷물을 모두 담으려 한다고 대답했다. 이에 아우구스티누스가 당치도 않다고 충고하자, 천사는 당신이 고민하는 삼위일체의 신비를 깨닫기란 더 어려운 일이라고 말해 준다. 결국 아우구스티누스는 자신의 어리석음을 깨닫고 『삼위일체론』 De Trinitate의 결론을 맺지 못한 채 하느님에게 바치는 기도로 마무리한다.

사람들이 우리에게 자금을 지원할지, 우리에게 자문을 구할지 등을 결정하기 때문이다. 이는 마치 현미경의 재물대에 놓인 박테리아가 '이봐, 당신의 실험 방식은 잘못되었어'라고 말하는 능력을 가진 것과 같다. 우리는 사람들을 강제로 현미경 재물대에 고정해 놓고 50번 실험을 되풀이할 수 없다. 운 좋게 한 사람의 엘리트를 인터뷰했다고 하더라도 그다음 번에는 인터뷰가 불가능할지도 모른다. 또한 우리가 연구하고자 하는 행위자들이 아예 자신이 연구 대상이 되는 것을 거부할 수도 있고, 모든 것을 비밀에 부쳐 말하지 않을 수도 있다. 이 말은 곧 우리의 지식은 사회가 허용하는 정도에 한해 형성될 수 있다는 것을 의미한다. 역사적인 기록들이 공개되지 않는 한 그렇다. 이제 소련의 기록들이 공개된 상태이므로 전에는 몰랐던 공산당과 소련 지도자 사이의 관계에 대해 많은 사실을 알게 되었다. 사회과학에 몸담는 모든 이들이 가장 먼저 알아야 할 일은 사회라는 세계는 다른 세계들과 다르다는 사실이다.

사회과학이 좀 더 과학적이기를 원하는 사람들조차 과학을 잘못 이해하고 있는 경우가 종종 있다. 즉, 정작 과학자들마저 동의할 수 없는 개념으로 과학을 생각하는 것이다. 지질 탐사를 예로 들어 보자. 지질학자들이 어떤 지역에 가면 석유를 찾을 수 있을 것이라는 합리적인 기대를 갖고 있고, 기업들은 그런 기대를 토대로 수백만 달러를 들여 탐사 작업을 벌인다. 하지만 석유가 발견될 합리적인 가능성이 있다고 가정하고 수백만 달러를 썼더라도 석유가 매번 발견되지는 않는다. 그래서 지질학자들은, 정교한 실험 모델과 측정 기술을 사용했음에도 불구하고, 여러 요인들이 얼마나 특이하고 우발적으로 결합되어 결과를 달라지게 하는지에 대한 재평가를 계속하는 것이다. 기상 예측 역시 비슷하게 우발적인 특성을 가지고 있다. 어떤 지역에서는 아주 정확한 기상 예측이 이뤄질 수 있고, 또 어떤 곳에서는 일주일 앞선 예보조차 정확하다. 그러나 여기 미국 북동부 지역은 온갖 기상대에서 제공하는 막대한 양의 정보에도 불구하고 오보를 피할 수 없다. 선거나 쿠데타에 대한 사회과학자들의 예측 역시 그다지 다르지는 않을 것이다. 우리에게 주어진 한정된 재원을 고려한다면(말하자면 날씨를 관찰하는 기상대가 몇 개 안 되는 상황이라고 할 수 있다) 우리는 지금 꽤 잘하고 있는 편이다.

사회과학자들은 대참사를 피하게 하거나 세계의 각종 문제들을 해결할 수 있는 결과를 내놓지 못한다는 이유로 종종 비난 받는다. 물론 가끔은 해결책이 없는 치료 불능의 상황이라고 말하는 것이 정말로 우리가 할 수 있는 최선의 대답일 때도 있다. 스페인 정치가가 내게 "바스크 지방의 현 상황과 다음 달에 있을 선거와 관련해 당신이 갖고 있는 해법은 뭔가?"라고 묻는다면 난 이렇게 말할 수밖에 없다. 내게 해법은 없지만, 아마도 하룻밤 사이에 상황이 개선되지는 않을 것이며, 기적적으로 그 문제를 해결할 리도 없다고 말이다.

그런 정도의 조언을 듣겠다고 수백만 달러를 지불할 사람은 아무도 없다.

그렇다. 하지만 사람들은 불치병이라고 진단을 내리는 의사에게는 돈을 지불한다. 그러면서도 아무도 그 의사가 종양학에 대해 잘 아는지 문제 삼지 않는다.

사회과학이 인간의 문제를 푸는 능력에 그런 한계가 있는 게 사실이라면 당신은 왜 사회과학을 하나?

재미있기 때문이다. 냉소적인 대답일지 모르지만 달리 무슨 말을 할 수 있겠나? 어떤 직감을 따라가다가 그 직감이 들어맞는 경험을 할 때마다 흥미진진하고 즐겁다. 나는 무언가를 배우고 있는데 운 좋게도 사회는 내가 재미를 느끼는 일에 월급을 준다. 사회과학이 왜 재미있느냐고? 왜냐하면 지식이란 알 만한 가치가 있고, 가끔씩은 유용하기까지 하기 때문이다. 우리가 생산한 지식을 누가 이용할지가 항상 명확한 것은 아니다. 누군가 민주주의의 붕괴에 대한 내 책(Linz 1978)을 읽는다면 어떻게 하면 민주주의의 붕괴를 막을 수 있을지에 관해 뭔가를 배울 수도 있다. 그러나 다른 누군가는 똑같은 책을 읽고도 민주주의의 위기를 활용하고 붕괴시키는 법을 배울 수도 있다. 우리의 연구를 누가, 어떤 목적으로 이용할지는 결코 알 수 없다. 1968년 컬럼비아 대학이 학생 시위로 큰 위기를 맞았을 때,[39] 민주주의 붕괴를 다룬 내 강의를 듣던 한 학생이 이렇게 말했다. "지금 컬럼비아 대학에서 일어나고 있는 사태 — 총장과 대학 당국이 문제를 다루는 방식 — 가 교수님의 민주주의 붕괴 모델에 아주 잘 들어맞는 것 같은데요. 그렇게 생각하지 않으세요?" 난 이렇게 대답했다. "자네가 사태를 그런 식으로 바라본다니 아마도 내 수업이 그다지 쓸모없진 않은 것 같군."

연구 문제 선정

당신은 사회과학자라면 뭔가를 알고자 하는 열망을 가져야 한다고 말한다. 하지만 이는 알 만한 가치가 있는 것은 '무엇'인가라는 근본적인 질문을 하게 만든다. 연구할 가치가 있는 문제란 어떤 것인가? 어떤 기준으로 연구 주제를 선택해야 하나?

　　　　핵심적인 문제다. 베버(Weber 1949)도 말했듯이 사회과학에서 연구 문제 선정은 궁극적으로 학문 외적인 동기에서 비롯된다. 우리가 어떤 문

---

[39] 베트남전과 흑인 빈민 거주지에 대학 체육관을 세우려는 인종차별적 정책에 반대하는 컬럼비아 대학 학생들은 대학 건물 다섯 곳을 점거하고 시위를 벌였다. 점거 농성 일주일 만에 경찰에 의한 진압이 이루어지면서 150여 명이 중상을 입고 700명이 체포되었다.

제에 관심을 갖는 것은 우리가 이 세상에 살거나, 특정 문제를 안고 있는 어떤 나라의 국민이거나, 특정한 역사적 시기에 살고 있기 때문이다. 어떤 사람이 무엇을 연구하느냐 하는 것은 개인적·경험적·세대적·역사적 맥락에 따라 다르다. 1930년대와 1940년대에는 나치의 경험과 전체주의, 소련, 스탈린 그리고 이런 현상들이 의미하는 그 모든 것을 고려하지 않고서는 정치를 생각할 수 없었다. 정치학이나 사회과학에 관심을 갖고 있던 나 같은 젊은 스페인인이 [스페인] 내전과 그 기원, 프랑코 체제를 무시한다는 것은 상상도 할 수 없는 일이었다. 마찬가지로 1970년대를 살면서 누가 민주주의로의 이행이라는 문제를 외면할 수 있었겠나? 1974년에 포르투갈에서 민주주의로의 이행이 시작되자 난 바로 비행기 티켓을 끊었다. 그렇게 포르투갈을 여러 번 왔다 갔다 하며 정당 모임과 집회에 참석하고 정치인들과 대화하면서 민주화 과정을 가까이서 지켜볼 수 있었다. 프랑코 체제가 영원히 지속될 수는 없기 때문에, 포르투갈에서 일어난 일은 결국 스페인에서 일어나게 될 일과도 관계가 있을 것이라 생각했다. 누구나 살아가면서 개인적으로 관심을 가지거나 연루되는 사건이 있게 마련이고, 이런 것들이 바로 연구 주제를 선택하는 동기로 작용한다. 우리 분야 최고의 학자들 가운데 몇몇이 제2차 세계대전이나 망명, 정치적 격동, 공장 노동과 같은 풍부한 개인적 경험을 겪은 사람들인 것도 바로 이 때문이다. 예를 들어 허시먼과 벤딕스는 정신적으로 큰 충격을 받을 만한 일들을 매우 많이 겪었다.[40] 이들은 오늘날의 대학원생들보다 더 복잡하고 더 많은 문제의식을 갖게 하는 삶을 살았다. 지금의 대학원생들은 보통 좋은 고등학교를 나와 좋은 대학에 들어가 좋은 학점을 받고, 곧바로 대학원에 진학해서는 대학에서 했던 것과 동일한 분야를 전공한다. 대학 공부 말고는 다른 어떤 것도 해본 경험이 없는 것인데, 이는 단점이 될 수도 있다.

[40] Hirschman(1995, Part II)과 Bendix(1986, 1990) 참조.

분명히 말하자면 연구 주제의 선택이 순전히 개인적이고 지적인 관심에 의해서만 이루어지는 것은 아니다. 보통은 관심과 기회가 섞인 결과로 나타난다. 1958년에 나는 컬럼비아 대학에서 논문 심사를 마친 뒤 사회과학연구협의회 산하 비교정치위원회 — 알몬드 위원회 — 에서 받은 연구 보조금으로 스페인에서 이익집단과 정치에 대해 연구하게 되었다. 그래서 스페인 이익집단들에 대한 자료를 수집하기 시작했다. 캘리포니아로 여행을 갔다가 연구를 계속하기 위해 스페인으로 돌아오던 중 워싱턴 D.C.에 들러 스페인 대사관에서 경제 보좌관으로 근무하고 있던 오랜 친구 한 명에게 전화했다. 그 친구와 점심 식사를 같이 했는데 그 자리에 우연히 산업경영대학School of Industrial Management의 이사로 있는 어떤 스페인 사람이 동석하게 되었다. 그 학교는 하버드 대학과 피츠버그 대학 모델에 영감을 받아 세운 비즈니스 스쿨이었다. 그런데 그 학교가 곧 개교 50주년을 기념하는 사업을 하려던 참이었고 나는 그것이 이익집단에 대한 내 연구와 기업인에 대한 연구를 접목할 좋은 기회라고 보았다. 결국 내 프로젝트는 자금을 지원받을 수 있었다. 난 본격적으로 연구를 설계하기 시작했다. 가장 먼저는 슘페터로 돌아갔다. 기업가를 연구할 때 가장 근본이 되는 것이 슘페터의 연구(Schumpeter 1942)였기 때문이다. 그러고 나서 경제 발전 과정에서 기업가의 역할에 대한 호젤리츠의 연구(Hoselitz 1960)를 살펴보았고 C. 라이트 밀스C. Wright Mills(Mills 1956)와 수잔 켈러Suzanne Keller(Keller 1963) 등 경제 분야 엘리트들에 대한 주요 저서를 읽었다. 그러니까 처음에는 노동조합·은행 등 프랑코 체제의 이익집단에 관심이 있었다가 우연히 기업 엘리트에 대한 연구를 할 수 있는 기회가 생긴 것이다. 그리고 결국 슘페터로 돌아가야 한다는 지적인 자극을 받았다. 그 모든 요소들이 다 결합된 것이다. 기회는 문제를 선택하는 데 있어 아주 중요한 부분이다.

연구 문제를 선택하는 특별한 방법이 있나? 당신이 스페인의 기업 엘리트를 연구하게 된 과정을 보면 문제 선택이란 기회와 운에 좌우되는 것처럼 보인다.

　　상당 부분 기회이자 운이며 심지어는 우연일 수도 있다. 실제로 난 내 연구 주제와 전혀 맞지 않는 연구를 한 적도 있다. 가장 대표적인 예가 [이스라엘 사회학자인] 슈무엘 아이젠슈타트가 예루살렘에서 개최한 학술 대회에 제출하려고 쓴 논문일 것이다. 난 19~20세기 스페인의 위기, 즉 공화국 시기와 내전 기간의 지식인의 역할에 대해 쓰려고 했는데 아이젠슈타트는 좀 더 역사적인 내용의 논문을 원했다. "16~17세기 스페인 지식인들에 대한 뭔가"를 말이다. 난 이스탄불에 들렀다가 예루살렘에 갈 예정이어서 알았다고 하고는 순전히 임시방편으로 논문을 썼다(Linz 1972). 하지만 정말 황홀한 경험이었다. 논문을 쓰면서 많은 것을 배웠고, 심지어 내 다른 연구 영역과 관계된 것들도 있었다. 이를테면 16~17세기에 엘리트 지식인이 나오려면 인구 밀도가 일정 수준이 되어야 한다는 것이다. 정말로 창의적인 지성인의 비율은 대중의 크기에 비해 아주 작기 때문이다. 17세기 스페인 학자인 니콜라스 안토니오Nicolás Antonio의 훌륭한 전기이자 서지학 책인 『새 스페인 총람 : 1500~1674년 스페인 작가들의 작품』Bibliotheca Hispana Nova sive Hispanorum Scriptorum qui ab anno MD add MDCLXXIV floreure notitia에는 여러 수도회의 회원 수에 대한 자료가 실려 있다. 나 역시 오늘날에도 여전히 유의미한 16~17세기의 걸출한 작가들과 학자들, 다시 말해 당대 엘리트 지식인들에 대한 비슷한 정보를 가지고 있었다. [이들 자료를 검토해 본 결과] 엘리트 지식인들 사이에서의 지역별 수도회 회원 수 비율과 대중 사이에서의 개별 수도회 회원 수 비율이 거의 유사한 것으로 나타났다. 따라서 엘리트의 존재를 통해 전체 대중의 규모를 추정할 수 있는 것으로 보였다. 이와 같은 발견은 오늘날의 정치 엘리트 연구에도 유효한 것이라 할 수 있다.

　　또 민족주의를 연구 주제로 선택한 것 역시 우연한 계기에서였다. 난 스페인 주변부의 민족주의 문제에 대해 관심은 있었지만, 그 주제로 글을 쓰지는 않고 있었다. 그런데 로칸이 프랑스에서 국가와 민족 건설을 주제로 학술 대회를 개최하면서 나를 초대해 논문을 쓰게 되었다. 그러니까 1970년대에 민족주의에 관한 첫 논문 ── "초기 국가 건설과 국가에 대항한 후기 주변부 민족주의에 대하여"Early State-Building and Late Peripheral Nationalisms against the State(Linz 1973b) ── 을 쓴 것이다. 그때부터 민족주의 문제가 내 연구의 중심 초점이 되었다. 민족주의 문제에 대한 로칸의 관심과, 같은 문제에 관한 나의 잠재적인 관심이 결합되어 민족주의를 주제로 한 내 첫 번째 논문이 나오게 된 것이다.

지금껏 예로 든 것들은 문제 선택에서 기회와 우연의 역할을 강조할 뿐만 아니라 인적 관계망이 어떻게 연구 기회를 만들어 주는지에 대해서도 잘 보여 주는 것 같다.

상당 부분 그렇다. 그것이 바로 '보이지 않는 대학'이다. 학술 공동체들은 자금을 갖고 있는 개인이나 기업을, 특정 문제에 잠재적으로 관심을 갖고 있거나 학술회의에 무언가를 기여해 줄 수 있는 사람들과 연결시켜 줌으로써 연구에 어느 정도 도움을 준다. 이런 연결은 사람들로 하여금 어떤 주제에 관해 더 많이 연구하고 논문을 더 많이 써내도록 한다. 학술회의에서 발표된 논문들 가운데 일부는 연구자가 스스로 선택한 주제가 아닐 수도 있다. 그러나 때로는 그런 논문이 중요한 계기가 되기도 한다. 일례로 우드로윌슨센터Woodrow Wilson Center의 에이브러햄 로웬탈Abraham Lowenthal과 그의 동료 루이스 굿먼Louis W. Goodman이 라틴아메리카의 정당과 민주주의에 관한 학술 대회를 개최한 적이 있다. 난 라틴아메리카 정당에 관해서는 그다지 말할 게 없었지만 『민주주의 체제의 붕괴』에서 대통령제와 의회제에 관해 조금 쓴 게 있어서(Linz 1978, 71-74) 그 논문을 더 확장하고 발전시키기로 결정했다. 그리고 결국에는 그 논문이 대통령제와 의회제에 관한 내 논문의 첫 번째 판본이 되었다

(Linz 1985b). 그 논문은 사람들 사이에서 회자되기 시작했고 난 여러 자리에서 그 논문을 발표하게 되었다. 여러 사람들이 그 논문을 복사해 돌려보기도 해서 '미출간 고전'underground classic으로까지 불리기도 했다. 결국 나는 아르투로 발렌수엘라Arturo Valenzuela와 조지타운 대학에서 학술회의를 개최했고 그 결과 해당 논문의 확장된 판본이 책의 형태로 나오게 되었다(Linz 1994). 최근에는 『사회과학과 행동과학의 국제 백과사전』International Encyclopedia of the Social and Behavioral Sciences에 대통령제에 대한 글을 썼으니(Linz 2001a), 대통령제에 대해서는 권위자가 된 셈이다. 내가 그 주제를 민주주의의 붕괴에 대한 내 저서에서 이미 다루었기 때문에 이를 전적으로 우연이라고 볼 수는 없다. 그렇지만 라틴아메리카의 정당에 관한 학술회의에서 그 이후에 계속 이어지는 논쟁의 바탕이 된 논문을 썼으니 학술회의 덕분이라는 것도 어느 정도는 사실이다.

고전들

사회 이론에 대한 고전들을 일찍부터 접했다. 고전 사회 이론에 대한 기초가 실제 연구에 어떤 영향을 미쳤나?

　　사회 이론을 접했던 것은 내 연구에 근본적인 영향을 미쳤다. 예를 들어 내가 『민주주의 체제의 붕괴』에서 사용한 균형 회복 개념은 분명 파레토에게서 비롯된 것이다(Linz 1978, 122; Pareto 1963). 내 저서들에서 끊임없이 국가가 언급되는 것도 내가 일찍부터 베버를 접했기 때문이다. 나는 "국가를 제자리로 돌려놓거나" 국가를 재발견할 필요가 없었다.[41] 나는 베버의 저작과, 베버에게서 상당 부분 영향을 받은 사민주의자 헬러가 쓴 정치학 고전(Heller 1934)을 통해 '국가학'Staatslehre에 친숙했기에 국가는 애초부터 있어야 할 곳에 있었다. 물질적 이해관계와 이념 ─ 이념과 가치 개념은 물질적 이해관계와 별도로 그 자체의 무게를 지닌다 ─ 의 베버주의적 혼합 역시 내 연구에서 매우 중요하다. 베버주의적인 정당성 개념은 기본적으로 『민주주의 체제의 붕괴』의 핵심을 형성했다.

베버의 어떤 점이 그토록 특별한가? 베버가 당신의 길잡이가 된 이유는?

난 권위와 정당성 문제를 다룬다. 이것은 민주주의 체제의 붕괴를 이해하는 데 기본이 되며 비민주주의 체제를 이해하는 데도 기본이 되고 민주주의로의 이행을 이해하는 데도 기본이 된다. 나는 정당에 대해서도 연구했는데 당신이 민주주의와 정당에 관해 갖는 모든 질문의 핵심에는 베버와 그의 나이 어린 친구이자 동료인 미헬스Robert Michels가 있다(Linz 1966, 2006a). 교회 대 종파, 윤리 예언과 모범 예언[42], 황제교황주의[43], 동방의 기독교와 서방의 가톨릭, 루터파 사이의 구분 등 베버적인 개념들 없이는 종교와 정치를 다룰 수 없다. 내가 여러 해 동안 가르친 종교와 정치에 관한 강의 역시 베버에서 시작해야 했다. 심지어 베버가 민족주의에 관해 쓴 몇 쪽 되지 않는 글들마저 중요하다(Weber 1978, 343-398, 921-926). 최근 나는 민족국가와 국가민족, 다민족국가를 구분하는 개념을 발전시키면서 그 내용을 사용했다. 어떤 의미에서는

[41] Evans, Rueschemeyer, and Skocpol(1985)에서 재인용.

[42] * 윤리 예언ethical prophecy과 모범 예언exemplary prophecy
윤리 예언은 고대 이스라엘에서의 예언자의 경우처럼 절대·유일신의 명령을 받아 그대로 사람들에게 알리는 것을 말하며, 모범 예언은 석가의 경우처럼 자신을 모범으로 제시해 보이는 것을 말한다.

[43] * 황제교황주의Caesaropapism
황제Caesar가 교황Papa의 권위를 겸하여 갖는다는 의미로 종교가 정치를 후원할 뿐만 아니라 정치에 극단적으로 종속된 형태의 지배 양식을 의미한다.

이런 통찰이 "어떻게 스위스와 룩셈부르크를 민족국가로 부를 수 있는가?"라고 문제를 제기했던 베버의 한 쪽짜리 글에서 비롯되었다고 할 수 있다.

보통 어떤 주제에 대한 연구를 시작할 때마다 베버가 그 주제에 관해 작업한 것이 있는지를 먼저 살핀다. 또한 만하임의 연구―특히 그가 영국에 머물던 시기의 연구―도 비슷한 방식으로 사용한다. 만하임의 사상이 그리 생산적인 것은 아니지만, 자세히 들여다보면 가치가 있는 자잘한 통찰들이 많다. 내가 베를린 훔볼트 대학에 게오르크 지멜 초빙 교수로 머무르고 있을 무렵에는, 나와 지멜 사이에는 과연 어떤 관계가 있을지 살펴봐야겠다는 일종의 도덕적 의무감마저 들었다. 나는 지멜의 저서 몇 권을 다시 읽었고 새로 나온 저서들도 읽었다. 내가 정치사회학을 가르치고 있었기 때문에 민주주의로의 이행이나 민주주의의 안정에 필요한 조건 같은 주제와 관련된 것들을 찾아보았다. 지멜의 연구에서는 그리 많은 것을 찾아내지 못했지만 그에게는 네거티브 캠페인의 유해한 결과를 매우 통찰력 있게 분석한, '경쟁'에 대한 에세이가 있었다(Simmel 1995, 222-226). 지멜이 선거 캠페인을 특정해서 말한 것은 아니지만 그는 경쟁에 임하는 양측이 상대방의 제품을 비웃음으로써 자신에 대한 지지를 호소한다면 양측 모두 지지를 얻지 못한다고 했다. 왜냐하면 어느 한쪽도 구매자에게 자신의 제품이 최고라는 확신을 주는 긍정적인 호소를 하고 있지 않기 때문이다. 즉, 구매자들에게 상대방의 제품이 좋지 않다는 부정적 호소만을 할 경우 구매자들은 제품에 대해 일체감을 전혀 느끼지 못하는 것이다.

탐구하고 싶은 문제들이 마음속에 있을 때 고전을 읽다 보면 '음, 흥미로운 통찰이군. 내가 알고 싶었던 것을 설명해 주네'라고 말하게 되는 경우가 가끔 있다. 많이 읽으면 읽을수록 더 많이 그리고 더 잘 알 수 있게 되는 것이다.

개념의 형성

지금까지도 내구력을 발휘하는 개념들을 수없이 내놓았다. 예를 들어 권위주의 체제나 술탄주의 체제 개념이 그렇다. 개념을 만들 때 어떤 방식으로 접근하나?

무엇보다도 나는 현실을 묘사하고 싶다. 저 바깥에 존재하는 세상을, 어떤 방식으로든 묘사하고 싶다. 저널리스트나 역사가들이 하듯이 말이다. 그러나 나는 단순히 이야기를 하는 것보다는 좀 더 추상적인 개념화를 통해 현실을 그려내고 싶다. 즉, 현실을 묘사하고자 노력하고 그다음에 그것을 개념화하고자 한다.

비민주주의 체제에 관심이 있어서 프리드리히와 브레진스키의 책을 읽었고(Friedrich and Brzenzinski 1956; Brzenzinski 1962도 참조), 아렌트(Arendt 1951), 지그문트 노이만(Neumann 1942), 프란츠 노이만(Neumann 1957)을 읽었다. 그들 모두 전체주의 개념을 사용했다. 난 이렇게 자문해 보았다. '이 개념은 내가 프랑코 체제를 이해하는 데 도움이 되는가?' 난 전체주의 개념이 맞지 않는다고 판단했고, 권위주의 체제 개념을 만드는 작업에 들어갔다(Linz 1964).

이와 마찬가지로, 나는 니카라과의 아나스타시오 소모사 데바일레[44]와 도미니카공화국의 라파엘 레오니다스 트루히요[45]를, 스페인의 프랑코 체제나 포르투갈의 안토니우 드 올리베이라 살라자르[46] 체제와 동일한 상황에 놓는

---

[44] • 아나스타시오 소모사 데바일레Anastasio Somoaza Debayle(1925~80)
군인이자 정치인으로, 아버지와 형을 이어 대통령이 된 뒤 독재를 일삼다가 결국 사임한 후 암살당했다.

[45] • 라파엘 레오니다스 트루히요Rafael Leonidas Trujillo(1891~1961)
군부 쿠데타를 일으켜 대통령이 된 뒤, 31년간 절대적인 통치권을 행사하고 결국 암살당했다.

[46] • 안토니우 드 올리베이라 살라자르Antonio de Oliveira Salazar(1889~1970)
코임브라 대학 경제학 교수였다가 1926년 재무장관으로 기용된 후 1932년 총리가 되었고, 국민통일당을 조직해 일당 독재를 추진했다. 그는 이때부터 1968년까지 36년간 포르투갈 총리로 재임했다.

것에 대해서도 불만이었다. 소모사 체제와 트루히요 체제는 민주주의도 아니고 전체주의도 아닌 것은 맞지만, 이 체제들을 권위주의 체제로 분류하게 되면 권위주의 개념이 약화되어 말이 될 수 없었다. 난 트루히요 체제가 프랑코 체제와 어떻게 다른지 잘 알고 있었다. 두 체제를 모두 반대했던 헤수스 데 갈린데스Jesús de Galíndez와 컬럼비아에서 친구로 지내면서 이에 대해 많은 이야기를 나눴기 때문이다.[47] 나는 권력과 지배의 유형론에 관한 베버의 사회학을 2년에 한 번꼴로 강의했는데, 여기서 술탄주의 체제 개념을 포착했다. 베버는 전통적이고 합법적인 형태의 세습제와 술탄주의로 타락한 세습제를 구분했다. 난 베버가 세습제를 논한 부분을 다시 읽으면서 이렇게 생각했다. '이게 바로 내가 찾고 있던 거야!' 그러고는 족벌주의, 정실주의, 권력과 부의 사적 전유와 같은 술탄주의의 지표들을 명기함으로써 베버의 개념을 현대적인 방법으로 재정식화했다.[48] 지표들을 명확히 하는 것은 현상의 여러 가지 차원들을 보는 데 도움을 준다. 그다음 단계는 현상의 명확한 사례들을 식별하는 것이다. 그런 다음엔 루마니아의 차우셰스쿠Nicolae Ceauşescu처럼 술탄주의적 요소와 매우 강한 전체주의적 요소가 결합된 혼합 체제를 발견했다.

나는 관찰과 개념 사이를 오갔다. 술탄주의의 경우에는, 증거가 나를 개념화 작업으로 밀어붙였다고 말할 수 있다. 즉, 처음에 소모사와 트루히요 체제를 관찰하고 나니 새로운 개념이 필요하다는 것을 깨닫게 되었는데, 그러자 그 개념을 통해 다른 관찰 사례들도 체계화할 수 있었다. 그러나 가끔은 개념화가 관찰이나 자료보다 앞설 때가 있다. 한스-위르겐 풀레Hans-Jürgen Puhle를 위한 기

---

47 갈린데스는 바스크 정부의 망명 대표였으며 도미니카공화국에서 국제법을 가르친 적이 있다. "갈린데스가 컬럼비아 대학에서 트루히요 체제의 내부 활동을 일부 폭로하는 박사 학위논문을 썼을 때 그는 1955년 린츠에게 자신의 목숨이 위태롭다고 털어놓았으며 만약을 대비해 원고를 안전한 곳에 보관해 두었다고 말했다. 그 후 얼마 지나지 않아서 트루히요의 지시로, 갈린데스는 뉴욕에서 납치당한 뒤 도미니카공화국으로 끌려갔고 거기서 고문 끝에 사망했다." Chehabi and Linz(1998a, 4-5) 참조.

48 술탄주의 체제의 개념에 대한 린츠의 초기 정식화는 Linz(1975)에 나타나 있다. Chehabi and Linz(1998a)도 참조.

념 논문집에 기고한 논문에서는, 다민족국가에 대비되는 국가민족 개념에 대해 쓰면서 스위스의 사례를 언급하고 벨기에 또한 국가민족의 특성을 가지고 있는 것 같다고 말했다(Linz 2001b). 물론 그 주장을 뒷받침할 실증 자료는 없었다. 그런데 논문을 탈고한 직후인 1996년, 벨기에에서 벨기에인의 정체성에 관한 설문 조사가 이뤄졌음을 알게 되었다. 그 조사는 벨기에가 다민족국가라기보다는 국가민족에 실제로 더 가깝다는 나의 견해를 뒷받침하는 증거가 되었다. 때로는 이렇게 개념이 정식화된 이후에 증거가 발견되기도 한다.

현실을 묘사하고 개념화한 이후에는 설명으로 나아가야 한다. 즉, '왜 이건 이렇고 저건 저런가?', '왜 이것들은 다른가?'와 같은 물음을 던져야 한다. 이런 질문에 항상 대답할 수 있는 것은 아니다. 묘사라는 게 그리 쉬운 건 아니지만 상대적으로 수월한 편이다. 조금만 더 생각해 보면 누구나 나치 체제가 프랑코 체제하의 스페인과는 다르다는 데 동의할 수 있을 것이다. 그건 경험적인 문제다. 그런데 이 체제들이 다른 이유를 설명한다는 건 훨씬 어려운 일이다. 어떤 변수들이 체제 간의 차이를 낳는 원인이 되는지 설명하고 알아보려고 노력한다 해도 결국에는 의견의 불일치로 끝날 가능성이 많다. 우리가 다루는 현상의 원인은 대부분 다양하기 때문에, 어떤 사람은 어떤 특정 변수를 다른 변수에 비해 상대적으로 더 중요하게 여기는 반면, 다른 사람은 또다른 변수를 중요하게 꼽을 수도 있다. 경제적 요소나 이데올로기적 요소, 지도자들의 개인적 특성 등 각각에 어느 정도 가중치를 부여할지 어떻게 결정할 수 있겠는가? 서로 합의한다는 건 더욱 어려운 일이다. 하지만 비교하고 다른 변수를 통제하면서 어떤 결론에 이를 수는 있을 것이다.

역사적 분석

당신의 연구에서 역사적 분석은 어떤 역할을 하나?

　　중추적인 역할을 한다. 연방제에 관한 기존 설명들 — 예를 들어 윌리엄 라이커의 연방제 이론(Riker 1964, 1975)이나, 넓고 확장된 나라들을 통치하는 데는 연방제가 필요하다는 주장 — 의 관점에서 보면 독일이 연방 국가라는 사실은 수수께끼 같은 문제다. 더불어 독일의 연방제가 채택하고 있는 특이한 형태 역시 수수께끼이다. 왜 독일은 연방의회Bundesrat와 같은 제도를 가졌는가? 이 제도는 미국의 상원 제도와는 너무 달라서 연방의 상원을 조직하는 대안적 모델을 제시하게 된다. 독일이 연방 국가인 이유와 독일연방의 형태를 설명하려면 신성로마제국에서 라인동맹으로, 또 1848년의 프랑크푸르트 국민의회로 이어지는 독일의 역사를 돌이켜 봐야 한다. 이런 역사적 분석은 왜 이탈리아는 독일처럼 민족국가로 가는 통일 과정을 거쳤음에도 결국에는 상당히 중앙집권적인 단일 국가가 되었는가 하는 질문을 제기한다. 왜 독일과 이탈리아는 그렇게 상이한 제도적 역사를 갖게 되었나? 이런 질문에 답하기 위해 통일 시기 독일 역사에 관한 책들을 읽었고 이탈리아 통일에 관한 책들도 읽기 시작했다. 다시 역사로 눈을 돌려야 했다. 이런 제도적인 결과물을 설명하기 위해서는 이런 방법을 피해 갈 수 없다.

역사가가 되었더라면 하고 생각했던 적은 없나?

　　실제로 1966년 스탠퍼드 대학에서 한 학기 동안 역사학과 객원 부교수로 있었다. 그리고 『학제 간 역사학 저널』*Journal of Interdisciplinary History*과 『사회와 역사에서의 비교 연구』*Comparative Studies in Society and History*, 사회사에 대한 오스트리아의 한 학술지를 포함한 몇몇 역사 전문지의 임원진을 맡아 오고 있다. 또 발표하지는 않았지만 프랑코 시기 스페인의 사회사를 쓴 적도 있다.

역사가의 연구와 본인이 하는 연구의 차이는 무엇인가?

　　　　역사가는 내가 할 수 있는 것보다 더 많은 시간을 문서 보관소에서 보내며 1차 자료들을 검토할 것이다. 물론 그런 일을 내가 꺼린다는 것은 아니다. 또 역사가들은 구체적인 사건과 세부 사항들을 더욱 강조할 것이다. 반면에 나는 개념적인 문제를 더 많이 다루고 비교 분석에 매달리는 시간도 더 많다. 역사가 스탠리 페인이 쓴 파시즘에 관한 훌륭한 책을 한번 보라(Payne 1995). 페인이라면 절대 각국의 파시스트 정당의 선거 득표 결과나 파시스트 지도자의 사회적 배경을 표로 정리하려고 하지 않을 것이다. 나라면 그럴 텐데 말이다. 또한 그가 파시즘을 다른 비민주적인 운동들과 비교하기는 하지만 파시즘 국가들을 체계적으로 비교하지는 않을 것이다. 파시스트 운동의 사회적 기반에 대해서도 나보다는 관심을 덜 가질 것이다. 그는 라트비아의 파시즘과 핀란드의 파시즘을 따로따로 이야기하기는 하겠지만, 라트비아와 핀란드를 같이 이야기하지는 않을 것이다. 반면에 나는 항상 여러 사례를 옮겨 다니며 이야기한다(Linz 1976, 1980, 2003a).

설문 조사 연구

설문 조사는 당신의 많은 저작에서 중요한 역할을 해왔다. 이 방법론을 어떻게 사용해 왔나?

　　내게 여론조사는 언제나 특별한 관심사였다. 설문 조사 방법은 대학원에 있을 때 라자스펠드에게 배웠다. 학위논문에서는 1953년 독일 선거의 여론 자료를 분석했고 나중에 스페인 젊은이들과 기업가를 다룬 내 연구(Linz and de Miguel 1966, 1974)에서도 여론조사 방법을 사용했다. 1970년대 후반에는 스페인의 민주화 이행기 동안의 선거들과 여론을 연구하면서 설문 조사 방식을 사용했다(Linz et al. 1982). 난 민족주의 연구를 하면서도 설문 조사 방식을 사용했으며, 바스크 민족주의를 다룬 내 책 또한 여론 연구이다(Linz 1986). 나는 스페인에 있는 한 사설 설문 조사 기관의 설립에 도움을 주기도 했는데 그 기관은 내 연구를 위한 자료도 분석해 주었다. 최근에는 설문 조사를 그다지 많이 하지 않는다. 이는 내가 최신 컴퓨터를 다루는 방법을 배우지 못했기 때문이기도 하다.

방법론으로서 설문 조사는 어떤 가치가 있나? 이런 연구 방법에 특별히 잘 맞는 쟁점이나 주제는 무엇인가?

　　여론조사는 지도자나 엘리트가 아닌 일반 사람들의 의견을 연구할 수 있는 유일한 수단이다. 이건 기본이다. 또한 엘리트를 연구할 때 설문 조사에 기초하는 것은 엘리트들의 개인적 의견을 더 많이 얻을 수 있는 중요한 방법이 될 수 있다. 카탈루냐 정치인들이 언어 정책에 대해 어떻게 생각하는지 알려면 그들이 공개적으로 밝힌 진술들을 살피는 것도 방법이다. 하지만 그들이 흥미로운 개인적 의견을 갖고 있을 수도 있다. 설문 조사 도구를 사용하면 이런 개인적인 의견에도 접근할 수도 있다.

설문 조사 도구를 효과적으로 설계하는 비결은 무엇인가?

우선은 주제가 흥미로워야 하고 그 주제에 관해 어느 정도 알고 있어야 한다. 그다음엔 베버가 말한 '이해'Verstehen라는 것을 사용해야 한다. 즉, 스스로가 연구 대상의 입장이 되어 보는 것이다. 민족주의에 관한 질문들로 조사를 설계한다면 응답자들은 극단적인 분리주의자들에서부터 민족주의를 혐오하는 사람들까지 다양한 범위에 걸쳐 있기에 다양한 유형의 잠재적 응답자들의 마음속으로 들어가 봐야 한다. 이렇게 하면 응답자들이 자신의 의견을 표현할 수 있는 하나의 질문을 만들어 내는 데 도움이 된다. 또한 질문자가 어떤 대답을 선호하는지가 드러나지 않도록 어감에 주의해서 균형 잡힌 질문을 만들어 내야 한다. 그래야만 응답자들이 한쪽으로 치우치지 않는다. 질문을 정식화하는 이런 과정을 통해 연구자는 연구 문제에 관해 더 깊이 생각해 볼 수 있기도 하다. 이 과정에서, 연구 대상이 되는 다양한 행위자들의 입장이 되어 그들을 정의해야 하기 때문이다. 그다음은 일련의 총괄적인 질문들을 개발하는 단계로, 그중에는 다른 연구에서도 사용하는 표준적인 질문들도 포함된다. 그런 다음 엘리트 집단과 일반 사람들에게 같은 질문을 던지고 두 집단이 무엇을 지지하고 무엇을 지지하지 않는지를 비교해 볼 수 있다.

현지 조사

당신의 연구에서 현지 조사는 어떤 역할을 하나?

     현지 조사는 매우 중요하고 유익하다. 맥락에 대한 감각과, 연구 주제에 대해 사람들이 어떻게 이해하고 있는지에 대한 감각을 제공하기 때문이다. 스페인 기업인에 대한 연구에서는 현지 조사를 통해 사업가들이 어떤 사람들인지와 어떤 생각을 지녔는지, 자신이 일하는 환경에 어떻게 반응하는지에 대해 감을 잡을 수 있었다. 현지 조사는 새로운 아이디어를 얻을 수 있는 원천이 되기도 한다. 1960년대 중반에 안달루시아Andalucía의 마을들을 연구한 적이 있는데, 당시 마을 여덟 군데를 들렀고 심지어 한두 군데에서는 직접 살아 보기도 했다(Linz 1971). 나는 못살고 더러워 보이는 마을이 실제로는 사회문제가 그리 많지 않은 부유한 마을일 수 있으며, 반면에 거리가 깨끗하고 근사한 광장이 있어 단정해 보이는 마을이 실제로는 가난하고 불행한 마을일 수도 있다는 것을 배웠다. 이유는 간단하다. 농촌 실업 문제가 있는 지역에는 고용을 창출할 수 있는 환경 미화 공공사업에 정부의 돈이 투입될 가능성이 있기 때문이다. 부유하고 농산물 생산이 많은 지역은 길거리에 진흙이 가득할지는 몰라도 농산물을 운송하는 트럭 또한 넘쳐 나는 것이다. 따라서 현지 조사를 통해, 사회정책과 공공사업 프로그램이 어떤 의미에서는 사회문제를 은폐한다는 것을 알 수 있다. 현지 조사는 맥락에 더 가까워지도록 함으로써 연구자가 연구에 대한 색다른 감각을 가질 수 있게 해준다. 게다가 사람들과 직접 얘기를 나눌 수 있어서 재미있다.

나이가 들고 경력이 쌓일수록 현지 조사를 한다는 것이 점점 더 어려워지기 마련이다. 개인적으로나 직업적으로나 의무적으로 해야 할 일들이 많아져서 현장에서 많은 시간을 보내기 어렵기 때문이다. 그 결과 학위논문이나 첫 번째 저서를 쓸 때는 현지 조사를 하더라도 그 이후 연구에서는 현장을 떠나게 되는 것이 전형적인 양상이 되었다. 이런 경향에 대해서는 어떻게 생각하나?

내 경험은 정반대다. 내 학위논문은 독일의 정당 체계 및 독일 사회사에 대한 조사 자료와 도서관 작업을 통한 2차 분석을 토대로 한 것이었다. 내 경우 현지 조사는 좀 뒤늦게 해봤는데, 스페인 젊은이들 및 기업가들을 연구하면서 처음 이루어졌다. 그리고 1976년과 1977년, 스페인에서 민주화 이행에 관한 현지 조사를 1년 반 동안 했다. 현지 조사는 어느 정도 경력을 쌓고 나서도 할 수 있다고 생각한다. 학자로서 자리 잡았다고 해서 현지 조사를 포기한다는 것은 좋은 생각이 아니다.

스페인에서는 다양한 계기로 현지 조사를 했다고 언급했다. 다른 나라에서 현지 조사를 한 적은 없나? 예를 들어 당신이 "권위주의적 상황"[49]이라고 표현했던 사례에 관한 1973년의 논문(Linz 1973c)을 위해 브라질에서 현지 조사를 했나?

하지 않았다. 브라질에 대해서는 여러 자료를 읽었고 스테판과 여러 차례 대화도 나눴다. 또 권위주의적 상황의 미래에 관해 브라질에서 열렸

---

49 • 권위주의적 상황authoritarian situation
1960년대 이후 브라질 군사정권의 성격과 관련해, 1964년 쿠데타를 통해 민주주의가 붕괴되었지만, 권위주의 세력이 스스로를 공고히 제도화하지 못한 상황을 일컫는 말이다. 린츠는 브라질 군사정권이 프랑코 치하의 스페인에서 등장했던 제도와 같은, '정통성 있고' 안정적인 권위주의적 제도를 무리 없이 수립할 수 있을지에 대해 의문을 표하며, 브라질의 경우는 권위주의적 정권이라기보다는 권위주의적 상황이라고 규정했다. 나아가 이는 쿠데타 이후 8년의 통치 후에도 권위주의적 정권이라기보다는 권위주의적 상황이 존재한다는 것은 권위주의 정권을 제도화하는 것이 대단히 어렵다는 점을 증명해 준다고 지적했다.[린츠, "권위주의적 상황의 미래와 권위주의 정권의 제도화," 『군부정치』(인간사랑, 1985), 287-291쪽 참조.]

던 회의에도 참석했다. 하지만 전반적으로 브라질에서 그다지 많은 시간을 보내지는 않았다. 그 글과 관련해서 재밌는 일화가 있다. 브라질의 유명 잡지인 『베자』 Veja에서 권위주의적 상황에 대해 쓴 내 글을 번역해서 싣고 싶어 했다. 잡지사에서는 그 글과 관련해 나를 인터뷰했고 내가 브라질에서 얼마나 머물렀고 얼마나 많은 정치인과 만났는지 알고 싶어 했다. 난 4~5일 정도밖에 머무르지 않았으며 브라질 정치인은 한 명도 만나지 않았다고 답했다.

그들이 바랐던 답변은 아닌 것 같다.

다른 일로 브라질을 방문한 것까지 합하면 브라질 체류 기간이 최대 12~13일 정도 된다고 말했다. 그랬더니 그들은 내가 그 논문을 쓰기 위해 브라질에서 3주를 보냈다고 기사를 써도 괜찮겠냐고 물어 왔다. 그래서 좋다고 했다.

브라질에서 더 많은 시간을 보냈더라도 결론이 똑같았을 것 같나? 즉, 사례로부터 일종의 거리를 두었던 것이 오히려 더 나은 분석을 이끌어 내는 데 도움을 주었을 수도 있다고 보나?

그렇지 않다. 브라질에서 더 많이 머물렀다면 내 주장을 더 잘 뒷받침할 수 있는 증거들을 모을 수 있었을 것이다.

현지 조사를 원하는 학생들에게 해주고 싶은 충고가 있다면?

인터뷰를 할 때는 반드시 기록을 해두어야 한다. 인터뷰를 녹음하고 나중에 글로 옮긴다는 것은 비용도 들고 쓸모없는 일이기 때문이다. 게다가 기록을 하면 응답자가 말하는 골자를 더 쉽게 파악할 수 있다. 또 나는 완전한 폐쇄형 질문지[50]를 선호한다. 그렇지 않으면 응답자는 별 내용도 없는 얘기를 계속해서 하게 된다. 특히 정치인들이 그렇다.

규범적 편향

자신의 연구에 어떤 규범적 편향이 있다는 것을 알고 있나?

민주주의 정치체제를 선호하는 편향이 분명히 있다. 나는 민주주의 정치체제란 게임의 규칙을 받아들이는 사람이라면 누구든지 자신의 과거와는 상관없이 ─ 과거에 범죄자만 아니었다면 ─ 자리를 가지고 참여할 수 있는 체제라고 이해하고 있다. 나는 민주주의로의 성공적인 이행을 위해 관료제나 군대를 완전히 없애야 한다고는 생각하지 않는다. 또한 구체제에서 비민주주의자였던 사람까지도 새 민주주의에서는 민주주의자로서 참여하는 것이 허용되어야 한다고 생각한다. 나는 민주주의를 위해 활동했던 사람들만이 민주주의에 참여할 권리가 있다는 생각에는 반대한다. 이것을 내가 민주주의에 대해 지닌 편향이라고 말할 수도 있을 것이다. 또한 나는 폭력에 반대하는 편향도 가졌다. 나는 민주주의를, 권력을 얻기 위해서든 유지하기 위해

---

50 • 폐쇄형 질문closed-ended question과 개방형 질문open-ended question
폐쇄형 질문은 조사자가 마련한 보기 가운데 응답자가 대답을 선택하도록 요청받는 질문이다. 반대로 개방형 질문은 응답자가 직접 자신의 말로써 답을 제시하도록 요구되는 질문으로 일반적으로 심층적이고 질적인 조사에서 사용된다.

서든, 폭력의 사용을 배제하려고 노력하는 정치체제의 한 유형이라고 본다. 또한 계급 구조의 사회이기 때문이든, 자신이 소수민족으로 존재하는 국가이 기 때문이든 혹은 이와는 다른 어떤 것이든 간에, 자신이 좋아하지 않는 것을 무너뜨리고 파괴하는 유일한 방법은 폭력이라는 생각, 즉 폭력만이 좋은 사 회를 만들 수 있다는 생각에도 반대한다. 나는 비폭력적인 형태의 문제 해결 방식을 선호한다. 또 다른 편향이 있다면, 무엇이 옳고 그른지를 잘 '알고 있 다'고 추정되는 소수의 결정이 아닌, 다수의 합의를 추구하는 것을 기초로 하 는 민주적 질서 형태를 선호한다는 것이다. 이와 반대되는 편향은 좋은 사회 가 무엇인지를 알고 있는 사람은 따로 있으며 그 사람이야말로 자신의 전망 을 위해 싸우고 그 전망을 밀어붙여야 한다고 생각하는 것이다. 역사는 그런 종류의 편향에서 비롯된 비극으로 점철돼 있다.

방금 묘사한 그런 규범적인 편향들이 모이면 분석상의 어떤 맹점을 만들어 낼 수 있지 않을 까? 그런 편향들로 인해 등한시하게 된 정치체제의 어떤 국면들이나 체제 변화의 과정들이 있다면 어떤 것인가?

아마도 비민주주의 체제를 전복하기 위해 투쟁하면서 폭력을 사용 한 사람들의 공헌은 내가 크게 인정하지 않는다는 점을 말할 수 있을 것이다. 스페인의 민주화 이행을 연구한 이들 가운데 일부는 자유조국바스크ETA가 루 이스 카레로 블랑코Luis Carrero Blanco 총리를 암살한 것이 민주화 이행에 결정적 인 사건이었다고 말한다.[51] 나는 이 암살이 긍정적인 변화를 이끌어 냈다고는 생각지 않는다. 프랑코는 블랑코 사후에도 권력을 계속 유지했고 제명을 다

[51] 프랑코의 계승자로 가장 유력시되었던 해군 대장 블랑코는 1973년 12월 암살되었다.

살았다. 그런 의미에서 블랑코의 암살이 체제 이행을 야기한 요인은 아니었다. 블랑코 암살을 결정적인 요인으로 보는 이들은 블랑코가 살아 있었다면 권위주의 체제가 더 오래 지속되었을 것이라고 가정한다. 물론 블랑코가 살아 있었다면 그는 아마도 민주화 이행 초기에 총리가 되었을 것이고 이는 민주화 이행에서 큰 장애물이 되었을 것이다. 하지만 체제 내의 모든 사람이 블랑코에게 충성했을지는 확실치 않다. 블랑코와 가까운 사람들마저도 블랑코만큼 융통성이 없지는 않았기 때문이다. 즉, 블랑코가 살아 있었다면 이행 과정이 지연될 수는 있었어도 그 이행이 크게 달라졌을 것이라고는 생각하지 않는다. 오히려 블랑코의 암살은 정치적 목적을 위한 폭력 사용을 낭만적으로 합법화하는 해로운 유산을 남겼다. 스페인의 민주주의는 30년이 지난 지금도 여전히 후유증을 앓고 있다. 분명 풀헨시오 바티스타[52]나 이란의 샤 정권[53]의 전복 과정에서 나타난 폭력적 측면들은 쿠바나 이란의 민주주의에 그다지 건설적인 역할을 하지 못했다. 성공적인 민주화 이행 — 예를 들어 보이치에흐 야루젤스키[54]가 있었던 폴란드 — 은 비폭력적이었다. 그렇다고 해서 비민주주의 체제에 맞서 싸웠거나 그 과정에서 죽었던 사람들이 존경을 받거나 경의의 대

52 * 풀헨시오 바티스타Fulgencio Batista(1901~73)
두 차례에 걸쳐 쿠바 대통령을 역임했다. 특히, 1952년 3월 쿠데타를 통해 권력을 장악한 후, 잔인한 독재 정치를 펼쳤다. 피델 카스트로가 이끈 반군에 의해 1959년 패퇴했다.

53 * 샤 정권(1941~79)
이란 팔레비 왕조의 제2대 황제 무하마드 리자 샤 팔레비Muhammad Rizā Shah Pahlevi(1919~80)의 정권을 말한다. 냉전을 배경으로 미국에 의지해 국내의 민주주의를 억압하면서 위로부터의 근대화 조치(백색 혁명)를 단행했으나 반정부 시위가 격화되면서 호메이니에 의해 축출되었다. 호메이니 이후 이슬람 원리주의자들이 본격적으로 세를 확장하기 시작한다.

54 * 보이치에흐 야루젤스키Wojciech Jaruzelski(1923~)
1989~91년 폴란드 대통령을 지낸 장군이자 정치인. 1980년대 초반 총파업을 이끌던 자유노조를 해산시키고 국가평의회 의장이 되었으나 1988년 경제 사정 악화로 인해 불법 단체였던 자유노조와의 협상을 받아들여 자유노조를 합법화하고 1989년 대통령이 되었다. 하지만 의석수 미달로 공산당이 내각을 구성할 수 없게 되자 자유노조측 인물을 총리로 지명하고 대통령직에서 물러났다.

상이 되어서는 안 된다는 의미는 아니다. 그러나 민주주의 이행의 성공 요인을 연구하려 한다면, 적어도 폭력을 사용하는 행위자들에게 더 큰 의미나 가치를 부여하는 것은 실수라는 점은 알고 있어야 한다. 물론 그런 행위자들을 나보다 좀 더 후하게 평가할 수는 있을 것이다.

사람에 따라 서로 강조점이 다르다. 나는 비민주주의 체제를 분석하면서 (인권과 체제 유형에 관한 논문을 제외하고는) 억압의 측면에는 관심이 덜 가는 경향이 있었다(Linz 1992). 여기에는 두 가지 이유가 있다. 우선 비민주주의 체제들이 (심지어 가장 나쁜 체제라도) 단순히 억압에 의해 권력이 유지되는 것은 아니라고 생각한다. 둘째로 억압의 차원을 강조할 경우 서로 다른 유형의 체제들 간의 차이가 희석될 수 있다. 이탈리아 전체주의 체제는 상당히 비억압적이었다. 반면 프랑코 체제는 특별히 전체주의적인 사회관을 갖고 있지는 않았지만 매우 억압적이었다. 일부 권위주의 체제들은 어느 정도 '합리적'이고 '인도적'인 — 물론 억압은 어떤 경우에도 인도적이지 않다 — 형태의 억압 체제인 반면, 다른 권위주의 체제들은 말 그대로 폭압적이었다. 이런 점에서, 억압은 체제의 속성을 이해하는 데 그다지 많은 도움이 되는 변수는 아니다.

시간과 학문

여러 프로젝트를 동시에 진행하는 경향이 있다. 일부러 서로 다른 프로젝트를 동시에 다루는 것인가?

계획적인 것은 아니다. 게다가 가장 바람직한 방식도 아닐 것이다. 그렇게 되는 이유는 내가 여러 집단에서 다양한 활동을 진행하므로 해야 할 일들이 많이 생기기 때문이다. 어떤 주제에 관한 회의에 논문을 제출해 달라는 요청을 받았는데 얼마 지나지 않아 다른 주제에 관해 또 다른 회의에서도 논문을 내줄 것을 요청받는 식이다. 한번은 함부르크에서 개최된 회의에 참석했다가 전체주의 이론의 지성사에 관한 논문을 써달라는 요청을 받은 적이 있었다. 논문을 너무 급하게 쓰는 바람에 초고 수준에 그쳤다. 그런데 나중에 그 학술회의 개최자가 논문을 출판하고 싶어 했다. 당시 나는 완전히 다른 주제의 일에 매달려 있었지만 그 전체주의 논문으로 주의를 돌려 제대로 된 논문을 만들기 위해 논문을 다듬고 주석과 참고문헌을 더했다. 즉, 다양한 작업을 동시에 한다는 것은 어느 정도는 스케줄 문제다.

다른 작업 방식도 있다고 생각한다. 파레토를 예로 들어 보자. 그는 일찍이 공학자이자 경영자로 사업을 했기 때문에 부유했다.[55] 그래서 12년 동안 고양이들과—그는 고양이를 많이 길렀다—저택에 살면서 2권짜리 『사회학』 *Sociology*(Pareto 1963)을 집필하는 것 외엔 아무 일도 하지 않아도 되었다. 생활비를 벌 필요도 없었고 전임 교수가 되려고 논문을 발표할 필요도 없었다. 또한 그다지 사교적인 성격도 아니었기에 아마 많은 회의에 참석해야 하는 일도 없었을 것이다. 고전 사회과학자들 중에는 학생들이나 강의 또는 기타 문제들에 신경 쓸 필요가 없는 불로소득자가 많았다는 사실을 사람들은 종종 잊어버린다. 지멜은 초콜릿 공장을 소유한 삼촌에게 풍족한 보조금을 받았다. 베버는, 하이델베르크에 있는 그의 집 크기를 보건대, 상당한 재산가였다. 그는 여러 해를 연구에만 골몰하며 보낼 수 있었다. 또한 칼 마르크스도 노골적으로 말하자면 친구 엥겔스가 소유한 공장에서 착취당한 노동자들 덕에 자본가적 불로소득자로 살고 있었다. 즉, 이 학자들은 상당한 기간 동안 한 분

55 ＊ 빌프레도 파레토Vilfredo Pareto(1848~1923)
이탈리아의 경제학자이자 사회학자. 튜링 대학을 졸업한 후 아버지의 뒤를 이어 이탈리아 철도국에 들어가 고문 기사가 되었고, 1874년에는 플로렌스의 방케 나쇼날레Banca Nationale에 근무했다. 그 후 광산 및 제광소의 총지배인에 임명되었는데, 이때부터 직무상의 관심으로 경제학 연구를 시작했다.

야에 집중해 연구할 수 있었고 그 결과 어떤 유형의 작품들을 만들어 냈다. 내게는 그런 기회가 한 번도 없었다. 사실 내게 그런 생활은 맞지 않았을 것이다. 가르치는 것이 정말 좋기 때문이다.

어떤 방식으로 연구하든 시간은 한정되어 있다. 시간은 삶에서 우리를 가장 속박하는 존재다. 휴가를 줄이고, 하고 싶은 일을 더 적게 함으로써 연구에 쏟아붓는 시간을 늘릴 수는 있다. 하지만 결국 시간의 속박은 우리 모두를, 마르쿠제의 표현을 사용하자면(Marcuse 1964), "일차원적"으로 만들어 버린다. 마르쿠제가 그 소름 끼치는 책에서 주장한 것처럼 사회나 자본주의 체계가 우리를 일차원적으로 만드는 것은 아니다. 우리를 일차원적으로 만드는 것은 바로 우리가 한정된 시간 속에서 선택을 하며 살아가야 한다는 사실이다. 앞으로 1~2주 내에 마쳐야만 하는 논문을 쓰기 위해서는 내가 정말 보고 싶은 미술 전시회를 보러 뉴욕에 갈 수 없다. 그래서 곤혹스러운 것이다. 시간이라는 근본적인 제한은 모든 것을 점점 줄이고 배제하도록 만들어 결국에는 "일차원"이 되도록 만든다. 시간을 거스를 수 있는 사람은 없다. 시간은 모든 것의 궁극적인 한계이며, 따라서 달리 방도는 없다.

시간을 다르게 사용했더라면 하는 생각은 들지 않나? 지나고 보니 했으면 좋았을 텐데 하지 못한 프로젝트가 있는지, 반대로 하지 말았어야 했는데 했던 프로젝트는 없는지 궁금하다.

시간은 더 잘 이용할 수도 잘못 이용할 수도 있는데, 나보다 빨리 일을 처리하는 동료들을 보면 나는 그들보다 시간을 효율적으로 사용하지 못하는 것 같다. 내가 들인 시간에 비해 결과물은 적은 몇 가지 유형의 작업들이 있다. 참고문헌과 인용, 주석, 자료 등을 체크하는 일은 시간을 잡아먹으면서도 수확은 그다지 많지 않은 일이다. 물론 내가 말하고자 하는 내용을 충분히 증명하기 위해 사실 관계를 확인하고 인용된 것을 점검하는 것은 중요하지만 말이다. 가끔씩 나는 내 기억에 의존해 베버가 이런저런 이야기를 했다고 쓴다. 하지만 본래의 출처와 쪽수를 확인하다 보면 내가 기억하고 있는 내용이 정확히 베버가 말한 그대로는 아닌 것으로 밝혀질 때가 있다. 즉, 모든 것을 확인해야 하고 그런 작업은 시간이 필요하다.

돌아보면 내가 많은 에너지를 투자했는데도 계속 진행하지 않은 프로젝트들의 경우에는 처음부터 시간을 낭비하지 않도록 좀 더 신중해야 했던 것이 아닌가 생각한다. '유럽 가치관 연구'가 시작되었을 때 난 많은 작업을 했지만 회의에 참석하기 위해 일주일씩 유럽으로 비행하는 일이 자주 있었다. 그건 너무 소모적이었다. 그래서 결국 그 프로젝트에서 빠지게 되었다. 어떤 의미에서는 그 프로젝트에서 하나도 얻지 못한 채 너무 많은 노력만을 들인 셈이었다. 더욱 주의했어야 하지 않았나 싶다. 물론 성공적이지 못한 그런 프로젝트들에서 배운 점도 있긴 하지만 말이다.

시작은 했으되 이런저런 이유로 마치지 못한 중요한 연구들이 좀 있다. 내 학위논문은 출판 계약을 맺어 친구가 편집을 시작하기도 했지만 결국에는 출판하지 못했다. 일부를 들어내거나 편집할 기회조차 없었다. 출판되었다면 독일 정당 선거partisan election의 사회학을 다룬 가장 뛰어난 책의 하나가 될 수도 있었다. 또 다른 미완성 프로젝트로는 아만도 데 미겔Amando de Miguel과 같이 연구한 스페인 기업가에 관한 대규모 연구가 있다. 프로젝트가 끝날 무렵 15~20개의 글이 모였는데, 결국 한 권의 책으로 묶이지도 못한 채 끝나 버렸다(Linz and de Miguel 1966, 1974). 스페인에서 경제학연구소Instituto de Estudios Económicos에서 수행했던 경제 의식에 관한 연구에서도 이와 비슷한 일이 일어났다. 연구 결과 두 권 분량의 원고가 나왔고 아직도 우리 집 지하실에는 집필을 위해 준비한 표들이 잔뜩 쌓여 있다. 그런데 연구소 지도부에 변화가 생기더니 새 지도부가 내 책에 대한 출판 지원을 중단해 버렸다. 연구 결과가 그들의 마음에 들지 않은 것도 그 이유 중 하나였다. 내가 그 원고들을 단독으로 출판할 여지도 많지 않았고 게다가 다른 일들도 많았다.

스페인의 민주화 이행에 관한 연구도 마찬가지다. 1년 반 동안 현지에서 연구에 필요한 다량의 자료들을 수집했다. 인터뷰 테이프, 조사 자료, 신문 스크랩, 정당 홍보물 등 모든 것을 모았다. 하지만 쓸 수 있었음에도 스페인의 이행에 관한 책을 쓰지 않았다. 이행에 관해 쓴 글도 많았고 다른 프로젝트에서 그때 수집했던 자료들 중 일부를 사용하기도 했다.[56] 그러나 한 권의 책을 쓴다는 것은 책상에 앉아 2~3년간은 다른 어떤 일도 하지 않는 집중력이 필요하다. 그런데 스페인에서 돌아오자마자 다시 강의를 해야 했기 때문에 그게 불가능했다. 그때 수집한 모든 자료는 스페인의 한 연구 도서관으로 보냈다.[57]

또한 스페인 사회사를 주제로 한 장문의 원고도 가지고 있다. 이 주제로 짧게 쓴 글이 모음집에 수록된 적은 있다(Linz with de Terán 1995). 시간이 있었다면 책으로 출간했을 것이다. 신경을 전혀 쓰지는 못했지만, 출판 계약까지 맺었기 때문이다. 하지만 지금은 스테판과 함께 연방제에 관한 책을 작업하고 있어서 그 책을 마무리하기는 힘들 것이다.

내가 마무리할 수도 있었고 마무리하고 싶었던 프로젝트들은 많다. 16~17세기 스페인 지식인에 관한 연구(Linz 1972)도 18, 19, 20세기까지 확장하고 싶다. 또 종교와 정치에 관한 책도 썼어야 했다는 생각도 든다. 그러나 강의하고 논문 지도하고 학술회의에도 참석하다 보면 중도에 포기해야 하는 일들이 생길 수밖에 없다.

---

56 이 예로는 Linz(1993) 참조.

57 '후안 린츠 1975~89 스페인 민주화 이행 도서관'The Juan Linz Archive of the Spanish Transition to Democracy, 1975~89은 마드리드에 있는 후안 마치 연구소Juan March Institute의 사회과학고등연구소Center for Advanced Study in the Social Sciences 내에 자리 잡고 있다.

학문적 개입과 학문 외적 개입

학술 단체 일에 활발히 관여해 오고 있다. 국제사회학회의 정치사회학위원회가 가장 대표적이라고 볼 수 있는데 그 위원회에서는 어떤 역할을 했으며 그런 관계를 통해서 얻은 것은 무엇인가?

　　　　1959년 이탈리아 스트레사Stresa에서 열렸던 국제사회학회 대회에서 선배들과 함께 정치사회학위원회의 창립 멤버가 되었고, 몇 년 뒤 로칸의 뒤를 이어 위원장이 되었다. 그때는 위원회 간사인 리처드 로즈Richard Rose와 함께 일하는 것이 즐거웠다. 이 모임은 매우 활발했다. 우린 3년마다 있는 학회 총회 사이사이에도 정기적으로 모임을 가졌고 학회 총회에서 정치사회학위원회 회의를 개최하곤 했다.[58] 1963년에는 핀란드의 산업도시인 탐페레에서 회의가 있었는데 그때 처음으로 권위주의 체제에 관한 논문을 발표했다.[59] 회의가 끝나고 우리는 모두 호수로 갔다. 사르토리, 립셋, 에리크 알라르트Erik Allardt, 리처드 로즈와 다 같이 사우나도 했다. 그 자리에는 훗날 폴란드가 민주화된 뒤 폴란드 교육부 장관이 되기도 했던 예시 비아트르Jerzy Wiatr도 있었

---

[58] 정치사회학위원회의 역사에 대해서는 Rokkan(1970) 참조.

[59] 이 논문은 Linz(1964)로 출판되었다.

다. 나는 긴긴 저녁을 그와 함께 산책하고 토의하며 보냈다. 폭포수를 배경으로 한 어느 다리 위에서 폴란드가 전체주의 모델보다는 권위주의에 더 가까운 체제라는 것에 대해 몇 시간이고 그와 얘기한 기억이 난다. 정치사회학위원회 회의는 이탈리아 벨라조Bellagio의 빌라 세르벨로니에서도 많이 했다. 꽤 소규모 회의들이었지만 매우 유익했다. 실제로 내가 참여한 회의 중 가장 생산적이었던 회의는 10~12명 정도가 3일 동안 특정 의제 없이 서로 대화하는 소규모 회의였다. 그런 회의에선 심도 있는 토론이 가능했다. 오늘날의 학술대회나 회의는 참여 인원 면에서나 논문 수의 측면에서 너무 규모가 커 덜 유익한 경우가 많다.

자금을 대는 측에서는 규모도 크고 외부에도 잘 보일 수 있는 큰 행사를 선호하지, 작고 친밀한 회의는 원하지 않는다.

그런 경우는 미국보다는 해외에서 더 많은 것 같다. 정치가나 자산가들의 참여로 개최되는 회의가 많기 때문이다. 한번은 스페인과 이탈리아 양국 사회과학자들의 협력을 장려하기 위해 보비오Norberto Bobbio와 함께 학술대회를 개최한 적이 있었다. 스페인 학자들은 스페인의 군대에 관한 논문을, 이탈리아 학자들은 이탈리아 군대에 관한 논문을 쓰는 식이었다. 회의는 이탈리아의 한 은행이 비용을 부담해 마드리드에서 2~3일간 진행되었다. 마드리드 시장이 어느 공원의 아주 근사한 레스토랑에서 오찬 모임을 열더니 그 다음에는 지방정부 대표가 마드리드 교외의 한 성에서 환영 리셉션을 열었다. 그리고 나서는 스페인의 교육부 장관이 주최하는 저녁 만찬에서 이탈리아 대사와 스페인 대사가 연설을 했다. 그런 모든 행사들에 비해 실제 회의에 할애된 시간은 매우 적었다. 그 회의에서 얻은 것은 그리 많지 않았다.

로칸이 설립한 유럽정치연구컨소시엄에 참여한 적이 있나?

　　　[독일] 만하임에서 열린 유럽정치연구컨소시엄 창립 회의에 참석했던 것 같다. 유럽정치연구컨소시엄은 유럽의 비교정치학 발전에 매우 결정적인 역할을 해오고 있지만 연례 총회가 부활절 주간에 열린다는 문제가 있다. 유럽 대학들은 부활절 주간이 방학이지만 미국은 그렇지 않다. 그래서 유럽정치연구컨소시엄은 비교정치 커뮤니티를 유럽과 미국으로 파편화시키는 경향이 있었다. 예전과 같은 미국과 유럽 사이의 상호 작용은 줄어든 반면, 유럽 내에서의 상호 작용은 눈에 띄게 늘었다.

지금까지 경력을 쌓아 가면서 자신의 분야 이외의 일들에도 많이 관여해 왔다. 예를 들어 1990년대 중반 볼리비아의 헌법 개정과 관련해 정치인들과 함께 실무위원회에도 참여했다. 또 스페인 민주화 이행기에는 스페인에서 당신을 왕실 상원의원으로 임명하려 한다는 얘기도 있었던 것으로 알고 있다. 정치인이 되고 싶었던 적은 한 번도 없었나?

　　　어려서부터 정치가 천직이라고 생각했고 정치인이 될 뻔도 했다. 만약 상황이 달랐다면 정치인이 되었을 것이다. 스페인에서 나와 같은 세대는 여러 가지 복합적인 이유로 상대적으로 민주화 이행기의 정치에 참여하지 못했다. 1977년 선거일 저녁에 곧 임명될 왕실 상원의원의 일원으로 내 이름이 신문에 난 것은 맞는 얘기다. 최종 명단에서 내 이름이 빠졌을 때는, 한편으로 헌법 제정 과정에 참여할 수 없어서 서글프기도 했고, 한편으로는 연구에 방해 받지 않고 예일 대학에서의 고요한 학자의 삶을 포기하지 않아도 되었기 때문에 다행이기도 했다.

공동 연구

그간 해온 공동 연구의 역할에 대해 이야기해 달라.

이 자리에서 수많은 동료들과 함께한 연구들을 일일이 거론할 수는 없을 듯하다. 함께 출판한 경우로는 아만도 데 미겔, 헤수스 데 미겔Jesús de Miguel, 요시 샤인Yossi Shain, 래리 다이아몬드Larry Diamond, 아르투로 발렌수엘라, DATA[60] 팀인 프란시스코 안드레스 오리소Francisco Andrés Orizo, 마누엘 고메스 레이노Manuel Gómez Reino, 다리오 빌라Darío Vila, 그리고 가장 최근에는 호세 라몬 몬테로José Ramón Montero, 미겔 헤레스Miguel Jerez가 있다. 이란을 경험해 본 호창 체하비는 술탄주의 체제를 주제로 학술 대회를 개최했으며, 이를 계기로 같이 이론을 소개하는 논문집을 내기도 했다(Chehabi and Linz 1998b). 공동 연구는 내 연구에서 필수적이다. 나는 항상 나를 학술 대회에 초대해 논문을 제출하게 했던 사람들이나 논문집을 편집했던 사람들과 함께였고, 덕분에 내 책을 출판하는 데서 생길 수 있는 모든 문제는 해결될 수 있었다. 학술지에 글을 보내 동료들에게서 심사를 받는다거나 출판사와 교섭하는 일을 걱정할 필요가 없었기 때문이다. 내 논문들은 논문집 형태로 출판된다는 보장이 항상 있었다. 논문집을 구성하기 위해 누군가는 골치를 앓았겠지만 말이다. 이런 집단 공동 연구 외에도 논문을 함께 쓴 연구들도 있다. 나는 매사 마무리를 짓지 못하는 경향이 있으며, 글을 산만하고 느슨하게 쓰는 편이다.[61] 글을 일

---

[60] • DATA
마드리드에 근거를 둔 사설 조사 연구 및 응용 사회조사 기관.

[61] 이전까지 영어로 된 버전이 없었던 린츠의 두 가지 글과, 미출간 상태로 있던 두 편의 에세이 "스페인의 전통과 모더니티"Tradition and Modernity in Spain와 "지식인과 예술가의 자유와 자율"Freedom and Autonomy of Intellectuals and Artists이 지금은 Linz(2006b)로 출간되어 있다. 이 책에는 1949년 이래 린츠가 출간했던 3백 개 이상의 글과 기고문, 책, 편집본 등 종합적인 서지 목록이 실려 있다.

부 다듬어 주는 공동 저자는 내 생각들이 출판할 수 있는 형식을 갖출 수 있도록 도와준다. 공동 저자가 있으면 글들이 좀 더 조직화되고 더 명확해지고 더 잘 써지고 더 체계화된다. 공동 저자와 끊임없이 의견을 교환하는 것 역시 핵심적인 사항이다. 글을 하나 써서 공동 저자가 읽게 하면 '확신이 안 선다'라는 답이 돌아온다. 그래서 몇 날 며칠 대화하고 또 대화하다 보면, 이 과정에서 새로운 버전의 글이 나온다. 공동 저자가 글을 쓰는 족족 내게 보내고 나 역시 쓰는 대로 그에게 보내다 보면 마지막에는 어느 의견을 누가 냈다고 말하기도 어려워진다. 기업인에 대한 연구를 하면서 아만도 데 미겔과 이런 식의 친밀한 공동 연구를 함께했고(Linz and de Miguel 1966, 1968, 1974), 스테판과는 『민주주의 체제의 붕괴』를 함께 작업해 출간하기도 했으며, 『민주주의 이행과 공고화의 문제』를 공동 집필하기도 했다(Linz and Stepan 1978, 1996).[62] 지금은 스테판과 연방제에 관한 새 책을 함께 작업하고 있다(Stepan, Linz and Yadav 출간 예정; Linz and Stepan 출간 예정). 스테판과는 공동 저자이자 공동 편집자로 함께했을 뿐 아니라 논문을 공동으로 지도하기도 했고 세미나를 공동으로 운영하기도 했다. 30년이 넘게 함께 작업한다는 것은 지적으로나 개인적으로나 독특한 경험이었고 덕분에 진정한 친구가 되었다. 그리고 아내 로시오Rocío와는 끊임없이 공동 연구를 해왔다. 그런 공동 연구가 없었더라면 내 저작의 많은 부분이 결코 완성되지 못했을 것이다.

---

[62] 교수이자 협력자로서 린츠에 대한 데 미겔의 개인적인 회상을 보려면 de Miguel(1993) 참조. 린츠와 스테판의 공동 연구에 대한 이야기는 스테판과의 인터뷰(2권 〈인터뷰 10〉) 참조.

강의와 학생들

가르치는 일이나 학생들과의 상호 작용이 연구에 어떤 영향을 주었나?

　　나는 가르치는 것이 늘 즐거웠다. 가르치게 되면 지적인 관심사가 넓어지게 되고 강의가 없었다면 연구하지 않았을 주제에 대해서도 연구하게 된다. 강의를 하게 되면 단지 연구만 했을 때보다도 관심 범위를 더 넓게 가져야 한다. 종교와 정치에 대해 강의한다고 하면 자신의 연구를 할 때처럼 한 나라에만 초점을 맞출 수 없으며 넓은 범주의 나라들을 다뤄야만 한다. 민족주의에 대해 가르친다면 스페인 주변부 민족주의만으로 제한을 두어서는 안 되며 전반적인 민족주의를 다뤄야 한다. 강의를 하지 않는 것은 좋은 생각이 아니다. 프랑스의 국립과학연구센터Centre National de la Recherche Scientifique, CNRS는 최고의 학자들을 보유하고 있지만 그들은 강의를 전혀 하지 않다 보니 연구 관심사 범위가 좁아져 버렸다. 강의를 했더라면 일어나지 않았을 일이라고 본다. 그리고 학생들에게서도 배울 것이 있다. 가끔씩은 말이다.

자신의 강의 스타일은 어떤 것 같나?[63]

　　기본적으로 난 강의를 자주 한다. 심지어 세미나를 하면서도 강의를 한다. 나는 학생들에게 페이퍼를 준비해 오게 해서 각자에게 한두 번의 토론을 이끌게 하고 그저 자리에 앉아 토론하는 것을 듣다가 가끔씩 멘트를 하

---

[63] 스승으로서의 린츠를 바라보는 시각을 확인하려면, 이 책 2권 〈인터뷰 7〉과 〈인터뷰 10〉의 오도넬과 스테판의 인터뷰 참조. Mainwaring(1998, 19-21)도 참조.

는 식의 수동적인 세미나는 좋아하지 않는다. 나는 운이 좋아서 대규모 학부 생들을 대상으로 하는 강좌는 맡지 않아도 되었다. 비록 컬럼비아 대학에서 는 25~30명 정도로 꽤 많은 대학원생을 가르치긴 했지만 말이다. 논문 지도 가 주된 업무였다. 나는 60~70편의 논문을 지도했고 그중에 35~40편이 출판 되었으며 그 논문들이 다루는 국가 수만 해도 30개국에 달한다. 그건 상당한 양의 일이다. 내 학자로서의 삶에서 가장 만족스러운 부분에 속한다.

학생들 중에는 (내가 기대했던 것보다는 적은 숫자이지만) 내가 연구해 온 주제 를 토대로 연구를 더 진행한 이들이 몇몇 있다. 예를 들어 몇몇은 기업가에 대 해 연구했다. 또 타이완·한국·우루과이·그리스·동독의 민주주의 이행에 관 해 연구한 학생들도 있다. 한 학생은 프랑스의 노동계급에 관해 학위논문을 썼는데, 이는 독일의 1953년 선거 유권자에 대한 내 학위논문과 다소 닮았다. 지금은 스페인 주변부 민족주의에 대해 쓰고 있는 학생이 둘 있다. 즉, 나와 비슷한 주제를 연구하는 학생도 있고, 다른 주제를 연구하는 학생들도 있다. 물론 내 연구에서 파생된 어떤 공통의 시각을 지녔을 수는 있다. 무엇을 연구 할지는 학생들의 결정에 달려 있다고 생각한다. 학생들이 자신의 것을 하도록 내버려두어야 한다. 이런 의미에서 나의 접근법은 해리 엑스타인 같은 이들과 는 다르다. 엑스타인은 많은 학생에게 자금을 대며 일치성congruency에 관한 자 신의 생각을 적용한 학위논문을 쓰게 했지만[64] 성공하지 못했다. 엑스타인의 도식은 너무 단순하고 경직되어 있어 그것을 적용하려는 사람들은 좌절을 겪 어야 했다. 어느 정도 그가 학생들에게 그것을 적용하라고 강요한 측면도 있 었고, 결과적으로 그의 몇몇 제자들은 논문을 마치지 못했다.

---

[64] 엑스타인의 일치 이론은 Eckstein(1966) 참조.

학생의 유형에 따라 조언하는 스타일을 바꾸나? 조언하는 데 활용하는 전략으로는 무엇이 있나?

단계에 따라 다르다고 생각한다. 학생이 어떤 문제를 처음 연구하기 시작해 연구를 설계하고 질문지를 만드는 단계라면 학생들과 매우 긴밀한 관계를 유지해야 한다. 그다음에는 학생들이 나가서 데이터를 수집한다. 이 단계에서는 연락을 계속 취하지만 학생과의 상호 작용은 덜하다. 학생이 데이터 분석을 끝내고 초고를 어느 정도 완성하게 되면 다시 학생과 긴밀하게 작업하기 시작한다. 이처럼, 학생에게 같은 수준의 관심을 꾸준히 보이는 것은 아니다. 더 많은 관심이 필요한 학생도 있고 그렇지 않은 학생도 있다. 어떤 학생들은 스스로 잘해 나가는 반면, 어떤 학생들은 일이 진행되도록 압력을 넣어야 할 때도 있다. 또 학생이 물리적으로 나와 가까운 위치에 있는가도 중요하다. 수백 킬로미터 떨어진 곳에서 논문을 쓰고 있는 학생이라면 한자리에 앉아서 연구에 대해 며칠이고 토론하기는 힘들다.

성공하는 학생과 그렇지 못한 학생을 가르는 특색이나 특징이 있다면?

학생이 처음부터 자신이 하고 싶은 것이 너무 분명해서 지도 교수의 충고를 들을 준비가 되어 있지 않다면 좋은 게 아니다. 이런 학생들은 충분한 사고 과정을 거치지 않은 논문을 가지고 오기 일쑤다. 하지만 그렇더라도 교수가 할 수 있는 일은 그리 많지 않다. 교수는 그 사실을 받아들여야 하며 학생들은 수료증을 받을 것이다. 물론 성공적인 관계는 아니다. 어떨 때는 단순히 학생들이 그리 현명하지 못해서 생기는 일이기도 하고 또 조언해 줄 사람을 잘못 골라서 생기는 일이기도 하다. 가끔은 학생들이 다른 누군가와 함께 작업하다가 문제에 봉착하고 나서야 교수에게 찾아와 구조해 달라고 할 때도 있다.

그렇다면 성공적인 경우는?

성공적인 경우라면 자신의 개인적 취향이나 생각과 잘 맞는 재미 있는 주제를 찾아낸 영리한 사람들의 경우다. 연구자와 연구 사이에 어느 정도 수렴하는 부분이 있어야 한다. 친한 사이로 스페인에서 동시에 연구를 진행했던 두 학생의 예를 살펴보자. 스페인의 노동조합을 연구했던 로버트 피시먼Robert Fishman이 기업 엘리트들에 대한 연구를 했다면 잘 맞지 않았을 것이다. 심지어 그의 겉모습마저 그가 인터뷰했던 노동조합 지도자와 잘 어울렸을 정도다. 또 기업 엘리트를 연구했던 로버트 마르티네스Robert Martínez는 노동조합원을 인터뷰하는 일이 적성에 맞지 않는다고 느꼈을 것이다.[65] 그는 나중에 공화당 정부에서 일했고 결국 한 기업의 경영자가 되었다. 그러니까 성공적인 학생들은 자신의 인성에 맞는 연구를 찾아내며 심지어는 자신의 직업마저 찾아낸다.

유감스럽게도 정말 훌륭한 학생들임에도 끝마칠 수 있었거나 끝마쳐야 했던 연구를 개인적인 상황 탓에 다하지 못한 학생들이 일부 있다. 컬럼비아 대학과 예일 대학의 대학원 입학사정위원회로부터 전도유망한 인재로 평가받았고 수업에서도 좋은 성적을 거둔 학생들이 이혼과 같은 개인적인 문제가 생겨 대학원을 결국 마치지 못하거나 아주 오랜 시간 끝에 겨우 마친 경우가 있었다. 뛰어나지는 않지만 열심히 성실하게 연구한 끝에 매우 성공적이고 유능한 학자가 된 학생들도 있다.

---

[65] 피시먼의 학위논문과 마르티네스의 학위논문은 Fishman(1990)과 Martinez(1993)로 출판되었다.

그 외에도 성공한 학생들이 가진 남다른 점이 또 있나?

연구에 대한 헌신성과 능력 — 자신이 하는 일에 대한 열정 — 은 학문을 하며 성공하는 데 매우 중요하다. 내 학생들 중 아주 훌륭한 학생들을 보면, 야망과 열의가 아주 강하다. 이런 요소가 자신의 모든 시간과 에너지를 연구에 투자하도록 해준다. 현재 학생들에게 제공되는 훈련 방식은 이런 종류의 열의가 생길 여지를 줄이는 것 같아 걱정이다. 학생들에게 방법론적인 도구들을 지나치게 강조하고, 처음부터 검증할 수 있는 가설과 이론을 굳이 가져야 한다고 강조하기보다는, 학생들이 문제와 만나고 그 문제를 해결하는 데 적절한 이론과 방법이 무엇인지 스스로 모색할 수 있도록 장려해야 한다. 학생들이 조사를 할 때 어떤 방향으로 나아가야 할지 너무 많이 제시해 준다면, 그러면서 동시에 연구 문제에 관한 열의를 북돋아 주지 못한다면, 탄탄한 연구 결과가 나올 수는 있어도 흥미진진한 결과가 나오지는 못할 것이다.

학생들이 연구 문제에 열중하도록 만드는 것이 선생들의 의무라고 보나?

그렇다. 분명히 그렇다고 생각한다.

하지만 어떻게 그렇게 할 수 있을까?

선생으로서 연구 문제에 열의를 보여 주면 된다. 학생들이 자신이 하는 일에 교수가 얼마나 열중하고 관심이 있는지 보게 되면 '음, 이건 틀림없이 연구할 만하구나' 하고 말할 것이다.

당신에게도 누군가 그런 열의를 보여 주었나?

그렇다. 훌륭한 선생님들 모두가 특유의 열의를 보여 주었다. 자기들이 하는 일에 대해서 매우 재미있어 했고, 그게 다 티가 났다.

자기 분야에서 이제 막 시작하려는 학생들에게는 어떤 충고를 해주고 싶나? 그런 학생들은 어떤 종류의 훈련을 받아야 하나?

우선 되도록 많이 읽고 그 분야의 고전에 대해 어느 정도 알아야 한다. 좋은 전공 도서들, 예를 들어 벤딕스의 『노동과 권위』Work and Authority(Bendix 1956)나 립셋의 『노동조합민주주의』Union Democracy(Lipset, Trow, and Coleman 1956) 같은 책들을 많이 읽으라. 그런 전공 도서는 어떤 문제를 깊이 연구하는 방법에 대해 좋은 아이디어를 줄 것이다. 방법론적으로는 설문 조사 방법에 대해 대학원의 정규 과정에서 얻는 지식보다는 좀 더 많은 지식을 계발하기 위해 노력해야 한다. 학위논문을 시작하며 질문지를 만드는 과정에서, 그에 대한 훈련이나 경험이 부족한 학생들을 늘 보게 된다. 고급 통계학 같은 현대 방법론도 일부 논문이나 저서들을 읽는 데 요구되므로 배울 필요가 있다. 그리고 만약 특정 지역에 관해 연구하고자 한다면 언어 능력도 필수적이다. 자신의 전공 분야가 아닌 분야의 강의를 몇 개 듣는 것도 중요하다. '나는 정치철학을 전공하니까 비교정치학 과목은 듣지 않을 거야'라든지 '난 비교정치학을 전공하니까 정치철학과 관련한 것은 아무것도 듣지 않을 거야'라는 식으로 자신의 한계를 설정하지 말고 자신이 속한 대학원의 좋은 자원들을 폭넓게 활용해야 한다.

논문 얘기를 하자면 중요한 책으로 남을 수 있는 논문, 즉 출판이 가능한 논문을 써야 한다. 출판이 될 경우 필요한 구성을 미리 생각하면서 논문을 쓰도록 하자. 그렇게 하면 [출간을 위해] 논문을 다시 쓰느라 많은 공을 들이지 않아도 된다. 시대적인 흐름에도 순응해야 한다. 요즘 얘기로 하면 관련 학술지에 기고문을 될 수 있으면 많이 쓰기 시작해야 하고 일자리를 구하기 전까지 이런 일을 많이 해놓아야 한다는 것이다. 가지고 있는 자원을 낭비하게 될 수도 있어 이런 방법이 늘 최선이라고는 생각하지 않지만 요즘 세상 돌아가는 이치가 그렇다.

그런 다음, 어디든 일자리를 얻으려고 노력해야 한다. 반드시 그 분야 최고의 일자리에서 시작해야 하는 것은 아니다. 그렇게 되면 좋겠지만 항상 그럴 수 있는 것이 아니기 때문이다. 학계 외부에도 흥미로운 일자리들이 많이 있다. 예를 들어 정부 같은 곳 말이다. 물론 그런 일을 하다가 학계로 돌아오는 것이 쉽지만은 않다.

어디에서 연구할지, 누구와 함께 작업할지에 대한 결정에 대해 이야기해 보자. 학생들이 선도적이고 우수한 학자들과 함께 작업하는 것이 중요한가?

어떤 학자들은 — 그들의 연구와 경험, 그리고 머릿속에서 생각해 내는 것들을 보면 — 다른 학자들보다 정말로 더 창조적이다. 그리고 그런 학자들은 분명 학생들에게 최상의 영향을 미칠 수 있다. 동시에 일부 우수한 학자들은 좋은 멘토가 되지 못할 수도 있다. 자기만의 사고방식과 일하는 방식을 강요할 수 있기 때문이다. 또는 학생들이 따라갈 수 없는 이상적인 기준을 설정해 결과적으로 학생들이 의욕을 잃을지도 모른다. 예를 들자면 난 머튼이 지도했던 학생들의 수가 그가 수용할 수 있거나 수용해야 하는 정도에 비해 턱없이 부족했다고 생각한다. 그는 말하자면 '최고의 신'King-God과 같은 존재여서 그 누구도 결코 그의 기대를 충족시킬 수 없다고 느꼈기 때문이다. 비록 머튼은 학생들의 생각이 얼마나 유망한지를 말해 주면서 학생들을 격려했지만 학생들은 자신이 개선되어야 할 점이 너무 많다고 느꼈기 때문에, 심지어 다시 나타나지 않는 이들까지 생겼다. 또한 우수한 학자들은 학생들에게 영향을 주는 데 그다지 효율적이지 못한 경우도 있다. 확신할 수는 없지만 사르토리는 이탈리아에서 한 세대를 풍미하며 큰 영향을 미친 데 비해, 미국에 있을 때에는 같이 연구한 사람들에게 그만큼 영향을 미치지 못했다는 인상을 받았다.

논문 조언자를 선택하는 문제에 관해 말하자면, 자신이 연구하려는 프로젝트를 다룰 준비가 되어 있지 않거나 그에 대한 흥미도 지식도 없는 사람과 함께 연구하는 것은 좋은 생각이 아닌 것 같다. 그런 경우라면 다른 사람을 찾아야 한다. 나는 나와 같이 작업하려는 사람들을 낙담시킨 적이 있다. 그들의 연구 주제에 대해 내가 특별한 관심이 없었던 탓이다. 결국에는 여러 충고와 제안을 해가며 그들을 도왔지만 그들의 연구를 지도해 주지는 못했다. 가끔씩은 나와 같이 작업하기 시작했다가 내가 가진 생각이 자신들이 받아들일 수 없는 것임을 뒤늦게 깨닫는 경우가 있었다. 그래서 그들은 다른 누군가와 작업하러 떠났다. 때로는 그렇게 찾아간 그 사람과도 작업을 마치지 못할 때도 있었다. 그래서 그런 사례들이 나와의 관계 때문인지는 확실히 말하기 어렵다.

비교정치학의 성과

비교정치학에 대한 최근의 비판으로 비교정치학이 지식을 축적하는 데 실패했다는 것을 들
수 있다. 과거 50년간의 연구에서 아무것도 배운 것이 없거나 아주 조금밖에 깨닫지 못했다
는 비판이다.[66] 이런 비판에 대해 어떻게 생각하나?

　　　　　꽤 많은 지식과 저작의 축적이 이루어진 연구 분야가 몇몇 있다.
그런 예로는 아렌트 레이프하르트와 그 밖의 학자들에 의한 협의제 민주주의
consociational democracy 연구를 들 수 있다(Lijphart 1968a, 1977). 그 연구는 민주주
의 정치에서 다수결의 양당제가 다당제 체제보다 훨씬 더 잘 작동한다는 오
래되고 지배적인 통념에 설득력 있게 이의를 제기했다. 이제 우리는 다당제
체제를 가진 민주주의가 실제로 매우 잘 작동하고 있는 사례를 알고 있다. 이
런 통찰은 정당에 관한 몇몇 문헌 조사가 시작될 때만 해도 모르던 것이다.
이와 비슷하게 필립 슈미터와 게르하르트 렘브루흐Gerhard Lehmbruch에 의해 시
작된 코포라티즘 연구(Schmitter and Lehmbruch 1979; Lehmbruch and Schmitter
1982)는 이익집단과 정당 간의 긴밀한 연계가 민주주의에 반드시 나쁜 것만
은 아님을 가르쳐 주었다. 민주주의의 이행을 다룬 비교 문헌들은 이행을 가

---

[66] Lindblom(1997)이나 Geddes(2003) 참조.

능하게 하는 방법에 대해 어느 정도 가르쳐 주었다고 생각한다. 특히 그런 이행은 이전 체제의 제도적 틀 안에서 발생하고, 이전 체제와의 협상을 통해 이루어질 수도 있으며, 폭력을 통한 과거와의 단절이 반드시 필요한 것은 아니라는 점도 배울 수 있었다. 이것은 연구와 사고를 하는 데 튼튼한 기반이 된다. 사르토리(Sartori 1997)나 타가페라와 슈거트(Taagepera and Shugart 1989) 같은 이들이 했던, 선거법의 변화에 따라 어떤 결과가 나타나는지에 대한 연구 또한 견고한 지식을 많이 생산해 냈다. 마지막으로 설문 조사를 이용한 선거 비교 연구는 계급과 종교 같은 사회적 변수들과 투표 행위의 상관관계에 대해 많은 지식을 축적했다.

문제는 투표 행위 같은 쟁점에 대해 지식을 쌓는 것은 정치적 대변동이 일어나기 전까지만 가능하다는 점이다. 그런 대변동이 있게 되면 변수들의 상관관계 중에는 더 이상 지속되지 않는 것들이 생겨나게 된다. 지금 내 지하실에 보관된 이탈리아 정치와 투표에 관한 자료들은 1948년 이래로 계속 축적돼 온 것이다. 그런데 1990년대에 기독교민주당이 해산하고 베를루스코니Silvio Berlusconi와 북부연맹Northern League이 등장하자 정당 체제 전체가 바뀌었다. 이것은 이탈리아의 선거를 알려면 처음부터 살펴볼 게 아니라 완전히 새로 시작해야 한다는 것을 의미한다. 이전의 연구들이 분석의 유일한 근거가 될 수 없다. 이탈리아 정당과 선거에 관해 수십 년째 연구해 오고 있는 사회과학자들의 입장에서 보면, 이탈리아 정치인들이 만들어 낸 이런 불연속성은 매우 원망스러운 일일 수도 있다.

좀 더 일반적으로 말하자면 선진 산업민주주의 국가들에서의 투표 행태에 관한 연구에서 형성된 모든 지식은 이제 낡은 것이 되었다. 이렇게 된 데는 많은 지역에서 인구의 30~40퍼센트를 차지하던 산업 노동계급이 극적으로 줄어든 것에 일부 원인이 있다. 노동계급으로서의 일체감, 노동조합 회원과 같은 변수들과 노동당이나 사회민주당, 공산당에의 참여 사이에 놓인 오랜 연결 고리가 약화되었다. 이런 나라에서는 훨씬 더 균질화된 '중산층 사회'middle-class society가 발견되는 일이 많아진다. 그 결과 정당에 대한 오랜 충성심이 침식되었다. 과거에는 "나는 노동자이기 때문에 노조원이다. 그래서 사회민주당이나 공산당에 투표해야 한다"라고 말하던 노동자가 오늘날엔 "나는 노동자이지만 지중해 해안가에 관광객들에게 세를 주는 여름 별장을 가지고 있다. 그런데 사회민주당에서는 내 별장에 대한 세금을 인상하려 한다"라고 말할지도 모른다. 그러니까 그 사람은 여전히 노동자이지만, 과거라면 찬성표를 던졌을 정당에 반대표를 던질 수도 있다는 것이다. 그리고 오늘날의 유권자들은 여러 면에서 훨씬 더 자유롭다. 이탈리아 유권자들은 아주 오랫동안 기독교민주당에 표를 주었다. 기독교민주당에 이탈리아 정부의 특징이 될 정도의 부패와 기타 문제들이 있었음에도 정권을 잡으려는 공산당의 위협을 막아 줄 수호자가 바로 기독교민주당이라고 유권자들이 생각했기 때문이다. 그런데 오늘날에는 심각한 위협이 되는 정당이 특별히 있다고는 보지 않으며 이탈리아 유권자들은 자신의 이익에 가장 도움이 된다고 생각되기만 하면 정당에 관계없이 자유롭게 투표한다. 그래서 투표 행위를 예측하는 게 훨씬 더 어려워졌다. 수십 년 전이라면 나는 네덜란드인에게 두세 가지 질문만 하면 되었다. 즉, 가톨릭교도냐, 칼뱅교도냐, 아니면 종교가 없느냐를 묻고, 직업이 무엇인지 묻기만 하면 그 사람이 어떻게 투표할 것인지를 알았다. 왜냐하면 특정 사회적 성향을 가진 유권자의 90퍼센트가 특정 정당에 투표했기 때문이다. 이제는 그게 통하지 않기 때문에 정당 연구를 더욱 어렵게 만들고 있다. 이런 모든 변화들이 정치에 관한 누적된 지식을 만들어 내는 우리의 능력을 제한하는 것이다.

비교정치학 덕에 견고한 지식의 기반이 마련된 영역을 언급했다. 우리의 지식이 특히 제한적이라 개선이 필요한 연구 영역에는 어떤 것들이 있나?

우리는 정치적 리더십과 정치 엘리트들의 질에 대해서 아는 게 너무 없다. 정치 엘리트들이 보통 더 높은 수준의 교육을 받고 특정 배경을 가지고 있으며 외국어를 구사하고 해외에서 공부를 하고 오는 것 등은 알고 있다. 하지만 다른 정치인에 비해 일부 정치인이 더 창의적이고 헌신적인 원인은 무엇인지 모르며, 또 정말 사악한 정치인이 존재하는 이유에 대해서도 모른다. 슘페터는 그의 민주주의 이론을 처음 내놓을 때부터 민주주의가 제대로 작동하려면 공공서비스에 헌신할, 자격 있는 사람들로 이루어진 인재 집단이 필요하다는 것을 알아차렸다(Schumpeter 1942, Ch. 23). 왜 어떤 사회에는 이런 사람들이 있는 반면 다른 사회에는 없을까? 왜 어떤 나라들은 창의적인 기업 엘리트를 배출하는 것일까? 오늘자 『뉴욕 타임스』에는 현대 제국[그룹]Hyundai Empire에 대한 기사가 실렸다. 왜 현대 제국이 아르헨티나나 다른 나라가 아닌 한국에서 나왔을까? 우리가 모르고 있는 것들이 분명 있다. 우리가 아는 게 너무 적다는 것들을 보면 놀랄 정도다. 연구되어야 할 것들이 매우 많다.

지역연구

비교정치학 분야에서 현재 진행되고 있는 논의 중 최근 많은 논쟁을 낳는 것은 지역연구와 관련된 논의이다. 지역연구가 편협하고 비이론적인 연구를 하게 하므로 학계에 오히려 방해가 된다는 주장이 있다. 반면에 지역에 기초한 지식은 이론을 세우고 검증하는 데 없어서는 안 된다는 주장도 있다. 이 논의에 대한 입장은 무엇인가?

난 지역연구를 매우 좋아한다. 학생들에게 지역 특수성은 필요하지 않으며 연구는 순수하게 이론적이어야 한다고 말하면서 지역연구를 말리거나 배제하게 만드는 것은 재앙이라고 생각한다. 그건 말도 안 되는 일이다.

그런데 한편으로 세계의 특정 지역에 대해서만 알고 있고 그 밖의 지역에 대해서는 생각하지도 읽지도 않고 연구도 하지 않는다면 그런 연구는 상당히 무익한 것이다. 바로 그 점이 1950년대에 시작된 라틴아메리카 연구의 큰 한 계였다. 그때로 돌아가서 얘기하자면 당시 스탠퍼드 대학에 라틴아메리카학 연구소Center for Latin American Studies라는 중요한 센터가 있어 학생도 많았고 얼마 간의 자금도 있었다. 라틴아메리카의 모든 신문을 스크랩해 수집했고 스탠퍼드 대학 학생들은 군부 쿠데타의 모든 것을 비롯해 알고 싶지도 않은 사소한 것까지 알게 되었다. 아이러니한 점은 선도적인 라틴아메리카 연구자들이 스탠퍼드 대학에서 많이 나온 게 아니라, 오히려 당시 라틴아메리카에 대한 관심이 훨씬 덜했던 컬럼비아 대학에서 많이 나왔다는 점이다. 1960년대 컬럼비아 대학에는 인류학자 한 명, 브라질에 대해 연구한 지리학자 한 명, 역사 학부의 라틴아메리카 연구자가 몇 명 있었다. 대학 당국에서는 내가 라틴아메리카 강의를 맡아 주기를 바랐지만, 내가 아는 게 하나도 없었기 때문에 스페인어권과 일부 포르투갈어 사용 지역을 아우르는 "히스패닉 사회의 권위주의 체제들"에 대한 강의를 하면서 그런 부담에서 벗어났다. 나는 방법론과 개념화, 비교적 관점을 가르쳤다. 그 세미나를 들었던 학생들로는 피터 스미스 Peter H. Smith, 스테판, 수전 엑스타인Susan Eckstein, 알렉산더 와일드Alexander Wilde, 아르투로 발렌수엘라와 사무엘 발렌수엘라Samuel Valenzuela 등이 있다. 라틴아메리카 연구자들 가운데 컬럼비아 대학 출신이 차지하는 비중은 계속 늘어났다.[67] 여러 가지 점에서, 더 넓은 관점을 가지고 있다는 것은 특정 지역에 대한 연구를 강화할 수 있다. 그러나 아무리 역사적이고 문화적인 풍부함과 복잡성을 가지고 있다 하더라도, 어떤 사례들이나 지역, 혹은 주제에 대해 깊이 있게 알고 있지 못한 상태라면 솔직히 말해 좋은 연구를 할 수 없다.

---

[67] 이런 경향과 라틴아메리카 연구에 대한 린츠의 전반적인 공헌에 대해서는 Mainwaring and Valenzuela(1998) 참조.

깊이가 그토록 중요한 이유는 무엇인가? 깊이가 강조되면 폭넓은 일반화와 힘 있는 이론을 이끌어 내는 데 방해가 되지는 않나? 이론에는 결국 추상화가 필요하다.

깊이는 결코 방해가 되지 않는다. 연구 주제에 관해 더 잘 이해하고 더 잘 알게 해준다. 깊이는 왜 연구자가 단순화하면 안 되는지에 대해 끊임없이 일깨워 준다. 추상적이고 표면적인 수준에 계속 머물러 있을 수는 없다. 일부 사실들, 불편한 사실들에 맞서야 한다. 이런 사실들이 방해가 되긴 하지만 더 깊게 생각하게 만들고 더 많은 변수를 고려해서 더욱 정교한 연구가 되도록 이끄는 것이다.

정치학에서의 합리적 선택과 경제학적 선회

지난 20년간 정치학에서는 합리적 선택이론이 발휘하는 영향력이 점점 증가했다. 합리적 선택이론의 부상이 정치학 분야에 끼친 영향을 어떻게 평가하나?

합리적 선택은 세상을 바라보고 연구를 하는 하나의 방식으로만 받아들여진다면 더할 나위 없이 좋을 것이다. 누구나 자신의 사고방식에 가장 잘 맞는 접근법을 선택해야 하며, 이후 우리는 그가 결국 어떤 결론에 도달했는지 판단하면 된다. 하지만 다른 연구 방식은 비과학적이기 때문에 바람직하지 않다고 생각하는 합리적 선택이론가들의 헤게모니적인 야심과 독선은 불편하다. 게다가 통계와 수학을 이용해 문제를 정교화하는 데 들어가는 시간과 노력에 비해 대부분 결론은 턱없이 빈약한 것 같다. 가끔씩 나는 갸우뚱하면서 결국 '그래서 뭐라고?'라며 묻게 된다. 일반화된 진술을 이끌어 내기 위해 처음부터 너무 많은 기술적 노력이 장황하게 동원되는 것 같다. 또한 나는 논리적으로 특정한 면에서 일관된 일련의 명제들을 진술해 놓고는 논리적 분석을 통해 그 명제들을 '입증'했다고 말하는 방식에 대해서도 매우 회의적이다. 게다가 현실에 대한 가정들이 너무 단순화되어 대부분의 경우 '이것으로 뭘 할 수 있지? 이 모델에는 어떤 상황이 정말로 들어맞지?'라고 의아하게 여기게 된다. 마지막으로 이런 부류의 연구를 하는 사람들 중에는 정치적 현실에 대한 지식이 전혀 없는 사람들도 있다. 이들은 순전히 연역적으로만 연구하는 경제학자들과 수학자들이다.

또 다른 문제로는 자신이 설정한 목표를 추구하는 행위자의 측면에서 합리성을 정의하게 되면 합리적이지 않은 게 없다는 점이다. 예를 들어 이스라엘에서 자살 폭탄으로 자신의 몸을 던지는 팔레스타인인을 보자. 만약 그들이 지하드[성전]jihad에서 자신의 목숨을 희생하는 것이 천국에 가는 길이라고 진실로 믿는다면 그들은 합리적으로 행동하고 있는 것이다. 이보다 천국에 갈 수 있는 확실한 방법이 있겠는가? 또 나치 독일이 가스실에서 보인 극악무도함도 만약 세상에서 유대인을 없애고 가장 효과적인 방식으로 유대인을 죽이는 게 목적이라고 한다면 그 또한 극도로 합리적인 행위다. 정말 완벽히 합리적이라 할 수 있다. 그러나 그런 광기를 묘사하면서 합리적이라는 단어를 쓰고 싶은 사람이 누가 있겠는가?

합리적 선택을 다룬 흥미로운 저작이 몇몇 있다. 예를 들어 스페인의 민주주의 이행에 관한 게임이론적 분석을 보여 준 호세 콜로메르Josep Colomer의 책(Colomer 1995)은 훌륭하다. 실제로 나는 콜로메르에게 『미국정치학회보』에 논문 한 편을 보내 보라고 권유하기도 해서 그가 거기에 논문을 발표하기도 했다(Colomer 1991). 하지만 나는 그가 구성한 모델들 가운데 검증할 수 있는 데이터가 없는 모델도 일부 있다고 생각한다. 예를 들어 쿠데타에 관한 게임이 그렇다. 흥미로운 사고실험이긴 하지만 그 모델이 일어난 일을 설명하고 있는지에 대해서는, 아니 그 모델이 일어난 일을 충분히 묘사하고 있는지에 대해서는 알 수 없다. 또한 혁명의 위협에 직면한 개혁에 대한 허시먼의 연구가 없었다면(Hirschman 1963) 콜로메르나 내가 이행에 관한 연구를 지금과 같은 방식으로 하지는 않았을 것이다. 허시먼에게는 (이념 스펙트럼의 양측에 각각 강경파가 있고 중간에 온건파들이 있으며 양 강경파들의 위협에 대한 응답으로 온건파들이 수렴하는) 4인 게임에 대한 아이디어도 이미 있었다. 난 그 게임을 스페인의 사례에 적용하는 것이 적절하다고 생각한다. 또 콜로메르 역시 상대적으로 간결한 모델에 그 게임을 적용하는 데에는 성공했다. 하지만 그 게임을 탈레반으로부터의 이행과 같은 사례에 적용하는 것은 헛수고다. 탈레반의 사례에는 4인의 참가자가 없다. 참가자가 없다면 게임은 불가능한 것이다. 그 모델을 시에라리온에 적용해 보라. 누가 온건파인가? 누가 양측의 강경파인가? 중간에서 타협을 이끌어 낼 수 있는 행위자들의 스펙트럼은 무엇인가? 즉, 4인 게임은 네 가지 유형의 행위자들이 존재하는 곳에서만 적용 가능하다. 행위자가 없다면 게임은 없는 것이다. 사례에 대한 지식은 그 사례에 어떤 종류의 모델이 들어맞는지를 판단하는 데 필요하다.

합리적 선택이론의 혁명이 학계 역사에 있었던 예전 에피소드를 떠올리게 하지는 않았나?

오늘날의 합리적 선택 운동은 이전 세대들의 연구를 대체하려는 시도 면에서 볼 때 1970년대 라틴아메리카 연구의 종속 이론과 다소 닮은 점이 있다. 합리적 선택이론의 혁명은 마르크스주의와도 어느 정도 닮았다. 마르크스주의는 여러 가지 다양한 이유들 때문에 그만큼 지배적인 사조가 된 적은 없지만, 파시즘 연구 같은 분야에서는 한동안 진지한 연구를 방해하기도 했다. 이와는 반대로 난 행태주의 혁명이 앞선 세대를 대체하려는 시도라고는 생각하지 않는 편이다. 행태주의 혁명을 이끌어 낸 사람들은 자신들 앞에 있었던 동료들에 대해 큰 존경심을 가지고 있었다. 예를 들어 행태주의 혁명의 상징이 된 로버트 달은 헨리 에어만이나 키르히하이머, 프란츠 노이만,

지그문트 노이만 같은 이전 세대의 학자들을 존경했다. 행태주의 학자들은 다른 연구를 대체하자고 주장하지 않았다. 그들은 그보다는 더 겸손했고 스스로를 기존의 견해에 또 다른 차원을 더하는 사람들, 즉 새로운 견해를 덧붙이는 사람들이라고 생각했다.

합리적 선택이론가들 중에는 이전 세대의 연구 토대 위에 자신들의 연구를 세우기보다는 선행 연구를 대체해야 한다고 주장하는 이들이 많은데 그 이유가 무엇이라고 보는가?

그들은 이상하게도 자신들 말고 다른 사람들이 연구하고 있는 것은 과학적이지 않다고 생각한다. 저널리즘이나 역사는 그들의 생각처럼 비과학적일지 몰라도 정치학은 그렇지 않다. 또한 그들은 우리가 진짜 과학자들 [예컨대, 자연과학자들]과 비슷한 방식으로 연구하지 않기 때문에 우리가 연구하는 방식이 분명 뭔가 잘못되었을 거라고 생각하는 듯하다. 내 예일 대학 동료인 찰스 린드블롬은 합리적 선택이론가는 아닌데 『다이달로스』*Daedalus*에 실린 글에서 우리 학계가 '과학적' 야망을 성취하는 일과 얼마나 멀리 떨어져 있는지를 강조했다(Lindblom 1997). 나는 이런 비관적인 태도가 정당하다고 생각지 않는다. 우리 학문이 왜 일부 자연과학에는 있는 일관된 구조를 성취하지 못했는지 묻기보다는 우리가 연구하고 있는 주제의 성질이 다르다는 것을 인식해야 한다. 이 말은 우리가 자연과학자들처럼 될 수는 없다는, 그리고 어쩌면 그들처럼 되어서는 안 된다는 뜻이다.

합리적 선택이론가들 중에는 경제학을 모델로 삼은 이들이 많다. 경제학이 비교정치학에 제시하는 것은 무엇인가?

　　　　신고전파 경제학은 순수하고 합리적으로 작동하는 시장경제를 이해하는 데 매우 강력한 도구를 제시한다. 월 스트리트나 미국 연방준비제도의 통화 제도에서 작동하는 시장은 경제학자들이 주장하는 모델에 꽤 잘 맞을 것이다. 하지만 러시아나 시에라리온의 시장경제를 이해하고자 할 때는 이런 모델이 맞지 않는다. 이 점에 대해 말하자면 경제학의 중요한 한계는 경제학의 기본적인 도구들 — 가격 이론, 수요와 공급, 무차별곡선 — 이 모두 상대적으로 간단한 통화 단위 체계 아래 있다는 가정과, 모든 상품을 달러와 센트로 바꿀 수 있다는 가정에 기초하고 있다는 점이다. 투표는 어떤 면에서는 화폐단위와 비슷하긴 하다. 그러나 돈은 분할과 대체가 가능한 반면, 우리가 연구하고자 하는 많은 것들, 예를 들어 권력은 이런 점에서 돈과는 분명하고도 근본적인 차이가 있다. 신고전파 경제학의 또 다른 한계로는 그것이 경제 발전을 설명하지 못한다는 점이다. 한국이나 타이완에서는 활동적인 자본주의 기업가들이 나오는 반면 아르헨티나에서는 그렇지 않은 이유에 대해 설명할 수 있는 메커니즘이 없는 것이다. 바로 여기가 슘페터가 등장하는 지점이다. 아주 묘하게도 슘페터는 계량경제학회Econometrics Society 회장이었고 계량경제학을 만든 이들 중 하나였다.[68] 그러나 그의 주요 연구는 역사적이고 사회학적이었다. 또한 사회학자들의 관심을 끄는 문제들을 주로 다룬 매우 흥미로운 경제학자로는 허시먼을 들 수 있다. 또 여러 면에서 신고전파 경제학 창설자의 한 사람인 파레토는 경제학은 기술을 가진 사람이라면 누구나가 할 수 있고 다룰 수 있는 대상이 되었다고 사적인 편지에 쓴 적이 있다. 그는

---

[68] Swedberg(1991) 참조.

사회생활의 비합리적인 면과 비'수단-목표'means-end적인 면이야말로 더 어렵고 더 흥미진진한 문제들 — 이것이 그가 연구하고자 했던 문제들이다 — 과 관계된 것이며 이런 문제들을 다루기에는 경제학자가 가진 도구가 부족하다고 느꼈다.[69] 그래서 파레토는 경제학과 결별하고 사회학자가 된 것이다.

이상한 점은 경제학자들은 자신들의 강력하고 흥미로운 모델에 맞지 않는 것이 있으면 자신들이 분석할 수 없다는 점을 인정할 준비가 되어 있다는 점이다. 그들은 이렇게 말한다. "이것은 그 문제와 매우 관련이 있으며 아주 흥미로운 차원이다. 하지만 우리는 이 문제를 다룰 적임자들이 아니다. 이것은 정치학자들이나 사회학자들이 다뤄야 하는 문제다." 하지만 정작 우리는 이런 문제들을 우리 방식으로 다룰 생각을 하기보다는 경제학자들이 하는 방식으로 다뤄야 한다고 말한다. 이것은 조금 모순적이라고 생각한다.

비교정치학의 미래에 대해 생각해 보자. "경제학적 선회"의 경향성을 고려해 볼 때 비교정치학이 어떻게 발전하리라 보는가?

비교정치학의 주류에는 일종의 과잉생산이 있을 것이라고 본다. 그래서 미래에는 생존을 위한 경쟁이 매우 중요해질 것이다. 점점 많은 사람들이 비슷한 연구를 하고 이 분야의 제한된 재원을 확보하기 위해 경쟁함에 따라 서로 돕고 지원하는 일이 어려워질 것이다. 이로 인해 합리적 선택이론 같은 운동은 그 세를 유지하기가 힘들어질 수 있다. 또한 경제학의 영향을 받은 연구들이 흥미로운 결과물을 내놓지 못할 경우, 사람들은 점점 흥미를 잃고 비판적인 입장이 될 것이다. 투표 행위에 관한 연구에서 이미 이런 일이

---

[69] Eisermann(1987, 22, 24)에서 인용한 파레토의 편지 참조.

일어났다. 사람들은 똑같은 것이 계속해서 되풀이되는 경우가 너무 많다고 생각했다. 따라서 마치 밀가루 봉지의 벌레들처럼 인원 과잉 문제가 위기를 불러올 수도 있다.

반면에 어느 그룹이 비교정치학 시장을 장악하느냐에 따라 헤게모니적 지배 유형을 조장하고 있는 메커니즘들도 존재한다. 누가 승진하고 누가 자리를 얻느냐를 결정하는 데 동료 심사 학술지에 기고한 횟수 같은 비인격적이고 기계적인 기준을 신뢰하는 일이 점점 많아지고 있다. 더 비인격화되고 더 관료화될수록 그 분야는 표준적이고 예측 가능한 결과물을 내놓게 되겠지만, 이런 표준화는 학계의 이단아나 혁신자들이 설 자리를 허락하지 않을 것이다. 비인격적인 기준을 점점 더 신뢰하게 되면, 잠재력도 많고 영리하지만 유명 학술지에 기고한 글은 부족한 이들의 설 자리가 줄어들 것이다. 내 경우에도 초기에 출판한 글이 그리 많지 않음에도 머튼과 립셋, 사르토리의 지원을 받을 수 있었다. 그들은 내가 나중에는 흥미로운 연구를 할 것이라고 믿어 주었던 것이다. 오늘날에는 이런 일이 일어나기 힘들다. 출판물의 수 같은 객관적인 지표에만 의존할 경우엔 연구자 개인이나 연구자의 자질에 대한 감을 잃게 되고 모든 과정이 더욱 관료적인 성격을 띠게 될 것이다. 나는 이것을 부정적인 흐름으로 본다.

하지만 학계에서 경력을 쌓는 데는 개인적 인간관계가 여전히 중요한 것 같다. 합리적 선택 이론가들을 포함해 모든 사람들이 자신만의 인간관계를 추구한다.

그렇다. 합리적 선택이론가들이 여기에서는 중요한 이점이 있는데, 상당히 객관적인 자질 평가 기준들을 적용할 수 있기 때문이다. 그 학자가 수학이나 논리 지식이 있는지, 도구들을 능숙하게 다룰 줄 아는지 같은 것들 말이다. 사람들은 연구 결과나 연구 문제가 얼마나 중요한지, 흥미로운지를 따지는 대신에 기술적인 숙련도 같은 상대적으로 직접적인 쟁점에 초점을 맞춘다. 이런 문제에 대해서는 합의가 더 쉽다. 예를 들어 보면, 대학 교무처에서 세보르스키 같은 학자를 고용하는 문제로 내게 의견을 물어 왔다고 치자. 나는 이렇게 대답할 것이다. "그의 연구 중 일부는 매우 마음에 들며, 똑똑한 사람이다. 그가 내 동료가 되었으면 한다. 하지만 이런저런 점에서는 그가 완전히 틀렸다고 생각한다." 물리학자나 수학자가 포함돼 있는 위원회라면 이 의견을 듣고 이렇게 물을 것이다. "그를 틀렸다고 말하면서도 어떻게 그를 아주 좋은 사람이라고 말할 수 있는가?" 우리 사이에는 서로의 연구에 대해서 이견이 아주 많다. 반면에 일을 처리할 때 좀 더 표준화된 방식을 따르는 이들 사이에서는 합의가 훨씬 많다.

당신의 전망에는 인구학적 위기에 대한 맬서스주의적 분석과, 관료화가 창의와 혁신에 끼치는 치명적 영향에 대한 베버주의적 '쇠창살의 우리'Iron Cage 분석이 결합되어 있다. 당신이 옳다면 비교정치학의 미래와 관련해 이런 맬서스주의적이고 베버주의적인 전망은 무엇을 암시하나?

누가 알겠나? 아마도 위기일 것이다. 특정 집단이나 경향에 지배되는 일부 학부에서 무슨 일이 일어났는지 보라. 가끔은 외부에서 — 대학 교무처 같은 데서 — 끼어들어 이렇게 말한다. "이것은 너무 근친 교배적이며 제한적이다. 뭔가 조치를 취해야 한다." 나와 같은 세대의 사람들은 꽤 비관적인 것 같다. 어쩌면 그냥 우리가 나이를 먹어서 그런 것일 수도 있다.

명예교수로 있은 지가 몇 년째다. 학계에서 일어나고 있는 일을 어떻게 따라잡고 있는지 궁금하다. 아직도 학회지들을 읽나?

　　　　일부는 읽지만 주류 학회지는 아니다. 사회학 학회지를 읽는 것은 대부분 단념했다. 나이가 들면 학계의 모든 일에 대해 알거나 최신 흐름을 따라가는 게 불가능해진다. 분야가 아무리 제한적이라 하더라도 그렇다. 다만 연구 중인 특정 주제에 대해서는 최근의 연구 흐름을 따라가고자 노력한다. 민주주의의 붕괴를 다룬 책과 파시즘 비교 연구를 다룬 책 같은 것들을 좀 읽고 있다. 하지만 예를 들자면 민주주의 이행의 문제와 같은 다른 문제들에 대해서는 내 몫을 이미 다했기 때문에 더 깊이 파고들고 싶지는 않다. 민주주의의 이행과 러시아에서의 이행에 대한 새로운 연구들이 많이 나오고 있지만, 내가 그것에 대해 쓸 생각이 없기 때문에 최근 연구까지 챙겨 가며 꼼꼼히 읽지는 않는다. 새로운 관심 분야를 개발하게 되면 그 주제에 관한 책들을 읽는 데 집중해야 한다. 지금은 연방제에 관해 연구하고 있기 때문에 벨기에와 스위스, 오스트리아 연방의 역사, 독일연방의 기원 등을 다룬 책들을 읽어야 한다. 학계에는 중요하고 영향력이 큰 것들, 관심을 끄는 것들이 많이 있지만, 현재 연구하고 있는 것과 관련해 반드시 필요한 것이 아니기 때문에 최신 연구들을 찾아 읽지는 않고 있다.

　　강의하는 교수라면 얘기가 달라진다. 최소한 자신의 강의보다 더 넓은 범위의 주제에 대해 최신의 지식을 알아야 한다. 내가 지금도 비민주주의 체제에 대한 강의를 하고 있다면 마르크스주의에 대해 새로 나온 몇몇 책들을 읽고 싶을 것이다. 하지만 강의도 하지 않고 특정 주제에 대해 연구를 하고 있지도 않다면 그런 주제에 대해서는 이제 많은 독서를 하지 않게 된다. 즉, 어떤 의미에서는 제한된 수의 주제들에 대해 거의 모든 것을 알게 될 때까지 점점 더 범위가 좁아지는 것이다. 어제는 에스토니아로부터 책 한 권을 받았다. 한 역사학자가 1930년대 에스토니아 파시스트 운동에 관한 책 한 권을 보냈다. 난 책장을 넘기면서 두세 시간을 보냈다. 그 책을 읽으려고 도서관까지 가는 일은 없었을 테지만 갖고 있는 책이므로 읽는 것이다. 얼마 전에도 프랑스 정치철학자인 기 에르메Guy Hermet가 포퓰리즘[대중 영합주의]populism에 관한 아주 좋은 책 한 권을 보내 주었다(Hermet 2001). 내가 특정 주제에 대해 연구를 했기 때문에 사람들이 그런 것들을 보내 준다. 다양한 사람들에게서 책과 논문을 많이 받다 보니 그런 것들을 읽는 시간만으로도 바쁘게 보내고 있다.

전문적인 학술 대회에도 여전히 참석하나?

학술 대회에 가는 일이 점점 줄어들고 있다. 사람도 많고 세션도 많아서 학술 대회의 규모가 비대해진 이유도 있다. 관심이 가는 세션에 참석하려면 건물의 한쪽 끝에서 다른 쪽 끝까지 가야 한다. 그리고 거기에 도착할 때쯤이면 보고 싶었던 논문은 이미 발표가 끝나고 만다. 그래서 서둘러 다른 세션으로 가다 보면 거기서도 똑같은 일이 발생한다. 각 세션마다 발표되는 논문이 너무 많아 세션의 마지막에 질문할 시간이 주어지지 않는다. 수십 년 전에는 참석자들도 소규모고 회의도 적어 대처하기가 쉬웠다. 특히 소규모이거나 고립된 지역에서 회의가 열릴 때는 더욱 그랬다. 장소는 중요한 문제다. 회의가 큰 도시에서 열리면 모든 사람들이 박물관을 가거나 친구를 만나러 떠난다.

당신의 학창 시절 이후로 이 분야에서는 많은 변화가 있었다. 관련 학술지에 기고하는 일이 더욱 강조되고 있고 방법론상으로 점점 더 정교한 테크닉을 사용해 왔다. 만일 지금 젊은 학자로서 출발하는 상황이라면 성공할 수 있을 것 같은가?

오늘날 성공하기 위해서는 짧은 논문들을 많이 써내야 한다. 하지만 나는 글을 꽤 길게 쓰는 스타일이라 학술지에 기고하기는 어렵다. 나는 특정한 작은 대상들을 정확히 측정하기보다는 광범위한 수준에서 데이터를 수집하는 경향이 있다. 오늘날 사용되는 일부 기준의 측면에서 보면 내 연구들은 방법론적으로 만족스럽지 못할 것이다. 물론 새로운 방법론을 배울 수도 있었을 것이다. 게다가 간단한 전제에 기초한 매우 단정한 논증들을 선호하는 사람들에게는 내 글들이 너무 묘사적이고 너무 역사적일 것이다. 알다시피 합리적 선택이론의 기초가 되는 사고방식은 내 스타일이 아니다. 그래서 확신이 서지는 않는다. 물론, 기대하는 만큼은 해냈을 것이다. 하지만 그렇게 해낸 연구가 그만큼 풍부했을 거라고는 생각지 않으며 내가 즐겁게 했을 것 같지도 않다.

전 지구적 관점에서 본 질서와 갈등

새뮤얼 P. 헌팅턴은 질서와 권위, 갈등과 같은 주제를 강조함으로써 정치학의 세 분야 — 미국 정치, 비교정치, 국제관계학 — 에 지속적으로 지대한 공헌을 했다.

첫 저서 『군과 국가』 The Soldier and the State(1957)에서 헌팅턴은 국가 안보 및 문민 통제를 위해서는 직업 군인 제도가 필수적이라고 주장했다. 이 책은 초기 민군 관계 분야에 지대한 영향을 미쳤다. 『공동 방어』 The Common Defense(1961)와, 브레진스키Zbigniew Brezinski와 공저한 헌팅턴의 첫 비교정치학 저서 『정치권력 : 미국/소련』 Political Power : USA/USSR(1964)에서는 냉전에 따른 국가 안보 문제에 초점을 맞추었다.

1960년대 중반에는 아프리카와 아시아의 신생 독립국들이 직면한 문제로 관심을 돌렸다. 『정치발전론』 Political Order in Changing Societies(1968)은 이에 대한 연구의 정점으로 현대 비교정치학의 고전으로 받아들여지고 있다. 그는 전 세계 다양한 국가들로부터 나온 경험적 증거를 바탕으로, 강력한 정치제도가 구축되지 않으면 근대화는 오히려 폭력과 정치적 퇴행을 초래할 것이라고 주장하면서 경제적 근대화가 안정적 민주주의를 만들어 낼 것이라는 당시의 지배적 낙관론에 도전했다. 그는 가난한 국가들에서 정치발전이 이루어지기 위해서는 효율적인 정치제도, 특히 정당이 필요하다고 역설했다.

그는 1970년대에도 비교정치와 정치발전 연구를 계속하며 클레멘트 헨리 무어Clement Henry Moore와 『근대사회의 권위주의 정치』 Authoritarian Politics in Modern Society(Huntington and Moore 1970)를 공동 편집하고, 조앤 M. 넬슨Joan M. Nelson과 『정치 참여의 논리와 현실』 No Easy Choice(1976)을 공동 저술했다. 1970년대 중반부터는 초점을 다시 미국으로 돌려 『불협화음의 미국 정치』 American Politics : The Promise of Disharmony(1981)를 집필했다. 여기서 그는 미국의 자유주의 전통이 갖고 있는 반정부적 요소가 미국 역사에서 반복되는 각종 갈등과 불안정을 초래했다고 주장한다.

1980년대 민주주의가 전 지구적으로 확산되자 헌팅턴은 관심사를 민주화로 돌렸다. 이와 관련된 그의 가장 중요한 연구는 『제3의 물결』The Third Wave(1991)로, 여기서 그는 1970년대와 1980년대에 일어난 수많은 민주주의 이행을 설명하고자 했다. 이 책은 전 세계를 연구 대상으로 다루면서 민주화를 초국적 물결로 새롭게 개념화하고 있다는 점에서 독특한 측면을 지니고 있었다.

1990년대 초부터 헌팅턴은 탈냉전 시대가 제기한 위협, 특히 문화적 갈등에 초점을 맞춘다. 『문명의 충돌』The Clash of Civilizations and the Remaking of World Order(1996)에서 그는 냉전 종식이 곧 서구적 사고와 서구적 가치의 승리라고 여기던 사람들의 생각에 이의를 제기하며 비서구 사회들은 서구의 영향력을 대체로 폭력적인 방식으로 거부하게 될 것이라고 주장한다. 따라서 탈냉전 시대의 갈등은 주로 문화적·문명적 전선을 따라 일어날 것이라 예상한다. 최근 저서인 『새뮤얼 헌팅턴의 미국』Who Are We?(2004)에서는 미국으로의 이주, 특히 라틴아메리카로부터의 이주가 미국의 국가 정체성에 위협이 되고 있다고 주장한다. 국내외를 막론한 문화적 불화에 관한 그의 도발적 발상은 헌팅턴을 우리 시대 가장 두각을 나타낸 논쟁적 정치학자 가운데 하나로 만들었다.[1]

1927년 뉴욕에서 태어난 그는, 1946년 예일 대학 학부를 졸업하고, 1951년 하버드 대학에서 정치학 박사 학위를 받았다. 하버드 대학(1950~58, 1962~2007)과 컬럼비아 대학(1959~62)에서 강의했으며, 백악관에서 국가안전보장회의National Security Council 안보기획조정관으로 활동했다(1977~78). 1986~87년 미국정치학회 회장을 맡았고, 1965년에 미국예술과학아카데미 회원으로 선출되었다.

[1] Kaplan(2001) 참조

2001년 5월 31일과 6월 11일,
매사추세츠 주 케임브리지에서,
스나이더가 인터뷰했다.

지적 성장기

가장 큰 영향을 미쳤던 교수는 누구인가?

　　예일 대학에서 국제관계학을 공부하던 시절의 교수로는 아르놀트 볼퍼스Arnold Wolfers와 윌리엄 T. R 폭스William T. R. Fox, 니콜라스 스픽만Nicholas Spykman이 가장 기억에 남는다. 1940년대 후반에 석사 학위를 받았던 시카고 대학에서는 역사학자 월터 존슨Walter Johnson을 제외하면 내게 큰 영향을 준 인물은 없었다. 1940년대 후반은 시카고 대학 정치학과가 바닥을 치던 시기였다. 1930년대에 시카고 대학 정치학과는 해럴드 라스웰, 찰스 메리엄, 해럴드 가즈널Harold Gosnell, 퀸시 라이트 등 다양한 학자로 구성된 최고의 학과였지만, 내가 입학할 당시에는 메리엄을 제외한 대부분의 교수가 떠난 상태였다. 메리엄 교수는 시카고 대학에서의 마지막 강의에서 자신과 친분이 있던 대통령들에 대한 일화를 들려주었는데 흥미로웠다. 내 기억으로는 한스 모겐소Hans Morgenthau 교수의 시카고 대학 첫 강의도 들었던 것 같다. 분명 그에게는 그때가 시카고에서의 첫 해였다.

하향세였던 시카고 대학 정치학과를 선택한 특별한 이유가 있었나?

　　당시 나는 무엇이 좋고 나쁜지에 대한 확고한 생각이 없었다. 동부에서 자라 예일 대학에서 공부하고, 군 복무도 동부에서 했기 때문에, 중서부는 어떤 곳인지 직접 보고 싶었다. 이것이 가장 큰 이유이고, 시카고 대학이 분명 그 지역 최고의 명문이기도 했다. 그래서 시카고 대학에서 1년 동안 공부하게 되었다.

1948년 가을부터 하버드에서 정치학 박사과정을 밟았다. 어느 교수에게 배웠는가?

가장 기억에 남는 사람은, 당시에는 꽤 젊은 축에 속했던 루이스 하츠[2] 교수다. 그는 매우 비상했고, 모든 대학원생들에게 큰 영향을 끼쳤다. 하츠를 생각하면 '역동적', '카리스마', '명석함' 같은 단어가 떠오른다. 강의도 훌륭했다. 많은 학생이 하츠의 정치 이론 수업을 들었는데, 강의가 끝난 후엔 다들 녹초가 되었다. 우리는 한바탕 박수를 보내고 싶었지만 지옥 훈련 같은 강의가 끝나면 지칠 대로 지쳐서 그럴 힘도 없었다.

정치 이론 수업 외에 하츠 교수의 다른 강의는 들어 보았는가?

하츠 교수는 어쩌다 학과에서 배정해 준 미국 정치론 세미나를 떠맡게 되었는데, 그 수업을 들었다. 수업에서 썼던 논문이 나중에 『미국정치학회보』에 실은 내 첫 발표작이 되었다. 제목은 "미국 정당정치에 대한 수정 이론"A Revised Theory of American Party Politics(Huntington 1950)이었다.

---

2 • 루이스 하츠Louis Hartz(1919~86)
미국 정치학자. 대표작은 『미국의 자유주의 전통』(1955)으로, 미국의 발전이 로크적인 자유주의적 합의의 맥락에서 이루어졌으며, 이것이 미국의 정치적 사고와 행동을 협소하게 만들었다는 '미국 예외주의'를 주장했다. 1942년부터 하버드에서 강의했으며, 카리스마 넘치는 강의로 유명했다.

수수한 제목이다.

그렇다, 특히 대학원생이 쓴 것 치고 그렇긴 하다.

다른 교수들은 어떤 이들이 있었나?

윌리엄 얀델 엘리엇William Yandell Elliott과 로버트 맥클로스키Robert McCloskey, 아서 홀콤브Arthur Holcombe의 강의를 들었다. 홀콤브는 학과 최고참이었다. 1905년쯤 학과가 만들어진 이후부터 계속 있었던 것 같다. 홀콤브는 미국 정치론, 중국 혁명, 그리고 국제관계와 윤리 등 다양한 주제의 책을 썼다(Holcombe 1930, 1940, 1948). 그는 외견 상 다소 딱딱해 보였다. 우리 과에는 매년 봄마다 주로 벨몬트에 있는 엘리엇의 집에서 소프트볼 경기를 하는 전통이 있었는데, 홀콤브가 팀을 나눈 후에 한 팀의 리더를 맡았다. 그는 노동절에 소프트볼을 하면서 크게 선심 쓰듯이 양복 상의는 벗었지만 조끼는 벗지 않았다.

엘리엇 교수에게서는 무엇을 배웠나?

엘리엇의 담당 분야는 정치 이론이었다. 그의 책 『정치에서의 실용주의적 반란』The Pragmatic Revolt in Politics(Elliott 1928)은 내게 꽤 큰 영향을 미쳤다. 엘리엇은 옥스퍼드 로즈 장학생Oxford Rhodes 출신이었고, 미국 외교정책에 깊이 관여하고 있었다. 퇴직하기 전까지 거의 매주 워싱턴으로 출근을 했다. 당시는 정기적으로 다니는 교통편이 생기기 전이어서 야간열차를 타고 왔다갔다 했다. 그는 버지니아에 농장을 하나 갖고 있었고, 벨몬트에 집도 있었다. 매우 인상적인 분이었다.

새뮤얼 비어[3]와 칼 프리드리히[4]는 어땠나. 그들과 교류한 적이 있었나?

　　　　물론이다. 당시 학과는 엘리엇파와 프리드리히파로 나뉘어져 있었다. 나는 확실히 엘리엇 쪽에 있었다. 프리드리히는 대단히 인상적인 학자였고 그 점에서는 엘리엇을 능가했지만, 인성은 엘리엇에 미치지 못했다.

두 사람 사이가 갈라진 것은 무엇 때문이었나?

　　　　엘리엇과 프리드리히는 모두 지독하게 강경한 사람들이었다. 추측컨대 둘 사이에 이데올로기적인 차이가 있었던 것 같다. 엘리엇은 프리드리히보다 보수적이었다. 그렇다고 프리드리히가 열성적인 자유주의자liberal는 아니었다. 학과 내의 세력 다툼 정도로 보면 될 듯하고, 그 둘이 지배적인 인물이었다.

3 * 새뮤얼 비어Samuel Beer(1911~2009)
민주당 전국위원회에서 일했고, 1930년대 프랭클린 루스벨트의 연설문을 작성하기도 했다. 기자 생활을 하다가 하버드에 들어가 1943년 박사 학위를 받았다. 제2차 세계대전 참전 이후 하버드에서 교수 생활을 시작했다. 하버드에서는 가장 인기 있는 우상과도 같은 교수였다고 한다. 30년 이상 '서구 사상과 제도'를 주제로 유럽의 역사, 정치, 사상을 아우르는 강의를 했다.

4 * 칼 프리드리히Carl Friedrich(1901~84)
독일계 미국인으로 법과 입헌주의에 대한 책으로 유명하다.

둘의 경쟁에는 방법론의 문제도 포함되어 있었나?

그런 것 같지는 않다. 당시에는 아무도 방법론에 관심이 없었다.

하버드 시절의 은사들은 모두 연구 분야가 넓은 것 같다.

맞는 말이다. 다들 다루는 문제들이 아주 다양했다. 하츠는 결국 이론 쪽에 더 치중했지만, [미국뿐 아니라 캐나다, 오스트레일리아, 라틴아메리카 등] 신생 국가들이 어떻게 만들어졌는지를 다룬 책도 썼다(Hartz 1964).

한 분야에만 집중한 교수는 없었나?

별로 없었다. 소비에트 전문가로 알려진 멀 페인소드Merle Feinsod 교수도 존 F. 케네디 스쿨[하버드 공공정책대학원]John F. Kennedy School of Government의 전신인 행정대학원Graduate School of Public Administration에서 행정학을 가르쳤다. 그는 경제활동에 대한 정부의 역할을 다룬 책을 쓰기도 했는데, 주로 미국에 대한 이야기였다(Feinsod and Gordon 1941). 페인소드도 한 분야만 연구하는 학자는 전혀 아니었던 것이다. 분명 한 우물만 깊게 파는 이들도 있었다. V. O 키가 가장 대표적일 것이다. 그의 전공은 미국 정치론이었는데, 적어도 내가 아는 한 미국 정치론만 파고들었다. 비교정치를 하지는 않았던 것 같다.

정치 이론과 관련된 훈련을 적지 않게 받은 듯하다.

전부 학과의 특성 덕분이다. 여전히 하버드 정치학과는 그렇다. 지금도 대여섯 명 정도의 교수가 정치 이론을 가르치고 있다. 당시에는 모두가 어떤 식으로라도 정치 이론을 공부했다. 비교정부학과 영국 정치론을 가르쳤던 새뮤얼 비어 교수도 정치 이론 쪽에 있었다.

하버드 대학원 시절 여러 은사들 이야기가 매우 흥미롭다. 그런데 대학원을 정말 짧게 다녔다. 박사 학위를 2년 만에 받다니!

석사 학위를 받은 시카고 대학에서 1년 동안 있었고, 그 후 하버드에서 2년 동안 박사과정을 이수했다.

박사 학위논문을 4개월 만에 썼다는 게 사실인가?

그렇다고 할 수 있다. 박사과정 2년 차에 논문자격시험을 통과한 후 졸업논문에 대해 생각하고 있었는데, 당시 학과장이던 로버트 맥클로스키가 1월에 나를 불러서는 "자네가 이번 학기 말까지 박사 학위를 받는다면 이곳에서 교수 자리를 주기로 결정했다네"라고 말했다. 나는 "그렇다면 논문을 4개월 안에 써야겠군요"라고 대답했다.

학위논문을 책으로 내지는 않나?

        출판하지 않았지만 많은 부분이 『예일 법학 저널』*Yale Law Journal*에 "쇠약증에 걸린 주간통상위원회"The Marasmus of the ICC(Huntington 1952)라는 제목으로 실렸다. 기업을 규제하기 위해 만들어진 규제위원회를 거꾸로 기업들이 장악하게 되는 현상을 다룬 꽤 단순한 논문이었다(Huntington 1951).

그런 주제가 과거에도 논의된 적이 있었는가?

        그런 생각들이 여기저기서 떠돌아다니기는 했지만, 주간통상위원회와 민간항공위원회Civil Aeronautics Board, CAB, 미연방해운위원회U.S. Maritime Commission를 조사해 그 문제를 폭넓게 다룬 체계적 연구는 내 논문이 처음이었을 것이다. 나는 운송 관련 규제 위원회들에 초점을 맞추었고, 특정 산업에만 국한된 위원회를 조직하면 기업 이익에 포획될 수밖에 없다는 점을 강조했다. 하지만 연방통상위원회Federal Trade Commission와 같이 여러 종류의 산업을 감시하는 위원회를 조직하면 이런 문제는 현저히 줄어든다. 앞에서 말한 세 위원회에서는 분명 규제위원회가 기업에 역으로 포획되는 현상이 발생했다.

어떻게 규제 정책과 같은 주제에 관심을 갖게 되었나?

        이런저런 책을 읽다가 생각하게 된 주제였다. 어쩌면 페인소드 교수의 행정학 강의와 경제학 강의를 청강한 후부터 관심을 갖게 되었는지도 모르겠다.

하버드 대학 교수로 일을 시작했으나 종신 재직권을 거부당했다. 당시 누가 어떤 이유로 반대했는지 아는가?

칼 프리드리히가 반대했다. 정치학과는 내 거취를 결정하기 위해 계약 기간을 1년 연장해 달라고 학과장에게 요청했다. 대학의 긴 숙고 기간 중 어느 날, 프리드리히가 나를 점심 식사에 초대해 반대한 이유를 설명해 주었다. 그는 내 책 『군과 국가』(Huntington 1957)를 읽고 불편한 감정을 느꼈다고 했다. 내 책이 기본적으로 권위주의를 옹호하는 주장을 하고 있다고 느껴졌다는 것이다. 나는 "아닙니다, 그 책은 권위주의를 옹호하는 주장을 하고 있지 않습니다. 그러나 권위를 옹호하고 있다고 해석될 수는 있습니다. 권위와 권위주의는 다른 문제죠"라고 말했다. 우리는 이 문제에 대해 긴 이야기를 나눴다. 물론 어느 쪽도 상대를 납득시키지 못했다. 프리드리히가 나를 반대한 가장 큰 이유는 내가 그의 라이벌인 엘리엇의 제자였기 때문이라고 생각한다.

왜 『군과 국가』가 권위주의를 옹호하고 있다고 잘못 해석된 것 같은가?

군사적 윤리 — 권위, 규율, 공동체에 대한 강조 — 에도 나름 중요한 측면이 있다고 말했기 때문이다. 많은 이들이 내 책이 군국주의를 옹호하고 있다고 생각했지만, 절대 그렇지 않다. 전체주의를 옹호하는 것이 아니라는 점은 두말할 나위도 없다.

웨스트포인트 육군사관학교와 인근의 민간인 지역인 하일랜드 폴스Highland Falls를 대비시키면서 육군사관학교 지역을 "질서정연한 평온 상태"ordered serenity "바빌론 한복판의 스파르타"(Huntington 1957, 464-65)라고 묘사한 결론 부분의 짧막한 문구에 많은 사람들이 거세게 반발했다고 들었다.

그렇다. 반응들이 좀 호들갑스러웠다.

하버드 대학에서 종신 교수직을 거부당하고, 1959년부터 컬럼비아 대학에서 강의했다. 그곳에서 관심 가는 사람은 누구였나?

라인홀트 니부어Reinhold Niebuhr가 특히 기억에 남는다. 1950년대 초 대학원을 졸업한 후 내 정치적 견해는 니부어의 영향을 크게 받았다. 그가 워낙 다작이었기 때문에 그의 저서를 다 읽지는 못했지만 거의 대부분 읽었다. 니부어는 정치와 도덕의 상호 관계에 대해 아주 적절한 접근을 하고 있는 것처럼 보였다. 그는 당대의 대표적 지식인이었다. 누군가가 — 내 기억으로는 아서 슐레징거인 것 같다 — "그는 우리 모두의 아버지다"라고 말한 적이 있는데, 어느 정도 맞는 말이다. 내가 컬럼비아에 있을 때 니부어도 [인근의] 유니언 신학교Union Theological Seminary에서 강의를 하고 있어서 꽤 친해질 수 있었다. 그를 자주 만났다.

컬럼비아 대학에서의 재직 기간이 매우 짧다. 4년 만에 하버드로 돌아갔는데.

그렇다. 그 이야기도 프리드리히 교수와 관련이 있다. 이미 말했다시피 그는 하버드에서 내 종신직을 반대했었다. 하버드를 떠나고 4년 후 나는 그의 비서로부터 프리드리히 교수가 강연차 컬럼비아를 방문하는데 나를 몹시 만나고 싶어 한다는 전화를 받았다. 우리는 교수 회관에서 가볍게 술을 마시며 흥미로운 대화를 나눴다. 그러다가 프리드리히가 이렇게 말했다. "이보게 샘, 들었겠지만 자네 문제를 재고해 봤는데, 자네가 다시 하버드로 돌아와 주었으면 하네. 자네의 교수 승진을 강하게 지지했던 우리 모두가 이제 확신을 갖게 되었네."

이상한 일이다.

프리드리히는 자신이 내 교수 승진을 열렬히 찬성했었다고 굳게 믿고 있었지만, 사실 그는 가장 영향력 있는 반대자였다. 과에서 가장 유명한 학자가 그였기 때문이다.

그 일에 대해 어떻게 생각했나?

뭐라고 해야 할지 몰랐다. 입이 딱 벌어졌다. 나는 아무 말도 하지 못했다. 그냥 넘겨 버렸다. 나는 "프리드리히 교수, 당신이 내 임용을 반대했던 걸 기억 못하시오? 나를 점심에 초대해 반대한 이유를 설명해 준 것에 대해서는 고맙게 생각하오. 아무도 내게 그런 적이 없었으니"라고 말하고 싶었지만 그렇게 하지 않았다. 그냥 넘어갔다.

당신의 연구에서 가장 눈에 띄는 부분은 정치학의 주요 분야 세 가지를 모두 섭렵하고 있다는 것이다. 1950년대에 미국 정치 연구로 시작해 1950년대 후반부터 국제관계학에 집중했고, 1960년대 초반에는 국가 안보 문제에, 그리고 마침내 『정치권력 : 미국/소련』(Brzezinski and Huntington 1964)을 출간하면서 비교정치 분야에 집중하기 시작했다. 그 이후로는 계속해서 이 세 분야에 대한 연구 성과물을 내놓고 있다.

나는 이 분야 저 분야를 기웃거렸다. 예일대 학부 시절에는 국제관계학을 전공했고 시카고와 하버드 대학원 시절에는 주로 미국 정치를 공부했다. 그 후 민군 관계와 안보 문제로 초점을 돌렸다(Huntington 1957, 1961, 1962). 브레진스키와의 공동 연구를 하면서 비교정치를 하기 시작했고, 그리고 나서는 정치발전론(Huntington 1968)도 했다. 현재는 해마다 미국 정치론과 비교정치론, 국제관계론 강의를 맡고 있다.

이렇게 다방면에 걸친 연구 방식을 권장하는가?

꼭 그렇지는 않다. 사람마다 차이가 있다. 말했듯이 나는 여러 분야를 기웃거렸다. 하지만 어떤 사람들은 한 분야만 열심히 개척해서 그 분야의 전문가가 될 수 있을 것이다. 나는 정말로 깊이 파고든 전공 분야가 없다.

한 분야에 집중하지 않고 여러 분야를 다루는 방식의 단점은 무엇인가?

특정 연구 집단이나 단체에 깊이 소속될 수 없고 특정 주제에 대한 유일한 전문가가 될 수 없다. 다양한 분야의 책을 쓰더라도 일반적으로 특정 분야의 전문가들은 그 사람이 다른 분야에서 어떤 연구를 해왔는지 제대로 알지 못할 것이다. 비교정치학자들은 나를 『정치발전론』(Huntington 1968)이나 『제3의 물결』(Huntington 1991)과 관련 지어 본다. 하지만 『군과 국가』(Huntington 1957)나 내 다른 미국 정치 관련 저서(Huntington 1981b)에 대해서는 전혀 모른다. 정치학이 얼마나 전문화되어 있고 분화되어 있는지 보여 주는 흥미로운 현상이다. 나는 현실적으로나 이론적으로나 내가 중요하다고 생각하는 문제를 다루고 싶다. 그렇기 때문에, 설사 연구 분야를 바꿔야 한다 하더라도, 그런 류의 문제와 사안이 있는 곳을 따라가는 것뿐이다.

당신의 주장이나 이론들 가운데 가장 뛰어나다고 생각하는 것은 무엇인가?

첫 책인 『군과 국가』(Huntington 1957)가 출판된 지 45년이 지났지만 지금까지도 이 책에서 다룬 군의 직업적 특성 — 그리고 이에 따른 군에 대한 객관적 문민 통제와 주관적 문민 통제의 차이[5] 에 대한 주장은 계속해

---

5 • 객관적 문민 통제와 주관적 문민 통제
헌팅턴은 군에 대한 민간의 통제 방식을 '주관적 통제'와 '객관적 통제'로 분류했다. 객관적 통제란, 군인을 정치와 분리시키고 그들에게 군의 문제에 대해서는 가능한 최대의 재량권을 용인해 줌으로써 직업주의의 효과를 최대화하는 것으로 직업군인들의 자주적인 군사적 전문성을 인정하는 방식을 말한다. 반면, 주관적 통제란 군을 민간화하고 군 내부에 민간인 인사들을 기용해 군을 통제함으로써 군을 길들이는 방식을 가리킨다. 헌팅턴은 객관적 통제가 군을 가장 효과적으로 통제하는 방법이라 보았다. 즉, 군인들의 직업주의를 증진하고 정치권과는 무관한 하나의 독립된 개체로 작용하도록 해야 한다는 것이 그의 주장이다.

서 논의되고 인용되고 있다. 또 『정치발전론』(Huntington 1968)에서의 주장들, 특히 사회적·경제적 변화가 정치제도의 발전 없이 진행된다면 정치적 퇴행이 될 수 있다는 주장은 분명히 큰 파장을 일으켰다. 이는 확실히 많은 사람들의 관심을 끌었고, 이런 주장을 다양한 상황에 놓고 검증하는 수많은 연구가 쏟아져 나왔다.

『정치발전론』에서 나온 그런 주장들이 사람들의 시선을 끌었던 이유는 뭐라고 생각하는가?

나는 명제들을 아주 분명하고 간단하게 제시했다. 이것이 사람들에게 이해하고 적용할 수 있는 일련의 가설들을 제공했던 것 같다.

『정치발전론』과 근대화론의 관계는 무엇인가? 이 책은 '은밀한 근대화론'closet modern-izationism(Domínguez 2001, 229)이라고 비판받은 바 있다. 사회경제적 발전이 안정된 민주주의로 이어질 것이라는 근대화론의 가정을 비판하면서도 사회경제적 힘socioeconomic forces을 정치적 변화의 근본 원인으로 보고 있다는 점에서 근대화론에 크게 기대고 있기 때문이다.

'탁상공론 근대화론'이 뭔가? 근대화론은 경제·사회적 변화와 발전의 과정에 대한 이론이다. 내 책은 분명히 이에 대해 이야기하고 있다. 내가 주장한 바는 이런 과정들이 정치적으로 부정적인 방향으로 흘러갈 수도 있다는 것이다. 1950년대와 1960년대 초반에는 많은 사람들이 은연중에 혹은 노골적으로 근대화는 모두 똑같다고 가정하고 있었다. 즉, 모든 좋은 것들은 같이 따라오게 되어 있으므로 경제적 부가 증가하면 반드시 정치적 민주주의와 안정을 가져올 것이라고 생각했다.

그 밖에 특별히 자부심을 느끼는 이론이 있다면?

『불협화음의 미국 정치』(Huntington 1981b)는 미국 정치의 본질에 관한 논쟁에 유용한 기여를 했다고 생각한다. 이 책에서 나는 미국 사회에 존재하는 가치에 대한 거대한 합의와 관련해 루이스 하츠(Hartz 1955)가 정교화한 토크빌식의 기초적인 가설에서 시작해, 이렇게 주장했다. "그렇다. 그건 맞는 말이다. 그러나 이런 합의는 우리 사회가 때때로 수많은 불안정과 갈등에 시달리는 이유이기도 하다."[6] 나는 이것이 미국 정치의 역동성을 이해하는 데 유용했다고 생각한다.

충분히 시선을 끌지 못했거나 잘못 해석된 이론이나 저서가 있는가?

모두 잘못 해석되었다.

주장을 분명하게 한다고 말했는데, 그렇다면 왜 당신의 주장이 모두 잘못 해석되고 있다고 생각하나?

그 분명함이 문제의 일부일 것이다. 또 사람들은 보통 자신의 선입견을 책에 투영한다. 예컨대 내가 어느 정도 친하다고 생각하는 '민주주의기

---

[6]∗ 헌팅턴은 이 책에서 기존의 합의 이론에 대해 이렇게 이야기하고 있다. "합의 이론은 평원의 한결같음만을 지적하지 그것이 초래하는 회오리바람의 격렬함을 가정하지 않는다. 미국에서는 이념적 합의가 정치적 갈등의 원천이며, 분극화는 경제적 문제가 아닌 도덕적 문제를 둘러싸고 발생하고, 이익집단의 정치는 도덕주의적인 개혁 정치에 의해 보완되고 때때로 대체된다"(『미국 정치론 : 부조화의 패러다임』(장원석 옮김, 오름, 1999), 20-21쪽 참조).

금'National Endowment for Democracy 이사장 칼 거시먼Carl Gershman은 『문명의 충돌』 (Huntington 1996) 서평에서 내가 이슬람을 '단일체'monolithic entity(Gershman 1997)로 보고 있다고 여러 차례 지적했다. 하지만 나는 그가 어떻게 그런 말을 할 수 있는지 도저히 이해할 수 없다. 이 책에서 나는 이슬람 내의 분열을 재차 강조했다. 이 책 여러 군데에서 이슬람을 다루었는데, 이슬람을 가장 비중 있게 다루고 있는 장의 제목이 "이슬람 : 응집력 없는 의식"Islam, Consciousness without Cohesion이다. 사람들은 내가 모든 문명을 각각 하나의 단일체로 파악한다고 생각하지만 절대 그렇지 않다. 하지만 이것이 많은 사람들이 제기한 비판 중 하나다.

이런 종류의 비판이 선입견에 의한 것이라고 생각하는가?

그렇다. "헌팅턴은 여러 문명과 그 문명들 간의 갈등에 관해 말하고 있으니, 문명은 모두 일원적이며 문명 내적 분열은 없다고 가정하고 있을 거야"라고 사람들은 비판하지만, 사실이 아니다.

당신의 저작이 갖고 있는 그런 시각이 『문명의 충돌』을 당구공 모델 현실주의처럼 보이게 한다.

그렇다. 실제로 어떤 사람들은 『문명의 충돌』이 국민 국가가 아닌 문명을 다룬다는 점을 제외하면, 당구공 모델 현실주의[7]의 개정판이나 다름

---

7 • 당구공 모델 현실주의billiard ball realism
현실주의적 국제정치관의 대표적인 입장으로, 국가를 하나의 당구공과 마찬가지로 법적으로 평등하고 자율적이며 독립적인 개체로 본다. 이에 따르면 국제 무대에서 국가들이 서로에게 가하는 압력과 그에 대한 반응을 통해 국가들

없다고 이야기한다.

『문명의 충돌』을 현실주의적 연구로 보는가?

　　　　당신이 어떤 의미로 현실주의라는 말을 쓰는지는 모르겠으나, 당구공 모델 현실주의는 분명히 아니다.

비관적으로 해석되는 『문명의 충돌』과는 반대로, 『제3의 물결』은 민주주의의 전 지구적 확장에 초점을 맞추고 있다는 점에서 희망적이고 낙관적인 책처럼 보인다.

　　　　나는 그런 해석에는 반대한다. 두 책이 다루는 주제가 서로 다르다. 『제3의 물결』에서는 민주화의 역류 가능성과 민주주의의 공고화가 갖고 있는 문제들을 다루는 데 한 장 전체를 할애했다(Huntington 1991, Ch. 6). 이 책이 본질적으로는 1970, 80년대에 30여 개국에서 어떻게 그리고 왜 민주화가 가능했는지에 대한 연구이긴 하지만, 민주화가 언제까지나 지속될 것이라는 무모한 낙관론은 어디에도 없다. 나는 아주 조심스럽게 민주화가 진척되는 데 있어서 어떤 한계가 있는지 — 문화적·경제적 한계와 그 밖의 한계 — 를 지적했다. 그리고 신생 민주주의국가들이 민주주의 체제를 공고화하는 과정에서 직면하게 되는 문제에 관해 이야기했다.

간의 상호작용을 파악할 수 있기 때문에 국가 내부 정치에 대한 연구는 필요하지 않다.

상당 부분 맞는 말이다. 그렇다고 더는 민주화가 없을 것이라는 뜻은 아니지만, 1970년대 중반부터 시작된 민주주의로의 일련의 체제 변화는 경제적으로나 문화적으로 민주화에 적합한 조건을 지닌 국가에서만 발생했다. 문화와 경제 발전 수준 외에도 미국이나 서구 유럽 국가들의 영향력도 중요했다. 위의 세 가지 요소를 지닌 국가들은 현재 지칠 대로 지친 상태다. 이것이 민주화의 진척 속도가 더디어진 이유다. 이는 래리 다이아몬드(Diamond 1999) 와 자카리아(Zakaria 2003)를 비롯한 여러 학자들이 보여 주었듯이, 선거라는 민주적 절차의 도입과 자유민주주의의 발전 사이에 간극이 존재하는 이유이기도 하다. 프리덤 하우스Freedom House가 발표한 세계 자유 지수Freedom in the World Country Ratings에 따르면 35개국 정도가 제한적 자유 민주주의국가로 분류되어 있다.[8] 이것이 바로 최근 상황이다. 그 외 중국과 몇몇 아시아 국가, 대부분의 이슬람 국가와 아프리카 국가들과 같은 비민주주의국가들은 앞서 말한 세 가지 요소— 문화와 경제 발전 수준, 그리고 기존 민주국가들의 영향력 — 가운데 한 가지 이상을 결여하고 있다. 그렇다고 이 국가들이 민주화될 수 없다는 것은 아니다. 많은 이들이 중국 경제가 계속 성장해 세계경제 체제에 편입되어 간다면, 중국의 정치적 변화 전망은 아주 밝다고 보고 있고, 나도 이에 동의한다. 물론 그것이 서구식 민주주의와 같은 방향으로 갈지, 그보다 훨씬 덜한 자유민주주의가 될지는 확신할 수 없다. 하지만 확실히 향후 10년 안에 중국에서는 상당 부분 개방이 진행되어 다원주의와 내부 토론 및 논쟁, 그리고 경쟁이 확산될 것이다.

---

[8] www.freedomhouse.org 참조.

당신이 생각하기에 등한시되었거나 마땅한 관심을 받지 못한 저작이 있는가?

　　『불협화음의 미국 정치』(Huntington 1981b)가 더 주목을 끌었으면 했다. 이 책은 굉장히 호의적인 평을 받았다 — 호의적이지 않은 평가가 있기는 하겠지만 내가 아는 한은 없다. 하지만 내 다른 책만큼 주목을 받지는 못했다. 여기에는 몇 가지 이유가 있다. 첫째, 경쟁 상대가 많았다. 미국 정치에 대한 책은 몇 주에 한 권 꼴로 나오고 있고, 모두가 미국의 정치적 경험에 관해 어떻게든지 완벽한 해석을 해보려고 하기 때문에 경쟁이 많다. 둘째로는, 책이 출판된 시기가 문제였던 것 같다. 이 책은 1981년에 출판되었고, 당시 미국 정치에서 불화라는 주제는 사람들의 관심을 끌지 못했다. 내가 카터 행정부에서 일하지 않았더라면 이 책은 1977년이나 1978년쯤 출판되었을 것이고 더 많은 관심을 받았을 것이다.

연구 문제 선정

공적인 문제나 당대의 사건들이 분명히 연구 문제를 선택하는 데 영향을 미칠 것이다. 연구할 만한 가치가 있는 문제들을 어떻게 골라내는가?

　　　　꼭 정부나 공공 기관들이 집중하는 문제라는 의미에서 **공적인 문제**는 아니겠지만, 실제 세상에서 일어나는 일들, 정부와 정치 같은 실제 세계에 존재하는 흥미로운 문제들에 관심이 많다. 예를 들어 민군 관계에 관심을 가지기 시작한 것도 트루먼이 맥아더를 해임한 일 때문이었다. 그 일을 계기로 민군 관계가 중요해 보였는데, 주위를 둘러보니 그 주제에 대한 연구가 많지 않았다 — 기껏해야 지난 15~20년간 두세 권의 책이 출간된 정도였다. 그래서 나는 '아직 많은 연구가 필요한 흥미로운 분야구나'라고 생각했다(Huntington 1957, 1962). 1960년대 당시는 모두가 근대화와 발전에 대해 이야기하던 때였는데, 개발도상국을 살펴보니 무질서와 혼란, 부패가 보였다. 그래서 해외에서는 정치발전보다는 정치적 퇴행이 더 많다고 생각하게 되었고, 이를 좀 더 신중히 연구해 봐야겠다고 생각했다. 『정치발전론』(Huntington 1968)을 쓰게 된 것도 이런 이유에서다.

그저 반대되는 연구를 하려고 했던 것만은 아닌 것 같다.

아니다. 하지만 다른 사람이 주장한 것을 되풀이하는 것은 무의미하다. 꼭 반대 의견이 아니더라도 다른 관점이나 의견이 없다면 아무 의미가 없다.

『정치발전론』을 집필하고 있을 당시에 세계 곳곳을 살펴보니 폭력과 불안정, 부패, 혼란 등이 보였다고 했다. 그렇다면 왜 다른 사람들은 이런 면을 보지 못한 것인가?

사람들은 자신이 일어났으면 하는 일이 **실제로** 일어나고 있다고 착각하는 경향이 있다. 하지만 나 말고도 아이젠슈타트(Eisenstadt 1966)와 루시안 파이(Pye 1966) 등이 제3세계 문제에 대해 좀 더 현실주의적인 접근을 시도하고 있던 중이었다.

'세계 곳곳을 살펴본다'는 것은 무슨 뜻인가? 구체적으로 어떻게 하는 것인가?

세상에서 실제 일어나고 있는 일들에 대해 읽어 보는 것이다.

읽는 것이 전부인가? 사람들과 직접 이야기를 나누거나 소통하기 위해 돌아다니지는 않는가? 관심을 끌 만한 여러 학자들이 하버드를 방문할 텐데.

물론이다. 하지만 거의 대부분이 독서를 통해서다.

연구 주제를 정한 후엔 무엇을 하는가?

그 주제에 관해 더 조사하고, 생각도 더 해보고, 그 주제에 대한 아이디어를 발전시키고 나서 이론적 접근 방식이나 틀을 궁리한다. 자료를 읽어 보고, 다른 학자는 이 주제를 어떻게 바라보는지 알아보면서 그 주제에 대해 더 공부를 한 후에 스스로의 생각을 정리한다.

연구 방법

방법론적 도구를 어떤 식으로 연구에 적용하나?

방법론에 관해 크게 생각하는 편은 아니다. 의식적으로 어떤 방법론을 밀고 나가거나 정의하려 하지는 않는다. 기본적으로 한 주제에 대해 연구하고 그것에 대해 나름의 '경험적 일반화'를 내놓는 것뿐이다. 물론 이 과정에는 비교 연구도 포함되어 있다.

당신의 연구는 서너 가지 사례를 붙잡고 씨름하면서 깊게 파고드는 소규모 사례연구라기보다는 대규모 사례연구에 가까워 보인다. 맞는가?

그런 것 같다. 『정치발전론』에서는 멕시코와 볼리비아 등지에서 발생한 여러 가지 혁명 사례들을 깊게 다루었지만, 전반적인 요점을 설명하기 위해 사례들을 이용한 것뿐이었다. 대규모 사례연구라고 하니 130개의 사례를 다룬 양적 통계분석이 떠오른다. 이런 방식의 연구에 대해서 반감은 전혀 없지만, 그런 식의 연구를 많이 해보지는 않았다.

『정치 참여의 논리와 현실』(Huntington and Nelson 1976)에서 대규모 연구를 한 것은 같은데.

그런 종류의 데이터를 이용할 수 있다면 활용하려고 노력한다. 『정치발전론』에서도 비슷한 걸 했다.

어떤 사람들은 한 국가를 자세히 알면 좀 더 광범위한 일반화를 하는 데 확고한 기반이 될 수 있기 때문에, 최고의 비교정치학자라면 어느 한 나라의 정치에 대해 꿰고 있어야 한다고 주장한다. 이 주장에 동의하는가?

그 점에 대해서는 미심쩍은 부분이 있다. 내가 현실 정치에 대해 잘 알고 있는 나라는 미국뿐이다. 하지만 이런 지식이 좀 더 폭넓은 일반화를 시도할 때 크게 도움이 된다고 생각하지는 않는다.

당신의 연구에서 역사적 분석은 어떤 역할을 하는가?

경험에 대해서 연구하는 것이기 때문에 역사에 의존해야 한다. 역사는 인간의 경험이다. 역사적 자료들을 살펴보고 과거에 무슨 일이 일어났는지 연구해야 한다. 내가 말했듯이 정치학자의 역할은 역사적 과정을 일반화하는 것이다. 물론 이는 여러 가지 방식으로 가능하다. 스카치폴(Skocpol 1979)과 배링턴 무어(Moore 1966)는 서너 개의 혁명 사례를 살펴보았다. 물론 실제로 무어가 일반화를 많이 사용한 것은 아니지만 말이다. 그건 접근 방법의 하나일 뿐이다. 당신이 지적했듯이 나는 서너 개의 사례를 자세히 연구하는 스타일은 아니다.

당신처럼 여러 분야를 깊지 않게 두루 다루는 방식의 장단점은 무엇인가?

두 접근 방식 모두 유용하다. 일반화하려는 목적이라면 여러 가지 사례와 경우를 연구하고 비교해야 한다. 다른 방식에 대한 반감은 없다.

현지 조사에 대해서는 어떻게 생각하는가?

신뢰하지 않는다!

어째서인가?

내가 경솔하게 말한 것이긴 하다. 하지만 현지 조사에는 잠재적인 문제가 있다. 보통은 특정 국가의 특정 문제를 연구하러 떠나는 것이고, 그런 경험은 어떤 식으로든 이후 연구를 좌지우지한다. 나는 한 가지 특수한 경험의 포로가 되고 싶지 않다. 2년 동안 한 국가에서만 현지 조사를 벌인다면 그런 경험은 당연히 큰 영향을 끼칠 것이다. 내 관심사는 경험적 일반화이기 때문에, 그런 영향이 긍정적인 이득이 될 수도 있지만 반대로 부정적인 영향을 끼칠 수도 있다.

그럼에도 불구하고 여행을 많이 다니고 있지 않은가. 이런 폭넓은 해외 경험이 연구에 영향을 미치지는 않았는가?

분명히 영향을 미쳤다. 하지만 나는 연구를 위해 한곳에 오래 머무른 적은 없다. 한곳에 몇 주 동안 머무르다 보면 굉장히 한정된 집단의 사람만 만나고 그런 것들만 보게 되기 때문에 편견이 생길 수 있다. 비교적 현지조사에 가깝다 할 수 있을 만큼 장시간 체류한 곳은 남베트남뿐이다. 1967년 베트남전쟁이 한창일 당시 국무부 소속으로 두 달간 있었는데, 아주 흥미로운 경험이었다. 남베트남에 대해서 많은 것을 배웠고, 그 시점에 우리의 정책이 얼마나 바보 같은지도 알게 되었다.

민주화 과정에 있던 남아프리카공화국과 브라질도 가본 것으로 알고 있다.

나는 미미하게나마 남아프리카공화국의 체제 전환에 연루되어 있었다. 내가 쓴 글이 1980년대 남아프리카공화국에서 널리 쟁점화되었고 어느 정도 영향을 미쳤기 때문이다(Huntington 1982). 브라질 군사정권의 전환 단계에는 좀 더 적극적으로 개입했다. 장성들이 더 개방적이고 다원주의적인 체제로의 이행 방법에 대한 자문을 요청해 와서 수차례 브라질에 갔었다.

규범적 관심과 과학

규범적 문제를 지표로 삼아 연구를 하는가?

거의 모든 학자들의 연구가 시작은 규범적이다. 사람들은 불평등과 부정의, 민주주의의 발전이 바람직한지 등과 같은 특정한 쟁점과 문제를 고민한다. 대부분의 경우 학자들은 이런 것들이 동기가 되어 특정 주제에 눈을 돌린다.

하지만 과학자는 규범적 의제들이 연구에 영향을 미치도록 해서는 안 된다고 말하는 이들도 있다.

과학자들이 무엇을 연구하나? 보통 물리학자나 생물학자는 단순히 이 세상을 더 잘 이해하기 위한 연구를 한다. 하지만 많은 과학적 연구가 그 문제를 해결함으로써 인류에 도움이 될 수 있다는 생각에 의해 시작된다.

자신을 과학자라고 생각하나?

아니다. 과학자라는 말은 은연중에 생물학자나 물리학자라는 의미를 풍긴다. 나는 스스로를 과학자가 아닌, 학자라고 생각한다.

하지만 우리는 우리가 하는 학문을 '정치과학'political science이라고 부른다.

유감스럽게도 그렇다.

그렇다면 어떻게 지칭하는 것이 좋겠나?

경제학economics과 비교하면 '정치학'politics 정도가 괜찮은 명칭이 될 것 같다. 하지만 이 분야에 학문적으로 종사하는 사람을 뭐라고 부르겠는가? 경제학은 economics이고 경제학자는 economist이다. 우리 분야를 정치학politics이라고 한다면, 그 분야에 종사하는 사람을 뭐라고 불러야 할까? '정치가'politician라고 부를 수는 없으니, '정치학자'politicist 정도로 불러야 하지 않을까……

'political science'가 아니라 'politics'라고 지칭한다면 많은 반발이 있을 것 같다.

반대가 있으면 또 어떤가?

자신을 공적 지식인이라고 생각하는가?

나는 지식인으로 불리는 것에 반대한다. 지식인은 사회문제에 대해 거침없이 발언하고 난해한 지적 논쟁에 참여하는 사람을 가리킨다. 나는 그것이 칭찬이라고 생각하지 않는다.

당신의 저서들 가운데 『제3의 물결』(Huntington 1991) 같은 것을 보면, 노골적으로 정책 제안을 하고 있다. 실제로도 브레진스키가 책 표지에 쓴 추천사를 보면 당신을 '민주당 마키아벨리'라 부르고 있다. 의식적으로 정책 입안자를 염두에 두고 그들에게 유의미한 글을 쓰려고 노력하는 것은 아닌가?

현실 문제에 대한 진지한 연구라면 정책적 함의가 있기 마련이다. 사실 내 책들 모두가 그렇다. 내 첫 책인 『군과 국가』(Huntington 1957)에서도 민군 관계가 어떤 식으로 이루어져야 하는지에 대한 생각이 내포되어 있다 — 사실은 꽤 노골적으로 이를 드러냈다. 이 책에서 정책을 논하는 부분은 없지만, 정책적 함의를 분명하게 드러냈다고 생각한다. 『정치발전론』 서문에서도 말했듯이, 이 책을 쓰게 된 이유 중 하나는 정치 질서와 근대화 중인 사회에서 그것이 실현되는 조건에 관심이 있었기 때문이다(Huntington 1968). 하지만 혼란이나 혁명을 일으키려는 사람도 이 책을 읽고 무엇인가 배울 수 있을 것이다.

정치 이론

하버드 시절 은사들은 모두 사실상 정치 이론과 깊은 관계가 있다고 했다. 정치 이론을 공부하는 것은 어떤 도움이 된다고 생각하나?

요즘도 하버드 대학 정치학과 학생이라면 모두 정치 이론 시험을 치러야 한다. 나는 좋다고 생각한다. 기본적인 정치 이론과 개념, 플라톤에서부터 시작되는 중요한 정치 이론가들에 대한 기초 지식을 쌓는 것은 반드시 필요하다. 정치학자들이 현재 다루고 있는 중요한 이슈들 대부분이 인류 역사 내내 언제나 존재해 왔던 문제들이기 때문이다. 여러 저명한 이론가들이 이런 문제를 연구해 왔다. 이 이론가들의 의견을 받아들이든 받아들이지 않든 간에, 플라톤, 아리스토텔레스, 마키아벨리 그리고 홉스는 많은 정치학자들이 아직도 씨름하고 있는 핵심적인 문제를 이미 다룬 바 있다.

본인도 연구 과정에서 고전을 자주 참고하는가?

　　물론이다. 『정치발전론』(Huntington 1968)을 봐라. 아리스토텔레스와 버크Edmund Burke 등 여러 학자를 인용했고, 그들 모두가 내 사고에 분명히 영향을 미쳤다.

예를 들어, 1960년대 정치발전의 문제점에 대한 책을 쓴다면, 정치학 고전을 참고하는 것은 어떤 도움을 줄 수 있나?

　　플라톤과 아리스토텔레스는 정치발전과 정치적 퇴행, 정치 체계 유형의 진화에 대한 이론을 가지고 있다(Plato 1946; Aristotle 1946). 이런 데서 출발하는 것도 나쁘지 않다. 결국은 현재 유의미하지 않다고 결론 날지도 모르지만, 그들이 정체political forms의 진화와 모든 유형의 정치 체계가 퇴행하는 이유에 대해 어떤 말을 했는지 살펴보고 생각해 보는 일은 충분히 가치 있는 작업이다.

학생들과의 교류가 본인의 연구를 자극하는 데 어떤 역할을 하는가?

　내 저작은 모두 강의에서 비롯되었다. 『정치발전론』(Huntington 1968)을 집필할 때는 정치발전론을 강의하고 있었고, 『제3의 물결』(Huntington 1991)이 출판되기 전에는 거의 10년 동안 민주화에 대한 강의를 했었다. 나는 어떤 주제에 관심이 생겨 그것에 대해 깊이 생각하기 시작하고 관련 도서를 읽다 보면, 그 주제에 대한 강의를 하고 싶어진다. 50명이나 1백 명 정도의 학생을 가르쳐야 하는 학부 수업이든, 그 주제에 대해 이미 많은 것을 알고 있는 의심 많은 대학원생들과 같이하는 세미나든, 그 자체가 큰 자극이 된다. 강의는 저술 초기 단계에 필수적인 과정이다.

학생들이나 연구 조교들과의 공동 연구가 도움이 되는가?

　학생들과 함께 연구를 하긴 하지만 보통은 내 연구가 아닌 그들의 연구를 도와주게 된다. 물론 거대한 경험적 프로젝트를 할 경우 단독으로 하기는 거의 불가능하기 때문에 자료 조사를 해줄 연구 조교들이 필요하다. 조교들은 자료들을 살펴보고 특정 주제에 관해 어떤 정보가 있는지 알려 주는 역할을 한다.

우수한 학생들의 특징은 무엇인가?

주체적으로 사고하고 자기만의 독특한 아이디어를 발전시킨다. 그 점이 제일 중요하다.

학생들이 중요한 문제에 초점을 맞추도록 고무할 수 있는 방법은 무엇인가?

학부생, 적어도 하버드의 학부생이라면, 그들을 고무하기 위해 뭔가를 할 필요는 없다. 그들은 전쟁의 원인은 무엇인지, 왜 어떤 나라는 민주 국가이고 어떤 나라는 그렇지 않은지, 정치와 경제 발전의 관계는 무엇인지 등과 같은 큰 주제에 관심이 많다. 반면, 대학원생은 자기 학과 내에서 경력을 쌓아야 하고, 과는 이런 큰 문제들과 씨름하는 데 대해 그다지 호의적이지 않기 때문에 좀 더 신중을 기하는 경향이 있고 더 구체적인 문제에 초점을 맞춘다. 내 경험상 이런 점 때문에 대학원생을 가르치는 것이 학부생을 가르치는 것보다 재미가 덜하다. 물론 대학원생이 더 많은 것을 알고 있고 세련된 방식으로 이야기할 수는 있겠지만, 보통은 폭넓은 문제를 제기하는 데 대해 매우 소극적이다. 지금 하버드 정치학과 대학원생들을 보면 확실히 이런 성향이 30년 전보다 더 강해진 것 같다.

비교정치학이 이루어 낸 가장 중요한 업적은 무엇인가?

     1950년대에 비교정치학자들은 발 빠르게 개발도상국의 정치 상황을 연구해 유용한 자료를 남겼다. 제2차 세계대전 당시 비교정치학은 유럽 강대국들과 미국을 연구하는 것이 전부였다. 당시 거의 모든 비교정치학 교과서들은 판박이처럼 미국, 독일, 프랑스, 영국, 그리고 기타 나라를 다루는 총 5개의 장으로 이루어져 있었다. 이런 문제점에도 불구하고, 1950, 60, 70년대에는 더 폭넓고 건설적인 정치발전 관련 연구들이 쏟아져 나왔다. 또한 비교정치학은 분석 방법 면에서도 더욱 정교해졌다. 나는 연구에 유용하기만 하다면 정교한 분석과 방법론에 매우 긍정적이다. 실제로 이런 방법이 많은 경우 큰 도움이 된다. 이제는 정치발전과 정치적 변수, 그리고 정치와 관련된 비정치적 변수에 대한 양적 자료가 점점 늘어나고 있다. 1960년대에 칼 도이치가 『정치 및 사회 지표에 대한 핸드북』World Handbook of Political and Social Indicator(Russett et al. 1964)이라는 매우 유용한 책을 편찬해 낸 것도 그런 예다. 지금은 당시보다 이용할 수 있는 자료가 더 많다. 잉글하트(Inglehart 2003)는 세계가치조사와 함께 — 제3세계 국가들의 엉망인 여론조사 장비에 의존해야 하는 한계가 있었음에도 불구하고 — 세계인의 가치관에 관한 양적 정보를 담은 매우 유용한 자료를 편찬해 왔다.

비교정치학의 주요 업적으로 이론적 공헌을 거론하지 않은 점이 좀 놀랍다.

　　　　이론에는 부침이 있다. 비교정치학 분야는 여러 국면들을 거쳐 왔다. 1950년대에는 구조기능주의가 대세였다. 알몬드와 콜먼의 『개발 도상 지역의 정치』(1960)가 대표적인 예다. 이론적 틀은 계속 바뀐다. 비교정치학의 주요 성과를 묻는 당신의 질문에, 나는 비교정치학의 발전에 좀 더 지속적인 효과를 남긴 것들을 생각하려고 했다. 폭넓은 범위를 다루면서도 오랜 세월 동안 건재해 온 명제들 — 경험적 일반화들 — 이 분명 있다. 좋은 예가 경제 발전과 민주주의의 실증적 상관관계다. 1950년대에 립셋은 투박한 형태로나마 이에 대한 자신의 가설을 공개했다. 그것이 점점 다듬어지고, 수십 명의 학자들이 립셋의 초기 가설을 바탕으로 차곡차곡 연구를 쌓아 나가면서 지금도 그 이론이 건재하고 있다. 사회-경제적 변화가 사회-경제적 평등에 미치는 영향에 대한 립셋의 주장 역시 살아남았다. 내가 연구에서 보여 준 바 있고, 다른 많은 학자들도 같은 결론에 도달했는데, 정치적 불안정은 빈곤의 산물이 아니라 사람들이 빈곤으로부터 빠져나오는 과정에서 발생한 산물이다(Huntington 1968). 민족 간의 갈등에 대한 도널드 호로비츠Donald Horowitz의 연구(1985, 2001)도 비교정치학에 크게 공헌했다. 비교정치학과 국제관계학에서 '민주 평화'론[9]도 많은 논쟁에도 불구하고 여전히 건재하다.

비교정치학의 중요한 문제점은 무엇인가?

　　　　비교정치학을 포함한 모든 정치학 분야는 다른 학문으로부터 크게

---

[9] 민주주의국가들끼리는 전쟁을 하지 않는다는 이론이다.

영향을 받는다. 영향력을 미치는 학문은 시시각각 변화한다. 최근 몇 년 동안은 경제학이 우세했다. 그전에는 사회학이었다. 알몬드를 비롯한 여러 학자들이 파슨스의 영향을 많이 받았다. 사회학 이전에는 심리학이었다. 예를 들어, 1930년대와 1940년대에 라스웰은 심리학적인 측면에서 정치를 바라보았다. 정치에 대해 심리학적으로 접근한 초창기 연구 결과를 살펴보는 것은 유용할 수 있다. 사람들은 항상 일반화를 목적으로 많은 변수를 비교하고 정량화할 수 있는 문제를 연구하려는 경향이 있기 때문이다. 하지만 여기에는 정치 지도자의 결정적인 역할이 빠져 있다. 나는 최근 몇 년 동안 하버드 대학에서 비교정치론 세미나 수업을 맡으면서 다른 교수들과 끊임없이 논쟁을 벌여 왔다. 정치발전, 혁명, 정치제도, 민주주의, 정치사회, 국가와 관료제, 정당, 정치 참여 순으로 매주 한 주제씩 다루고 있는데, 정치적 리더십에 대한 수업도 추가하기 위해 힘쓰는 중이다. 최근 십여 년간 사람들은 이 주제를 심각하게 무시했다. 동료들이 항상 하는 주장은 정치적 리더십에 관한 쓸 만한 연구가 실제로 전혀 없다는 것인데, 안타깝게도 맞는 말이다! 20년 전쯤 퍼트넘(Putnam 1976)이 정치적 리더십에 대한 관련 지식들을 모아 훌륭한 책을 쓰긴 했지만, 그 이후로는 괜찮은 연구가 거의 없었다. 당신이라면 뭘 교재로 쓰겠나? 퍼트넘의 책을 주 교재로 정하고 몇 가지 다른 자료들을 동원해야 할 것이다. 최근 정치학계에는 정치적 리더십에 대한 진지한 연구가 정말 부족하다.

삼사십 년 전에는 정치사회화에 대한 연구가 많았지만 이 주제도 지금은 구석으로 밀려났다. 이제 다시 정치사회화를 연구해야 할 때가 되었다. 이는 기본적으로 사람들의 정치적 가치관이 어떻게 발달하는지를 의미한다. 삼사십 년 전의 연구들은 아이들이 어디에서 정치와 정치 지도자, 대통령에 대한 생각을 습득하는지 보여 주었다. 오늘날 우리는 굉장히 다른 시대를 살고 있다. 따라서 정치사회화를 현대의 맥락에서 살펴보고 정치적 가치관이 어떻게 바뀌었는지 연구해 보는 것도 좋을 것이다. 나는 로런스 해리슨Lawrence Harrison과 문화와 발전에 대한 연구 프로젝트에 참여한 적이 있었다(Harrison and

Huntington 2000). 문화가 정말 중요하고 경제 발전과 정치발전에 도움이 되는 문화적 체계 — 즉, 신념과 태도의 체계 — 와 그렇지 않은 문화적 체계가 있다면, 다음으로 제기되어야 할 문제는 어떻게 문화를 바꾸느냐이다. 사람들의 정치적·사회적 태도와 신념, 가정들을 어떻게 바꿀 수 있을까? 이는 아주 중요한 질문이지만 관련 연구는 거의 없다. 가치관을 바꾸는 것들은 무엇이 있을지 생각해 보자. 아주 충격적인 사건은 사람들의 가치관을 바꿀 것이다. 예를 들어, 1930년대 독일과 일본은 세계에서 가장 군국주의적인 국가였다. 하지만 제2차 세계대전에서 겪은 충격으로 가장 평화적인 국가가 되었다. 경제 발전도 사람들의 가치관을 바꾼다. 잉글하트가 물질주의적 가치의 발달과 탈물질주의적 가치로의 전환에 대한 연구(Inglehart 1990, 1997)에서 보여준 것이 바로 그것이다. 하지만 경제 발전을 만들어 내기 위해 가치관을 바꾸고자 한다면, 잉글하트의 연구는 별로 도움이 되지 않을 것이다. 우리가 대화를 나누고 있는 지금 이 순간에도 사형 제도에 대한 미국인의 견해는 천천히 바뀌고 있다.[10] 사형 제도에 대한 미국인들의 지지가 줄어들게 된 데는 교회를 비롯한 종교 단체들이 큰 역할을 했다.

1960년대 후반 이후부터 비교정치학계가 문화 및 태도 연구에 거세게 반발했던 이유는 무엇인가?

그랬던 것 같지 않다. 다시 한 번 말하지만 모든 것에는 부침이 있기 마련이다. 1950년대와 1960년대 초에는 정치 문화가 중요한 주제였다. 알몬드와 버바(Almond and Verba 1963), 파이(Pye and Verba 1965)를 비롯한 여러

---

[10] 인터뷰 당일, 1995년 오클라호마시티 연방 정부 건물 폭탄 테러범 티모시 맥베이의 사형이 집행되었다.

학자들이 정치 문화에 관해 중요한 업적을 남겼다. 데이비드 맥크릴랜드의 '성취동기'achievement motivation에 대한 연구(McClelland 1961)를 비롯해 사회학자들도 문화 연구에 매달렸다. 우리 비교정치학에서 대부분의 접근법들이 그랬듯이, 1960년대 후반부터 문화 연구는 줄어들기 시작했다. 그러다가 1980년대 들어 다시 문화 연구가 시작되어 정치 문화 연구의 르네상스를 맛보았다.

여전히 정치 문화는 과학적 연구 주제로 적합하지 않다고 주장하는 이들이 있다.

그렇다. 어려운 일이다. 문화란 대체 무엇인가? 정의는 다양하다. 정치학에서 가장 일반적인 정치 문화 개념은 인류학의 문화 개념과는 매우 다르기 때문에 어느 정도 혼란이 있다. 인류학자는 문화를 자신들만의 전유물로 여긴다. 권력은 우리 정치학자들의 영역, 문화는 자신들의 영역이라는 식이다. 그들은 사회적 생활양식 전체를 문화라고 정의한다. 클리퍼드 거츠 (Geertz 1973)가 특히 이런 생각을 개진했다. 하지만 우리 정치학자들은 대부분 정치 문화를 가치관, 태도, 성향, 개념 등의 용어로 파악한다. 그것은 주관적인 뭔가이고, 우리가 그것을 알고 싶어 하는 것은 행태를 설명하기 위해서다. 그래서 우리 정치학자들은 대부분의 경우 문화를 설명 변수(독립변수)로 바라본다. 왜 어떤 국가는 민주적인데, 다른 국가는 그렇지 못한가? 이를 문화로 설명해 보고 싶지 않은가? 왜 어떤 곳에서는 경제가 발전하는데, 다른 곳에서는 그렇지 못한가? 문화가 그 이유를 설명해 줄지 모른다. 또 내가『문명의 충돌』에서 주장한 것처럼, 탈냉전 시대에도 새로운 유형의 동맹과 갈등이 발달하는 이유는 무엇인가? 나는 그 이유의 적어도 일부는 문화가 설명해 줄 수 있다고 주장했다.

오늘날 비교정치학에 대한 일반적인 비판은 지식이 축적되지 못하고 있다는 것이다. 어떻게 생각하는가?

확실히 정치 체계, 정치 행태, 정치제도 등에 대한 지식의 양은 엄청나게 늘어났다. 그 비판이, 반복되는 중요한 정치적 문제들에 대해 확고한 답을 내놓지 못했다는 데 대한 비판이라면 맞는 말이다. 우리는 앞으로도 결코 확답을 내놓지 못할 것이다. 시기에 따라 우리의 관심사는 변하며, 정치학자들은 자신이 살고 있는 시대에 중요하다고 생각하는 문제에 시의 적절하게 초점을 맞추는 이들이라는 점을 깨달아야만 한다. 조금 전에 칼 프리드리히에 대해 이야기했었는데, 그의 가장 큰 업적은 전체주의에 대한 연구다(Friedrich and Brzezinski 1956). 논쟁이 많긴 했어도 아주 유용한 개념이었다. 하지만 그것은 1930~50년대에 딱 어울리는 연구였다. 오늘날 그 개념의 유효성은 거의 사라졌고, 우리는 다른 문제에 초점을 맞추고 있다. 왜냐하면 상황이 변했기 때문이다.

비교정치학이 진보하지 못하는 이유는 '큰 문제'를 다루는 경향 때문이라는 비판도 있다.[11] 과학적으로 연구하기 어려운 대규모의 거시적 자료들을 살펴보기보다는 사건의 더 작은 측면들을 분석해야 한다는 것이다.

분명히 나는 그 주장에 동의하지 않는다. 큰 문제에 초점을 맞추고 싶지 않은가? 적어도 나는 그러고 싶다. 왜 대수롭지 않은 일을 연구하는 데 시간을 낭비해야 하는가? 물론 큰 문제에 대한 답을 내놓지 못할 수도 있다.

---

11 예를 들어, Geddes(2003, Ch. 2) 참조.

사실 영구적인 해결 방안은 내놓지 못할 것이고, 많은 사람을 설득할 수도 없을 것이다. 그래도 이런 문제와 씨름을 하는 일은 충분한 가치가 있다. 특히 이런 문제를 제기함으로써 학생들에게 도전 의식을 북돋아 주는 일은 매우 유익하다. 안타깝게도 지금까지의 추세는 매우 정교한 방법론을 적용할 수 있는 더 세부적인 문제들에 초점을 맞추는 것이었다. 이런 추세는 정치학자의 연구 결과를 대중의 관심사와 동떨어지게 만들고, 이런 방법론에 익숙하지 않은 사람들은 이를 점점 이해하기 힘들어진다. 그 결과 정치학은 극소수만이 접근 가능한 신학과 같은 제한된 담론이 되어 가고 있다.

비교정치학의 미래는 어떤가?

기존에 통용되던 정치학의 하위 분과 범주들을 다시 생각해야 할 시점이 되었다. 우선, 미국 정치학이라는 분야를 분리하는 데는 실용적인 이유가 있긴 하지만, 논리적 근거는 없다. 비교정치를 공부한다면 미국 정치를 빼놓을 수 없다. 국내의 정당, 선거 등 미국 정치만 따로 공부할 수도 있지만 비교정치에서 미국을 항상 비교 대상으로 포함해야 한다. 그러므로 미국 정치학과 비교정치학을 구별할 이유가 없다. 또 국제관계학과 비교정치학을 구분할 근거도 이제는 없어져 가는 것 같다. 고전적 현실주의의 정형화된 생각에 따르면, 분명히 지나친 단순화이긴 하지만, 국제관계학은 이리저리 부딪히며 서로에게 다양한 방식으로 영향을 미치는 당구공들[국가들]을 분석하는 학문이며, 여기서 각 국가는 단일화된 행위자로 확실시된다. 그에 비해 비교정치학은 각 국가들 내에서 일어나는 일을 연구하는 학문으로, 한 당구공 내의 정치와 다른 당구공 내의 정치를 비교한다. 아직 인정하기 꺼리는 분위기가 있지만, 비교정치학자와 국제관계학자 모두 국제 정치는 한 국가 내에서 일어나는 일에 크게 영향을 받고, 국가 내부에서 일어나는 일은 국제적인 힘들, 외부 국가의 반응, 초국적 운동, 국제기구, 아이디어와 과학기술의 확산 등에 크게 영향을 받는다는 것을 배웠다. 국제관계학과 비교정치학의 구별이 사람들의 머릿속과 강의록에 남아 있겠지만, 이런 구별이 오래갈 것 같지는 않다. 우리는 이런 구별이 점점 의미가 없어지는 소위 '초국적 정치학' 또는 '전 지구적 정치학'의 단계로 가고 있다.

학문 간의 경계선이 사라지고 있다는 당신의 주장은 특히 비교정치학이 미국 정치학처럼 되어야 한다고 믿는 사람들에게 더욱 와 닿을 것 같다. 그들은 미국 정치학에서 많이 쓰이는 통계나 수학을 똑같이 비교정치학에 적용해야 한다고 말한다.

나는 다루는 주제의 특성에 대해 말한 것이지 연구 방식의 특성을 이야기한 것이 아니다. 당신이 말한 방법론이 물론 미국 정치학에서 많이 쓰이지만 비교정치학에서도 쓰인다. 미국 정치학이든 비교정치학이든 도움이 되는 곳에 그런 방법을 쓰면 된다. 내가 걱정하는 바는 이런 연구 방식 자체가 목적이 되어 버리는 것이다. 사람들은 상식적인 일들을 수많은 공식으로 설명해 놓고 큰일을 했다고 생각할 것이다. 나는 그런 게 딱히 큰 기여라고 생각하지 않는다.

그런 일이 자주 일어나는가?

그렇다. 점점 방법론적으로 복잡해지는 것을 선호하고 있다. 남보다 '한 발 앞서' "당신의 회귀 분석은 내 분석을 따라올 수 없다. 내 것이 더 복잡하다!"라고 말하면 이기는 것이다. 또한 연구 방법을 복잡하게 만들수록 남들이 이의를 제기하기 어려워진다.

이런 현상이 지속된다면 어떤 결과가 나올 것이라고 예상하는가?

　　방법론에 대한 집착은 우수한 학자들을 정치학계 바깥으로 몰아내고 정치학은 별 볼 일 없는 학문이 될 것이다. 이곳 하버드에서 손쉽게 학자로서 성공할 수 있었음에도 불구하고 학업을 그만둔 대학원생들이 여럿 있다. 굉장히 좋은 점수를 받은 매우 똑똑한 학생들이었지만, 이런 추세를 받아들이지 않기로 결정하고 다른 분야로 떠나 버렸다.

학자로서 성공하고 싶어 하는 후학들에게 필요한 훈련과 기술에 대해서 조언을 한다면?

정치학과에서 출세하기 위해 해야만 하는 일과 중요한 학자가 되기 위해 해야 하는 일은 좀 다를 것이다. 완전히 상반되는 길은 아니지만, 학과 내에서 출세하고 싶다면 널리 알려진 이론과 방법론적 문제에 주의를 기울여야 한다. 수상 경력이 있는 몇몇 학생을 포함해, 뛰어난 논문을 쓴 학생들 중에 자신의 주장을 합리적 선택이론처럼 써야 한다고 생각하는 이들을 상당수 보았다. 불행한 일이다. 학문에 제대로 기여하기 위해서는 스스로 중요하다고 생각하는 문제, 자신만의 독창적인 의견을 내세울 수 있는 문제를 다루어야 한다.

정치학과의 일원이 되는 것과 훌륭한 학자가 되는 것 사이의 괴리에 대한 이야기가 여러 번 나왔다. 자신이 학계에서 많이 소외되었다고 생각하는가?

학과 내에서 발달해 온 추세들 가운데 상당 부분이 실망스럽다.

참고문헌

Acemoglu, Daron, and James A. Robinson. 2006. *Economic Origins of Dictatorship and Democracy*. New York: Cambridge University Press.

Achen, Christopher H. 1983. "Towards Theories of Data : The State of Political Methodology." In *Political Science : The State of the Discipline*, ed. Ada W. Finifter, 69-93. Washington, DC: American Political Science Association.

Adcock, Robert. 2003. "The Emergence of Political Science as a Discipline : History and the Study of Politics in America, 1875~1919." *History of Political Thought* 24, no. 3: 481-508.

_____. 2005. "The Emigration of the 'Comparative Method' : Transatlantic Exchange and Comparative Inquiry in the American Study of Politics, 1876~1903." Paper presented at the American Political Science Association(APSA) Annual Convention, Washington, DC, September 1-4, 2005.

Adcock, Robert, Mark Bevir, and Shannon Stimson, eds. 2007. *Modern Political Science : Anglo-American Exchanges Since 1870*. Princeton, NJ: Princeton University Press.

Alford, Robert R., and Roger Friedland. 1985. *Powers of Theory : Capitalism, the State, and Democracy*. New York: Cambridge University Press.[홍원표 옮김, 『국가이론의 재조명 : 자본주의, 국가 그리고 민주주의』, 인간사랑, 1989]

Almond, Gabriel A. 1945. "The Political Attitudes of Wealth." *Journal of Politics* 7, no. 3 (August): 213-55.

_____. 1950. *The American People and Foreign Policy*. New York: Harcourt, Brace.

_____. 1954. *The Appeals of Communism*. Princeton, NJ: Princeton University Press.

_____. 1956. "Comparative Political Systems." *Journal of Politics* 18, no. 3 (August): 391-409.

_____. 1960. "Introduction : A Functional Approach to Comparative Politics." In *The Politics of the Developing Areas*, ed. Gabriel A. Almond and James Coleman, 3-64. Princeton, NJ: Princeton University Press.

_____. 1970. "Introduction : Propensities and Opportunities." In *Political Development : Essays in Heuristic Theory*, Gabriel A. Almond, 3-27. Boston: Little, Brown.

_____. 1983. "Corporatism, Pluralism, and Professional Memory." *World Politics* 35, no. 2 (January): 245-60.

_____. 1988. "The Return to the State." *American Political Science Review* 82, no. 3: 853-74.

_____. 1990. *A Discipline Divided : Schools and Sects in Political Science*. Newbury Park, CA: Sage Publications.

_____. 1991. "Capitalism and Democracy." *PS : Political Science & Politics* 26, no. 3: 467-74.

_____. 1996. "Political Science : The History of the Discipline." In *The New Handbook of Political Science*, ed. Robert Goodin and Hans-Dieter Klingemann, 50-96. Oxford: Oxford University Press.

_____. 1997. "A Voice from the Chicago School." In *Comparative European Politics : The Story of a profession*, ed. Hans Daalder, 54-67. New York: Pinter.

_____. 1998. *Plutocracy and Politics in New York City*. Boulder, CO: Westview Press.

_____. 2002. *Ventures in Political Science : Narratives and Reflections*. Boulder, CO: Lynne Rienner.

Almond, Gabriel A., R. Scott Appleby, and Emmanuel Sivan. 2003. *Strong Religion : The Rise of Fundamentalisms around the World*. Chicago: University of Chicago Press.

Almond, Gabriel A., and G. Bingham Powell Jr. 1966. *Comparative Politics : A Developmental Approach*. Boston: Little, Brown.[김영훈·이종익·함의영 옮김, 『비교정치론』, 박영사, 1974]

_____. 1978. *Comparative Politics : Systems, Processes, and Policy*. Boston: Little, Brown.

Almond, Gabriel A., G. Bingham Powell Jr., Kaare Strøm, and Russell J. Dalton, eds. 2000. *Comparative Politics Today*. 7th ed. New York: Addison Wesley Longman.

Almond, Gabriel A., Taylor Cole, and Roy C. Macridis. 1955. "A Suggested Research Strategy in Western European Government and Politics." *American Political Science Review* 49, no. 4: 1042-49.

Almond, Gabriel A., and James S. Coleman, eds. 1960. *The Politics of the Developing Areas*. Princeton, NJ: Princeton University Press.

Almond, Gabriel A., Scott Flanagan, and Robert Mundt, eds. 1973. *Crisis, Choice, and Change : Historical Studies of Political Development*. Boston: Little, Brown.

Almond, Gabriel A., and Stephen J. Genco. 1977. "Clouds, Clocks, and the Study of Politics." *World Politics* 29, no. 4: 489-522.

Almond, Gabriel A., and Harold D. Lasswell. 1934. "Aggressive Behavior by Clients Toward Public Relief Administrators : A Configurative Analysis." *American Political Science Review* 28, no. 4 (August): 643-55.

Almond, Gabriel A., and Sidney Verba. 1963. *The Civic Culture : Political Attitudes and Democracy in Five Nations*. Princeton, NJ: Princeton University Press.

Alt, James E., and Kenneth A. Shepsle. 1990. "Editors' Introduction." In *Perspectives on Positive Political Economy*, ed. James E. Alt and Kenneth A. Shepsle, 1-5. New York: Cambridge University Press.

Althusius, Johannes. 1964. *The Politics of Johannes Althusius*. Boston: Beacon Press.

Amadae, S. M. 2003. *Rationalizing Capitalist Democracy : The Cold War Origins of Rational Choice Liberalism*. Chicago: University of Chicago Press.

Apter, David E. 1996. "Comparative Politics, Old and New." In *The New Handbook of Political Science*, ed. Robert Goodin and Hans-Dieter Klingemann, 372-97. Oxford: Oxford University Press.

Arendt, Hannah. 1951. *The Origins of Totalitarianism*. New York: Harcourt Brace.[이진우·박미애 옮김, 『전체주의의 기원』 1·2, 2006, 한길사]

Aristotle. 1946. *Politics*. Oxford: Clarendon Press.[천병희 옮김, 『정치학』, 도서출판 숲, 2009]

Aron, Raymond. 1968. *Democracy and Totalitarianism*. London: Weidenfeld and Nicolson.

Arrow, Kenneth J. 1951. *Social Choice and Individual Values*. New York: Wiley.

Baer, Michael A., Malcolm E. Jewell, and Lee Sigelman, eds. 1991. *Political Science in America : Oral Histories of a Discipline*. Lexington: University Press of Kentucky.

Banks, Arthur S., and Robert B. Textor. 1963. *A Cross-Polity Survey*. Cambridge: MIT Press.

Barry, Brian. 1970. *Sociologists, Economists and Democracy*. London: Collier-Macmillan.[이봉철 옮김, 『비판정치이론 : 사회학적 방법론과 경제학적 방법론』, 인간사랑, 1990]

Bartels, Larry M., and Henry E. Brady. 1993. "The State of Quantitative Political Methodology." In *Political Science : The State of the Discipline II*, ed. Ada W. Finifter, 121-59. Washington, DC: American Political Science Association.

Bates, Robert H. 1997a. *Open-Economy Politics : The Political Economy of the World Coffee Trade*. Princeton, NJ: Princeton University Press.

Bates, Robert H., Rui J. P. de Figueiredo Jr., and Barry R. Weingast. 1998. "The Politics of Interpretation: Rationality, Culture, and Transition." *Politics and Society* 26, no. 2 (June): 221-56.

Baum, W. C., G. N. Griffiths, R. Matthews, and D. Scherruble. 1976. "American Political Science before the Mirror : What our Journals Reveal about the Profession." *Journal of Politics* 38, no. 4 (November): 895-917.

Becker, Howard S. 1998. *Tricks of the Trade : How to Think about Your Research While You're Doing It*. Chicago: University of Chicago Press.[이성용 옮김, 『학계의 술책 : 연구자의 기초 생각 다지기』, 함께읽는책, 2005]

Bendix, Reinhard. 1956. *Work and Authority in Industry : Ideologies of Management in the Course of Industrialization*. New York: Wiley.

_____. 1986. *From Berlin to Berkeley : German-Jewish Identities*. New Brunswick, NJ: Transaction Books.

_____. 1990. "How I Became an American Sociologist." In *Authors of Their Own Lives : Intellectual Autobiographies by Twenty American Sociologists*, ed. Bennett M. Berger, 452-75. Berkeley: University of California Press.

Bentley, Arthur. 1908. *Process of Government*. Chicago: University of Chicago Press.

Berger, Bennett M., ed. 1990. *Authors of Their Own Lives : Intellectual Autobiographies of Twenty American Sociologists*. Berkeley: University of California Press.

Berger, Suzanne. 1981. "Introduction." In *Organizing Interests in Western Europe : Pluralism, Corporatism and the Transformation of Politics*, ed. Suzanne Berger, 1-23. New York: Cambridge University Press.

Bernhard, Michael. 2002. [Review of Moore's *Moral Purity and Persecution in History* and *Moral Aspects of Economic Growth and Other Essays*.] *Studies in Comparative International*

Development 37, no. 1 (Spring): 116-20.

Bien, David D. 1960. *The Calas Affair*. Princeton, NJ: Princeton University Press.

Binder, Leonard, James Coleman, Joseph LaPalombara, Lucian Pye, Sidney Verba, and Myron Weiner. 1971. *Crisis and Sequences in Political Development*. Princeton, NJ: Princeton University Press.

Bloch, Marc. 1961. *Feudal Society*. Chicago: University of Chicago Press.[한정숙 옮김, 『봉건사회』, 한길사, 1986]

_____. 1967. "A Contribution towards a Comparative History of European Societies." In *Land and Work in Medieval Europe : Selected Papers by Marc Bloch*, Marc Bloch, 44-81. New York: Harper & Row.

Blondel, Jean. 1999. "Then and Now : Comparative Politics." *Political Studies* 47, no. 1: 152-60.

Bracher, Karl Dietrich. 1952. "Auflösung einer Demokratie : Des Ende der Weimarer Republik als Forschungsproblem." In *Faktoren der Machtbildung*, ed. Akadij Gurland, 39-98. Berlin: Duncker and Humblot.

Brady, Henry E., and David Collier, eds. 2004. *Rethinking Social Inquiry : Diverse Tools, Shared Standards*. Lanham, MD: Rowman & Littlefield and the Berkeley Public Policy Press.

Brzezinski, Zbigniew K., and Samuel P. Huntington. 1964. *Political Power USA/USSR*. New York: Viking Press.

Bryce, James. 1921. *Modern Democracies*. New York: Macmillan.[서석순 옮김, 『현대 민주정치론』, 민중서관, 1958]

Brzezinski, Zbigniew K. 1962. *Ideology and Power in Soviet Politics*. New York: Praeger.

Camerer, Colin F., and Rebecca Morton. 2002. "Formal Theory Meets Data." In *Political Science : The State of the Discipline*, ed. Ira Katznelson and Helen V. Milner, 784-804. New York and Washington, DC: W. W. Norton and the American Political Science Association.

Campbell, Angus, Philip E. Converse, Warren E. Miller, and Donald E. Stokes. 1960. *The American Voter*. New York: Wiley.

Cardoso, Fernando H., and Enzo Faletto. 1979. *Dependency and Development in Latin America*. Berkeley: University of California Press.

Centers, Richard. 1949. *The Psychology of Social Classes : A Study of Class Consciousness*. Princeton, NJ: Princeton University Press.

Chehabi, H. E., and Juan J. Linz. 1998a. "A Theory of Sultanism I : A Type of Nondemocratic Rule." In *Sultanistic Regimes*, ed. H. E. Chehabi and Juan J. Linz, 3-25. Baltimore: Johns Hopkins University Press.

_____, eds. 1998b. *Sultanistic Regimes*. Baltimore: Johns Hopkins University Press.

Chubb, Basil. 1970. *The Government and Politics of Ireland*. Stanford, CA: Stanford University Press.

Coker, Francis W. 1934. *Recent Political Thought*. New York: D. Appleton-Century.

Coleman, James S. 1990a. "Columbia in the 1950s." In *Authors of Their Own Lives : Intellectual*

Autobiographies by Twenty American Sociologists, ed. Bennett M. Berger, 75-103. Berkeley: University of California Press.

_____. 1990b. *Foundations of Social Theory*. Cambridge, MA: Harvard University Press.

Collier, David. 1991. "The Comparative Method : Two Decades of Change." In *Comparative Political Dynamics : Global Research Perspectives*, ed. Dankwart A. Rustow and Kenneth Paul Erickson. New York: HarperCollins.

_____. 1993. "The Comparative Method." In *Political Science : The State of the Discipline* 11, ed. Ada W. Finifter, 105-19. Washington, DC: American Political Science Association.

Collier, Ruth Berins, and David Collier. 1991. *Shaping the Political Arena : Critical Junctures, the Labor Movement, and Regime Dynamics in Latin America*. Princeton, NJ: Princeton University Press.

Colomer, Josep M. 1991. "Transitions by Agreement : Modeling the Spanish Way." *American Political Science Review* 85, no. 4 (December): 1283-1302.

_____. 1995. *Game Theory and the Transition to Democracy : The Spanish Model*. Aldershot, England: E. Elgar.

Coser, Lewis A. 1984. *Refugee Scholars in America : Their Impact and Their Experiences*. New Haven, CT: Yale University Press.

Cox, Gary. 1997. *Making Votes Count : Strategic Coordination in the World's Electoral Systems*. New York: Cambridge University Press.

Crick, Bernard. 1959. *The American Science of Politics : Its Origins and Conditions*. Berkeley: University of California Press.

Daalder, Hans. 1993. "The Development of the Study of Comparative Politics." In *Comparative Politics : New Directions in Theory and Method*, ed. Hans Keman, 11-30. Amsterdam: VU University Press.

_____, ed. 1997a. *Comparative European Politics : The Story of a Profession*. New York: Pinter.

_____. 1997b. "A Smaller European's Opening Frontiers." In *Comparative European Politics : The Story of a Profession*, ed. Hans Daalder, 227-40. New York: Pinter.

Dahl, Robert A. 1940a. "Socialist Programs and Democratic Politics : An Analysis." Ph.D. dissertation, Department of Government, Yale University.

_____. 1940b. "On the Theory of Democratic Socialism." *Plan Age* 6, nos. 9-10(November-December): 325-56.

_____. 1950. *Congress and Foreign Policy*. New York: W. W. Norton.

_____. 1956. *A Preface to Democratic Theory*. Chicago: University of Chicago Press.[김용호 옮김, 『민주주의 이론 서설 : 미국민주주의의 원리』, 법문사, 1990]

_____. 1957. "The Concept of Power." *Behavioral Science* 2, no. 3 (July): 201-15.

_____. 1961a. *Who Governs? Democracy and Power in an American City*. New Haven, CT: Yale University Press.

_____. 1961b. "The Behavioral Approach to Political Science : Epitaph for a Monument to a Successful Protest." *American Political Science Research* 55, no. 4 (December): 763-72.

_____. 1963. *Modern Political Analysis*. Englewood Cliffs, NJ: Prentice-Hall.[진덕규 옮김, 『현대 정치의 분석』, 학문과사상사, 1983]

_____, ed. 1966a. *Political Oppositions in Western Democracies*. New Haven, CT: Yale University Press.

_____. 1966b. "Some Explanations." In *Political Oppositions in Western Democracies*, ed. Robert A. Dahl. 348-86. New Haven, CT: Yale University Press.

_____. 1967. *Pluralist Democracy in the United States : Conflict and Consent*. Chicago: Rand McNally.

_____. 1968. "Power." In *International Encyclopedia of the Social Sciences*, vol. 12: 405-15, ed. David Sills. New York: The Free Press.

_____. 1971. *Polyarchy*. New Haven, CT: Yale University Press.[최호준·박신영 옮김, 『폴리아키』, 거목, 1987]

_____, ed. 1973. *Regimes and Oppositions*. New Haven, CT: Yale University Press.

_____. 1982. *Dilemmas of Pluralist Democracy*. New Haven, CT: Yale University Press.[신윤환 옮김, 『다원민주주의의 딜레마』, 푸른산, 1992]

_____. 1985. *A Preface to Economic Democracy*. New Haven, CT: Yale University Press.[배관표 옮김, 『경제 민주주의에 관하여』, 후마니타스, 2011]

_____. 1989. *Democracy and Its Critics*. New Haven, CT: Yale University Press.[조기제 옮김, 『민주주의와 그 비판자들』, 문학과지성사, 1999]

_____. 1993. "Why All Democratic Countries Have Mixed Economies." In *Democratic Community*, ed. John Chapman and Ian Shapiro, 259-82. New York: New York University Press.

_____. 1997a. "From Personal History to Democratic Theory." In *Toward Democracy : A Journey, Reflections : 1940~1997*, vol. 1, Robert A. Dahl, 3-15. Berkeley: Institute of Governmental Studies Press, University of California, Berkeley.

_____. 1997b. "A Brief Intellectual Autobiography." In *Comparative European Politics : The Story of a Profession*, ed. Hans Daalder, 68-78. New York: Pinter.

_____. 1997c. "From Immigrants to Citizens : A New Yet Old Challenge to Democracies." In *Toward Democracy : A Journey, Reflections : 1940~1997*, vol. 1, Robert A. Dahl, 229-50. Berkeley: Institute of Governmental Studies Press, University of California, Berkeley.

_____. 1998. *On Democracy*. New Haven, CT: Yale University Press.[김왕식·장동진·정상화·이기호 옮김, 『민주주의』, 동명사, 1999]

_____. 1999. "Can International Organizations be Democratic? A Skeptic's View." In *Democracy's Edges*, ed. Ian Shapiro and Casiano Hacker-Cordon, 19-36. New York: Cambridge University Press.

_____. 2001a. "Political Equality in the Coming Century." In *Challenges to Democracy : Ideas, Involvement and Institutions*, ed. Keith Dowding, James Hughes, and Helen Margetts, 3-17. New York: Palgrave.

_____. 2001b. "Is Postnational Democracy Possible?" In *Nation, Federalism, and Democracy :*

The EU, Italy, and the American Federal Experience, ed. Sergio Fabbrini, 35-46. Bologna: Editrice Compositori.

_____. 2001c. *How Democratic is the American Constitution?* New Haven, CT: Yale University Press.[박상훈·박수형 옮김, 『미국헌법과 민주주의』, 후마니타스, 2004]

_____. 2005. *After the Gold Rush, Growing Up In Skagway*. Philadelphia, PA: XLibris.

_____. 2006. "Reflections on Human Nature and Politics : From Genes to Political Institutions." In *The Art of Political Leadership : Essays in Honor of Fred I. Greenstein*, ed. Larry Berman, 3-16. Lanham, MD: Rowman & Littlefield.

Dahl, Robert A., Mason Haire, and Paul F. Lazarsfeld, eds. 1959. *Social Science Research on Business : Product and Potential*. New York: Columbia University Press.

Dahl, Robert A., and Charles E. Lindblom. 1953. *Politics, Economics, and Welfare : Planning and Politico-Economic Systems Resolved into Basic Social Processes*. New York: Harper & Row.

Dahl, Robert A., and Edward R. Tufte. 1973. *Size and Democracy*. Stanford, CA: Stanford University Press.[진덕규 옮김, 『민주주의 체제적정론』, 현대사상사, 1980]

Dalton, Russell J. 1991. "Comparative Politics of the Industrial Democracies : From the Golden Age to Island Hopping." In *Political Science : Looking to the Future*, vol. 2: *Comparative Politics, Policy, and International Relations*, ed. William Crotty, 15-43. Evanston, IL: Northwestern University Press.

Dawidoff, Nicholas. 2003. *The Fly Swatter : Portrait of an Exceptional Character*. New York: Viking.

de Miguel, Amando. 1993. "The Lynx and the Stork." In *Politics, Society and Democracy : The Case of spain*, ed. Richard Gunther, 3-10. Boulder, CO: Westview Press.

Dershowitz, Alan. 2001. *Letters to a Young Lawyer*. New York: Basic Books.[심현근 옮김, 『미래의 법률가에게』, 미래M&B, 2008]

Deutsch, Karl W. 1966. "The Theoretical Basis of Data Programs." In *Comparing Nations : The Use of Quantitative Data in Cross-National Research*, ed. Richard L. Merritt and Stein Rokkan, 27-55. New Haven, CT: Yale University Press.

Deutsch, Karl W., Harold D. Lasswell, Richard L. Merritt, and Bruce M. Russett. 1966. "The Yale Political Data Program." In *Comparing Nations : The Use of Quantitative Data in Cross-National Research*, ed. Richard L. Merritt and Stein Rokkan, 81-94. New Haven, CT: Yale University Press.

Diamond, Larry. 1999. *Developing Democracy : Toward Consolidation*. Baltimore: Johns Hopkins University Press.

Diamond, Larry, Juan J. Linz, and Seymour Martin Lipset, eds. 1988-89. *Democracy in Developing Countries*. 3 vols. Boulder, CO: Lynne Rienner.

Doggan, Mattei. 1996. "Political Science and the Other Social Sciences." In *The New Handbook of Political Science*, ed. Robert Goodin and Hans-Dieter Klingemann, 97-130. Oxford: Oxford University Press.

Domínguez, Jorge I. 2001. "Samuel Huntington and the Latin American State." In *The Other Mirror : Grand Theory through the Lens of Latin America*, ed. Miguel Angel Centeno and

Fernando López-Alves, 219-39. Princeton, NJ: Princeton University Press.

Downs, Anthony. 1957. *An Economic Theory of Democracy*. New York: Harper & Row.[전인권·안 도경 옮김, 『민주주의 경제학 이론』, 나남, 1997]

Driver, Cecil. 1946. *Tory Radical : The Life of Richard Oastler*. New York: Oxford University Press.

Dryzek, John S., and Stephen T. Leonard. 1988. "History and Discipline in Political Science." *American Political Science Review* 82, no. 4 (December): 1245-60.

Duguit, Léon. 1919. *Law in the Modern State*. New York: B. W. Huebsch.

Durkheim, Emile. 1951. *Suicide : A Study in Sociology*. Glencoe, IL: The Free Press.[황보종우 옮 김, 『자살론』, 청아, 2008]

_____. 1982. *The Rules of Sociological Method, and Selected Texts on Sociology and its Method*. London: Macmillan.[윤병철·박창호 옮김, 『사회학적 방법의 규칙들』, 새물결, 2001]

_____. 1995. *The Elementary Forms of Religious Life*. New York: The Free Press.[노치준·민혜숙 옮김, 『종교 생활의 원초적 형태』, 민영사, 1992]

Duverger, Maurice. 1954. *Political Parties*. New York: Wiley.[박희선·장을병 옮김, 『정당론』 상·하, 문 명사, 1972]

Easton, David. 1953. *The Political System : An Inquiry into the State of Political Science*. New York: Alfred A. Knopf.[이용필 옮김, 『정치체계론』, 인간사랑, 1990]

_____. 1965a. *A Framework for Political Analysis*. Englewood Cliffs, NJ: Prentice-Hall.[이용필 옮 김, 『정치체계분석』, 서울대학교출판부, 1984]

_____. 1965b. *A System Analysis of Political Life*. New York: Wiley.

Easton, David, John G. Gunnell, and Luigi Graziano, eds. 1991. *The Development of Political Science : A Comparative Survey*. New York: Routledge.

Easton, David, John G. Gunnell, and Michael B. Stein, eds. 1995. *Regime and Discipline : Democracy and the Development of Political Science*. Ann Arbor: University of Michigan Press.

Eckstein, Harry. 1963. "A Perspective on Comparative Politics, Past and Present." In *Comparative Politics*, ed. Harry Eckstein and David Apter, 3-32. New York: The Free Press.

_____. 1966. *Division and Cohesion in Democracy : A Study of Norway*. Princeton, NJ: Princeton University Press.

_____. 1975. "Case Study and Theory in Political Science." In *Handbook of Political Science*, vol. 7: *Strategies of Inquiry*, ed. Fred I. Greenstein and Nelson W. Polsby, 79-137. Reading, MA: Addison-Wesley.

_____. 1998. "Unfinished Business : Reflection on the Scope of Comparative Politics." *Comparative Political Studies* 31, no. 4: 505-34.

Eisenstadt, S. N. 1966. *Modernization : Protest and Change*. Englewood Cliffs, NJ: Prentice-Hall. [여정동·김보균 옮김, 『근대화 : 저항과 변동』, 탐구당, 1981]

Eisermann, Gottfried. 1987. *Vilfredo Pareto : Ein Klassiker der Soziologie*. Tübingen, J. C. B. Mohr.

Elliott, William Yandell. 1928. *The Pragmatic Revolt in Politics : Syndicalism, Fascism, and the Constitutional State.* New York: Macmillan.

Elster, Jon. 1982. "Marxism, Functionalism and Game Theory." *Theory and Society* 11, no. 4: 453-82.

España-Nájera, Annabella, Xavier Márquez, and Paul Vasquez. 2003. "Surveying the Field : Basic Graduate Training in Comparative Politics." *APSA-CP : Newsletter of the Organized Section in Comparative Politics of the American Political Science Association* 14, no. 1 (Winter): 28-34.

Evans, Peter, Dietrich Rueschemeyer, and Theda Skocpol, eds. 1985. *Bringing the State Back In.* New York: Cambridge University Press.

Farr, James. 1999. "John Dewey and American Political Science." *American Journal of Political Science* 43, no. 2: 520-41.

Farr, James, and Raymond Seidelman, eds. 1993. *Discipline and History : Political Science in the United states.* Ann Arbor: University of Michigan Press.

Fearon, James D., and David D. Laitin. 1996. "Explaining Interethnic Cooperation." *American Political Science Review* 90, no. 4: 715-35.

Feinsod, Merle, and Lincoln Gordon. 1941. *Government and the American Economy.* New York: W. W. Norton.

Finer, Herman. 1932. *The Theory and Practice of Modern Government.* 2 vols. London: Methuen.

Fishman, Robert M. 1990. *Working Class Organization and the Return to Democracy in Spain.* Ithaca, NY: Cornell University Press.

_____. 2005. "On the Continuing Relevance of the Weberian Methodological Perspective (With Applications to the Spanish Case of Elections in the Aftermath of Terrorism)." *Working Paper* no. 317. Notre Dame, IN: Kellogg Institute for International Studies, University of Notre Dame.

Freeman, Edward. 1873. *Comparative Politics.* London: Macmillan.

Frey, Frederick W. 1970. "Cross-cultural Survey Research in Political Science." In *The Methodology of Comparative Research*, ed. Robert T. Holt and John E. Turner, 173-294. New York: The Free Press.

Friedrich, Carl J. 1937. *Constitutional Government and Politics : Nature and Development.* New York: Harper.

_____. 1963. *Man and His Government : An Empirical Theory of Politics.* New York: McGraw-Hill.

Friedrich, Carl J., and Zbigniew K. Brzezinski. 1956. *Totalitarian Dictatorship and Autocracy.* Cambridge, MA: Harvard University Press.[최운지 옮김, 『전체주의 독재정치론』, 정림사, 1972]

Friedrich, Carl J., Harold D. Lasswell, Herbert A. Simon, Ralph J. D. Braibanti, G. Lowell Field, and Dwight Waldo. 1953. "Research in Comparative Politics : Comments on the Seminar Report." *American Political Science Review* 47, no. 3 (September): 658-75.

Fustel de Coulanges, Numa Denis. 1882. *The Ancient City : A Study on the Religion, Laws, and Institutions of Greece and Rome.* 4th ed. Boston: Lee and Shepard.

Gay, Peter. 1998. *My German Question : Growing Up in Nazi Berlin*. New Haven, CT: Yale University Press.

Geddes, Barbara. 1991. "How the Cases You Choose Affect the Answers You Get : Selection Bias in Comparative Politics." In *Political Analysis*, vol. 2, 1990, ed. James A. Stimson, 131-49. Ann Arbor: University of Michigan Press.

_____. 2003. *Paradigms and Sand Castles : Theory Building and Research Design in Comparative politics*. Ann Arbor: University of Michigan Press.

Geertz, Clifford. 1973. *The Interpretation of Cultures : Selected Essays*. New York: Basic Books. [문옥표 옮김, 『문화의 해석』, 까치, 1998]

George, Alexander L. 1979. "Case Studies and Theory Development : The Method of Structured Focused Comparison." In *Diplomacy : New Approaches in History, Theory and Policy*, ed. Paul Gordon Lauren, 43-68. New York: The Free Press.

George, Alexander L., and Andrew Bennett. 2005. *Case Studies and Theory Development in the Social Sciences*. Cambridge: MIT Press.

Gerschenkron, Alexander. 1962. *Economic Backwardness in Historical Perspective*. Cambridge, MA: Harvard University Press.

_____. 1966. *Bread and Democracy in Germany*. New York: H. Fertig.

_____. 1968. *Continuity in History and Other Essays*. Cambridge, MA: Harvard University Press.

Gershman, Carl. 1997. "The Clash within Civilizations." *Journal of Democracy* 8, no. 4 (October): 165-70.

Gerth, H. H., and C. Wright Mills, eds. 1946. *From Max Weber : Essays in Sociology*. New York: Oxford University Press.

Gilman, Nils. 2003. *Mandarins of the Future : Modernization Theory in Cold War America*. Baltimore: Johns Hopkins University Press.

Goldthorpe, John H. 2000. *On Sociology : Numbers, Narratives, and the Integration of Research and Theory*. Oxford: Oxford University Press.

Goodnow, Frank. 1900. *Politics and Administration*. New York: Macmillan.

Grann, David. 2004. "Mysterious Circumstances : The Strange Death of a Sherlock Holmes Fanatic." *The New Yorker* (December 13): 58-73.

Green, Donald P., and Ian Shapiro. 1994. *Pathologies of Rational Choice : A Critique of Applications in Political Science*. New Haven, CT: Yale University Press.

Grew, Raymond, ed. 1978. *Crises of Political Development in Europe and the United States*. Princeton, NJ: Princeton University Press.

Guetzkow, Harold. 1950. "Long Range Research in International Relations." *The American Perspective* 4, no. 4: 421-40.

Gunnell, John. 1993. *The Descent of Political Theory : The Genealogy of an American Vocation*. Chicago: University of Chicago Press.

_____. 2004. *Imagining the American Polity : Political Science and the Discourse of Democracy*. University Park: Pennsylvania State University Press.

Hall, Peter A., and Rosemary Taylor. 1996. "Political Science and the Three New Institutionalisms." *Political Studies* 44, no. 5: 936-57.

Harrison, Lawrence E , and Samuel P. Huntington, eds. 2000. *Culture Matters : How Values Shape Human Progress.* New York: Basic Books.[이종인 옮김, 「문화가 중요하다 : 문화적 가치가 인류발전을 결정한다」, 김영사, 2001]

Hartz, Louis. 1955. *The Liberal Tradition in America : An Interpretation of American Political Thought since the Revolution.* New York: Harcourt, Brace.

_____. 1964. *The Founding of New Societies : Studies in the History of the United States, Latin America, South Africa, Canada, and Australia.* New York: Harcourt, Brace & World.

Heberle, Rudolf. 1945. *From Democracy to Nazism : A Regional Case Study on Political Parties.* Baton Rouge: Louisiana State University Press.

Heller, Hermann. 1934. *Staatslehre.* Laden: A.W. Sijthoff's Uitgeversmaatsch appif N.V.[홍성방 옮김, 「국가론」, 민음사, 1998]

Hermet, Guy. 2001. *Les Populismes dans le monde : Une histoire sociologique XIXèmeXXème siè cle.* Paris: Fayard.

Hirschman, Albert O. 1963. *Journeys Toward Progress : Studies of Economic Policy-Making in Latin America.* New York: Twentieth Century Fund.

_____. 1971. "The Political Economy of Import-Substituting Industrialization In Latin America." In *A Bias For Hope : Essays a Development,* Albert O. Hirschman, 85-123. New Haven, CT: Yale University Press.

_____. 1995. *A Propensity to Self-Subversion.* Cambridge, MA: Harvard University Press.

Holcombe, Arthur Norman. 1930. *The Chinese Revolution : A Phase in the Regeneration of a World Power.* Cambridge, MA: Harvard University Press.

_____. 1940. *The Middle Classes in American Politics.* New York: Russell & Russell.

_____. 1948. *Human Rights in the Modern World.* New York: New York University Press.

Holstein, Günther. 1950. *Historia de la Filosofía Política.* Madrid: Institute de Estudios Politicos.

Holt, Robert T., and John M. Richardson Jr. 1970. "Competing Paradigms in Comparative Politics." In *The Methodology of Comparative Research,* ed. Robert T. Holt and John E. Turner, 21-71. New York: The Free Press.

Homans, George Caspar. 1950. *The Human Group.* New York: Harcourt Brace.

_____. 1964. "Bringing Men Back In." *American Sociological Review* 29, no. 5 (December): 809-18.

_____. 1984. *Coming to My Senses : The Autobiography of a Sociologist.* New Brunswick: Transaction Books.

Horowitz, Donald L. 1985. *Ethnic Groups in Conflict.* Berkeley: University of California Press.

_____. 1990. "Comparing Democratic Systems." *Journal of Democracy* 1, no. 4 (Fall): 73-79.

_____. 2001. *The Deadly Ethnic Riot.* Berkeley: University of California Press.

Hoselitz, Berthold F. 1960. *Sociological Aspects of Economic Growth.* Glencoe, IL: The Free

Press.

Huntington, Samuel P. 1950. "A Revised Theory of American Party Politics." *American Political Science Review* 44, no. 3 (September): 669-77.

_____. 1951. "Clientelism : A Study in Administrative Politics." Ph.D. dissertation, Department of Government, Harvard University.

_____. 1952. "The Marasmus of the ICC : The Commission, the Railroads, and the Public Interest." *Yale Law Journal* 61 (April): 467-509.

_____. 1957. *The Soldier and the State : The Theory and Politics of Civil-Military Relations.* Cambridge, MA: Belknap Press of Harvard University Press.[허남성·김국헌·이춘근 옮김, 『군인과 국가』, 한국해양전략연구소, 2011]

_____. 1961. *The Common Defense : Strategic Programs in National Politics.* New York: Columbia University Press.

_____, ed. 1962. *Changing Patterns of Military Politics.* New York: The Free Press of Glencoe.

_____. 1965. "Political Development and Political Decay." *World Politics* 17, no. 3: 378-414.

_____. 1968. *Political Order in Changing Societies.* New Haven, CT: Yale University Press.[민준기·배성동 옮김, 『정치발전론 : 변혁 사회에 있어서의 정치 질서』 을유문화사, 1971]

_____. 1981a. "Reform and Stability in a Modernizing Multi-Ethnic Society." *Politikon* 8 (December): 8-26.

_____. 1981b. *American Politics : The Promise of Disharmony.* Cambridge, MA: Harvard University Press.[장원석 옮김, 『미국 정치론 : 부조화의 패러다임』, 오름, 1999]

_____. 1982. "Reform and Stability in South Africa." *International Security* 6, no. 4 (Spring): 3-25.

_____. 1984. "Will More Countries Become Democratic?" *Political Science Quarterly* 99, no. 2 (Summer): 193-218.

_____. 1991. *The Third Wave : Democratization in the Late Twentieth Century.* Norman: University of Oklahoma Press.[강문구·이재영 옮김, 『제3의 물결 : 20세기 후반의 민주화』, 인간사랑, 2011]

_____. 1996. *The Clash of Civilizations and the Remaking of World Order.* New York: Simon and Schuster.[이희재 옮김, 『문명의 충돌』, 김영사, 1997]

_____. 2004. *Who Are We? The Challenges to America's National Identity.* New York: Simon and Schuster.[형선호 옮김, 『미국』, 김영사, 2004]

Huntington, Samuel P., and Clement H. Moore, eds. 1970. *Authoritarian Politics in Modern Society : The Dynamics of Established One-Party Systems.* New York: Basic Books.

Huntington, Samuel P., and Joan Nelson. 1976. *No Easy Choice : Political Participation in Developing Countries.* Cambridge, MA: Harvard University Press.[김학준 옮김, 『정치참여의 논리와 현안 : 개발도상국의 어려운 선택』, 일조각, 1980]

Huntington, Samuel P., and Jorge I. Dominguez. 1975. "Political Development." In *Handbook of Political Science*, vol. 3: *Macropolitical Theory*, ed. Fred I. Greenstein and Nelson W. Polsby, 1-114. Reading, MA: Addison-Wesley.

Inglehart, Ronald. 1977. *The Silent Revolution : Changing Values and Political Styles among Western Publics*. Princeton, NJ: Princeton University Press.[정성호 옮김,『조용한 혁명』, 종로서적, 1983]

_____. 1990. *Culture Shift in Advanced Industrial Society*. Princeton, NJ: Princeton University Press.

_____. 1997. *Modernization and Postmodernization : Cultural, Economic, and Political Change in 43 Societies*. Princeton, NJ: Princeton University Press.

_____, ed. 2003. *Human Values and Social Change : Findings from the Values Surveys*. Boston: Brill.

Isaac, Jeffrey C. 2002. "Robert A. Dahl." In *American Political Scientists : A Dictionary*. 2nd ed., ed. Glenn H. Utter, and Charles Lockhart, 75-78. Westport, CT: Greenwood Press.

Jackall, Robert. 2001. "The Education of Barrington Moore, Jr." *International Journal of Politics, Culture and society* 14, no. 2: 675-81.

Jackman, Robert W. 1985. "Cross-National Statistical Research and the Study of Comparative Politics." *American Journal of Political Science* 29, no. 1: 161-82.

_____. 2001. "Cross-country Quantitative Studies of Political Development." *Revista de Ciencia Política* (Santiago, Chile) 21, no. 1: 60-76.

Janos, Andrew. 1986. *Politics and Paradigms : Changing Theories of Change in Social Science*. Stanford, CA: Stanford University Press.[장달중 옮김,『비교정치와 사회이론 : 후진성과 변화의 파라다임 모색』, 서강대학교출판부, 1990]

Johnson, James. 2003. "Conceptual Problems as Obstacles to Progress in Political Science : Four Decades of Political Culture Research." *Journal of Theoretical Politics* 15, no. 1 (January): 87-115.

Kahin, George McT., Guy J. Pauker, and Lucian W. Pye. 1955. "Comparative Politics of Non-Western Countries." *American Political Science Review* 49, no. 4: 1022-41.

Katz, Barry M. 1989. *Foreign Intelligence : Research and Analysis in the Office of Strategic Services, 1942~45*. Cambridge, MA: Harvard University Press.

Katznelson, Ira. 2003. *Desolation and Enlightenment : Political Knowledge after Total War, Totalitarianism, and the Holocaust*. New York: Columbia University Press.

Katznelson, Ira, and Helen V. Milner, eds. 2002. *Political Science : The State of the Discipline*. New York and Washington, DC: W. W. Norton and the American Political Science Association.

Katznelson, Ira, and Martin Shefter, eds. 2002. *Shaped by War and Trade : International Influences on American Political Development*. Princeton, NJ: Princeton University Press.

Keech, William, Robert Bates, and Peter Lange. 1991. "Political Economy within Nations." In *Political Science : Looking to the Future*, vol. 2: *Comparative Politics, Policy, and International Relations*, ed. William Crotty, 219-63. Evanston, IL: Northwestern University Press.

Keller, Suzanne I. 1963. *Beyond the Ruling Class : Strategic Elites in Modern Society*. New York: Random House.

Kelsen, Hans. 1929. *Vom Wesen und Wert der Demokratie*. Tübingen: Mohr.[한태연 옮김,『민주주의의 본질과 가치』, 융우사, 1958]

King, Gary. 1991. "On Political Methodology." *Political Analysis* 2: 1-30.

_____. 1995a. "Replication, Replication." *PS : Political Science & Politics* 28, no. 3 (September): 444-52.

_____. 1995b. "A Revised Proposal, Proposal." *PS : Political Science & Politics* 28, no. 3 (September): 494-99.

King, Gary, Christopher J. L. Murray, Joshua A. Salomon, and Ajay Tandon. 2004. "Enhancing the Validity and Cross-Cultural Comparability of Measurement in Survey Research." *American Political Science Review* 98, no. 1 (February): 191-207.

King, Gary, Robert O. Keohane, and Sidney Verba. 1994. *Designing Social Inquiry : Scientific Inference in Qualitative Research.* Princeton, NJ: Princeton University Press.

Klamer, Arjo. 1984. *The New Classical Macroeconomics : Conversations with the New Classical Economists and Their Opponents.* Brighton: Weatsheaf Books.

Kuhn, Thomas S. 1977. "The Essential Tension : Tradition and Innovation in Scientific Research." In *The Essential Tension : Selected Studies in Scientific Tradition and Change,* Thomas S. Kuhn. 225-39. Chicago: University of Chicago Press.

Ladd, Everett Carl, Jr., and Seymour Martin Lipset. 1975. *The Divided Academy : Professors and Politics.* New York: McGraw-Hill.

Laitin, David D. 2002. "Comparative Politics : The State of the Subdiscipline." In *Political Science : The State of the Discipline,* ed. Ira Katznelson and Helen V. Milner, 630-59. New York and Washington, DC: W. W. Norton and the American Political Science Association.

_____. 2003. "The Perestroikan Challenge to Social Science." *Politics and Society* 31, no. 1 (March): 163-84.

_____. 2004a. "The Political Science Discipline." In *The Evolution of Political Knowledge : Democracy, Autonomy, and Conflict in Comparative and International Politics,* ed. Edward Mansfield and Richard Sisson, 11-40. Columbus: Ohio State University Press.

Lane, Robert E. 1962. *Political Ideology : Why the American Common Man Believes What He Does.* New York: The Free Press.

Lassman, Peter, and Ronald Speiers, eds. 1994. *Weber : Political Writings.* New York: Cambridge University Press.

Lasswell, Harold Dwight. 1936. *Politics : Who Gets What, When, How.* New York: McGraw-Hill. [이극찬 옮김, 『누가 무엇을 언제 어떻게 얻는가?』, 전망사, 1979]

Lasswell, Harold Dwight, and Abraham Kaplan. 1950. *Power and Society : A Framework for Political Inquiry.* New Haven, CT: Yale University Press.[김하룡 옮김, 『권력과 사회 : 정치학 의 기본원리』, 법문사, 1980]

Laver, Michael. 1998. "Models of Government Formation." *Annual Review of Political Science* 1: 1-25.

Lazarsfeld, Paul F., and Anthony R. Oberschall. 1965. "Max Weber and Empirical Social Research." *American Sociological Review* 30, no. 2 (April): 185-99.

Lehmbruch, Gerhard, and Philippe C. Schmitter, eds. 1982. *Patterns of Corporatist Policy-*

Making. Beverly Hills, CA: Sage Publishers.

Lichbach, Mark Irving. 2003. *Is Rational Choice Theory All of Social Science?* Ann Arbor: University of Michigan Press.

Lichbach, Mark Irving, and Alan S. Zuckerman, eds. 1997. *Comparative Politics : Rationality, Culture and Structure*. New York: Cambridge University Press.

Lieberson, Stanley. 1991. "Small N's and Big Conclusions : An Examination of the Reasoning in Comparative Studies Based on a Small Number of Cases." *Social Forces* 70, no. 2: 307-20.

Lijphart, Arend. 1968a. *The Politics of Accommodation : Pluralism and Democracy in the Netherlands*. Berkeley: University of California Press.

_____. 1971. "Comparative Politics and the Comparative Method." *American Political Science Review* 65, no. 3 (September): 682-93.["비교정치연구와 비교분석방법,"『비교정치론 강의 1』, 김웅진·박찬욱·신윤환 편역, 한울 1992]

_____. 1977. *Democracy in Plural Societies*. New Haven, CT: Yale University Press.

Lindblom, Charles E. 1997. "Political Science in the 1940s and 1950s." In *American Academic Culture in Transformation : Fifty Years, Four Disciplines*, ed. Thomas Bender and Carl E. Schorske, 244-70. Princeton, NJ: Princeton University Press.

Linz, Juan J. 1959. "The Social Bases of West German Politics." Ph.D. dissertation, Columbia University.

_____. 1964. "An Authoritarian Regime : Spain." In *Cleavages, Ideologies and Party System : Contributions to Comparative Political Sociology*, ed. Erik Allardt and Yrjö Littunen, 291-341. Helsinki: Westermarck Society.

_____. 1966. "Michels e il suo contribute alla sociologia política." Introduction to *La sociologia del partito politico nella democrazia moderna*, Roberto Michels, 7-119. Bologna: Il Mulino.

_____. 1967. "Cleavages and Consensus in West German Politics in the Early Fifties." In *Party Systems and Voter Alignments : Cross-National Perspectives*, ed. Seymour M. Lipset and Stein Rokkan, 283-321. New York: The Free Press.

_____. 1970. "From Falange to Movimiento-Organización : The Spanish Single Party and the Franco Regime, 1936~1968." In *Authoritarian Politics in Modern Society : The Dynamics of Established One-Party Systems*, ed. Samuel P. Huntington and Clement H. Moore, 128-203. New York: Basic Books.

_____. 1971. *Elites locales y cambio social en la Andalucía rural : Estudio socio-económico de Andalucía*. Madrid: Estudios del Instituto de Desarrollo Económico.

_____. 1972. "Intellectual Roles in Sixteenth and Seventeenth Century Spain." *Daedalus* 101 (Summer): 59-108.

_____. 1973a. "Opposition to and under an Authoritarian Regime." In *Regimes and Oppositions*, ed. Robert A. Dahl, 171-259. New Haven, CT: Yale University Press.

_____. 1973b. "Early State-Building and Late Peripheral Nationalisms against the State : The Case of Spain." In *Building States and Nations*, vol. 2, ed. S. N. Eisenstadt and Stein

Rokkan, 32-116. London: Sage.

_____. 1973c. "The Future of an Authoritarian Situation or the Institutionalization of an Authoritarian Regime : The Case of Brazil." In *Authoritarian Brazil : Origins, Policies, and Future*, ed. Alfred Stepan, 233-54. Princeton, NJ: Princeton University Press.["권위주의적 상황의 미래와 권위주의 정권의 제도화", 『군부정치』, 아모스 펄무터 편, 고려대학교 정치외교학회 편역, 인간사랑, 1985]

_____. 1975. "Totalitarianism and Authoritarian Regimes." In *Handbook of Political Science*, vol. 3: *Macropolitical Theory*, ed. Fred Greenstein and Nelson Polsby, 175-411. Reading, MA: Addison-Wesley.

_____. 1976. "Some Notes Toward a Comparative Study of Fascism in Sociological Historical Perspective." In *Fascism : A Reader's Guide*, ed. Walter Laqueur, 3-121. Berkeley: University of California Press.

_____. 1978. *The Breakdown of Democratic Regimes : Crisis, Breakdown, and Reequilibration*. Baltimore: Johns Hopkins University Press.

_____. 1980. "Political Space and Fascism as a Late-Comer." In *Who Were the Fascists?* ed. Stein U. Larsen, Bernt Hagtvet, and J. P. Myklebust, 153-89. Bergen: Universitets Forlaget.

_____. 1981. "Some Comparative Thoughts on the Transition to Democracy in Portugal and Spain." In *Portugal Since the Revolution : Economic and Political Perspectives*, ed. Jorge Braga de Macedo and Simon Serfaty, 25-45. Boulder, CO: Westview Press.

_____. 1985a. "From Primordialism to Nationalism." In *New Nationalisms of the Developed West : Toward Explanation*, ed. Edward A. Tiryakian and Ronald Rogowski, 203-53. Boston: Allen and Unwin.

_____. 1985b. "Democracy : Presidential or Parliamentary : Does It Make a Difference?" Unpublished manuscript.

_____. 1986. *Conflicto en Euskadi*. Madrid: Espasa Calpe.

_____. 1990a. "Perils of Presidentialism."*Journal of Democracy* 1, no. 1 (Winter): 51-69.

_____. 1990b. "The Virtues of Parliamentarism." *Journal of Democracy* 1, no. 4 (Fall): 84-91.

_____. 1990c. "Transition to Democracy." *Washington Quarterly* 13, no. 3 (Summer): 143-64.

_____. 1992. "Types of Political Regimes and Respect for Human Rights : Historical and Cross-national Perspectives." In *Human Rights in Perspective : A Global Assessment*, ed. Asbjørn Eide and Bernt Hagtvet, 177-222. Cambridge, MA: Blackwell.

_____. 1993. "Innovative Leadership in the Transition to Democracy and a New Democracy : The Case of Spain." In *Innovative Leadership in International Politics*, ed. Gabriel Sheffer, 141-86. Albany: State University of New York Press.

_____. 1994. "Presidential or Parliamentary Democracy : Does It Make a Difference?" In *The Failure of Presidential Democracy*, vol. 1, ed. Juan J. Linz and Arturo Valenzuela, 3-87. Baltimore: Johns Hopkins University Press.["대통령제와 내각제 : 과연 다른 것인가?" 『내각제와 대통령제』, 신명순·조정관 옮김, 나남, 1995]

_____. 1997a. "Between Nations and Disciplines : Personal Experience and Intellectual

Understanding of Societies and Political Regimes." In *Comparative European Politics : The Story of a Profession*, ed. Hans Daalder, 101-14. London: Pinter.

_____. 1997b. "Totalitarianism and Authoritarianism, My Recollections on the Development of Comparative Politics." In *Totalitarismus Eine Ideengeschichte des 20 : Jahrhunderts*, ed. Alphons Söllner et al., 141-52. Berlin: Akademie Verlag.

_____. 2000. *Totalitarian and Authoritarian Regimes*. Boulder, CO. Lynne Rienner.

_____. 2001a. "Presidential Government." In *International Encyclopedia of the Social and Behavioral Sciences*, vol. 17, ed. Neil J. Smelser and Paul B. Bates, 12000-6. New York: Elsevier Science.

_____. 2001b. "Nationalstaaten, Staatsnationen und Muitinationale Staaten." In *Staat, Nation, Demokratie : Festschrift für Hans-Jürgen Puhle*, ed. Marcus Gräser et al., 27-37. Göttingen: Vandenhoeck und Ruprecht.

_____. 2002. "Parties in Contemporary Democracies : Problems and Paradoxes." In *Political Parties : Old Concepts and New Challenges*, ed. Richard Gunther, Jóse Ramón Montero, and Juan J. Linz, 291-317. Oxford: Oxford University Press.

_____. 2003a. "Faschismus und nicht demokatische Regime." In *Totalitarismus und politische Religionen*, vol. III : *Deutungsgeschichte und Theorie*, ed. Hans Maier, 247-325. Paderborn: Ferdinand Schöningh.

_____. 2003b. *Fascismo, autoritarismo, totalitarismo : Connessioni e diffmenze*. Rome: Ideazione.

_____. 2006a. "Robert Michels and His Contribution to Political Sociology in Historical and Comparative Perspective." In *Robert Michels, Political Sociology, and the Future of Democracy*, ed. H. E. Chehabi. New Brunswick, NJ: Transaction Publishers.

_____. 2006b. *Robert Michels, Political Sociology, and the Future of Democracy*, ed. H. E. Chehabi. New Brunswick, NJ: Transaction Publishers.

Linz, Juan J., and Amando de Miguel. 1966. *Los empresarios ante el poder público : El liderazgo y los grupos de intereses en el empresariado español*. Madrid: Instituto de Estudios Políticos.

_____. 1968. "La élite funcionarial española ante la reform administrative." *Anales de Moral Social y Economica* 17: 199-249.

_____. 1974. "Founders, Heirs and Managers of Spanish Firms." *International Studies of Management and Organization* 4: 7-40.

Linz, Juan J., with Rocío de Terán, 1995. "La sociedad." In *Historia de España. España actual : España y el Mundo 1939~1975*, ed. J. Andrés-Gallego et al., 117-231. Madrid: Gredos.

Linz, Juan J., and Seymour Martin Lipset. 1956. "The Social Bases of Political Diversity in Western Democracies." Stanford, CA: Center for Advanced Study in the Behavioral Sciences, unpublished manuscript.

Linz, Juan J., Francisco Andrés Orizo, Manuel Gómez-Reino, and Darío Vila. 1982. *Informe sociológico sobre el cambio político en España 1975~1981*. Madrid: Fundación FOESSA, Euramérica.

Linz, Juan J., and Alfred Stepan, eds. 1978. *The Breakdown of Democratic Regimes.* 4 vols. Baltimore: Johns Hopkins University Press.

Linz, Juan J., and Alfred Stepan. 1996. *Problems of Democratic Transition and Consolidation : Southern Europe, South America, and Post-Communist Europe.* Baltimore: Johns Hopkins University Press.[김유남 외 옮김, 『민주화의 이론과 사례 : 이상과 현실의 갈등』, 삼영사, 1999]

_____. Forthcoming. *Federalism, Democracy, and Nation.*

Linz, Juan J., and Arturo Valenzuela, eds. 1994. *The Failure of Presidential Democracy.* 2 vols. Baltimore: Johns Hopkins University Press.[신명순·조정관 옮김, 『내각제와 대통령제』, 나남, 1995]

Lipset, Seymour Martin. 1950. *Agrarian Socialism.* Berkeley: University of California Press.

_____. 1959. "Some Social Requisites of Democracy : Economic Development and Political Legitimacy." *American Political Science Review* 53, no. 1 (March): 69-105.

_____. 1960a. *Political Man : The Social Bases of Politics.* New York: Doubleday/Anchor Books.

_____. 1963. *The First New Nation : The United States in Historical and Comparative perspective.* New York: Basic Books.[이종수 옮김, 『미국사의 구조 : 국민형성과 민주주의의 사회적 조건』, 한길사, 1982]

_____, ed. 1969. *Politics and the Social Sciences.* New York: Oxford University press.

_____. 1990. "The Centrality of Political Culture." *Journal of Democracy* 1, no, (Fall): 80-83.

_____. 1995. "Juan Linz: Student, Colleague, Friend." In *Politics, Society, and Democracy : Comparative Studies,* ed. H. E. Chehabi and Alfred Stepan, 1-11. Boulder, CO: Westview Press.

_____. 1996. "Steady Work : An Academic Memoir." *Annual Review of Sociology* 22: 27.

Lipset, Seymour Martin, and Reinhard Bendix. 1966. "The Field of Political Sociology." In *Political Sociology,* ed. Lewis Coser, 26-47. New York: Harper & Row.

Lipset, Seymour Martin, Paul Lazarsfeld, Allen H. Barton, and Juan J. Linz, 1954. "The Psychology of Voting : An Analysis of Political Behavior." In *Handbook of Social Psychology,* vol. 2, ed. Gardner Lindzey, 1124-75. Reading, MA: Addison-Wesley.

Lipset, Seymour Martin, and Stein Rokkan, eds. 1967a. *Party Systems and Voter Alignments.* New York: The Free Press.

_____. 1967b. "Cleavage Structures, Party Systems, and Voter Alignments : An Introduction." In *Party Systems and Voter Alignments : Cross-National Perspectives* ed. Seymour M. Lipset and Stein Rokkan, 1-64. New York: The Free Press.["균열구조, 정당체계, 그리고 유권자 편성: 서설", 『비교정치학 강의 3』, 김수진·김웅진·박찬욱·신명순·신윤환 편역, 한울, 1994]

Lipset, Seymour Martin, Martin A. Trow, and James S. Coleman. 1956. *Union Democracy.* Glencoe, IL: The Free Press.

Luce, R. Duncan, and Howard Raiffa. 1957. *Games and Decisions : Introduction and Critical Survey.* New York: Wiley.

Macridis, Roy. 1955. *The Study of Comparative Government.* Garden City, NJ: Doubleday.

Macridis, Roy, and Richard Cox. 1953. "Research in Comparative Politics, Seminar Report."

American Political Science Review 47, no. 3 (September): 641-57.

Mahoney, James, and Dietrich Rueschemeyer, eds. 2003. *Comparative Historical Analysis in the Social Sciences.* New York: Cambridge University Press.

Mainwaring, Scott. 1998. "Introduction : Juan Linz and the Study of Latin American Politics." In *Politics, Society and Democracy : Latin America*, ed. Scott Mainwaring and Arturo Valenzuela, 1-26. Boulder, CO: Westview Press.

Mainwaring, Scott, and Matthew S. Shugart, eds. 1997. *Presidentialism and Democracy in Latin America.* New York: Cambridge University Press.

Mainwaring, Scott, and Arturo Valenzuela, eds. 1998. *Politics, Society and Democracy : Latin America.* Boulder, CO: Westview Press.

Mair, Peter. 1996. "Comparative Politics : An Overview." In *The New Handbook of Political Science*, ed. Robert Goodin and Hans-Dieter Klingemann, 309-35. Oxford: Oxford University Press.

Malia, Martin. 2000. "Blood Rites, Must Violence Always Be the Midwife of History?" *Los Angeles Times Book Reviw*, May 28.

Malinowski, Bronislaw. 1931. "Culture." In *Encyclopaedia of the Social Sciences*, vol. 4, ed. Edwin R. A. Seligman and Alvin Johnson, 621-46. New York: Macmillan.

_____. 1967. *A Diary in the Strict Sense of the Term.* London: Routledge and Kegan Paul.

Mannheim, Karl. 1936. *Ideology and Utopia : An Introduction to the Sociology of Knowledge.* New York: Harcourt Brace Jovanovich.

Manoïlesco, Mihaïl. 1934. *Le Siècle du Corporatisme.* Paris: Alcan.

March, James G. 1955. "An Introduction to the Theory and Measurement of Influence." *American Political Science Review* 49, no. 2 (June): 431-51.

_____. 1956. "Influence Measurement in Experimental and Semiexperimental Groups." *Sociometry* 19: 260-71.

_____. 1957. "Measurement Concepts in the Theory of Influence." *Journal of Politics* 19, no. 2 (May): 202-26.

Marcuse, Herbert. 1955. *Eros and Civilization : A Philosophical Inquiry into Freud.* Boston: Beacon Press.[김인환 옮김, 『에로스와 문명 : 프로이트 이론의 철학적 연구』, 나남, 2004]

_____. 1964. *One-Dimensional Man : Studies in the Ideology of Advanced Industrial Society.* Boston: Beacon Press.[박병진 옮김, 『일차원적 인간 : 선진 산업사회의 이데올로기 연구』, 한마음사, 2009]

_____. 1968. "The Struggle Against Liberalism in the Totalitarian View of the State." In *Negations : Essays in Critical Theory*, Herbert Marcuse, 3-42. Boston: Beacon Press.

Martínez, Robert E. 1993. *Business and Democracy in Spain.* Westport, CT: Praeger.

Marty, Martin E., and R. Scott Appleby, eds. 1995. *Fundamentalisms Comprehended.* Chicago: University of Chicago Press.

Marx, Karl. 1930. *Capital.* 2 vols. New York: E. P. Dutton.

Mayr, Ernst. 2001. *What Evolution Is*. New York: Basic Books.[임지원 옮김, 『진화란 무엇인가 : 에른스트 마이어가 들려주는 진화론의 핵심 원리』, 사이언스북스, 2008]

McClelland, David C. 1961. *The Achieving Society*. Princeton, NJ: Van Nostrand.[송복 옮김, 『성숙한 사회』, 탐구당, 1974]

McCloskey, Donald N. 1986. *The Rhetoric of Economics*. Madison: University of Wisconsin Press.

McConnell, Grant. 1966. *Private Power and American Democracy*. New York: Knopf.

McManners, John. 2000. [Review of Moore's *Moral Purity and Persecution in History*.] *English Historical Review* 115, no. 464(November): 1250-51.

Merelman, Richard M. 2003. *Pluralism at Yale : The Culture of Political Science in America*. Madison: University of Wisconsin Press.

Merriam, Charles Edward. 1921. "The Present State of the Study of Politics." *American Political Science Research* 15, no. 2 (May): 173-85.

_____. 1925. *New Aspects of Politics*. Chicago: University of Chicago Press.

Merritt, Richard L., Bruce M. Russett, and Robert A. Dahl. 2001. "Karl Wolfgang Deutsch 1912~1992." In *Biographical Memoirs*, vol. 80, National Academy of Sciences. Washington, DC: National Academy Press.

Merton Robert K. 1968. *Social Theory and Social Structure*. 3rd ed. New York: The Free Press.

_____. 1996a. "The Uses and Abuses of Classical Theory." In *Robert K. Merton : On Social Structure and Science*, ed. Piotr Sztompka, 23-33. Chicago: University of Chicago Press.

_____. 1996b. "A Life of Learning." In *Robert K. Merton : On Social Structure and Science*, ed. Piotr Sztompka, 339-59. Chicago: University of Chicago Press.

Migdal, Joel. 1983. "Studying the Politics of Development and Change : The State of the Art." In *Political Science : The State of the Discipline*, ed. Ada W. Finifter, 309-38. Washington, DC: American Political Science Association.

Miller, Gary J. 1997. "The Impact of Economics on Contemporary Political Science." *Journal of Economic Literature* 35, no. 3: 1173-204.

Mills, C. Wright. 1956. *The Power Elite*. New York: Oxford University Press.[진덕규 옮김, 『파워 엘리트』, 한길사, 1979]

_____. 1959. "On Intellectual Craftsmanship." In *The Sociological Imagination*, C. Wright Mills, 195-226. New York: Oxford University Press.

Mitchell, William C. 1969. "The Shape of Political Theory to Come : From Political Sociology to Political Economy." In *Politics and the Social Sciences*, ed. Seymour M. Lipset, 101-36. New York: Oxford University Press.

Monroe, Kristen Renwick, ed. 2005. *Perestroika! The Raucous Rebellion in Political Science*. New Haven, CT: Yale University Press.

Moore, Barrington, Jr. 1941. "Social Stratification : A Study in Cultural Sociology." Ph.D. dissertation, Yale University.

_____. 1942. "The Relation between Social Stratification and Social Control." *Sociometry* 5, no. 3: 230-50.

_____. 1945. "The Communist Party of the USA : An Analysis of a Social Movement." *American Political Science Review* 39, no. 1 (February): 31-41.

_____. 1950. *Soviet Politics : The Dilemma of Power. The Role of Ideas in Social Change.* Cambridge, MA: Harvard University Press.[강봉식 옮김, 『현대쏘련정치론』, 사상계사, 1955]

_____. 1953. "The New Scholasticism and the Study of Politics." *World Politics* 6, no. 1 (October): 122-38.

_____. 1954. *Tenor and Progress USSR : Some Sources of Change and Stability in the Soviet Dictatorship.* Cambridge, MA: Harvard University Press.

_____. 1958. "Strategy in Social Science." In *Political Power and Social Theory : Six Studies*, BarringtonMoore, Jr., 111-59. New York: Harper Torchbooks.

_____. 1965. "Tolerance and the Scientific Outlook." In *A Critique of Pure Tolerance*, Robert Paul Wolff, Barrington Moore, Jr. and Herbert Marcuse, 53-79. Boston: Beacon Press.

_____. 1966. *Social Origins of Dictatorship and Democracy : Lord and Peasant in the Making of the Modern World.* Boston: Beacon Press.[진덕규 옮김, 『독재와 민주주의 사회적 기원』, 까치, 1985]

_____. 1970. "Reply to Rothman." *American Political Science Review* 64, no. 1 (March): 83-85.

_____. 1972. *Reflections on the Causes of Human Misery and upon Certain Proposals to Eliminate Them.* Boston: Beacon Press.[김경동 옮김, 『인간 불행의 사회학』, 문운, 1981]

_____. 1978. *Injustice : The Social Bases of Obedience and Revolt.* White Plains, NY: M. E. Sharpe.

_____. 1984. *Privacy : Studies in Social and Cultural History.* Armonk, NY: M. E. Sharpe.

_____. 1998. *Moral Aspects of Economic Growth, and Other Essays.* Ithaca, NY: Cornell University Press.

_____. 2000. *Moral Purity and Persecution in History.* Princeton, NJ: Princeton University Press.

_____. 2001. "Ethnic and Religious Hostilities in Early Modern Port Cities." *International Journal of Politics, Culture, and society* 14, no. 4 (Summer): 687-727.

Morton, Rebecca B. 1999. *Methods and Models : A Guide to the Empirical Analysis of Formal Models in Political Science.* New York: Cambridge University Press.

Mosca, Gaetano. 1939. *The Ruling Class.* New York: McGraw-Hill.

Moses, Jonathan, Benoît Rihoux, and Bernhard Kittel. 2005. "Mapping Political Methodology : Reflections on a European Perspective." *European Political Science* 4, no. 1: 55-68.

Munck, Gerardo L. 2001. "Game Theory and Comparative Politics : New Perspectives and Old Concerns." *World Politics* 53, no. 2 (January): 173-204.

_____. 2005. "Measuring Democratic Governance : Central Tasks and Basic Problems." In *Measuring Empowerment : Cross-Disciplinary Perspectives*, ed. Deepa Narayan, 427-59. Washington, DC: World Bank.

Munck, Gerardo L., and Jay Verkuilen. 2002. "Conceptualizing and Measuring Democracy : Evaluating Alternative Indices." *Comparative Political Studies* 35, no. 1: 5-34.

Namier, Lewis Bernstein. 1930. *England in the Age of the American Revolution.* London: Macmillan.

Neumann, Franz. 1957. *The Democratic and the Authoritarian State*. Glencoe, IL: The Free Press.

Neumann, Sigmund. 1942. *Permanent Revolution : Totalitarianism in the Age of International Civil War*. New York: Harper.

New York Times. 2002. "David Riesman, Sociologist Whose 'Lonely Crowd' Became a Best Seller, Dies at 92." May 11.

Noelle-Neumann, Elisabeth. 1995. "Juan Linz's Dissertation on West Germany : An Empirical Follow-up, Thirty Years Later." In *Politics, Society and Democracy : Comparative Studies*, ed. H. E. Chehabi and Alfred Stepan, 13-41. Boulder, CO: Westview Press.

Norris, Pippa. 1997. "Towards a More Cosmopolitan Political Science?" *European Journal of Political Research* 30, no. 1 (Spring): 17-34.

_____. 2004. "From the Civil Culture to the Afrobarometer." *APSA-CP : Newsletter of the APSA Organized Section in Comparative Politics* 15, no. 2: 6-11.

North, Douglass C. 1990. *Institutions, Institutional Change, and Economic Performance*. New York: Cambridge University Press.

O'Donnell, Guillermo. 1973. *Modernization and Bureaucratic Authoritarianism : Studies in South American Politics*. Berkeley: Institute of International Studies, University of California.

_____. 1978a. "Permanent Crisis and the Failure to Create a Democratic Regime : Argentina, 1955~66." In *The Breakdown of Democratic Regimes : Latin America*, ed. Juan J. Linz and Alfred Stepan, 138-77. Baltimore: Johns Hopkins University Press.

O'Donnell, Guillermo, and Philippe C. Schmitter. 1986. *Transitions from Authoritarian Rule : Tentative Conclusions about Uncertain Democracies*. Baltimore: Johns Hopkins University Press.[염홍철 옮김, 『라틴아메리카와 민주화』, 한울, 1988 / 『남부 유럽과 민주화』, 한울, 1989]

O'Donnell, Guillermo, Philippe C. Schmitter, and Laurence Whitehead, eds. 1986. *Transitions from Authoritarian Rule : Prospects for Democracy*. 4 vols. Baltimore: Johns Hopkins University Press.[염홍철 옮김, 『권위주의 정권의 해체와 민주화 : 제3세계 민주화의 조건과 전망』, 한울, 1987]

Pareto, Vilfredo. 1963. *The Mind and Society : A Treatise on General Sociology*. 4 vols., ed. Arthur Livingston. New York: Dover.

Parsons, Talcott. 1951. *The Social System*. Glencoe, IL: The Free Press.

Parsons, Talcott, and Edward Shils. 1951. *Toward a General Theory of Action*. Cambridge, MA: Harvard University Press.

Pasquino, Gianfranco. 2005. "The Political Science of Giovanni Sartori." *European Political Science* 4, no. 1: 33-41.

Payne, Stanley G. 1995. *A History of Fascism, 1914-1945*. Madison: University of Wisconsin Press.

Persson, Torsten, and Guido Tabellini. 2000. *Political Economics : Explaining Economic Policy*. Cambridge: MIT Press.

_____. 2003. *The Economic Effects of Constitutions : What Do The Data Say?* Cambridge: MIT Press.

Pierson, Paul. 2000. "Increasing Returns, Path Dependence, and the Study of Politics." *American Political Science Review* 94, no. 2 (June): 251-67.

Pierson, Paul, and Theda Skocpol. 2002. "Historical Institutionalism in Contemporary Political Science." In *Political Science : The State of the Discipline*, ed. Ira Katznelson and Helen V. Milner, 693-721. New York and Washington, DC: W. W. Norton and the American Political Science Association.

Plato. 1946. *The Republic*. New York: Oxford University Press.[박종현 옮김, 『국가·정체』(개정증보판), 서광사, 2005]

Plumb, J. H. 1966. "How it Happened." *New York Times Book Review* 71 (October 9).

Popkin, Samuel L. 1979. *The Rational Peasant : The Political Economy of Rural Society in Vietnam*. Berkeley: University of California Press.

Popper, Karl. 1972. "Of Clouds and Clocks : An Approach to the Problem of Rationality and the Freedom of Man." In *Objective Knowledge : An Evolutionary Approach*, Karl Popper, 206-55. Oxford: Clarendon Press.

Przeworski, Adam. 1990. *The State and the Economy Under Capitalism*. New York: Harwood Academic Publishers.[박동·이종선 옮김, 『자본주의사회의 국가와 경제』, 일신사, 1999]

_____. 1991. *Democracy and the Market : Political and Economic Reforms in Eastern Europe and Latin America*. New York: Cambridge University Press.[임혁백·윤성학 옮김, 『민주주의와 시장』, 한울, 1997]

_____. 2003. *States and Markets : A Primer in Political Economy*. New York: Cambridge University Press.

_____. 2004a. "Institutions Matter?" *Government and Opposition* 39, no. 4 (September): 527-40.

_____. 2005. "Democracy as an Equilibrium." *Public Choice* 123, no. 3: 253-73.

Przeworski, Adam, Michael E. Alvarez. José Antonio Cheibub, and Fernando Limongi. 2000. *Democracy and Development : Political Institutions and Well-Being in the World, 1950~1990*. New York: Cambridge University Press.

Przeworski, Adam, and Henry Teune. 1970. *The Logic of Comparative Social Inquiry*. New York: Wiley.

Putnam, Robert D. 1976. *The Comparative Study of Political Elites*. Englewood Cliffs, NJ: Prentice-Hall.

Pye, Lucian W. 1966. *Aspects of Political Development*. Boston: Little, Brown.[진덕규·신명순·황선철 옮김, 『정치발전이론』, 새글사, 1974]

Pye, Lucian W., and Sidney Verba, eds. 1965. *Political Culture and Political Development*. Princeton, NJ: Princeton University Press.

Rae, Douglas W. 1967. *The Political Consequences of Electoral Laws*. New Haven, CT: Yale University Press.

Ricci, David. 1984. *The Tragedy of Political Science : Politics, Scholarship, and Democracy*. New Haven, CT: Yale University Press.

Riesman, David. 1953. *The Lonely Crowd*. Garden City, NY: Doubleday.[권오석 옮김, 『고독한 군중』, 홍신문화사, 2009]

Riker, William H. 1964. *Federalism : Origin, Operation, Significance*. Boston: Little, Brown.

_____. 1975. "Federalism." In *Handbook of Political Science*, vol. 5, ed. Fred Greenstein and

Nelson W. Polsby, 93-172. Reading, MA: Addison-Wesley.

_____. 1977. "The Future of a Science of Politics." *American Behavioral Scientist* 21, no. 1: 11-38.

_____. 1990. "Political Science and Rational Choice." In *Perspectives on Positive Political Economy*, ed. James E. Alt and Kenneth A. Shepsle, 163-81. New York: Cambridge University Press.

Rivista Italiana di Scienza Politica. 2003. A Special Issue with articles on Downs, Easton, S. E. Finer, Linz, Lipset, Verba. *Rivista Italiana di Scienza Politica* 33, no. 3(December).

Rodrik, Dani, ed. 2003. *In Search of Prosperity : Analytic Narratives on Economic Growth*. Princeton, NJ: Princeton University Press.

Rogowski, Ronald. 1993. "Comparative Politics." In *Political Science : The State of the Discipline II*, ed. Ada W. Finifter, 431-50. Washington, DC: American Political Science Association.

Rokkan, Stein. 1970. "International Cooperation in Political Sociology." In *Mass Politics : Studies in Political Sociology*, ed. Erik Allardt and Stein Rokkan, 1-20. New York: The Free Press.

_____. 1975. "Dimensions of State Formation and Nation-Building : A Possible Paradigm for Research on Variation within Europe." In *The Formation of National States in Western Europe*, ed. Charles Tilly, 562-600. Princeton, NJ: Princeton University Press.

Rokkan, Stein, with Angus Campbell, Per Torsvik, and Henry Valen. 1970. *Citizens, Elections, Parties : Approaches to the Comparative Study of the Processes of Development*. New York: David McKay.

Ross, Dorothy. 1991. *The Origins of American Social Science*. New York: Cambridge University Press.[백창재·정병기 옮김, 『미국 사회과학의 기원』 1·2, 나남, 2008]

Rothman, Stanley. 1970a. "Barrington Moore and the Dialectics of Revolution : An, Essay Review." *American Political Science Review* 64, no. 1 (March): 61-82.

_____. 1970b. *European Society and Politics*. Indianapolis, IN. Bobbs-Merrill.

Rubinow, Isaac Max. 1968. *Social Insurance, With Special Reference to American Conditions*. New York: Arno Press.

Russett, Bruce M., Hayward R. Alker Jr., Karl W. Deutsch, and Harold D. Lasswell. 1964. *World Handbook of Political and Social Indicators*. New Haven, CT: Yale University Press.

Sartori, Giovanni. 1969. "From the Sociology of Politics to Political Sociology." In *Politics and the Social Sciences*, ed. Seymour M. Lipset, 65-100. New York: Oxford University Press.

_____. 1970. "Concept Misformation in Comparative Politics." *American Political Science Review* 64, no. 4: 1033-53.

_____. 1976. *Parties and Party Systems : A Framework for Analysis*. New York: Cambridge University Press.[어수영 옮김, 『현대정당론』, 동녘, 1986]

_____. 1987a. *The Theory of Democracy Revisited*, Part 1 : The Contemporary Debate. Chatham, NJ: Chatham House Publishers.

_____. 1987b. *The Theory of Democracy Revisited*, Part 2 : The Classical Issues. Chatham, NJ:

Chatham House Publishers.

_____. 1997. *Comparative Constitutional Engineering : An Inquiry into Structures, Incentives, and Outcomes*. 2nd ed. New York: New York University Press.

Scheuch, Erwin K. 2003. "History and Visions in the Development of Data Services for the Social Sciences." *International Social Science Journal* 55, no. 3: 385-99.

Schlesinger, Arthur, Jr. 1965. *A Thousand Days : John F. Kennedy in the White House*. Boston: Houghton Mifflin.[한상범 옮김, 『케네디 : 그 영광, 그 고뇌의 생애 : 백악관의 천일』, 동서문화원, 1967]

Schluchter, Wolfgang. 1979. "Value-Neutrality and the Ethic of Responsibility." In *Max Weber's Vision of History : Ethics and Methods*, Guenther Roth and Wolfgang Schluchter, 65-116. Berkeley: University of California Press.

Schmitter, Philippe C. 1971. *Interest Conflict and Political Change in Brazil*. Stanford, CA: Stanford University Press.

_____. 1974. "Still the Century of Corporatism?" *Review of Politics* 36, no. 1: 85-131.

_____. 1997b. "Autobiographical Reflections : Or How to Live With A Conceptual Albatross Around One's Neck." In *Comparative European Politics : The Story of a Profession*, ed. Hans Daalder, 287-97. New York: Pinter.

_____. 2002. "Seven (Disputable) Theses Concerning the Future of 'Transatlanticised' or 'Globalised' Political Science." *European Political Science* 1, no. 2 (Spring): 23-40.

Schmitter, Philippe C., and Gerhard Lehmburch, eds. 1979. *Trends Toward Corporatist Intermediation*. Beverly Hills, CA: Sage Publishers.

Schumpeter, Joseph A. 1942. *Capitalism, Socialism and Democracy*. New York: Harper & Brothers.[변상진 옮김, 『자본주의·사회주의·민주주의』, 한길사, 2011]

Schweinitz, Karl de, Jr. 1964. *Industrialization and Democracy*. New York: The Free Press of Glencoe.

Scott, James C. 1968. *Political Ideology in Malaysia : Reality, and the Beliefs of an Elite*. New Haven, CT: Yale University Press.

_____. 1976. *The Moral Economy of the Peasant : Rebellion and Subsistence in Southeast Asia*. New Haven, CT: Yale University Press.[김춘동 옮김, 『농민의 도덕 경제』, 아카넷, 2004]

_____. 1985. *Weapons of the Weak : Everyday Forms of Peasant Resistance*. New Haven, CT: Yale University Press.

Seidelman, Raymond M., and Edward J. Harpham. 1985. *Disenchanted Realists : Political Science and the American Crisis, 1884~1984*. Albany: State University of New York Press.

Shugart, Matthew S., and John Carey. 1992. *Presidents and Assemblies*. New York: Cambridge University Press.

Sibley, Elbridge. 2001. *Social Science Research Council : The First Fifty Years*. New York: I Social Science Research Council.

Simmel, Georg. 1908. *Soziologie*. Berlin: Duncker & Humblot.

_____. 1950. *The Sociology of Georg Simmel*. Glencoe, IL: The Free Press.

_____. 1995. "Soziologie der Konkurrenz." In *Aufsätze und Abhandlungen, 1901~1908*, vol. 1, ed. Rüdiger Kramme, Angela Rammstedt, and Ottheim Rammstedt, 221-46. Frankfurt am Main: Suhrkamp.

Skocpol, Theda. 1973. "A Critical Review of Barrington Moore's *Social Origins of Dictatorship and Democracy*." *Politics and Society* 4, no. 1 (Fall): 1-35.

_____. 1979. *States and Social Revolutions : A Comparative Analysis of France, Russia, and China*. New York: Cambridge University Press.[한창수·김현택 옮김, 『국가와 사회혁명 : 혁명의 비교연구』, 까치, 1981]

_____, ed. 1984. *Vision and Method in Historical Sociology*. New York: Cambridge University Press.[박영신·이준식·박희 옮김, 『역사사회학의 방법과 전망』, 대영사, 1986]

_____. 1985a. "Bringing the State Back In : Strategies of Analysis in Current Research." In *Bringing the State Back In*, ed. Peter Evans, Dietrich Rueschemeyer, and Theda Skocpol, 3-37. New York: Cambridge University Press.

_____. 1992. *Protecting Soldiers and Mothers : The Political Origins of Social Policy in the United States*. Cambridge, MA: Harvard University Press.

Skocpol, Theda, and Margaret Somers. 1980. "The Uses of Comparative History in Macrosocial Inquiry." *Comparative Studies in Society and History* 22, no. 2 (October): 174-97.

Smelser, Neil J. 1968. "The Methodology of Comparative Analysis of Economic Activity." In *Essays in Sociological Explanation*, ed. Neil J. Smelser, 62-75. Englewood Cliffs, NJ: Prentice-Hall.

_____. 1976. *Comparative Methods in the Social Sciences*. Englewood Cliffs, NJ: Prentice-Hall.

Smelser, Neil, and Richard Swedberg. 1994. "The Sociological Perspective on the Economy." In *Handbook of Economic Sociology*, ed. Neil Smelser and Richard Swedberg, 3-26. Princeton, NJ: Princeton University Press.

Sokoloff, Kenneth, and Stanley L. Engerman. 2000. "History Lessons : Institutions, Factor Endowments, and Paths of Development in the New World." *Journal of Economic Perspectives* 14, no. 3: 217-32.

Somit, Albert, and Joseph Tanenhaus. 1967. *The Development of American Political Science : From Burgess to Behavioralism*. Boston: Allyn & Bacon.

_____. 1971. *The Military in Politics : Changing Patterns in Brazil*. Princeton, NJ: Princeton University Press.

Stepan, Alfred, Juan J. Linz, and Yogendra Yadav. Forthcoming. *Non Nation State Democracies*. Baltimore: Johns Hopkins University Press.

Summers, Robert, and Alan Heston. 1991. "The Penn World Table (Mark 5) : An Expanded Set of International Comparisons, 1950~1988." *Quarterly Journal of Economics* 106, no. 2: 327-68.

Sumner, William Graham. 1959. *Folkways : A Study of the Sociological Importance of Usages, Manners, Customs, Mores, and Morals*. New York: Dover.

Sumner, William Graham, and Albert Galloway Keller. 1927. *The Science of Society*. 4 vols. New Haven, CT: Yale University Press.

Swedberg, Richard. 1990. *Economics and Sociology, Redefining Their Boundaries : Conversations with Economists and Sociologists*. Princeton, NJ: Princeton University Press.

_____, ed. 1991. *Joseph A. Schumpeter The Economics and Sociology of Capitalism*. Princeton, NJ: Princeton University Press.

Swers, Michele L. 2002. *The Difference Women Make : The Policy Impact of Women in Congress*. Chicago: University of Chicago Press.

Szanton, David L., ed. 2004. *Politics of Knowledge : Area Studies and the Disciplines*. Berkeley: University of California Press.

Sztompka, Piotr. 1996. "Introduction." In *Robert K. Merton : On Social Structure and Science*, ed. Piotr Sztompka, 1-20. Chicago: University of Chicago Press.

Taagepera, Rein, and Matthew Shugart. 1989. *Seats and Votes : The Effects and Determinants of Electoral Systems*. New Haven, CT: Yale University Press.

Tawney, R. H. 1954. "The Rise of the Gentry, 1558-1640." In *Essays in Economic History*, ed. E. M. Carus-Wilson, 173-214. London: Edward Arnold.

_____. 1967. *The Agrarian Problem in the Sixteenth Century*. New York: Harper & Row.

Taylor, Charles Lewis, and Michael C. Hudson. 1972. *World Handbook of Political and Social Indicators II*. New Haven, CT: Yale University Press.

Taylor, Charles Lewis, and David A. Jodice. 1983. *World Handbook of Political and Social Indicators III*. New Haven, CT: Yale University Press.

Thelen, Kathleen. 1999. "Historical Institutionalism in Comparative Politics." *Annual Review of Political Science* 2: 369-404.

Tilly, Charles. 1964. *The Vandée*. Cambridge, MA: Harvard University Press.

_____, ed. 1975. *The Formation of National States in Western Europe*. Princeton, NJ: Princeton University Press.

Tocqueville, Alexis de. 1955. *The Old Régime and the French Revolution*. Garden City, NY: Doubleday.

_____. 1969. *Democracy in America*. Garden City, NY: Anchor Books.[임효선·박지동 옮김, 『미국의 민주주의』 1·2, 한길사, 2002]

Truman, David. 1951. *The Governmental Process*. New York: Alfred A. Knopf.

_____. 1955. "The Impact of the Revolution in Behavioral Science on Political Science." In *Research Frontiers in Politics and Government : Brookings Lectures*, Stephen K. Bailey, Herbert A. Simon, Richard C. Snyder, Robert A. Dahl et al., 202-31. Washington, DC: Brookings Institute.

Turner, Henry Ashby. 1996. *Hitler's Thirty Days to Power : January 1933*. Reading, MA: Addison-Wesley.[윤길순 옮김, 『히틀러의 30일 : 그는 어떻게 단 30일 만에 권력을 잡았는가』, 수린재, 2005]

Velasco Grajales, Jesús. 2004. "Seymour Martin Lipset : Life and Work." *Canadian Journal of Sociology* 29, no. 4 (Fall): 583-601.

Verba, Sidney, Norman H. Nie, and Jae-on Kim. 1978. *Participation and Political Equality : A*

Seven Nation Comparison. New York: Cambridge University Press.

von Neumann, John, and Oskar Morgenstern. 1944. *The Theory of Games and Economic Behavior*. Princeton, NJ: Princeton University Press.

Waldo, Dwight. 1975. "Political Science : Tradition, Discipline, Profession, Science, and Enterprise." In *Handbook of Political Science*, vol. I: *Political Science : Scope and Theory*, ed. Fred I. Greenstein and Nelson W. Polsby, 1-130. Reading, MA: Addison-Wesley.

Weber, Marianne. 1975. *Max Weber : A Biography*. New York: Wiley.

Weber, Max. 1921. *Gesammelte Politische Schriften*. Munich: Drei Masken Verlag.

_____. 1946a. "Science as a Vocation." In *From Max Weber : Essays in Sociology*, ed. Hans H. Gerth and C. Wright Mills, 129-56. New York: Oxford University Press.[『직업으로서의 학문』, 이상률 옮김, 문예출판사, 2009]

_____. 1946b. "Politics as a vocation." In *From Max Weber : Essays in Sociology*, ed. Hans H. Gerth and C. Wright Mills, 77-128. New York: OxfordUniversity Press.[『소명으로서의 정치』, 최장집·박상훈 옮김, 폴리테이아, 2011]

_____. 1949. *The Methodology of the Social Sciences*, ed. Edward A. Shils and Henry A. Finch. New York: The Free Press.

_____. 1951. *The Religion of China : Confucianism and Taoism*. Glencoe, IL: The Free Press.

_____. 1958a. *The Religion of India : The Sociology of Hinduism and Buddhism*. Glencoe, IL: The Free Press.

_____. 1958c. *The Protestant Ethic and the Spirit of Capitalism*. New York: Scribner.[김덕영 옮김, 『프로테스탄티즘의 윤리와 자본주의 정신』, 길, 2010]

_____. 1967. *Ancient Judaism*. New York: The Free Press.

_____. 1978. *Economy and Society : An Outline of Interpretive Sociology*. Berkeley: University of California Press.

Weingast, Barry R. 2002. "Rational Choice Institutionalism." In *Political Science : The State of the Discipline*, ed. Ira Katznelson and Helen V. Milner, 660-92. New York and Washington, DC: W. W. Norton and the American Political Science Association.

Wiarda, Howard J. ed. 2002. *New Directions in Comparative politics*. 3rd ed. Boulder, CO: Westview Press.

Wolpert, Lewis, and Alison Richards. 1988. *A Passion for Science*. Oxford : Oxford University Press.

Worcester, Kenton W. 2001. *Social Science Research Council, 1923~1998*. New Yolk: Social Science Research Council.

Zagorin, Perez. 1990. *Ways of Lying : Dissimulation, Persecution, and Conformity in Early Modern Europe*. Cambridge, MA: Harvard University Press.

Zakaria, Fareed. 2003. *The Future of Freedom : Illiberal Democracy at Home and Abroad*. New York: W. W. Norton.[나상원·이규정 옮김, 『자유의 미래 : 오늘의 민주주의 무엇이 문제인가?』, 민음사, 2004]

Zuckerman, Alan S. 1991. *Doing Political Science : An Introduction to Political Analysis*. Boulder, CO: Westview Press.

찾아보기

ㄱ

밀, 존 스튜어트 Mill, John Stuart 65

밀러, 워런 Miller, Warren, 54 92

밀리밴드, 랠프 Miliband, Ralph 85

밀스, C. 라이트 Mills, C. Wright 323

ㅂ

바턴, 앨런 Barton, Allen 279, 281

발렌수엘라, 사무엘 Valenzuela, J. Samuel 364

발렌수엘라, 아르투로 Valenzuela, Arturo A. 272, 326, 350, 364

밴필드, 에드워드 Banfield, Edward 114

버바, 시드니 Verba, Sidney 79, 95, 103, 121, 124, 132, 133, 135, 232, 414

버제스, 어니스트 Burgess, Ernest 152

버제스, 존 W. Burgess, John W. 66, 73

버크, 에드먼드 Burke, Edmund 408

번디, 맥조지 Bundy, McGeorge 197

베르나르, 클로드 Bernard, Claude 55, 56

베버, 마리안네 Weber, Marianne 112

베버, 막스 Weber, Max 23, 30, 33, 51, 54, 55, 57, 65, 68, 76, 80, 108, 109, 112, 126, 133, 136, 184, 190, 213, 262, 276, 277, 278, 300, 303, 321, 326, 327, 328, 330, 335, 343, 345, 372

베이츠, 로버트 Bates, Robert 10, 11, 12, 21, 22, 25, 26, 29, 34, 36, 37, 38, 43

베커, 게리 Becker, Gary 47, 134

베트남전 21, 26, 27, 71, 82, 404

벤딕스, 라인하르트 Bendix, Reinhard 21, 78, 173, 285, 322, 357

벤틀리, 아서 F. Bentley, Arthur F. 69

벨, 대니얼 Bell, Daniel 298

보비오, 노르베르토 Bobbio, Norberto 348

볼퍼스, 아르놀트 Wolfers, Arnold 381

분석적 서사 95

『불협화음의 미국 정치』*American Politics*(1981) 378, 394, 398

심리학 71, 76, 106, 107, 109, 115, 125, 133, 279, 281, 313, 413

ㅇ

ㅋ